한국여성단체연합
30년의
역사

폭력을 넘어
빈곤을 넘어
성평등의 세상으로

한국여성단체연합
30년의 역사

초판 1쇄 인쇄   2017년 6월 29일
초판 1쇄 발행   2017년 7월 5일

지은이   한국여성단체연합
펴낸이   박미옥
디자인   이원재

펴낸곳   도서출판 당대
등록   1995년 4월 21일 제10-1149호
주소   04047 서울시 마포구 독막로3길 28-13 (서교동) 204호
전화   02-323-1315~6
팩스   02-323-1317
전자우편   dangbi@chol.com

ISBN   978-89-8163-169-7   93300

한국여성단체연합 30년의 역사

폭력을 넘어
빈곤을 넘어
성평등의 세상으로

1987~2017
한국여성단체연합 지음

드디어 한국여성단체연합이 설립 이후의 30년 운동사를 기록하여 세상에 내어놓습니다.

한국여성단체연합 운동 30년사는 여성을 억압하고 배제하는 사회 구조와 체계에 도전하며 투쟁해 온 여성들의 생생한 기록입니다. 지난 30여 년 동안 우리 여성들은 고군분투했습니다. 여성이 인간다운 삶을 살아갈 수 있는 사회를 만들기 위해 길거리에서, 법정에서, 국회에서, 광장에서, 각자 삶의 현장에서 소리치고 설득했으며 호소했습니다. 아무도 관심을 갖지 않을 때 우리는 이 문제가 왜 중요한지 설득해야 했고, 사회의 근본을 어지럽힌다는 질타에 그 근본이 남성만을 위해 남성이 짜놓은 구조임을 항변해야 했습니다. 그렇게 성폭력, 가정폭력, 성매매를 처벌하는 법이 제정되었고 호주제가 폐지되었으며 할당제가 도입되었습니다.

우리는 투쟁을 통해 성평등을 조금씩 이뤄가고 있습니다. 그러나 이러한 운동을 펼친 여성들은 이른바 '꼴페미'의 딱지가 붙여지고 공격의 대상이 되고 있는 것도 현실이며, 오늘도 '강남역 여성

살해사건'이 반복되고 있습니다. 여성들이 거둔 투쟁의 성과에도 불구하고 우리가 새로운 실천의 길에 나서야 하는 이유입니다. 이 길에서 우리는 우리의 역사를 무기삼아 더 많은 여성들, 남성들과 손을 잡고 싸워갈 것입니다.

우리는 30년사 발간을 위해 지난 2년여 동안 기록편집위원회를 구성하여 필진을 정하고 집필의 방향을 고민해 왔습니다. 준비과정에서 고생하신 정현백, 정문자, 김금옥 기획위원과 20명의 필진들께 깊은 감사를 드립니다. 또한 실무를 맡아 이 과정을 조율하며 추진해 온 김수희님에게도 감사드립니다. 어려운 여건 속에서도 출간을 맡아주신 도서출판 당대에 감사드립니다. 이분들 덕분에 지난 30년 여성운동이 기록으로 남을 수 있었습니다. 무엇보다 지난 30년 여성운동에 전력을 기울여온 회원단체와 활동가, 여성들 한분 한분께도 감사드립니다.

이 기록은 지난 30년 동안 펼쳐온 한국 여성운동의 역사이기도 합니다. 30년 동안 쌓아올린 여성운동의 역사가 앞으로 펼칠 성평등한 미래의 토대가 될 것임을 믿습니다. 그리하여 우리는 기대합니다. 차별과 멸시, 배제에 맞서온 우리 여성들의 고군분투기가 앞으로 떠들썩한 우애와 연대의 정치가 되기를.

2017년 6월

한국여성단체연합 공동대표 백미순, 김영순, 최은순

여성연합 30년을 돌아본다

『열린 희망: 한국여성단체연합 10년사』가 출간된 지 20년이 지났다. 그사이 한국여성단체연합(이하 '여성연합') 20년사가 나왔어야 하지만, 여러 현실적인 난관으로 실행에 옮기지 못하였다. 여성연합 회원단체들, 한국여성의전화나 한국성폭력상담소, 한국여성민우회 혹은 한국여성노동자회는 자신들의 활동을 담은 두터운 단행본을 출간하였지만, 기실 연합조직인 여성연합의 역사는 지금까지 나오지 못하였다. 그나마 베이징 여성대회 이후 10년과 20년의 성과를 정리한 심포지엄 자료집이 나와서, 여성연합 활동의 큰 흐름을 짚어주는 역할을 하였다.

2016년 9월 이후 진행된 박근혜 대통령 퇴진·탄핵 촛불시위로 한국사회는 그사이 저변에서 일어나는 새로운 흐름의 실체를 확인하였고, 참가주체였던 시민들 스스로 이 거대한 변화에 놀라움을 금치 못하고 있다. 이 새 물결 속에서 적극적으로 스스로를 주장하는 여성주체들의 모습이 실질적으로 드러나는 것도 고무적이다. 여기서 등장한 시민들의 핵심 주장에는 자기표현 가치를 높이려 하고 시민행동주의를 표방하고 그리고 금전이나 권력 같은 물질주의적 가치에서 한 걸음 더 나아가 행복이나 삶의 질과 같은 포스트 물질주의적 가치를 지향하는 방향성이 드러나고 있다. 이는 여전히 우리 사회 곳곳에 존재하는 물질주의적 가치와 포스트 물질주의적 가치의 공존을 의미하지만, 그럼에도 우리가 꾸준히 새로운 시대를 향해 가고 있는 것은 분명하다. 이제 87년 체제가 종말을 고하고 있고, 새 시대가 시작되었고 새 여성(그리고 시민)주체가 역사의 무대에 등장하게 되었다. 이런 역사적 전환기에 선 여성운동 그리고 여성연합은 무엇을 해야 할 것인가?

여성연합 창립 30주년을 맞아 『한국여성단체연합 30년의 역사』를 준비하고 있었지만, 출간을 준비하는 이 시점에 우리가 조우한 시대적 도전은 여성운동에도 미래에 대한 새로운 비전을 요구하고 있다. 이 도전은 여성연합이 스스로의 과거를 돌아볼 필요성을 제기한다. 지금까지의 활동과 가치 그리고 성과를 성찰해야, 여성연합은 새 시대를 준비하면서 전진할 수 있기 때문일 것이다.

올해로 30주년을 맞이하는 6월 민주항쟁이 성취한 성과를 실현하는 과정은 87년 체제의 완성이자 민주주의의 이행과 공고화로 가는 과정이었다. 그러나 '박정희모델'의 극복을 외쳤지만, 우리 사회에서는 발전국가적인 산업화와 성장 중심주의가 집요하게 그 존재감을 잃지 않으려 해왔다. 이와 함께 정경유착이나 정치·언론의 유착, 예술이나 문화뿐 아니라 사회 여기저기에 비민주성이 도사리고 있었다. 군사주의 문화 역시 사회 곳곳에 권위주의 유산을 남기면서, 갑을관계를 재생산해 왔다. 이런 점에서 우리의 민주주의는 여전히 불완전하다.

1997년 IMF체제와 함께 외국계자본의 국내유치나 직접투자가 가속화되고 외환거래가 자유화되면서, 신자유주의적 세계화가 진행되었다. 87년 체제 아래서 절차적 민주주의는 확장되었지만, 경제적 불평등의 심화와 사회양극화가 진행되었다. 그 결과 재벌이나 대기업집단의 권력이 너무나 막강해진, 그래서 권력관계의 명실상부한 주체로 등장하는 사회를 낳았다. 이는 발전국가 모델과 신자유주의 체제가 동거하는 기묘한 조합이었다. 1997년 이래 바로 이 어려운 시기에도 여성연합은 치열하게 활동했다.

『열린 희망: 한국여성단체연합 10년사』의 서문은 여성연합 10년의 활동을 '민주화운동과 생존권투쟁 지원에 쏟은 헌신성' '여성의 권익향상을 위한 법·제도 개선활동' 그리고 '다수 여성의 지지확보와 지역여성조직을 건설하는 열정과 끈기'로 정리하고 있다. 여전히 군부독재의 잔영이 드리워진 시기였기에, 민주화운동의 완성과 생존권투쟁에 많은 에너지를 투입하면서 잔존하는 정치적 탄압을 견디어내야 했던 시기였다. 다시 말해 초기 10년은 여성연합의 조직적 기초를 다지는 시기였기에, 여성인권 침해나 여성에 대한 폭력을 드러내고 이에 대응하는 활동에 치중하였다. 그외에도 보육을 비롯한 사회서비스 확장을 위한 투쟁도 활동의 중심을 이루었다.

그러나 이 책이 집중적으로 다루고 있는 1997년 이후의 시기 동안 여성연합이 직면한 현실은 이전과는 다른 새로운 도전 앞에 서는 일이었다. 우선 사회 곳곳에서 민주주의가 서서히 뿌리를 내려가면서, 정치적으로는 보다 유연해진 낙관적인 시대였다. 1997년 이후 정권교체와 함께 김대중과 노무현 대통령의 민주정부가 들어서면서, 성평등정책이 확장·발전하는 계기를 맞이하였다. 더불어 성차별을 유지·강화시키는 법을 개정하는 데서 출발하여 남녀평등을 지원하기 위한 정책적 수단을 확보할 수 있었다. 1998년 대통령직속 여성특별위원회가 설립되었고, 2001년에는 여성부가 신설되어 현재 여성가족부로 존치하고 있다.

국제적으로는 1995년 유엔이 개최한 베이징 세계여성대회와 그 결과로 나온 '여성행동강령'은 각국 정부에 그 실행을 압박하고 주기적인 평가를 통해 그 성과를 모니터링할 것을 요구하였다. 10년의 민주정부에서 성주류화(gender mainstreaming) 전략의 도입과 실행이 시도되었고, 여성운동도 그 실행을 위한 공세적인 활동으로 전환하였다. 국제적으로 한국은 베이징 세계여성대회 행동강령의 이행에 대한 10년 후의 평가에서 가장 모범적인 사례로 평가되고 칭송을 받았다. 이는 한국 민주화의 진전과 여성운동가들의 열정적인 헌신 및 치열한 활동의 성과라고 결론내릴 수 있는데, 그 한가운데 여성연합이 해온 핵심적인 역할이 들어 있다.

또한 여성연합 운동이 거둔 황금빛 열매는 1999년 직장 내 성희롱 금지 법제화, 2000년 '남녀차별 금지 및 구제에 관한 법', 2004년 '성매매방지법' 그리고 2005년 호주제 폐지일 것이다. 성매매방지법의 제정과 함께 한국은 국제사회에서 성매매·인신매매에 대해 금지주의를 표방하는 핵심 국가에 포함되면서, 국제사회에서 성매매 담론을 주도하는 중심 국가 가운데 하나가 되었다. 또한 호주제 폐지는 거의 반세기 동안 싸워온 여성운동의 성과이면서, 민주적인 가족제도의 토대가 되었다. 2004년 총선에서 비례직의 50퍼센트를 여성에게 할당하는 정치관계법이 통과되면서, 여성의원의 비율이 두 자리 숫자(13퍼센트)로 올라갔다.

　　굳이 시기상으로 1997년 이후 10년간의 특성을 언급하자면, 여성인권운동의 확장과 성숙이 있었고 여성지위 향상을 위한 법과 제도의 확충기에 들어섰고 사회서비스의 확대도 이루어진 기간이었다. 민주정부와의 거버넌스 속에서 명실공히 여성 정책과 지원시스템이 제도화되는 시기였다. 이러한 제도화의 시대는 2004년의 성매매방지법 제정과 2005년의 호주제 폐지로 그 완결성을 높였다. 그러나 이 시기는 급작스럽게 닥친 경제위기와 IMF 관리체제 아래서 신자유주의적 세계화가 본격적으로 작동한 시기였고, 그 결과는 여성의 고용불안정과 비정규직화가 가속화된 것이었다.

　　2007년 말부터 현재에 이르는 10년은 보수정권의 등장과 정치문화의 보수화 속에서 여성관이 보수화되고, 반(反)페미니즘이 강화된 비관적인 시대였다. 이 시기 동안 그간 이루어낸 여성관련 법과 정책의 제도화는 그 성과를 현실화하는 데 실패하여, 일부 법과 제도는 후퇴를 겪으면서 여성연합 운동도 위축될 수밖에 없었다. 또한 1997년 이후 20년간은 신자유주의의 확대와 경제 불평등 심화가 진행되는 경로에 있었던 만큼, 여성의 비정규직화나 저임금 등에 대한 싸움이, 과거처럼 차별을 시정하는 대응적인 조치와 달리 보다 구조적인 사회개혁이나 경제개혁을 요구해야 하는 어려운 과제에 직면하게 되었다.

국가와의 협치 속에서 여성현실의 법적·제도적 개선이 이루어지던 낙관의 시대에서, 심화된 사회적 불평등이나 안티페미니즘과 싸워야 했던 비관적인 시대를 통과해 온 20년 동안 여성연합 활동의 구체적인 특성을 살펴보기로 하겠다.

첫째, 1995년 베이징 세계여성대회에서 성주류화 행동강령이 채택된 이후 모든 정책결정과정에 여성의 참여증진과 성인지적 관점의 고려가 이루어져야 한다는 취지에 따라 여성연합의 활동에도 본격적으로 성주류화 전략이 도입되었다. 먼저 1998년부터 여성정책기본계획을 5년 단위로 수립하였고, 여성정책 전담기구로 2001년 여성부를 신설하였다. 여성연합은 민관협력체계 구축을 통한 협치(governance)를 시도하였고, 이는 민주정부의 집권 동안 여성주의 관료(femocrat)의 도움에 힘입어 일정한 성과를 보이기도 하였다. 성인지예산제도와 성별영향평가, 성별분리통계 같은 성주류화

기법과 수단이 법제화되고 현실화되는 과정에 여성연합은 적극 개입하고, 그 실행을 평가·감시하는 역할도 자임하였다. 이 과정에서 여성연합은 다양한 전략을 동원하면서, 성주류화가 지방정치와 지역사회로 실질적으로 확산되도록 압력을 행사하는 역할도 하였다.

둘째, 여성연합의 정치세력화 전략의 일환으로 보다 적극적인 '참가의 정치'를 구사한 것이다. 여성연합은 창립 초기부터 공적인 정치영역에 여성의 참여를 수적으로 확대하는 '끼어들기'를 시도하였지만, 이를 넘어 '새판 짜기'로 운동의 목표와 전략을 확장하는 시도를 하였다. 이것은, 남성 중심적인 정치구조의 문제점을 해결하는 방안은 단순히 여성의 정치참여만이 아니라, 나아가 기존 정치문화의 변화를 통해서 가능하다는 '영향의 정치'를 표방한 것이다. 이런 전략은 성주류화라는 세계적인 흐름에 자극받은 것이면서 동시에 "'진보적' 여성운동이 정부비판세력으로서의 정체성을 지녔던 1980년대와는 달리 '여성'의 이름으로 정치세력화를 시도하면서, 정치권에 대한 여성주의적 개입의 대변자로서의 역할로 방향을 전환한 것"을 의미하였다.

이와 같은 적극적인 정치세력화 전략으로 여성연합은 수적으로 유능한 여성 정치지도자를 상당수 배출할 수 있었고, 이들은 지금까지 국회나 행정부문에서 활발한 활동을 전개하고 있다. 또 여성연합은 제도정치에 여성의 참여확대 외에도 여성정치 할당제의 제도화나 여성 정치참여 확대를 위한 연대활동을 적극적으로 펼치기도 하였다. 2003년 '17대 총선을 위한 여성연대' 활동에서 드러나듯이, 여성정치가의 수적 확대를 위한 이 활동에서 보수와 진보를 넘어 함께 범여성계 연대운동을 전개하기도 하였다. 그러나 여성운동 리더십의 제도정치 진출과 관련해서는 운동의 '권력화'라는 비판의 제기와 이를 둘러싼 논쟁이 벌어지기도 하였다. 혹은 과연 여성정치가의 수적 확대가 '새판 짜기'에 어느 정도 기여하였는가 하는 자성적인 질문도 제기되고 있다. 그러나 이런 논쟁 자체가 여성운동의 한 단계 도약을 위한 디딤돌이 되고 있다는 낙관적인 전망을 던져본다.

셋째, 여성연합 운동의 조직구성에서 새로운 특징이 드러난다. 우선 풀뿌리 지역여성운동의 확산을 들 수 있다. 2006년 여성연합 창립 20주년에 즈음한 비전수립 논의과정에서 아래로부터, 지역으로부터의 풀뿌리 여성운동을 강조하면서 '제도정치권 진출통로'로서 여성연합이라는 이미지의 변화를 시도하였다. 2006년부터 풀뿌리 차원에서 여성후보자를 발굴하고 이를 위한 지역운동이 시도되었다. 그러나 그 중심 조직이었던 지역 여성운동센터가 2010년에는 독자기구로 분리하여 활동을 전개하게 되었으나, 풀뿌리 여성정치세력화의 성과는 아직 미미한 것 같다.

조직적으로 여성연합의 지역운동이 활성화되었다. 이미 1993년과 1996년에 전북여성연합과 대구경북여성연합이 발족했으며, 1998년 경기여성연합, 1999년 광주전남여성연합과 부산여성연합,

2002년 경남여성연합, 2012년 대전여성연합이 설립되어 총 7개의 지역지부가 활발하게 활동하고 있다. 또한 초기에 참가하였던 한국보육교사회는 단체의 해산으로 2007년 자동 탈퇴했고, 전국여성농민회총연합은 여성연합을 탈퇴하였으나 사안별로 연대활동을 하고 있다. 이들 대신에 1999년 한국여성장애인연합, 2003년 한국이주여성인권센터, 2006년 성매매문제 해결을 위한 전국연대, 2012년 여성정치세력민주연대(현 젠더정치연구소 여.세.연)와 천안여성회 그리고 2015년 한국한부모연합이 회원단체로 가입해서 활동하고 있다.

여성연합에 가입한 단체들의 면면에서도 우리는 지난 20년 사이에 여성연합 활동의 무게중심이 이동했다는 것을 알 수 있다. 이제 여성연합이라는 연합조직에는 2017년 현재 7개 지부 28개 회원단체가 전국에서 활동하고 있다. 특히 장애여성, 이주여성, 성매매여성, 한부모여성 들이 여성연합 활동에 동참한 것은 여성연합이 한 단계 더 전진하고 있음을 의미한다.

여성연합의 조직활동에서 나타나는 또 다른 새로운 경향은 주체의 변화이다. 초기 여성연합 운동이 주로 학생운동이나 민주화운동 출신의 지식인여성이 주축을 이루었다면, 2000년대 들어서 나타난 새로운 현상은 당사자 여성이 운동의 주체로 직접 나선 점이다. 회원단체 활동에 함께하는 이혼여성 당사자모임이나 결혼이주여성 당사자모임 혹은 가정관리사협회 등이 그 좋은 예이다. 피해나 차별을 당한 당사자 여성들의 목소리는 더 힘이 있고 우렁차서, 여성운동의 미래와 관련하여 새로운 전망을 제공하고 있다.

세대 간 역할의 차이나 갈등도 처음으로 드러났다. 영상과 SNS를 통한 인식개선 운동의 확산과 더불어, '영 페미니스트'의 등장이다. 1987년 여성연합이 출범할 당시의 활동가들은 대다수 20~30대였지만, 여성연합 운동 내에서 윗세대 선배여성과 역할의 차이나 갈등이 그다지 드러나지 않았다. 그래서 특별히 영 페미니스트라는 개념이나 특화된 운동방식이 존재할 필요가 없었다. 그러나 현재의 시점에서 세대 간의 문화적 간극이 깊어지고, 경제적 혹은 계급적 불평등이 세대를 가르면서 드러나는 현실 속에서 새로이 등장하는 20대 페미니스트들의 활동은 당사자운동이라는 점에서 그리고 새로운 온라인 소통방식을 통한 증폭의 가능성이 열려 있다는 점에서 새로운 운동의 가능성을 보여준다. 이제 여성연합과 회원단체들은 새로운 방식의 운동을 전개하는 주체들과 연대하고 소통하는 '횡단의 정치'를 지향하고 있다.

넷째, 여성연합의 사업에서 핵심을 이루는 것은 평등노동권 확보와 경제세력화를 위한 여성노동운동이다. 여성연합 출범 이후 10년간은 주로 여성노동자 투쟁지원, 여성노동문제 이슈화, 여성노동정책 마련에 집중하였다면, 이후 20년간은 성 평등한 노동시장을 위한 법과 제도의 개선 외에도 여성의 경제적 자립과 주체화 그리고 여성의 노동시장 참여확대와 양질의 일자리와 노동권 확보를 추진하였다. 특히 법과 제도 개선에서는 성희롱 금지 및 예방 법제화,

출산전후휴가 90일 고용보험 지급과 유급 육아휴직제, 2년 이상 고용된 비정규직의 정규직화를 보장하는 비정규직 보호입법 그리고 적극적 고용개선 조치를 현실화할 수 있었다.

그러나 여성노동자의 삶의 질을 악화시킨 1997년과 2008년의 경제위기 이후에는 '여성의 빈곤화'에 직면하면서, 여성의 사회안전망 확보에 매진하였고 이런 작업의 일환으로 여성노동 의제와 사회보장(복지)을 연계하는 통합적인 접근이 시도되었다. 이는 여성연합이 2005년에 노동위원회와 복지위원회를 통합하여 사회권위원회를 출범시키는 것으로 외화되었다.

나아가 일·가정 양립과 여성 일자리 창출을 위해 돌봄노동의 사회화를 요구하면서, 가족 내 돌봄노동을 공공영역으로 통합시키려는 활동도 적극적으로 전개했다. 특히 여성 일자리의 유연화나 빈곤의 여성화를 수반하는 신자유주의 경제질서를 넘어서는 대안경제를 모색하면서, 여성의 경제주체화를 시도하는 활동을 전개하고 있다. 앞에서 언급한 목표들의 달성을 위해서 여성노동 의제의 사회담론화에 못지않게 정책의 현실화를 위한 민관 거버넌스도 모색하였다.

다섯째, 여성연합의 활동에서 여성인권은 항상 중요한 의제이다. 특히 뜨거운 감자는 성매매방지법의 제정과 그 현실화를 위한 제반 사업들이었다. 인신매매와 성의 상품화의 피해자로 간주된 성매매여성에 대한 인식은 '요보호'여성의 범주를 벗어나지 못하고 있었다. 2000년 군산 성매매업소의 화재참사를 계기로 성매매여성에 대한 여성연합 활동은 반(反)성매매 여성인권운동으로 이어졌다. 2004년 3월 23일 성매매방지법의 제정으로 이어지는 여성연합의 활동은 성산업의 폭증과 그로 인한 여성의 인권침해에 대한 사회적 관심을 불러일으키면서, 국가가 성매매를 예방·방지하고 피해자를 지원하는 책무를 담당하도록 하였다. 성매매방지법은 아직 성매매여성에 대한 비범죄화를 규정하는 단계로까지 나아가지 못했고, 반성매매 여성인권운동과 성노동운동 사이의 견해차와 논쟁도 남아있다. 성매매금지에 대한 사회적 반발과 미디어의 매도 역시 여전하지만, 성매매문제 해결을 위한 전국연대가 결성되어 여성연합의 회원조직으로 참여하면서, 이들은 일탈적인 한국 자본주의가 수반한 성산업화의 극심한 폐해에 저항하는 투쟁을 적극적으로 추동하고 있다.

그외에도 반성폭력운동은 여성연합의 창립 이래 역동성을 잃지 않으면서 꾸준하게 발전을 이어오고 있고 여성연합의 활동에서 가장 활성화된, 큰 비중을 차지하는 운동일 것이다. 이미 앞에서 여성연합 조직의 변화·발전 과정에서 언급한 대로, 반성폭력운동은 당사자운동으로 발전하면서 그간 침체되었던 20~30대 여성들의 참여를 높이는 블루오션이 되고 있다.

또한 여성에 대한 폭력 가운데서 가장 먼저 제기된 이슈인 가정폭력 추방운동은 1983년에 시작되어 여성운동의 주요 동력이 되었으며, 여성연합 창립과 성장의 한 축을 담당하였다. 1980년대에 아내폭력을 사회문제로 드러내 피해자 지원모델을 만들어냈고, 1997년 가정폭력방지법이 제정됨으로써 가정폭력을 여성인권의 문제로 끌어올려 문제해결의 국가책임성을 확립하고 그 법적 근거를 만들어왔다.

여섯째, 지난 20년 동안 여성연합 활동에서 큰 진전을 보인 분야는 여성 통일평화운동이다. 초기 10년의 통일평화운동이 방위비 삭감과 같은 평화군축운동이나 남북교류 그리고 이와 관련된 연대사업에 치중하였다면, 1997년 평화를만드는여성회의 창립과 함께 보다 본격적인 통일·평화사업을 추진하게 되었다. 무엇보다 중요한 점은 여성연합이 다른 평화통일단체보다 앞서서 '적극적인 평화'의 개념에 기초한 평화운동의 필요성을 제시하고, 이를 토대로 여성주의적 평화운동을 적극 전개한 것이다. 남북여성교류와 인도적 대북지원 운동 외에도 여성연합은 이라크전과 아프간전 파병 반대운동, SOFA(주둔군지위협정) 개정운동, '갈등해소와 관용교육'의 선도적인 시행과 확산, 일상생활 속의 평화 만들기 등을 실천하였다. 그외에도 전쟁방지와 한반도평화 지키기의 일환으로 국제연대활동에도 적극적으로 참여하였다. 동아시아여성평화회의(일명 여성 6자회의)의 지속적인 개최나 여성 평화안보에 관한 '유엔 안보리결의안 1325호 시행을 위한 국가행동계획' 수립과 이를 위한 국제 네트워크의 조직화도 실행하고 있다.

일곱째, 연대활동의 다양화와 확장이다. 먼저 지적할 것은 여성연합의 국제연대 강화이다. 여성연합은 2002년 유엔으로부터 유엔 특별자문단체 지위의 자격을 부여받았고, 공식적으로 유엔회의에 참석해서 의견을 피력하거나 보고서를 제출하고 있다. 베이징 세계여성대회 이후 베이징+10과 베이징+20 기념토론회를 같이 조직하거나, 성매매 및 인신매매와 관련된 트랜스내셔널 여성운동에 적극 참여하여, 중요한 역할을 수행하였다. 최근에는 한국이 개발원조인 ODA의 수원국에서 공여국으로 지위가 바뀌면서, 한국의 국제개발협력 정책이나 원조의 효과성을 감시하는 국제개발협력시민사회포럼(KOFID)의 활동에도 적극 참여하고 있다. 이렇게 글로벌 개발의제의 성주류화를 모색하는 국제연대활동에의 참가와 더불어 네팔여성 대안생리대 지원활동과 같은 직접적인 빈곤국 지원활동도 시도하고 있다.

국내적으로 여성연합은 호주제 폐지나 총선여성네트워크 등의 활동을 통해 보수와 진보를 망라한 전체 여성운동과 사안별 연대도 추진하였다. 특히 여성연합과 한국여성단체협의회라는 여성운동의 두 연대조직의 공동협력은 호주제 폐지나 여성의 정치진출에 효과적인 동력으로 작용하였다. 이러한 연대체 간 연대활동은 지난 20년간 한국 여성운동의 성공을 크게 도왔다는 국제여성학계의 평가도 나오고 있다.

마찬가지로 여성연합과 정치적 기조를 같이하는 시민사회단체들과의 국내 연대활동도 꾸준히 이어오고 있다. 광우병 촛불집회나 사드반대 국민행동 혹은 박근혜정권 퇴진 비상국민행동 등과 같은 전국적인 연대조직에도 여성연합이 주축을 이루면서 시민사회운동의 강화와 한국의 민주화에 크게 기여하였지만, 이런 연대활동은 항상 여성연합에 활동가들의 과도한 노동과 함께 적지 않은 실무적·조직적 부담으로 남았다. 결과적으로 볼 때 발전하는 시민사회운동이 호주제 폐지나 성매매방지법 제정, 여성 정치할당제 등을 관철하는 과정에서 여성연합의 위상강화를 도와왔지만, 동시에 여성연합이 시민사회운동의 젠더 감수성을 높이는 데도 기여하였음은 부정할 수 없다. 그런 점에서 여성연합이 초기부터 표방하였던 '함께 그리고 따로'의 전략은 여전히 유효한 셈이다.

여덟번째, 여성연합은 여성문제를 쉽고 효과적으로 알리기 위해 다양한 문화적 방식이나 교육을 이용하여 여성주의 콘텐츠를 발굴하고 보급하는 데 노력했다. 우리가 즐겨 부르는 〈딸들아, 일어나라〉의 보급을 시작으로 해서 여성주의 노래를 공모하고 선정하는 여성문화제 '새로운 천년'(1999~2001), 새롭게 등장한 사이버공간의 여성 문화역량을 오프라인에 알리는 사이버 여성문화공모전(1998~99), '딸들아 기지개 켜자' 콘서트 개최 및 '딸기테이프' 제작·배포(2000) 등의 활동을 전개하였다. 또한 해마다 열리는 3·8여성대회는 대회 자체의 의미뿐 아니라 여성문화제로서도 큰 의미를 지녔고, 한동안 지상파TV 3사가 저녁 뉴스시간에 크게 보도하기도 하였다.

그리고 연합조직인 여성연합의 활동에서 핵심 부분은 교육활동이다. 이에 따라 여성연합은 회원단체의 소장활동가들에게 다양한 교육기회를 제공하였다. 회계를 비롯한 실무교육과 정세교육, 여성운동 방향에 대한 진단, 여성 복지정책이나 대안경제와 같은 보편적 문제에 대한 강의 그리고 여성문제의 각 쟁점에 대한 이론교육을 실시하였다. 따라서 여성연합 활동의 결과들은 활동가들의 열정적인 지적 탐구와 치열한 토론의 성과임을 강조하고 싶다. 분단된 한반도에서 온갖 중첩된 모순과 성차별문제 해결에 골몰하는 여성연합으로서는 교육과 학습은 꼭 필요한 과정이었다.

　　아홉번째로는 여성연합 운동의 중요한 토대인 재정기반의 열악함으로 인한 어려움을 거론하려 한다. 창립 이후 여성연합은 독일 개신교 해외개발원조처가 지원하는 운영비를 기반으로 여성권익 향상과 전국적인 조직강화 사업을 진행했다. 그러나 한국정부가 OECD에 가입한 1996년 이후에도 독일교회는 2004년까지 여성연합에 개발원조금을 지원하였는데, 이는 한국여성의 상황이 경제성장에 비해 지나치게 열악하다는 이유에서였다. 이에 더하여 여성연합을 비롯한 한국 진보여성운동의 치열한 투쟁력과 운동가의 헌신성을 높이 샀기 때문이라는 개발원조처 관계자의 인터뷰내용도 그 근거로 들 수 있다.

　　독일 개발원조사업이 사업목적의 실현을 위한 인건비와 운영비를 지원하고 있었기 때문에 여성연합은 현재보다 재정적인 구조가 훨씬 안정적이었다고 말할 수 있다. 원조가 중단된 이후 여성연합은 후원회를 구성하고 후원회원을 모집하는 등 재정적인 안정을 도모하는 데 주력했다. 그러나 연합운동의 특성상 대중이 참여하는 직접적인 사업을 하지 않으면서 개인 후원회원을 모집하는 데는 한계가 있었으며, 보수정부가 NGO들을 배제하면서 정치적 영향력이 약화되어 재정구조는 취약해질 수밖에 없었다. 재정마련을 위한 여성연합의 노력은 지금까지도 여성연합 활동에 상당한 부담으로 작용하고 있다.

마지막으로, 글의 구성에 대해 간략히 언급하고자 한다. 『한국여성단체연합 30년사』는 각 분야별로 회원단체들이 여성연합의 활동을 정리하였고, 단체 내부의 토론을 거쳤다. 원고를 준비하는 집필회의에서 치열한 토론을 통해 각각의 글은, 10년사가 이미 출간된 점을 감안하여 창립 이후의 10년간 역사는 각 글의 앞부분에 요약·서술하기로 결정하였다. 그래서 이 책은 시기상으로는 1997년 이후 20년간의 활동에 집중한 셈이다. 또한 여러 활동이 여성연합 단독으로 한 것이기보다는 해당 이슈를 담당하는 회원단체와 공동작업으로 진행된 경우가 많았던 점을 전제하면서도, 이 책은 가능한 한 여성연합 활동을 서술하는 데 집중하기로 하였다. 혹시 서술부분에서 생략된 활동은 지면의 한계에 기인한 것이므로 회원들과 독자의 이해를 구한다.

지난 30년간 한국의 여성운동을 포괄적·종합적으로 정리한 단행본은 제대로 없는 것으로 알고 있다. 특히 현장에 참여한 활동가들이 스스로 증언하고 평가하며 서술한 자료는 더욱 희귀하다. 여성연합 20년사를 준비하다가 좌절했던 이유는 활동가들의 끔찍한 과중노동에서 자료수집과 진술의 여유를 찾을 수 없었기 때문이다. 그런데 이렇게 30년사가 가능해진 요인은 활동당사자들의 적극적인 참여와 이를 중심으로 단체 내부의 집단토론이 이루어지도록 해준 회원단체들의 헌신적인 노력 때문이다.

어려운 여건 속에서도 이 책의 집필에 참여한 필자들에게 진심어린 감사를 전한다. 이 책은 여성연합 운동 30년의 증언이자 한국 여성운동 30년의 역사이다. 그만큼 한국 여성지위의 향상과 여성정책 발전의 한가운데 여성연합이 우뚝 서 있었다는 의미이다.

우리는 '기억의 정치'를 말한다. 또 역사는 만들어지는 것이라고 말하기도 한다. 기록되지 않은 역사는 사라지고 만다. 특히 주변부의 역사는 더욱 그러하다. 그간 주변인으로 간주되어 온 여성들의 역사, 여성운동의 역사 바로쓰기를 통해서 우리는 역사 속에서 여성주체의 모습을 알리고, 올바른 기억의 정치를 복원하고자 한다.

여성연합 창립 30주년기념사업특별위원회 기록편집위원회
위원장 정현백

차례

발간사
책을 내며

여성운동,
새로운 도전과 성과

1
반세기 여성운동의 숙원과제, 호주제 폐지운동 9년의 기록

남윤인순(한국여성단체연합 전 상임대표, 20대 국회의원)
이구경숙(한국여성단체연합 전 사무처장)

이 책에 실린 이슈들 대부분이 현재진행형인 데 반해, 유일한 완료형 의제가 바로 호주제 폐지운동 아닐까 싶다. 그렇다고 해서 호주제 폐지가 짧은 시간 안에 이루어진 것은 결코 아니다. 그 역사는 대한민국 정부수립 후 법률 기초작업을 본격화하기 시작한 1953년으로 거슬러 올라간다. 여성문제연구원 등 여성단체와 종교단체들이 새 민법을 제정함에 있어 결혼, 친권, 상속 등과 관련된 여성의 법적 지위를 남성과 동등하게 해야 한다는 건의서를 법전편찬위원회에 제출한 것이다. 그러나 이 요구는 유림의 강경한 반대에 부딪혀 거의 반영되지 않았다. 그후로 1989년까지 세 차례의 가족법 개정을 통해 호주의 권리와 의무 조항이 대폭 삭제되는 등 점진적 변화는 있었으나 가부장제의 상징인 '호주'(戶主)조항 자체를 없애지는 못했으니, 2005년의 호주제 폐지는 반세기 만에 이뤄낸 성과였다.

이 글에서는 한국여성단체연합(이하 '여성연합')이 주도적으로 참여했고 호주에 관한 규정을 직접적으로 삭제하게 된 제4차 민법 개정 운동, 즉 1997년 시발된 호주제 폐지운동을 중심으로 서술하고자 한다.

1) 호주제, 무엇이 문제였나

호주제 폐지운동은 한국 여성운동 역사에서 시민입법운동의 결정판이면서 장장 9년을 끌어온 이슈였다. 도대체 무엇이 문제였고 어떤 사회적 논란이 있었기에 여성운동의 총역량을 투입했음에도 그리 긴 시간이 소요됐는지 당시 호주제의 문제점을 살펴볼 필요가 있다.

모든 국민은 출생하면서부터 개개인의 출생·혼인·사망·이혼 등의 신분 변동사항을 국가에 등록하여 민법관계를 규율하도록 하고 있는데, 호주제 폐지 전까지 우리는 '호적'이라는 신분등록부를 통해 이를 규율하고 있었다. 호적에는 가족의 신분 변동사항이 기록되는데, 이를 기록함에 있어 호적의 주인인 '호주'(戶主)를 정하고 나머지 가족구성원들의 신분 변동사항은 호주와의 관계를 중심으로 기록하게 된다. 즉 호주를 뺀 나머지 가족들은 호주에게 입적되거나 제적되고 분가하는 등 호주와의 관계 속에서 종속적으로 기술되는 것이다. 딸이 결혼을 하게 되면 친정아버지의 호적에서 제적되고 시아버지 또는 남편의 호적으로 입적이 되어 '호주의 며느리' 또는 '호주의 처'로서 신분이 등록되는 식이다.

지금은 사라진 말이 되었지만 "호적에서 파버리겠다"는 극단적인 표현이 가능했던 것은 바로 이러한 배경 때문이었다. 호주라는 기준을 정하고, 그 기준에 따라 가족들의 신분 변동사항을 기록한다는 이 단순한 기술방법에 성차별적이고 인권침해적 가족법의 문제가 그대로 담겨 있었다. 하나씩 사례를 들어 호주제의 문제점을 살펴보자.

(1) 가부장제 관습과 의식을 고착화시키는 호주제

사례 1

저는 결혼 3년차 주부인데, 혼인신고 이후 친정아버지의 호적에서 시아버지의 호적으로 옮겨졌습니다. 법이 참 뭔지, 호적 파간 게 뭔지 시아버지께서는 "내가 너의 호주이다. 너는 내 밑에 속해 있는 사람"이라는 식으로 "이제 너는 우리 집 식구" 운운하시며 시집식구들에 대한 순종과 복종을 강조하시는데 자신이 호주임을 들먹이실 때가 있습니다. 또한 친정부모님들은 겉으로는 결혼한 딸에게 별 차별을 안 하시는 것 같으면서도 은연중에 "너는 이제 우리 집 사람이 아니니 집안일에 신경 쓰지 마라"는 말씀을 하셔서 저를 서글프게 합니다.

1989년 가족법 개정으로 호주의 가족통솔권과 상속의 우선권 등이 삭제되어 호주의 권한이 약화되긴 했지만, 현실에서는 한 집안에서 호주가 가지는 막강한 권력은 삭제되지 않았다. 개인의 의사와 무관하게 각 개인을 지배와 복종 관계로 강제적으로 규율함으로써 가부장문화를 더욱 공고히 하고, 가족 간의 갈등을 불러일으키는 상징적 제도로 군림하고 있었다.

(2) 어머니가 아니라 3세 아들이 호주가 되는 제도

사례 2

결혼 14년, 아들만 바라는 시어머니 때문에 형제·친척·동네어른 들 앞에서 온 갖 망신과 구박을 받고도 성심성의껏 받들었다. 시아버지 왈 "네가 남의 집에 시집와서 대를 이을 아들을 낳지 못하니 네 시어머니가 그러시는 것 아니냐?" 며 시어머니랑 똑같이 가슴에 못을 박는다. 아, 너무 열받아 죽고 싶다.

기존 호주제도하에서는 아버지인 호주가 사망하면 아무리 나이가 어려도 아들이 호주 지위를 승계할 뿐 아니라 아버지와 동일한 책임과 권한을 가진다. 어머니는 실질적으로 가정의 경제를 책임지고 있더라도 호주승계의 가장 마지막 순위가 되었다. 남성 우선적 호주승계제도는 자녀에게 아버지의 성씨를 물려주도록 되어 있는 부성(父姓) 강제조항과 맞물려 아들을 꼭 낳아 대를 이어야 한다는 남아선호 사상의 주범이었다. 당시 출생성비가 기형적으로 불균형적이었는데, 특히 셋째의 경우에는 1995년 여아 100명당 남아가 180.2명이었다. 이는 남자아이를 낳기 위해 뱃속의 여아를 낙태했기 때문이고, 이것은 호주제 폐지운동을 다시 촉발시킨 주요한 동인이 되었다.

(3) 죽어야 가족이 될 수 있는 제도

결혼과 동시에 여성은 남편(또는 남편의 집안)이 호주인 호적에 강제적으로 입적되어야 했다. OECD 국가 중 이혼율이 2위인 우리나라

사례 3

아주 오래전 조카의 일로 지금도 가슴이 아파 이렇게 글을 올리게 되었습니

다. 12년 전 제 오빠는 결혼을 해서 딸아이를 한 명 낳았습니다. 하지만 가정생활이 원만치 않아 오빠부부는 이혼을 하게 되었고 조카아이는 엄마가 키우게 되었답니다. 그로부터 1년 정도 시간이 흐른 후 오빠의 전처에게서 이런 전화가 왔습니다. 재혼을 하겠다고, 그런데 아이의 성이 새아빠의 성과 다르니 아이가 커서도 상처입지 않게 하려면 새아빠의 성을 따르게 하고 싶은데 방법은 아이를 사망신고 하고 그리고 다시 출생신고를 하는 수밖에 없다더군요. 그래서 아빠의 동의가 필요하다고요. "아이를 사망신고 할 테니 이제 이 아이는 죽은 아이고 새로 태어날 것이다"고 말하더군요. 거기에 동의를 하고 난 우리 식구들은 산송장을 치르고 하염없이 울었답니다.

에서 이혼이나 재혼한 여성이 자녀와 함께 거주하며 경제적인 책임을 지더라도, 호주제 아래서는 법적으로 동거인밖에 될 수 없었다. 즉 자녀를 데리고 재혼하는 여성의 경우 자녀의 호적·성씨 등을 재혼한 남편의 것으로 변경할 수 없어 재혼한 남편의 아이들과 성씨가 달라 학교에서 놀림을 당하거나, 의료보험이나 사보험 등에서 자녀로 인정받지 못해 불이익을 당해야 했다.

2) 다시 올린 호주제 폐지 깃발

호주제는 국민 개개인이 가족을 구성하고 가족원의 지위를 정하는데 있어 국가(법)가 강제적으로 남성에게 우선적 지위를 부여함으로써 헌법이 정한 개인의 존엄과 남녀평등이라는 기본 가치를 위배하고 있었다. 1989년 3차 가족법 개정으로 성차별적이고 불합리한 조항들이 대폭 개정되었음에도 불구하고 '호주와 가족' 장의 유지, 부성(父性) 강제조항, 부가입적(父家入籍)제도 등이 변화하는 가족의 현실을 반영하지 못했다. 즉 실제 가족을 책임질 수 있는 경제적·정서적 책임자로서의 호주가 아닌 남성이라는 이유만으로 호주가 정해지는 '호주승계' 조항은 남녀차별 의식과 관행을 강화시켰다. 또한 부가입적 및 부성 강제주의도 이혼·재혼 등 다양해지는 가족의 현실을 수용하지 못하고 오히려 고통만 주는 제도였다.

1997년 1월, 여성연합은 대한여한의사협회와 공동으로 '남녀성비 불균형 문제점과 해결방안'이라는 토론회를 개최하여 남녀성비 불균형의 원인으로 남아선호에 의한 반인권적인 여아낙태 문제를 제기했고, 남아선호의 주범인 호주제 폐지의 필요성을 역설했다. 이어 3월 한국여성대회에서는 이효재 여성학자의 선언으로 '부모성 함께 쓰기' 운동을 선언하면서 호주제의 문제점을 사회적으로 제기하기 시작했다. 당장 호주제 폐지를 내세우기보다는 우회적으로 가족 안에서 '여성'의 존재를 드러내는 일부터 시작한 것이다.

여성운동의 도발적인 문제제기에 대해 당시 언론의 관심이 매우 컸고, PC통신상에서도 격렬한 논쟁이 불붙었다. 이상한 성씨를 조합하여 부모성 함께 쓰기를 조롱하고, 당연시되었던 남성의 권리가 박탈되는 것에 대한 거부감과 여성운동에 대한 강한 혐오가 뒤섞여 표출되었다. 지난해 5월에 발생한 강남역 여성살해 사건을 분수령으로 하여 온라인상에서 점점 강도를 더해 가고 있는 여성 혐오적 반응과 표현에 뒤지지 않는 수준이라고 보면 된다.

당시 호주제 폐지에 대한 지지여론은 10퍼센트도 안 될 정도로 약했고 유림 등 보수세력의 저항은 상상을 초월할 정도로 강한 상황이었지만, 여성연합은 1999년 1월 총회에서 호주제 폐지를 주요 사업으로 선정하고 길고 긴 투쟁의 서막을 올렸다. 우선 전국의 회원단체들과 함께 호주제폐지운동본부를 발족시키고 '호주제 피해 및 불만 신고전화'를 개설했다. 신고전화를 통해 접수된 피해사례는 호주제가 평등하고 다양한 가족관계를 지체시키는 주요 원인임을 여실히 드러내는 것이었다. 아들을 낳지 못해 평생 죄의식을 갖고 살아가는 여성들, 재혼한 가족 안에서 새아빠와 성이 달라 고통 받는 아이들, 심지어 갓난아이를 데리고 재혼한 여성은 자식의 성을 새 남편의 성으로 바꾸기 위해 실종신고를 한 후 새 남편의 성씨로 출생신고를 하는 경우까지 가슴 아픈 사연이 많이 접수되었다. 호주제는 명목상으로 존재하는 것이 아니라 국민의 실생활에서 구체적으로 고통을 주는 제도라는 것이 확인되었다. 이러한 피해사실이 언론에 알려지면서 호주제 폐지에 대한 국민여론이 움직이기 시작했다.

그러나 호주제 존치를 주장하는 유림세력이 버티고 있는 상황에서 호주제 폐지에 대한 국민의 동의수준이 높아지지 않으면 정치권을 설득하는 것이 쉽지 않다고 판단했다. 국민들의 마음을 움직이기 위해서는 시간이 오래 걸리더라도 교육과 홍보에 중점을 두어야 했다. 서울에서는 물론이고 전국의 회원단체들 역시 시민들을 대상으로 지역별 캠페인과 교육을 수차례 진행하면서 지역사회의 보수적인 여론의 흐름을 변화시키기 시작했다. 정치권과 국내여론을 끌어오기 위해 국제사회를 움직이는 우회적인 방식도 채택했다. 1999년 11월 유엔 인권위원회에서는 "한국정부의 호주제가 가부장

35

여성운동, 새로운 도전과 성과

제를 강화시키고 있다"고 지적했고, 2001년 5월 유엔 경제·사회·문화적 권리위원회에서도 '주요 우려사항으로 호주제도'를 지적했다. 이러한 권고가 저절로 나온 것은 아니었다. 여성운동이 한국여성의 인권상황에 대한 보고서를 국제사회에 지속적으로 제출하고 위원들을 직접 만나 설득하는 일련의 기획 속에서 나온 성과들이었다.

3)   호주제 폐지에 동의하는 각계각층의 연대 그리고 차이

여성운동 내에서 호주제 폐지운동이 확산되면서 광범위한 연대의 필요성이 제기되었다. 호주제 폐지는 성차별 문제뿐 아니라 민주사회의 걸림돌이라는 점에서 시민·노동·언론·종교 단체까지 연대할 수 있는 고리였다. 2000년 9월, 137개 여성·시민사회 단체가 호주제폐지시민연대(이하 '시민연대')를 결성하여 호주제 폐지 청원, 위헌소송 추진, 서명운동 등을 벌이면서 호주제 폐지 지지여론을 확산시켜 나갔다. 2000년 9월에는 호주제 폐지 민법개정을 요구하는 청원서(청원인 대표: 곽배희 한국가정법률상담소 소장, 은방희 한국여성단체협의회 회장, 지은희 한국여성단체연합 상임대표)를 국회에 제출하는 한편, 2000년과 2002년 두 차례에 걸쳐 서울지방법원 북부지원과 서부지원에서 헌법재판소에 호주제 위헌법률 심판을 제청했다. 위헌소송은 '민주사회를 위한 변호사모임'(이하 '민변')의 강금실·이석태·최병모 변호사 등이 앞장섰다.

그외에도 다양한 연대단위가 결성되었다. 호주제폐지시민연대는 고은광순·이유명호·오한숙희 등 조직에 소속되지 않은 개인들이 주축이 되어 초창기부터 활발한 활동을 벌였다. 여성연합 회원단체인 '새세상을 여는 천주교여성공동체'와 한국여신학자협의회 등이 주축이 된 '호주제폐지를 위한 종교여성연대'도 2004년 9월에는 천주교·기독교·불교·원불교·천도교 등 종교지도자들이 기자간담회를 열어서 호주제 폐지에 대한 입장을 표명했고, 국회 법제사법위 소속위원들을 개별 면담하여 호주제 폐지를 강력히 건의했다. 여성연합 지부와 회원단체들의 지역별 운동도 매우 활발하게 전개되었다. 여성예술집단 '오름'(대표 이혜란)이 기획하고 여성연합이 제작한 노래극 〈딸들이 행복한 세상〉으로 전국 순회공연을 했고 거리 캠페인, 해당 지역 국회의원 방문 등 지속적인 활동을 전개하여 씨족연합회 등 유림세력이 주도해 온 지역사회 여론을 변화시키는 데 기여했다.

연대는 작은 힘들을 모아 공동의 목표를 달성하기 위한 것이지만, 반드시 그 안에는 차이가 존재하게 마련이다. 호주제 폐지운동의 과정에도 여성운동 내부의 다양한 목소리가 존재했다. 호주제 폐지와 친양자제도 도입을 놓고 우선순위 설정에서 여성연합과 한국가정법률상담소의 입장이 달랐으며, 호주제 폐지가 목전에 다가오고 있던 2004년에는 호주제 폐지 이후의 대안을 둘러싸고 여성연합 회원단체들 사이에서도 이견이 존재하여 별도의 연대체가 꾸려졌다. 차이를 어떻게 다루는지가 민주주의의 핵심이라는 말이 있다. 서로의 차이를 인정한다는 것이 말처럼 쉬운 일은 아니다. 그러나 여성운동의 '따로 또 같이' 정신에 의거해서, 합의되는 내용을 중심

으로 연대활동을 하고 나머지는 개별단체 중심으로 활동을 해나감
으로써 시민사회에 호주제를 둘러싼 담론을 풍부하게 확산시켰다.

4)   호주제를 둘러싼 쟁점들

이쯤에서 호주제 폐지운동 내내 제기되었던 우려들을 간략하게 소
개하고자 한다. 가장 큰 우려는 호주를 없애고 개개인이 호주(기준
인)가 되는 새로운 신분등록 방식이 '가족해체'를 가속화시킨다는
것이었다. 제도로 인한 실체적 피해가 드러남에도 불구하고 가족해
체에 대한 두려움은 굉장히 비합리적이고 추상적인 형태로 표출되
었다. 이런 주장들을 아무리 분석해도 그 진정한 이유를 알기 어려
웠으며, 그럼에도 다양한 반대논리를 개발하여 논쟁을 했지만 합리
적으로 설득되지 않았다. 돌이켜보니 이 거센 저항감은 논리와 합리
의 영역이 아니었던 것 같다. 전통적인 가부장제 가족형태를 최대한
유지함으로써 그 안에서 실질적 권력을 행사하고자 하는 남성들의
욕망 때문이었던 것이다.
　　그외에도 크고 작은 쟁점들이 많았다. 대표적인 것이 '성씨 변
경' 문제였다. 성씨를 마음대로 바꿀 수 있게 해버린다면 수십 년 내
에 가족끼리도 알아보지 못하는 사태가 생길 거라는 우려였다. 법
이 바뀌어도 성씨를 바꾸기 위해서는 필요한 경우에 가정법원의 허
가를 받아야 가능하므로, 성을 함부로 바꿀 수 있다는 우려는 하지
않아도 되었는데 말이다. 또한 호주제가 우리 고유의 전통이므로 고

수해야 한다는 입장도 마지막까지 강하게 제기되었으나, 이는 여러 연구를 통해 사실이 아닌 것으로 드러났다. 헌재가 호주제 헌법불합치 결정문에서도 지적하고 있듯이 그 어떤 관습과 전통, 이념도 개인의 존엄과 양성평등의 가치를 침해할 수는 없는 것이다.

5)   호주제 폐지를 공약으로 내건 참여정부 등장

2002년 대선 당시 여성연합은 각 정당의 대선후보들이 호주제 폐지를 공약으로 내걸도록 하는 데 총력을 집중한 결과, 아래의 표와 같이 한나라당 이회창 후보를 제외한 나머지 후보들로부터 호주제 폐지를 약속받았다.

16대 대선은 노무현 후보의 승리로 끝났고, 2003년 호주제 폐지를 공약한 참여정부가 출범했다. 호주제 폐지운동에 앞장섰던 강금실 변호사가 법무부장관에, 지은희 여성연합 전 상임대표가 여성부장관에 임명되면서 호주제 폐지운동은 급물살을 타기 시작했다. 이렇게 해서 머지않아 폐지될 줄 알았던 호주제는 이듬해 총선을 앞둔 국회의원들이 지역여론을 의식하면서 또 한번의 고비를 맞게

〈2002년 대선후보들의 주요 여성공약 비교표(일부)〉

No.	주요 여성공약	노무현	이회창	정몽준	권영길
1	호주제 폐지	찬성	친양자제도 도입, 호주승계 순위조정	찬성	찬성

된다. 당시 국회의원들은 호주제 폐지에는 동의하지만 총선을 앞두고 있어서 시기적으로 적절치 않다며 몸을 사렸다. 그럼에도 불구하고 시민연대 대표들은 국민여론이 폐지로 돌아서고 있다고 판단, 의원발의를 추진하고 1년 동안 집중적으로 운동에 나설 것을 결의했다.

2003년 5월 27일, 이미경 의원 등 52명의 발의로 민법 개정안이 국회에 제출되면서 여성연합의 움직임은 더욱 활발해졌다. 사이버 캠페인을 전개하여 네티즌들에게 호주제 폐지 여론을 확산시키고, 호주제로 고통당하는 피해자들을 위한 상담코너를 개설해서 호주제 폐지의 구체적 필요성을 사례를 들면서 알려나갔다. 시민연대에서는 272명 국회의원 전담 1 내 1 설득활동을 위해 사회지도층, 여성단체 대표 등이 국회의원을 1명씩 담당하여 전화와 이메일로 국민로비활동을 전개했다.

한편 정부에서는 민관 합동의 '호주제폐지특별기획단'을 구성하여 호주제 폐지를 위한 여론을 조성해 나갔고, 법무부 가족법개정 특별분과위원회는 민법 개정안을 마련하여 2003년 11월 6일 국회에 제출했다. 의원 발의안과 정부 발의안을 제출받은 국회 법제사법위원회(이하 '법사위')는 12월 11일이 되어서야 법안을 회부했고, 법사위 1소위는 공청회 이후 처리하겠다는 계획만 확정짓고 2003년을 마감했다. 여성연합에서는 2003년 연내 통과를 주장하며 학계·문화계·종교계·법조계·사회원로 등 각계각층의 릴레이성명서 발표, 법사위 소속 국회의원 개별 방문, 권해효·김미화 호주제 폐지 홍보대사 등이 참여하는 국회 앞 1인시위 등 다양한 활동을 펼쳤지만

17대 총선만 의식하는 국회의원들을 설득하는 것은 역부족이었다. 2004년 임시국회가 개원되었으나 공청회는 열리지 않았고 16대 국회가 끝나고 말았다.

6) 16명으로는 안 된다, 여성 국회의원을 늘리자!

16대 국회 법사위에는 여성의원이 한 명도 없었을 뿐 아니라, 272명의 국회의원 중 여성은 단 16명에 불과했다. 이들이 각 정당을 설득하고 국회 안에서 목소리를 내는 것은 거의 불가능해 보였다. 당시 성매매방지법 제정운동 역시 한 축으로 진행되고 있었는데, 포주들은 물론 남성들의 저항이 호주제 폐지를 능가하는 수준이었다. 그러나 입법기관인 국회 안에는 여성인권을 위해 싸워줄 의원들이 거의 없는 실정이었다. 그라운드 룰부터 바꾸지 않으면 두 법 모두 통과가 요원해 보였다. 여성 국회의원 수부터 늘리는 것이 우선이었다.

여성연합은 2003년 말부터 17대 국회에 여성의원 참여비율을 높이기 위한 기획에 돌입했다. 진보와 보수의 이념을 떠나 여성단체들이 다함께 모여 국회의원 비례직 여성할당 50퍼센트를 제도화하기 위해 '총선여성연대'를 결성했다. 한편 개인 자격으로 모인 281명의 여성들이 '맑은정치 여성네트워크'(이하 '맑은넷')를 발족시키고 성평등의식을 갖춘 여성후보 102인 리스트를 만들어 각 정당에 전달했다. 각 정당에 여성후보 공천을 확대하라고 요구할 때마다 "추천할 만한 여성이 없다"는 변명이 더 이상 통하지 않도록 입을 막아버린 것이었다. 마침내 17대 총선 결과, 지역구 선출직에서 10명의 여성의원이 당선되고 비례직 여성의원 29명이 당선되어 총 39명의 여성의원이 탄생했다. 이중 맑은넷이 추천한 후보는 지역구 3명, 비례대표 18명으로 전체 여성의원의 53.8퍼센트에 이르렀다. 이들에게 1차적으로 주어진 과제는 호주제 폐지였다.

7)   17대 국회, 호주제 폐지 급물살 타다

17대 국회는 여성의원 39명과 호주제 폐지를 당론으로 정한 열린우리당·민주당·민주노동당이 등장하면서 유리한 정치적 환경이 조성되었다. 정부도 개정안을 다시 제출했고 이경숙 의원과 노회찬 의원이 개정안 제출에 열성을 보였다. 세 가지 안이 제출되면서 국회 법사위는 더 이상 논의를 미룰 수 없는 상황이 되었다.

　　　정부안은 '호주' 조항을 삭제하는 대신 '가족' 조항을 신설하고 부성(父性)강제주의를 부성원칙주의로 바꾸는 것을 내용으로 하고 있었다. 이경숙 의원의 안은 호주 조항은 완전히 삭제하고 부성원칙주의는 정부안을 수용하는 내용으로, 노회찬 의원의 안은 '시민연대'가 청원한 안을 그대로 받아들여 호주 조항을 전면 삭제하고 자녀 성씨도 부모협의에 따라 선택하자는 내용으로 발의되었다. 시민연대는 원칙적으로 노회찬 의원의 안을 지지하지만 호주제를 연내 폐지시키기 위해 부성강제주의를 부성원칙주의로 바꾸는 선에서 수용할 수 있다는 입장을 취했다. 다만 '가족' 조항을 넣는 부분에 대해서는 입장이 나뉘었는데, 여성연합은 가족 조항을 넣는 것에 반대했다.

정부와 여당에서 호주제 폐지를 추진하겠다고 했지만 유림측의 조직적인 반발에 주춤하는 태도를 보였다. 한국씨족총연합회, 성균관 등이 주축이 되어 정통가족제도수호 범국민연합을 결성하여 호주제 폐지 반대를 위해 적극적으로 활동에 나섰기 때문이다. 이들은 공청회, 국회의원 방문, 집회 등 다양한 방식으로 반대여론을 조성해 나갔다. 결국 2004년 12월이 되어서야 공청회가 열리고 법사위 1소위에서 호주제 폐지 민법개정안을 통과시켰다. 그러나 전제조건으로 호주제 폐지 이후 신분등록제도에 대한 논의가 필요하다는 점과 헌법재판소 위헌판결 여부를 지켜봐야 한다는 한나라당 쪽의 문제제기가 있어서 바로 법사위 전체회의로는 회부되지 못했다.

고지가 눈앞에 보였지만, 헌재라는 험한 고비가 남아 있었다. 2005년 1월, 대법원은 호주제 폐지 이후의 대안으로서 혼합형 1인 1적제 신분등록제를 발표했다. 국민 개개인이 '나'를 기준으로 해서 나의 부모, 나의 배우자, 나의 자녀가 기록되는 방식으로 본인 외 가족의 개인정보 공개를 최소화하는 방식이었다. 그리고 마침내 2월 3일 헌법재판소는 호주제에 대해 헌법불합치 판결을 내렸다. 호주제 폐지의 모든 걸림돌이 제거되는 순간이었다.

모든 조건이 갖추어지자 국회 법사위는 2월 28일 전체회의를 열어 다수결로 호주제 폐지를 통과시켰고, 마침내 3월 2일 국회 본회의에서 가결되었다. 재적의원 235명 중 찬성 161명, 반대 58명, 기권 16명이었다. 여성계 대표들은 급하게 연락을 받고 국회로 향했으나 본회의장에는 입장하지 못한 채 TV모니터로 호주제가 폐지되는 역사적 순간을 함께했다. 체면 불구하고 소리를 지르며 얼싸안고 기뻐했던 모습이 눈에 선하다. 여의도의 날카로운 겨울바람을 맞으며 1인시위를 했을 때, 길거리에서 시민들의 서명을 받기 위해 동분서주하던 모습, 국회에서 법안이 논의되는 과정을 방청하고 각 당의 대표와 국회의원들을 쫓아다니며 면담을 조직하던 일 등 9년의 세월이 한 편의 영화처럼 지나갔다.

8) 호주제 폐지의 성공요인

여성운동사에서 호주제 폐지운동만큼 전방위적인 전략을 동원한 예는 별로 없는 것 같다. 모든 국민의 가족생활과 직접적으로 연관되어 있는데다 오랜 관습을 변화시키는 일이었기 때문에 첨예할 수밖에 없었고, 그렇기 때문에 국민들의 동의를 얻는 과정이 무엇보다 중요한 사안이었다. 이를 위해 여성운동은 국제사회의 지지를 비롯해서 시민사회, 언론, 사법부, 입법부, 행정부를 움직이는 종합적인 운동을 전개했고 그 결과 성공할 수 있었다.

(1) 국민적 공감대 확산

호주제 폐지를 반대하는 유림세력이 지역사회 내에서 영향력이 크기 때문에 호주제 폐지를 찬성하는 여성과 젊은 층 이외에 무관심한 중장년층을 지지세력으로 끌어들이는 것이 중요했다. 대중적인 인지도가 높은 배우와 코미디언을 홍보대사로 임명하여 그들의 목소리로 호주제 폐지를 국민에게 알려나갔다. 김미화씨는 자신의 개인가족사까지 공개하며 자신이 호주제의 피해자임을 알려나갔고 호주제가 폐지되어야 한다는 입장을 당당하게 피력했다. 권해효씨는 호주제 폐지와 관련한 중요한 행사에 적극적으로 결합하여 활동가들 못지않은 활동력을 보여줬다. 무엇보다도 전국의 여성단체·시민단체·종교단체 들이 호주제 폐지 캠페인을 진행하고 다양한 퍼포먼스를 통해 문화적인 방식으로 호주제 폐지 여론을 확산시켜 나갔으며 각종 여론매체를 활용해서 호주제 폐지의 필요성을 널리 홍보했다.

(2) 호주제폐지시민연대와 남성들의 참여

호주제 폐지가 여성과 남성의 대결로 보이지 않도록 남성의 참여를 적극 조직하였다. 호주제 폐지 1만인 남성 선언, 딸사랑아버지모임 결성, 호주제 폐지를 지지하는 시민사회단체의 성명서 발표가 이어졌고, 시민사회단체가 요구하는 '호주제 폐지'가 대선 핵심 공약에 포함되었다. 남성도 호주제의 피해자라는 사실을 강조하면서 남성과 연대하여 호주제 폐지를 추진한 여성운동의 방식은 적중하여 호주제 폐지가 양성간의 대결로 나가는 것을 방지할 수 있었다.

(3) 사법제도의 활용

2000년 6월 호주제 위헌소송을 위한 준비모임이 결성되고 민변 여성·복지위원회가 소송을 주관하기로 했다. 위헌소송은 복잡한 과정을 거쳐 진행된다. 소송인단이 각 구청에 현행 민법으로는 불가능한 신청을 한다. 1차 소송은 자(子)를 모(母)가에 입적해 달라, 남편으로 되어 있는 현행 호주를 무(無)호주로 변경해 달라는 내용이었다. 구청에서는 이를 수리할 수가 없는데, 소송인단은 이 불수리 처분에 불복하겠다는 신청을 각 지방법원에 낸다. 그렇게 되면 법원에서는 헌법재판소에 이것이 위헌인지 아닌지 결정해 달라는 신청을 하게 되는 것이다.

시민연대가 소송인단을 모집하고 민변이 나서서 2000년과 2002년 두 차례에 걸쳐 위헌소송을 제기했지만 위헌 여부를 심리해야 할 헌법재판소가 전혀 미동조차 하지 않았다. 여성단체와 종교단체, 국가인권위원회까지 나서서 위헌결정을 촉구하는 의견서를 제출했다. 드디어 2003년 11월 1차 변론을 시작으로 2004년 12월까지 5차에 걸쳐 합헌론과 위헌론 측의 참고인 진술과 변호인 변론이 있었다. 여성운동에서는 변론과정을 조직적으로 참관하고 진술인으로 참여하였다. 또한 남성 일색인 헌법재판관 구성을 변화시키기 위해 헌법재판관 추천운동을 벌여서 전효숙 헌법재판관이 임명되도록 했다. 이런 다양한 노력 끝에 마침내 2005년 2월 3일, 헌법재판소가 호주제 폐지에 대해 위헌결정을 내리자 유림측의 조직적 반발도 주춤해졌고 민법 개정안이 통과될 수 있는 입법환경도 탄탄해졌다.

(4) 행정부 추동

2003년 2월 호주제 폐지를 약속한 참여정부가 등장했을 때, 여성운동에서는 호주제 폐지에 대한 기대가 어느 때보다 컸다. 위헌소송을 담당했던 강금실 법무부장관과 여성운동 출신 지은희 여성부장관이 호주제 폐지를 공언했기 때문이다. 여성운동에서는 호주제 폐지를 성공시키기 위해서 민관 합동으로 기획단을 구성할 것을 제안한 상태였고, 이는 노무현 대통령 공약에 반영되어 있었다.

2003년 5월 여성부차관을 단장으로 7개 부처와 13개 시민사회단체, 한국여성개발원, 대법원 등이 참여하는 '호주제폐지특별기획단'이 구성되었다. 산하에 총괄기획분과, 법제정비분과, 홍보분과, 국민참여분과를 두어서 정부가 발의하는 민법중개정법률안을 심의하고, 옥외전광판 애니메이션 홍보, TV프로그램 제작지원 및 라디오광고 등 대국민홍보를 추진하고, 각 시민사회단체와 협력하여 교육활동을 진행하였다. 2004년 2월에는 새마을운동중앙회와 한국자유총연맹이 추가로 참여해서 보수적인 사회단체의 반대여론을 무마시켜 나갔다.

(5) 입법부 추동

16대 국회가 개원한 2000년, 청원서를 제출하면서 16대 국회가 끝나기 전에 호주제를 폐지시키려고 했는데 결국 17대 국회로 넘어가게 되었다. 국민여론이 낮다는 이유로 차일피일 미뤄지기만 하던 입법발의가 2003년 5월에서야 이루어졌고, 17대 총선을 앞두고 지역유권자를 의식한 국회의원들은 지역의 유림들이 반대한다는 이유로 여성단체와 만나는 것을 아예 기피했다. 결국 여성운동은 17대 총선에서 각 정당을 대상으로 호주제 폐지를 당론으로 할 것을 요구하여 열린우리당·민주노동당·민주당으로부터 확답을 받아냈다. 17대 국회가 개원되자마자 의원들을 대상으로 여성단체와 언론사에서 호주제 폐지 설문조사를 실시하여 호주제 폐지에 대한 높은 지지를 확인했다. 그러나 가장 큰 문제는 민법개정안을 다루는 법사위에 여성의원이 없다는 점이었기 때문에 여성의원을 참여시키도록 각 정당에 요청했다. 열린우리당에서 법학자 출신인 이은영 의원이 법사위 배치를 희망해서 호주제 폐지를 추진할 수 있는 교두보를 확보했다.

여성단체에서는 각 정당의 대표를 면담하여 2005년 임시국회에서 반드시 통과시킬 것을 요구했고, 39명의 여성의원들에게는 각 당의 법사위 의원들을 설득할 것과 법사위 1소위 심의과정을 참관하도록 요구했다. 잠시라도 한눈을 팔면 법안이 어떻게 될지 모르는 상황이었다. 이러한 집요함은 2004년 12월 27일 1소위 심의과정에서 빛을 발했다. 법안논의 과정에서 쟁점이 발생하자 심의를 중단하고 다음해로 넘기려는 것을 여성의원과 여성단체가 끝까지 자리를 지키자 심의를 속개하여 법안을 통과시킨 것이다.

9) 호주제 폐지가 남긴 것

마침내 2005년 3월 2일, 눈물과 환호 속에서 호주제가 사라졌다. 호주제 폐지로 호주라는 개념이 사라지고, 호적이 새로운 신분등록부로 대체되었다. 즉 호주를 중심에 둔 가(家) 단위의 호적이 없어지고 국민 개개인별로 본인이 기준인이 되는 신분등록부를 갖게 된 것이다. 호주가 없어지니 호주를 승계한다는 개념 자체가 사라졌다. 결혼으로 인해 다른 호주의 호적에 입적되는 일도 없다. 대신 나의 배우자가 내 신분등록부에 표시가 되는 방식으로 변화한 것이다. 성씨 문제는 아쉽다. 자녀의 성씨를 부 또는 모의 것으로 자유롭게 선택하도록 법안을 발의했지만, 국회 논의과정에서 "혼인신고시 모(母)의 성을 따르기로 선택하는 경우에 한해, 모의 성씨를 따를 수 있도록" 정리됐다.

이러한 변화는 이혼·재혼 가정 등 호주제 때문에 피해를 당하고 살아가던 국민들의 삶을 실질적으로 개선시켰다. 딸만 있는 수백만 가구의 서러움을 해소시켜 주었다. 최근 들어 더욱 다양해지고 있는 가족형태에도 적합한 방향으로 법개정이 이루어졌다. 1~2인가구의 증가, 이혼 및 재혼 가정의 증가 등 다양한 가족이 출현하고 있는데, 1인 1적제도는 개인별 신분등록제도이므로 가족형태에 영향을 받지 않기 때문이다. 또한 계량적으로 측정할 수는 없지만, 사회 곳곳에서 무의식적으로 이어져 오던 남성 우선적 관행들에도 균열이 일어나게 했을 것이다.

이런 구체적인 변화를 넘어서는 호주제 폐지의 보다 근원적인 의미는 우리 공동체의 작동 패러다임을 바꾸는 것이었다. 권위적이고 수직적인 가부장문화를 민주적이고 수평적 가치로 대체하고자 한 것이다. 2017년 현재, 호주제가 폐지된 지 12년이 흘렀다. 우리가 바라던 새로운 공동체적 가치는 얼마나 실현되고 있는 것일까.

호주제 폐지운동 일지

1997. 3. 9.	부모성 함께쓰기 선언
1999. 1.	호주제 폐지운동, 여성연합의 1999년 주요 사업으로 설정
1999. 4. 26.	'현행 호주제도의 문제점과 대안마련을 위한 토론회'
1999. 5.	여성연합 호주제폐지운동본부 발족
1999. 7~12	전국 50여 단체에서 '호주제 불만 및 피해 사례 신고전화' 운영
2000. 1.	호주제 폐지운동을 여성연합의 2000년 중점 사업으로 설정
2000. 9. 22.	'호주제 폐지를 위한 시민연대' 발족(현재 137개 단체로 구성)
	호주제 폐지에 관한 청원
2000. 9. 25~29.	호주제 폐지를 위한 집중서명운동주간 선포 및 거리서명전
2000. 11. 28.	호주제 위헌소송 제기
2001. 4.	서울지방법원 북부·서부 지원, 호주제 관련조항 위헌심판제청 결정
2001. 5.	UN 경제·사회·문화적 권리위원회, 한국정부에 '호주제' 우려 표명
2001. 7.	딸사랑아들사랑 문화 한마당 개최
	방송인 백지연, 최병모 변호사 평등가족 홍보대사 위촉
2002. 5. 15.	제2차 호주제 위헌소송 제기
2002. 9.	탤런트 권해효, 개그우먼 김미화 평등가족 홍보대사 위촉
2002. 9~10.	호주제 폐지 평등가족 만들기 전국순회 캠페인 개최
2002. 10. 23.	'21세기가족의 전망과 호적제도 개선방안에 대한 토론회'
2003. 3.	국가인권위원회, '호주제의 위헌성에 대한 의견' 헌법재판소 제출
2003. 5~6.	호주제 폐지 범국민캠페인 및 길거리토론회
2003. 5. 27.	호주제 폐지를 위한 민법중개정법률(안) 의원발의 추동 호주제 폐지 272 발족 기자회견
2003. 5. 28.	호주제 폐지를 위한 법조계와 법학계 선언
2003. 6. 15.	호주제 폐지를 지지하는 문화예술인 선언 기자회견
2003. 7.	호주제 폐지 1만인 선언

2003년 7월 22일
호주제 폐지 국회통과 촉구 결의대회

2003년
호주제 폐지 평등가족 실현
시민한마당

평등가족 홍보대사 권해효씨
국회 앞 1인시위

2003. 9. 20.	호주제 폐지, 평등가족 실현 시민한마당 개최
2003. 11. 19.	호주제폐지이동사무실 개소 및 호주제 찬반질의서 국회전달 기자회견
2003. 11. 19~12. 12.	호주제 폐지 국회 앞 1인시위
2003. 11. 20~12. 17.	호주제 폐지 촉구 시민사회·노동 단체 릴레이성명서 발표
2004. 6. 3.	민법중개정법률안(정부안) 17대 국회제출
2004. 9. 9.	민법중개정법률안(이경숙 의원 대표 발의안) 국회제출
2004. 9. 14.	민법중개정법률안(노회찬 의원 대표 발의안) 국회제출
2004. 12. 3.	호주제 연내 폐지를 위한 시민사회 원로 및 대표 선언
2004. 12. 28.	국회 법사위, 2005년 2월에 호주제 폐지법안 처리키로 여야합의
2005. 1. 10.	대법원, 새로운 신분등록 대안으로 '혼합형 1인1적 가족부' 제시
2005. 1. 26.	법무부, 새로운 신분등록 대안으로 '본인을 기준으로 한 가족기록부 형태' 제시
2005. 2. 3.	헌법재판소, 호주제 헌법불합치 결정
2005. 3. 2	국회 본회의, 호주제 폐지를 골자로 한 민법중개정법률안 통과

2
'차별'을 통한 '보상'은 있을 수 없다: 군가산점제 폐지운동

이한본(변호사)
김수희(여성연합 활동가)

군가산점제는 1999년 12월 23일 헌법재판소의 위헌결정으로 사실상 사망선고를 받았지만, 18년이 지난 지금까지도 이를 부활시키고자 하는 시도가 끊임없이 이어지고 있다. '제대군인에 대한 보상'이라는 명목으로 실행된 군가산점제는 의무복무에 대해 국가가 지불하는 보상인 것처럼 보이지만 실상은 그렇지 않다. 군가산점제는 국가가 별도의 예산투입 없이 여성과 장애인, 병역면제자, 대체복무자 등 군 미필자를 차별함으로써 제대군인에게 혜택을 주는 제도이다. 즉 국가가 지불해야 할 비용을 여성이나 장애인 등 군 미필자의 기본권을 제한함으로써 그들이 받게 될 차별의 피해만큼을 극소수의 군필자에게만 돌려주는 차별적인 제도인 것으로, '손 안 대고 코 푸는 격'이라는 비판에서 자유로울 수 없다.

더구나 이 제도는 제대군인 전체에 대한 실질적이고 보편적인 보상이 아니라 매우 소수만이 혜택을 받을 수 있는 '상징적인 허울'에 불과하다. 그럼에도 불구하고 관련당국과 일부 국회의원들은 제대군인 전체에 대한 실질적인 보상과 대안을 고민하기보다, 1999년 헌재의 위헌결정 이후 십수년째 선거시기마다 표를 얻기 위한 수단으로서 이 '상징적 보상'에 매달려 사회적 갈등을 부추기고 있다.

한국여성단체연합(이하 '여성연합')은 여성·장애인·시민 단체들과 함께 1961년부터 시행해 오던 군가산점제의 폐지를 줄곧 요구했고, 1990년대 들어 본격적인 폐지활동을 펼친 결과 1999년 헌재의 위헌결정을 이끌어내는 쾌거를 거두었다. 여성연합은 "[군가산점제에 대한] 위헌판결은 지난 20세기 여성운동의 피땀 어린 노력이 결국 승리했음을 알리는 상징적인 사건"이라며 "헌재의 판결문은 여성운동의 논리가 우리 사회 내에서 그 합리성을 인정받았음을 천명하는 선언문과 같았다"[1]고 평가했다.

당시 여성연합은 군가산점제가 여성만의 문제가 아니라 시민사회 전체가 주목해야 할 평등권의 문제임을 명확히 했다. 이에 여성단체뿐만 아니라 장애인단체, 청년단체, 법조인 등 다양한 세력들과의 전사회적 연대를 구축함으로써 이 문제가 남녀 성대결로 수렴되는 것을 막고자 애썼다. 하지만 헌재의 위헌판결 이전부터 군가산점제 폐지운동을 둘러싸고 여성연합을 비롯한 여성단체에 대한 남성들의 공격은 이미 시작되고 있었다. 여성연합의 기록에 따르면 "위헌판결 직후부터 여성단체에 전화를 걸거나, 사이버공간에서 남성들의 폭언과 협박성 발언이 밀려들었고, 심지어 사이버상에 여성단체 폭파조직이 결성되는 지경까지 이르렀다. 합리적 의사소통의 가능성은 어디에서도 발견되지 못한 채, 여성 및 여성운동에 대한 극단적 폭언과 매도가 2000년 벽두 신문을 장식했다."[2]

남성들의 이러한 공격에 언론은 비판은커녕 오히려 한몫 거드는 태도를 보였다. 당시 대부분의 언론은 군필자 보상에 더 초점을 맞추는 편파적 보도를 쏟아내며 군가산점제 문제를 남녀의 성대결로 몰아갔다. 당시 신문 기사와 사설을 분석한 글[3]을 살펴보면 "각 신문은 가산점제도의 문제와 찬반여론 내용을 심층 분석한다든가, 평등권 실현을 강조한 헌재판결의 의미 등 이번 판결을 계기로 짚어 보아야 할 의제들에 접근하지 못했으며, 남녀 성대결을 부추기는 보도, PC통신 여론을 인용한 흥미성 보도에 치중하는 태도를 보였다. 대안을 모색하는 경우도 근시안적 대책에 급급하여 진정한 평등권 실현을 위한 대책마련에는 미치지 못했다"고 비판하고 있다.

또한 언론은 군가산점제 문제가 등장할 때면 이른바 '남성을 대표하는 논객'과 여성단체 대표를 대결구도로 세워놓고 흥미 위주의 소모적인 논쟁을 이어갔다. 당시 텔레비전 토론회에 출연했던 군가산점제에 찬성하는 한 남성논객은 군필자들의 영웅으로 추앙받았지만, 반대편에 선 여성연합 대표는 온라인상에서 남성들로부터 심각한 인신공격을 받아야 했다. 최근까지도 당시 텔레비전에 출연했던 여성연합 대표는 여성혐오를 일삼는 극우사이트에서 '신상이 털리는' 등의 피해를 입은 바 있다. 여성연합은 이러한 남녀 성대결의 프레임에서 벗어나고자 군가산점제와 관련한 토론회에 남성변호사를 추천하는 등 전략을 바꿔 대응하기도 했으나, 2015년 군가산점제 관련(군복무자 보상제도) 공청회에서 여성연합이 추천한 남성변호사가 관련당국에 의해 일방적으로 제외되는 부당한 일을 겪기도 했다.

헌재의 위헌판결 직후부터 정치권은 남성들의 반발여론을 등에 업고 '국가봉사경력 가점제'라는 이름으로 사실상 군가산점제를 존치시키려는 꼼수를 부렸다. 이후 최근까지도 선거 때마다 남성들의 표를 의식한 정치권의 군가산점제 부활시도는 계속 이어지고 있다. 심지어 군대 내 가혹행위나 총기사건 등이 일어날 때마다 내놓은 병영문화 혁신과제에도 군가산점제 부활은 빠지지 않고 등장한다. 징병제가 갖고 있는 근본적인 문제를 해결할 생각은 않고 실효성도 없는 허울뿐인 가산점제에 매달려 여론을 호도하고 있는 것이다.

1) 군가산점제의 기본권 침해

(1) 군가산점제 위헌소송까지, 그 배경

군가산점제는 1961년 제정된 '군사원호대상자임용법'에서 처음 도입한 제도로 이후 '국가유공자예우 등에 관한 법률'에 규정되었다가 1997년 12월 제정된 '제대군인 지원에 관한 법률'(1998. 7. 1. 시행) 제8조에 규정됐다. '제대군인 지원에 관한 법률'에는 취업보호실시기관⁴의 채용시험에 제대군인이 응시하는 경우 필기시험의 각 과목별 득점에 과목별 만점의 5퍼센트의 범위 안에서 대통령령이 정하는 바에 따라 가산하는 내용이 명시되어 있다. 또한 시행령에 따라 2년 이상 복무한 제대군인에게는 5퍼센트, 2년 미만 복무한 제대군인에게는 3퍼센트의 가산점을 부여했다.

당초 군가산점제는 제대군인이 군복무 기간중 겪은 개인적 희생과 사회적 기회상실을 국가적 차원에서 보상한다는 취지에서 도입됐으나, 가산점 비율이 너무 높아 여성을 비롯한 군 미필자의 공직진출을 지나치게 제한하는 결과를 초래하게 됐다. 이에 여성연합을 비롯한 여성계는 군가산점제의 폐지를 꾸준히 요구해 왔다.

군가산점제 논란의 시작은 1994년 이화여대 교수와 학생들 2006명이 청와대, 총무처 등에 낸 7급·9급 공무원 채용시험에 '군복무 가산점제도 폐지'를 청원[5]하면서부터이다. 이대생들의 청원 이후 고충처리위원회(국민권익위원회의 전신)는 군가산점제의 비율을 낮추는 조정안을 만들어 여성연합에 검토를 의뢰했다. 당시 여성연합은 군가산점제의 완전폐지를 주장했지만, 일단 단계적인 하향조정도 일정 정도 진전이라고 판단했다. 이때부터 본격적인 논의에 들어간 여성연합은 '민주사회를 위한 변호사모임'(이하 '민변')과 협의해 군가산점제 폐지를 위해 위헌소송을 추진하기로 했다. 군가산점제의 위헌요소는 명확했지만, 대중 캠페인이나 토론회 등은 기득권층의 저항이 심할 것이라고 판단했기 때문에 소송을 통한 폐지로 운동의 방향을 잡은 것이다.

이후 1997년 12월 '제대군인 지원에 관한 법률'이 제정되고, 1998년 7월 병무청은 "군 또는 공익근무요원 소집복무 등 병역의무 복무기간을 실제 근무기간으로 인정하는 호봉승급을 의무화"하는 것을 골자로 한 병역법 개정안을 마련했다. 이에 여성연합은 한국여성단체협의회와 함께 정부안에 반대입장을 표명하고, 반대여론화

작업을 진행해 결국 같은 해 10월 병역법 개정을 유보하겠다는 국무총리 산하 규제개혁위원회의 결정을 이끌어냈다.[6]

여성연합은 1998년 헌법소원 준비모임을 거쳐 그해 10월 장애우권익문제연구소, 한국여성단체협의회 등과 협력해 조○○ 외 5인의 명의로 '제대군인 지원에 관한 법률' 제8조 1항 등 위헌확인 소송을 청구했다. 1999년 한 해 동안 여성연합은 군가산점제의 위헌판결을 위해 3·8여성대회와 여성노동자대회 등에서 서명운동을 펼치는가 하면, 한국여성민우회 '희망선언' 그리고 장애인실업자연대, 이화여대 여성위원회 등과 함께 '군가산제폐지 연석회의'를 구성해 적극적으로 폐지운동을 전개했다. 7급·9급 공무원 시험장 앞에서 수험생을 대상으로 군가산점세의 부당성을 홍보하고, 헌법재판소의 조속한 심의를 촉구하는 서명운동을 전개했다. 또한 진보네트워크, 천리안, 나우누리 등의 인터넷을 통해 군가산점제 피해사례를 수집하기도 했다.[7]

(2) 헌법재판소의 군가산점제 위헌결정[8]

1998년 10월 19일 공무원시험을 준비중이던 이화여대 졸업생 1명, 재학생 4명과 역시 공무원시험을 준비하고 있던 신체장애가 있는 연세대학교 4학년 남학생 1명의 명의로 '제대군인 지원에 관한 법률' 군가산점 조항에 대해 헌법소원을 제기했다. 이들은 헌법상 보장된 자신들의 평등권, 공무담임권, 직업선택의 자유를 침해받고 있다고 주장했다.

이에 헌법재판소는 다음해인 1999년 12월 23일 헌법재판관 전원일치 의견으로 군가산점제 조항에 대해 위헌결정을 내렸다. 헌법재판소는 제대군인 가산점제도가 헌법이 특별히 금지하고 있는 여성에 대한 차별이며, 여성 및 장애인 등 제대군인이 아닌 사람에 대해 취업기회 자체를 박탈하고 있어 차별 취급의 적합성이 인정되지 않고, 또한 채용시험의 합격 여부에 끼치는 영향이 너무나 커 차별로 인한 불평등의 효과가 극심함으로 해서 차별 취급의 비례성도 상실하였다고 판단했다. 헌법재판소가 국가유공자 등에 대한 가산점제도와 달리 제대군인 가산점제도에 대해 위헌선언을 할 수 있었던 것은 가산점제도 자체가 여성 및 장애인 등 제대군인이 아닌 사람을 차별하는 제도로 인정했기 때문이다. 즉 제대군인 지원이라는 입법목적 달성을 위해 우리 헌법이념 및 전체 법체계가 금지하는 여성 등 사회적 약자에 대한 차별 유발은 정책수단으로서의 적합성과 합리성을 상실한 조치라는 것이다. 위헌결정에 대한 구체적인 근거를 살펴보면 다음과 같다.

제대군인 지원에 관한 법률의 헌법근거 유무

헌법 제39조 제1항은 국방의 의무를 국민에게 부여하고 있을 뿐 그 의무이행에 대한 보상을 규정하고 있지 않으며, 헌법 제39조 제2항은 병역의무 이행으로 인한 불이익한 처우만 금지하고 있을 뿐 제대군인에 대한 적극적 보상조치를 규정하고 있지 않다. 제대군인은 헌법 제32조 제6항에서 우선적으로 근로의 기회를 보장받는 "국가유공자, 상이군경 및 전몰군경의 유가족"에 해당하지 않으므로 헌법상으로 가산점제에 대한 근거를 찾을 수 없다.

평등권

전체 여성 중의 극히 일부만 제대군인에 해당될 수 있는 반면, 남자의 대부분은 제대군인에 해당하므로 가산점제도는 실질적으로 '성별에 의한 차별'이다. 가산점을 받을 수 있는 현역복무 여부는 병역의무자의 의사와 관계없이 징병검사의 판정결과, 학력, 병력수급의 사정에 따라 정해지는 것이다. 따라서 가산점제도는 현역복무나 상근예비역 소집근무를 할 수 있는 신체 건강한 남자와 그렇지 못한 남자, 즉 병역면제자와 보충역 복무를 하게 되는 사람을 차별하는 제도다.

가산점제도는 수많은 여성들의 공직진출이라는 희망에 걸림돌이 되고 있으며, 공무원 채용시험의 경쟁이 매우 치열하고 합격선도 평균 80점을 훨씬 웃돌고 있어 불과 영점 몇 점 차이로 당락이 좌우되는 것이 현실이다. 이런 상황에서 각 과목별 득점에 과목별 만점의 5퍼센트 또는 3퍼센트를 가산함으로써 합격 여부에 결정적 영향을 끼쳐 가산점을 받지 못하는 사람들을 6급 이하의 공무원 채용에서 실질적으로 거의 배제하는 것과 마찬가지의 결과를 초래하고 있다.

또한 제대군인에 대한 이러한 혜택을 몇 번이고 아무런 제한 없이 부여함으로써 한 사람의 제대군인을 위해 몇 사람의 비(非)제대군인의 기회가 박탈당할 수 있게 하는 등 차별 취급을 통하여 달성하려는 입법목적의 비중에 비해 차별로 인한 불평등의 효과가 극심하므로 가산점제도는 차별 취급의 비례성을 상실하고 있다.

공무담임권

헌법 제25조의 공무담임권 조항은 모든 국민이 누구나 그 능력과 적성에 따라 공직에 취임할 수 있는 균등한 기회를 보장하고 있다. 공직자 선발에 능력을 바탕으로 한 선발기준을 마련하지 않고 해당 공직이 요구하는 직무수행 능력과 무관한 요소를 기준으로 삼는 것은 국민의 공직취임권을 침해하는 것이다. 제대군인 지원이라는 입법목적은 예외적으로 능력주의를 제한할 수 있는 정당한 근거가 되지 못하는데도 불구하고, 가산점제도는 능력주의에 기초하지 않고 성별, "현역복무를 감당할 수 있을 정도로 신체가 건강한가"와 같은 불합리한 기준으로 여성과 장애인 등의 공직취임권을 지나치게 제약하고 있다.

2) 지속적인 군가산점제 부활시도와 여성연합의 대응

군가산점제에 대한 헌법재판소의 위헌판결은 여성운동이 전사회적 연대를 구축해 끈질기게 싸워 얻어낸 성과다. 여성연합을 비롯한 여성운동 진영은 허울뿐이나마 상징적인 보상에 기대왔던 군필 남성들의 박탈감에서 비롯한 무차별적 공격을 받아내면서도 우리 사회의 평등권 신장에 기여한 위헌판결을 환영했다.

하지만 정치권은 달랐다. 정치권은 헌재의 위헌판결 이후 반발여론이 일자 즉시 군가산점제 부활을 예고하고 나섰다. 위헌판결이 난 지 채 며칠이 지나지 않은 2000년 1월 초 당시 여당이었던 새

정치국민회의는 제대군인 가산점제도를 국가봉사경력 가점제로 변경한 '제대군인에 대한 가산점제도 개선방안'[9]을 발표했다. 사실상 가산점제도를 존치하겠다는 것이었다. 이 같은 새정치국민회의의 발표에 여성연합은 즉각 각 언론사와 국민회의 정책위 의장, 대통령직속여성특별위원회, 국회 여성특별위원회에 반대입장을 발송하고, 임채정 국민회의 정책위 의장과의 면담을 통해서 반대의 뜻을 전했다. 여대생들도 국민회의의 개선방안에 대해 자발적 항의시위를 하며 반발했다.

이후 국방부를 비롯한 정부당국과 여당 중심의 국회의원들은 '위헌의 소지를 줄였다'며 끊임없이 군가산점제 부활안을 끄집어냈다. 가산점의 퍼센트를 줄이거나, 가산할 수 있는 국가봉사 경력을 남녀 모두에게 개방하는 등의 변주를 계속했지만 가산점제의 본질을 뒤집진 못했다. 군가산점제도는 그 자체가 위헌이기 때문에 가산점 비율을 다소 줄이거나 '보상점'이라는 용어로 대체한다 하더라도 여전히 위헌일 수밖에 없는 것이다.

또한 군가산점제, 군복무자 보상제도가 제대군인에게 가산점, 보상점수를 부여하는 방식을 위해 여성과 장애인의 기본권을 침해하면서도 제대군인 전체를 볼 때는 별다른 실효성이 없다는 것이 이 제도의 큰 문제점이다. 한 해 평균 제대하는 의무복무 군인은 대략 25만여 명 정도이고, 해마다 정부와 지방자치단체에서 선발하는 7급·9급 공무원은 최대 4천여 명으로 추산된다. 군복무자 보상제도가 10퍼센트의 상한선을 제시한다면 제대군인이 최대한의 수혜를 본다고 하더라도 해마다 400여 명의 제대군인만 보상점수의 혜택을

받게 된다. 이는 전체 제대군인의 0.16퍼센트에 불과한 수치로, 제대
군인에 대한 실질적인 혜택이라고는 보기 어렵다.

그럼에도 불구하고 헌법재판소의 위헌판결을 무력화시켜 헌
법정신을 위배하는 정치권의 군가산점제 부활시도는 십수년 동안
이어졌고, 발의된 법안들은 국회회기 때마다 통과하지 못하고 자동
폐기되는 수순을 밟았다.

(1) 17대 국회(2004. 5. 30~2008. 5. 29)

2005년 4월 주성영 한나라당 의원은 '제대군인 지원에 관한 법률'
개정안을 발의함으로써 군가산점제 부활논쟁에 다시금 불을 붙였
다. 주성영 의원의 발의안은 기존 5퍼센트인 가산점 비율을 3퍼센
트로 줄이고, 제대군인의 호봉이나 임금을 결정할 때 군복무기간을
근무경력에 포함하는 것을 선택조항이 아닌 의무조항으로 수정해
위반시 300만 원 이하의 과태료를 부과하도록 했다.

이에 여성연합은 여성·장애·시민사회 단체[10]들과 함께 국회에
제출한 공동의견서를 통해 "제대군인에 대한 합리적 보상책은 필요
하나, 비장애남성이 대부분을 차지하는 제대군인들에게 가산점의
형태로 보상 조치하는 것은 여성과 남성, 장애인과 비장애인 사이의
불평등을 더욱 악화시키는 결과를 초래한다"며 반대입장을 명확히
했다.

2007년 5월 28일에는 고조흥 한나라당 의원이 군가산점제
부활을 골자로 하는 '병역법 일부 개정법률안'을 입법 발의했다. 고
조흥 의원의 개정안은 과목별 득점 2퍼센트 범위 가산과 가산점제

로 인한 합격인원을 채용시험 선발 예정인원의 20퍼센트 이내로 제한했다. 고조흥 의원측은, 이 개정안은 가산점이 합격 여부에 미치는 효과를 대폭 축소했기 때문에 군필자와 미필자의 합격기회의 균등을 도모하고 여성 등의 공직취임 기회의 박탈을 최소화했다고 주장했다.

하지만 여성연합은 38개 여성·장애·시민사회 단체들과 함께 성명서를 내고 "가산점을 적게 부여했다 하더라도 여전히 당락에 영향을 미친다면 곧 평등권과 공무담임권, 직업선택의 자유권을 침해한다"고 반박했다. 실제 국방부의 시뮬레이션 결과[11] 7급 공채의 경우 군필 남성은 57명 증가하고 여성은 43명 감소하는 것으로 나타났다. 여성연합도 중앙인사위원회에서 제공한 2006년 7급·9급 성적누계표를 고조흥 의원이 발의한 법안으로 시뮬레이션을 적용해 보았다.[12] 그 결과 7급공무원의 경우 합격자수를 410명으로 했을 때 남성합격자가 295명(68.60퍼센트)에서 320명(78.05퍼센트)으로 12퍼센트인 35명이 늘어나고, 여성합격자는 135명(31.40퍼센트)에서 90명(21.95퍼센트)으로 33퍼센트인 45명이 줄어들었다.

또한 같은 해 7월 10일 정부가 내놓은 '병역제도 개선' 추진계획에 '사회복무제도 복무자에 대한 인센티브 부여방안'이 포함되어 군가산점제를 정당화시킬 수 있다는 우려를 낳았다. '사회복무에 대한 인센티브 부여'는 여성에게도 희망자에 한해 사회복무 기회를 부여함으로써 군가산점제의 평등권 침해논란을 피해 가려 한 것이었지만, 이는 평등권을 형식적이고 기계적인 측면에서만 해석한 것이었다. 여성연합은 7월 11일 성명을 통해 "취업을 준비하는 여성들에게 사회복무는 가산점을 받기 위해 필수적으로 거쳐야 하는 과정이 될 것"이라며 "우리 사회에 입직시 성차별이 존재한다는 점을 고려하면 사회복무제는 여성들에게 채용시 성차별이라는 불이익과 가산점을 얻기 위한 사회복무라는 이중의 짐을 부여할 가능성이 높다"고 입장을 발표했다.

(2) 18대 국회(2008. 5. 30~2012. 5. 29)

18대 국회에서도 군가산점제 부활시도는 계속됐다. 2008년 6월 김성회 한나라당 의원은 가점을 본인 득점의 2퍼센트로, 같은 해 7월 주성영 한나라당 의원은 가점을 본인 득점의 3퍼센트로 하는 '병역법 일부 개정법률안'을 발의했다. 국회 국방위원회는 2008년 12월 2일 군가산점 부활안의 가점범위를 2.5퍼센트로 조정해 통과시켰다.

군가산점제 부활에 대해서는 여성·장애·시민 단체뿐만 아니라 국가기관에서도 지속적으로 반대했다. 이 시기 법제처는 군가산점 부활안의 위헌요소가 제거되지 않아 도입이 부적절하다는 의견을 표명했고, 국가인권위원회 또한 군가산점 부활안이 소수자 차별 법안이라며 도입 부적절 의견을 밝혔다. 여성부/여성가족부 또한 군가산점 부활이 시도될 때마다 국방부 등 정부부처의 압박 속에서도 반대의견을 명확히 하며 대안을 고심했다. 국회 여성가족위원회는 국방위에 관련안건이 상정되면 여성가족부장관에게 확실한 반대입장을 표명할 것을 주문했고, 여성연합 또한 여성가족부의 정책자문협의회 등 관련 위원회에 참여해 군가산점제 부활저지를 적극적으로 요구했다. 여성연합은 18대 국회에서 지속되는 군가산점제 부활

시도에 대응해 국방위 소속의원들에게 안건 폐기요청 성명발송 및 전문가 워크숍(2008. 7. 25), 군가산점을 뛰어넘는 담론을 만들기 위한 집담회(2008. 8. 18) 등을 지속적으로 개최했다.

2010년 9월 3일 대통령직속 국가안보총괄점검회의는 이명박 대통령에게 군가산점제 재도입을 건의했고, 여성연합은 군인권센터와 함께 9월 10일 규탄 기자회견을 열었다. 다음해인 2011년 5월 19일 국방부는 '군복무에 대한 국가적 보상방안 설문조사' 결과를 발표하고 6월 국회통과를 목표로 한다며 군가산점제 재도입을 공언했다. 이에 여성연합은 민변, 군인권센터 등 36개 단체와 함께 "0.0004%[13] 제대군인만 혜택받는 군가산점제 대신 실질적인 제대군인 보상제를 실시하라!"고 성명서를 내며 대응했다. 2012년 1월 4일 국가보훈처도 대통령 업무보고에서 '군필자공무원채용할당제' 도입 계획을 발표하는 등 군가산점제 부활을 시도했으나 2012년 5월 18대 국회 임기만료로 관련법안들은 자동 폐기됐다.

(3) 19대 국회(2012. 5. 30~2016. 5. 29)

19대 국회에 들어서는 군장성 출신인 한기호 새누리당 의원이 가산점 비율을 2퍼센트, 가산점으로 인한 합격자를 20퍼센트로 제한하는 병역법 개정안을 발의(2012. 11. 27)[14]했으나 회기 내 통과되지 못하고 폐기됐다.

이후 2014년 12월 19일 민·관·군 병영문화혁신위원회는 병영문화 혁신과제 권고안을 제출했는데, 권고안에서는 '군 성실복무자 보상제도' 추진을 권고했고, 국방부는 이 내용을 그대로 받아들여

용어만 조금 수정해 '군복무자 보상제도'를 추진키로 했다. 이는 제
대군인에게 2퍼센트의 가산점을 합격자수 10퍼센트 이내, 1인에 5
회로 제한해 제공하는 사실상의 군가산점제였으나 반대여론에 부딪
혀 무산됐다. '윤일병 구타 사망사건'[15] '22사단 GOP 총기난사사건'
[16]을 계기로 출범한 민·관·군 병영문화혁신위원회는 군대 내 가혹행
위를 없애고 군대 내 인권감수성을 높이는 등 병영문화 전반을 바
꾸겠다는 호언장담이 무색하게도 고작 군가산점제 부활을 '혁신'이
라며 내놓은 것이다.

　　2015년 7월 24일 국회 군 인권개선 및 병영문화혁신 특별위
원회는 군 인권개선 및 병영문화혁신 과제의 조속한 이행촉구 결의
안을 결의하면서 대학장학생 선발시 군복무기간 가점부여제도를 포
함시켰다. 이에 여성연합은 KYC, 군인권센터, 민변 여성인권위원회,
참여연대, 한국장애인단체총연맹과 함께 "제대군인에 대한 가산점
을 통하여 제대군인이 아닌 사람에게 불이익을 준다는 점에서 본질
적으로 동일하다"는 의견서를 제출하고, 국회 공청회에 민변 변호사
를 추천했으나 국회에서 배제시켰다. 2016년에도 국방부에서는 '군
복무경험 학점인정 방안'을 주제로 공청회를 계획하고 여성연합에
참여를 요청했으나, 여성연합은 이에 응하지 않았다.

3) 아직 끝나지 않은 이야기

여성연합은 민변 여성인권위원회를 통하여 국회에 제출된 모든 개

정안에 대한 반대취지의 의견서를 제출하는 등 군가산점제도의 부활시도를 저지하는 데 총력을 다해 왔다. 동시에 여성연합은 여러 여성 및 국방 관련 정책연구원들과 함께 토론회를 여는 등 제대군인에 대한 보편적 보상책 마련을 위해 노력했다.

제대 전 취업준비 능력개발 훈련 프로그램 마련, 군복무자에 대한 연말정산 세제공제 등 보상책 수립, 취업시 연령제한 철폐, 부유층 등 병역기피자에 대한 조사와 처벌, 직업군인 비율 상향조정과 남녀 모두에 대한 기회확대 등을 정부에 요구했다. 또한 군복무기간중 국민연금과 의료보험 가입자격 유지, 연말정산시 세액공제, 세금바우처 등의 세금과 관련된 혜택뿐 아니라 직업교육 훈련, 취업보호, 창업지원, 전직지원, 교육지원, 의료지원 등의 구체적인 정책대안들을 제시하였다. 여성이나 장애인에 대한 차별을 초래하지 않으면서 제대군인들 대다수에게 혜택이 돌아갈 수 있는 다양한 지원정책 방안을 제시해 온 것이다. 이런 과정 속에서 군가산점제를 제외한 여러 대안들이 도출되고 논의되는 일정한 성과도 있었다.

여성연합의 군가산점제 폐지요구와 그에 대한 대안 제시는 남북분단 현실에서 징병제의 모순을 지적하고, 병영문화 전반의 변화를 요구하는 것이었다. 하지만 국방부 등 관계기관은 실제로는 예산을 사용하지 않는 전시행정을 위해서 지속적으로 군가산점제 또는 이와 유사한 보상제도의 도입에 대해서만 목소리를 높이고 있다.

군가산점제 폐지에 따른 대안마련에 대해서 여성계에서도 동일한 목소리를 내지는 못했다. 여성연합 내부에서도 군가산점제 폐지의 정당함을 알리고 부활을 막기 위해서는 대안을 제시해야 한다는 의견과, 잘못된 것을 바로잡고 정당한 권리를 요구했을 뿐인데 왜 여성계가 대안까지 마련해야 하느냐는 의견이 맞선 것이다. 하지만 남녀 성대결뿐만 아니라 아들을 군대에 보낸 어머니와 여성단체를 대척점에 놓는 여여대결 구도마저 생기는 분위기 속에서 여성연합은 군가산점제 위헌판결의 의미와 내용이 일반국민들에게 더 잘 받아들여질 수 있는 운동전략이 필요했다. 좀더 다양한 계층의 사람들을 설득하기 위해서는 전략적 대응이 필요하다는 판단하에 대안을 제시하기로 한 것이다.

아직도 군가산점제 부활논쟁은 여전히 진행형이다. 남북분단으로 인한 징병제가 존재하고, 남성만 징병의 대상이 되는 현실적 조건이 문제의 원인이 되고 있다. 이러한 현실적 조건이 변하지 않는 한 군가산점제는 언제든 되살아날 수 있는 불씨이며, 우리의 싸움은 끝나지 않을 것이다. 허울밖에 없는 보상안을 두고 소모적인 논쟁을 벌이는 대신 제대로 된 병영문화 개혁, 일상 속에 자리 잡은 군사주의 문화 타파, 나아가 분단극복을 위한 평화운동이 이러한 현실을 바꿔나가는 대책이 될 것이다.

주

1) 김기선미(여성연합 노동담당 간사), 「국가봉사경력가점제의 문제점과 대안」, 『한국여성단체연합소식』 23호, 2000. 1/2월호.

2) 같은 글.

3) 이지혜(민주언론운동시민연합 간사), "사회적 약자의 목소리 외면한 군필자 가산점 문제 보도: 경향, 대한매일, 동아, 중앙, 조선, 한겨레, 한국," 여성·시민 단체 및 전문가 간담회 "군가산점 논쟁, 어떻게 풀 건인가?" 2000. 2. 9.

4) 국가기관, 지방자치단체, 군부대 및 국공립학교, 일상적으로 1일 20인 이상을 고용하는 공·사 기업체 또는 공·사 단체, 사립학교가 그 대상이 되나 대통령령이 정하는 제조업체로서 200인 미만을 고용하는 기업체는 제외됨.

5) "군가산점제 위헌판결, 불붙은 논쟁의 시작," 『여성신문』 2004. 2. 20.

6) 정강자, "제대군인 가산점제도의 문제점과 대안에 관한 제언," 여성·시민 단체 및 전문가 간담회 "군가산점 논쟁, 어떻게 풀 건인가?" 2000. 2. 9.

7) 같은 글.

8) 헌법재판소, 제대군인 지원에 관한 법률 제8조 제1항 등 위헌확인(1999. 12. 23. 98헌마363 전원재판부).

9) 가산점 적용대상을 군복무 및 대통령령이 정하는 사회복지시설 등의 봉사경력이 있는 남녀가 공무원 및 공공기관 취업시 총점의 3퍼센트 범위 이내에서 가산점을 적용하도록 하는 내용(예: 1개월당 0.1퍼센트). 이 경우 당시 공무원시험을 준비하는 여성들은 군필자와 동일한 가산점을 받기 위해 최대 30개월(군필자 가산점 3퍼센트 이내와 대비)의 사회봉사활동부터 수행해야 할 형편이었다. 실제 가산점이 당락에 결정적인 영향을 끼친다는 것이 이미 증명된 상태에서, 사회봉사활동을 통한 가산점의 취득은 공무원시험의 합격을 위한 필수절차가 될 수밖에 없었다. 한국여성단체연합, "집권여당의 국가봉사경력 가점제 신설방안에 대한 한국여성단체연합의 입장" 2000. 1. 7.

10) 장애우권익문제연구소, 전쟁없는세상, 평화를만드는여성회, 평화인권연대, 한국여성노동자회협의회, 한국여성민우회, 한국여성장애인연합, 한국장애인단체총연합회.

11) 국방부, 「가산점 적용시 합격률 변동 예측자료」(국회 국방위원회 제출). 본인 득점의 2퍼센트를 가산점으로 부여하고 가산점으로 인한 합격인원을 20퍼센트 이하로 제한했을 경우, 7급 공채에서 군필 남성은 현재 54.9퍼센트(236명)에서 68.1퍼센트(294명)로 57명 증가하고 여성은 현재 31.4퍼센트(135명)에서 21.4 퍼센트(92명)로 43명 감소한다. 이와 같이 군가산점제 적용결과, 군필과 미필을 합친 7급 공채시험 전체 남성의 합격자 비율은 현재 68.6퍼센트에서 78.6퍼센트로 증가하는 반면, 현재 여성합격자의 31.9퍼센트에 이르는 43명이 군가산점제로 인해서 불합격 처리된다. 또한 9급 공채시험의 경우, 군필 남성은 현재 합격률 32.9퍼센트(283명)에서 가산점 적용 후 44.1퍼센트(379명)로 96명 늘어나고 여성은 현재 58.8퍼센트(505명)에서 49.1퍼센트(422명)로 83명 줄어든다. 즉 군가산점제 적용결과 군필과 미필을 합친 전체 9급 공채시험 남성의 합격자 비율은 현재 41.2퍼센트에서 50.9퍼센트로 증가하는 반면, 현재 여성합격자의 16.4퍼센트를 차지하는 83명이 군가산점제로 인해 불합격 처리될 것으로 예상됐다. "군 가산점제 국회 국방위원회 법안심사소위 통과에 대한 여성·장애·시민사회 단체 성명서" 2007. 6. 23.

12) 여성연합은 고조흥 의원의 '병역법 일부개정 법률안'에 대한 효과를 알아보고자 중앙인사위원회에서 제공한 2006년 7급·9급 공무원 시험결과 누계표를 바탕으로 시뮬레이션을 적용해 보았다. 적용결과 9급 공무원의 경우 남성합격자가 354명(41.21퍼센트)에서 482명(56.84퍼센트)으로 원래 합격자의 36퍼센트인 128명이 늘어났다. 반면 여성합격자는 505명(58.79퍼센트)에서 366명(43.16퍼센트)으로 원래 합격자의 28퍼센트인 139명이 감소했다.

13) 2011년 5월 현재, 국방부가 주장하는 군가산점제 가점비율인 2.5퍼센트 기준을 2009년 국가공무원 공개경쟁 채용시험 결과를 바탕으로 적용한 시뮬레이션 결과, 여성의 합격비율이 7급 공채의 경우 41.3퍼센트에서 28.4퍼센트로, 9급 공채의 경우 56.0퍼센트에서 37.5퍼센트로 크게 떨어졌다. 또한 매년 25만 명 상당의 제대군인 중 군가산점제로 혜택을 받는 남성은 110명(7급 47명, 9급 63명)으로 0.0004퍼센트에 불과했다. 응시인원으로 볼 때, 전체 7만 1056명(7급 1만 8263명, 9급 5만 2793명)의 응시생 중 0.28퍼센트만 혜택을 받았다.

14) 한기호 의원의 법안을 기준으로 군가산점을 적용해 2010년 공무원 채용시험을 기준으로 안전행정부가 시뮬레이션을 실시한 결과, 7급 공채(일반행정 필기시험 합격인권 222명, 합격선 89.57점)에서 법안처럼 득점의 2퍼센트를 가산점으

로 적용하면 남성합격자 수는 113명(50.9퍼센트)에서 139명(62.6퍼센트)으로 늘어나 26명(11.7퍼센트포인트 상승)이 늘어날 것으로 추산된다. 반면 여성합격자는 현행 109명(49.1퍼센트)에서 83명(37.4퍼센트)으로 줄어 26명(11.7퍼센트포인트 하락)이 줄어든다. 9급 공채 2010년 필기시험 합격자 286명, 합격선 80.5점을 기준으로 적용해 보면, 남성합격자 수는 133명(46.5퍼센트)에서 160명(55.9퍼센트)으로 27명(9.4퍼센트포인트 상승) 늘어나는 결과가 나온다. 반면 여성합격자 수는 153명(53.5퍼센트)에서 126명(44.1퍼센트)으로 후퇴, 27명(9.4퍼센트포인트 하락)이 줄어들게 된다. "'군가산점제 법안', 거품 빼고 보자," 『여성신문』 2013. 10. 17.

15) 2014년 4월 7일 경기도 연천군에 있는 육군부대 의무대 내무반에서 윤모 일병이 선임병 4명과 초급 간부에게 지속적으로 폭행당해 사망한 사건이다. 이들은 2014년 3월부터 윤 일병이 사망한 4월 7일까지 매일 손·발·군화·슬리퍼 등 다양한 방법으로 윤 일병의 전신을 구타했고, 성고문도 가했다. 선임병들은 파견병으로 온 윤 일병을 수시로 구타·고문해 의식을 잃게 만들었고, 4월 7일 집단폭행을 당하고 혼수상태에 빠진 윤 일병은 사망하기에 이르렀다. 위키백과.

16) 2014년 6월 강원도 고성군 육군 제22사단에서 임모 병장이 총기를 난사해 동료병사 등 5명을 살해하고 7명에게 중상을 입힌 사건. 임 병장은 평소 동료들로부터 따돌림을 받아오던 중, 경계근무 순찰일지에 자신을 조롱하는 그림이 그려져 있는 것에 격분해 범행을 저지른 것으로 알려졌다. 『파이낸셜 뉴스』 2016. 2. 19.

2008년 2월 12일
군가산제 부활안을 반대하는
여성장애인단체 공동기자회견

2010년 9월 10일
군가산점 부활반대 긴급기자회견

3
성주류화
(gender mainstreaming)

신상숙(서울대 여성연구소 객원연구원)

1) 성주류화의 등장과 도입배경

1990년대 이후 진보적 여성운동은 국가를 협상의 대상으로 삼아 여성의 정치·경제적 세력화와 인권신장을 도모하기 시작하였다. 이와 더불어 한국여성단체연합(이하 '여성연합')의 활동에서 각종 성평등 의제와 관련된 법·제도 개선활동이 차지하는 비중도 점차 늘어나게 되었다. 1995년에 베이징에서 개최된 유엔 제4차 세계여성대회는 여성연합이 국제적인 연대를 확장해 나가는 한편, 국내의 여성정책 전반을 아우르는 기본 청사진을 작성하고 정책추진의 제도적 기반을 마련하는 정책과정에 적극적으로 개입하여 의견을 개진할 수 있는 환경을 만드는 데 일조하였다.

이 세계여성대회에서 천명된 '성주류화'(gender mainstreaming) 전략은 여성정책기구와 정책추진체계의 변화를 촉진하고 정부와 여성단체들의 거버넌스(governance)를 활성화하는 데 기여하였다는 점에서 주목할 만하다. 성주류화 관련법제의 정비가 어느 정도 마무리된 후 등장한 이명박정부 아래서 여성운동은 시련을 겪게 되었고 보수정당의 집권이 장기화되면서 젠더 이슈가 주변화되고 여성정책에서 성평등의 이념이 후퇴하는 역설에 직면했다. 하지만 여성연합과 회원단체들은 지방분권화 시대에 걸맞은 성인지예산운동과 거버넌스의 구축으로 정책의 대안을 모색하고 성주류화 전략의 성과와 한계를 성찰하면서 새로운 도약을 모색하고 있다. 이 장에서는 여성정책과 추진체계에 성주류화 전략을 구현하기 위하여 여성연합이 펼친 그간의 활동궤적을 살펴보기로 한다.

(1) 1995년 베이징 세계여성대회와 성주류화

여성해방운동으로 표출된 지구촌여성들의 평등에 대한 열망은 국제기구의 반향을 얻게 되었고, 1972년에 유엔은 제27차 총회에서 만장일치로 1975년을 '세계여성의 해'로 제정하기로 결의하였다. 이후 유엔은 세계여성대회를 개최하여 여성발전의 목표와 전략을 제시하면서 그 이행을 촉구하고 과정을 점검하는 작업을 계속해 왔다. 그 출발점으로 1975년에 멕시코시티에서 '평등·발전·평화'를 주제로 개최된 제1차 세계여성대회에서는 1975~85년을 '유엔 여성 10년'으로 선포하고 선언과 행동계획을 채택하였다. 1980년에 덴마크 코펜하겐에서 열린 제2차 대회는 이 행동계획의 이행결과에 대한 중간점검의 성격을 지니고 있었으며, 1985년의 제3차 나이로비 세계여성대회에서는 유엔 여성10년을 결산하고 새로운 미래를 위한 전략의 필요성을 확인하였다.

1995년 베이징 세계여성대회는 두 가지 점에서 우리에게 특별한 의미를 지닌다고 볼 수 있다. 첫째, 이 대회가 선언과 함께 행동강령을 채택함으로써 여기에 반영된 '성주류화' 전략이 21세기 여성정책의 방향을 예고하는 화두가 되었다는 사실이다. 둘째, 1987년에 출범한 한국여성단체연합이 창립 이래 처음으로 세계여성대회에 참가하면서 성주류화에 관한 논의를 공유하게 되었다는 점이다.

베이징 세계여성대회 참가를 위한 여성연합의 준비작업은 대회에 앞서 수년 전부터 시작되었다. 여성연합은 여성해방을 위한 연대의 폭을 넓히고 국내 여성운동의 현황을 국제적으로 여론화하기 위해 1993년 2월에 '국제협력위원회'를 특별위원회로 설치하여 해외용 영문 뉴스레터를 발간하는 작업을 착수하였다. 또한 베이징 세계여성대회를 준비하기 위해 국내에서 '한국여성NGO위원회'가 조직되자, 여성연합의 상임대표가 공동의장 자격으로 참가한 것을 비롯해서 여성연합의 회원단체들은 이 위원회의 각급 구조에 결합하여 현지에서 진행될 NGO포럼을 비롯한 행사에 대비하였다. 이러한 준비과정을 거쳐 여성연합 회원단체 활동가 총 57명이 베이징을 방문하였는데, 대회의 공식행사에 참가해서 세계 각국의 여성들과 교류하면서 워크숍을 개최하는 등 적극적인 연대활동을 펼쳤다.[1] 베이징 세계여성대회 참가는 여성연합이 국제연대의 중요성을 인식하는 계기가 되었으며, 무엇보다 베이징선언을 공유하고 행동강령(Platform for Action)에 반영된 성주류화 전략의 문제의식을 접할 수 있었던

베이징 행동강령의 전략목표와 행동분야

A. 여성과 빈곤

B. 여성의 교육과 훈련

C. 여성과 보건

D. 여성에 대한 폭력

E. 여성과 무력분쟁

F. 여성과 경제

G. 권력 및 의사결정에서의 여성

H. 여성향상을 위한 제도적 장치

I. 여성의 인권

J. 여성과 미디어

K. 여성과 환경

L. 여자아동

것은 향후 활동을 뒷받침하는 중요한 경험이 되었다.

1995년에 채택된 베이징 행동강령에 의하면, '성주류화'란 정부와 공공기관의 모든 정책과 프로그램에 젠더 관점(gender perspective)을 고려하여 적극적이고 가시적인 변화를 촉진하는 전략을 뜻한다. 이처럼 제4차 유엔 세계여성대회에서 성주류화가 제시되고 행동강령의 전략목표와 12개 분야 전반에 걸쳐 강조된 배경에는 발전으로부터 소외된 여성만을 대상으로 삼았던 기존 여성정책의 한계를 벗어나 성별관계의 불평등을 야기하는 구조의 개선이 필요하다는 문제의식이 놓여 있었다.[2] 이것은 나이로비 세계여성대회 이후 여성정책의 무게중심이 여성발전(WID)에서 젠더발전(GAD)으로 이동한 정책 패러다임의 변화를 반영한 것이기도 하다. 즉 1995년 베이징 세계여성대회에서 공유된 '성주류화'란 젠더의 관점에서 여성정책을 재편할 수 있는 제도적 기반을 마련하고 수단을 확보하기 위한 이행전략이라고 할 수 있다. 비록 개념을 둘러싼 논란이 있을지라도, 성주류화는 이때부터 국내 여성정책의 핵심 어휘로 부상하기 시작하였으며, 여성운동이 중앙정부와 지자체의 정책현장에 적극적으로 개입할 수 있는 디딤돌이 된다.

(2) 여성연합의 성주류화 도입과정

베이징 세계여성대회를 통해 '성주류화'를 접했을지라도 여성운동의 협상력이나 국내의 정치·사회적 여건과 환경이 뒷받침되지 않았다면, 이러한 문제의식을 반영한 여성운동의 시도가 정책의 결과들로 구체화되기는 쉽지 않았을 것이다. 가령 '여성부'처럼 행정인력과 예산을 갖춘 독립적인 여성정책기구를 설치하는 것은 오래전부터 여성계가 요구하였으나 이루지 못한 숙원이었다.[3]

여성인권과 젠더평등을 중시하는 국제사회의 흐름, 1990년대 초 문민정부의 등장 이후 국민의정부와 참여정부로 이어진 국내정치의 추세, 지방자치제의 실시 등은 여성운동에 상대적으로 우호적인 환경을 조성하였다. 또한 영유아보호법, 성폭력특별법, 가정폭력방지법 등의 법 제정운동을 추진하면서 여성연합과 회원단체들은 정책역량 외에 사회적인 공신력과 영향력을 축적할 수 있었다. 그리고 무엇보다 각종 젠더의제의 해결을 위해 절실히 필요한 '여성의 정치세력화'라는 여성연합의 운동방향과 맞물려 시너지 효과를 가져올 수 있었던 조건이 성주류화를 위한 제도개혁에 힘을 실어준 것으로 평가할 수 있다.

1995년 9월에 대통령직속기구인 세계화추진위원회는 '여성의 사회참여 10대 과제'를 내어놓았다. 10대 과제는 여성의 사회참여 확대를 위해 육아와 가사활동의 부담을 사회가 분담하고, 공공부문부터 여성고용을 확대하며, 성차별적인 법체계를 정비한다는 내용을 담고 있었다. 이에 대해 여성연합은 같은 해 10월 11일 발표한 성명서를 통해 환영의 입장을 밝히는 한편, 여성부의 설치가 필요함을 역설하였다. 하지만 OECD 가입을 앞둔 정부와 여당은 이러한 요청을 묵살하고 여성계의 충분한 의견수렴을 거치지 않은 채, 여성발전기본법을 서둘러 제정함으로써 실망감을 안겨주었다.

1995년 세계여성대회의 베이징 여성행동강령은 21세기를 맞이하여 무엇보다 지속 가능한 발전과 보편적인 인권정신에 기초하여 남녀평등사회가 실현되어야 함을 확인시켜 주었다. 이처럼 고무적인 문제의식이 여성연합의 사업목표로 보다 뚜렷이 가시화된 것은 1997년이다. 여성연합은 1997년을 '여성의 정치적·경제적 주류화를 위한 도약의 해'로 선언하고 여성의 정치적·경제적 주류화를 중점 사업으로 선정하였다. 또한 당시 여성연합과 회원단체는 성주류화를 '여성정책의 주류화'로 접근하고자 하였다. 이는 "여성문제의 해결은 특정 영역에서만 다루는 것이 아니라 모든 분야의 국가경제 영역에서 중요하고 본질적으로 주류로 다루어져야 한다는 인식하에 모든 정책결정과정에의 여성의 참여 증진과 모든 정책결정과정에서의 성인지적 관점의 고려가 이루어져야 한다는 것이다. 나아가 실천적으로 여성이 사회의 주변부에 머물러서는 안 되고 사회의 중심부로 통합되어야 한다"는 것을 뜻한다.

이렇게 해서 여성연합은 1997년부터 정치·경제·복지 분야의 여성정책과 실천의 주류화를 위해 확보해야 할 최소한의 과제를 선정해서 정책개발 및 홍보선전활동을 전개해 나가는 한편, 2000년대까지 단계별로 목표를 설정해 추진해 나간다는 계획을 세웠다.[4] 즉 여성의 정치적·경제적 세력화를 바탕으로 여성정책을 주변의 위치에서 중심으로 진입시키는 것을 성주류화의 1차적인 과제로 상정했던 것이다.

한국사회에서 성주류화가 정착되는 과정은 이해의 편의상 세 단계로 나눠볼 수 있을 것이다. 첫째, 여성부의 신설을 비롯하여 성주류화를 실행할 여성정책 추진기구와 추진체계의 제도적 기반이 마련되기까지의 과정이다. 둘째, 여성부의 출범과 더불어 성인지예산제도와 성별영향평가, 성별분리통계와 같은 성주류화의 기법과 수단이 법제화됨으로써 성주류화 운동의 전문성이 높아지는 준비단계이다. 셋째, 성주류화가 지방정치와 지역사회 차원으로 파급되어 조밀한 협력체계를 형성하는 분화와 확산의 단계이다. 여성연합과 회원단체들의 성주류화 운동은 이 모든 정책현장에 걸쳐 있는 연합운동의 성격을 지닌다고 볼 수 있다.

2) 여성정책기구와 성주류화의 제도적 기반

(1) 여성정책 전담기구: 여성부의 탄생과 변화

여성부의 출범(2001)

우리나라의 여성정책 담당기구는 1946년 보건후생부의 부녀국이 그 효시라고 할 수 있는데, 정부수립 이후 변천을 거쳤음에도 그 정책이나 기구는 부녀정책과 이른바 '요보호'여성에 대한 잔여적 복지를 담당하는 것에 기능이 한정되어 있었다. 이처럼 주변화된 부녀복지로 인식되었던 여성정책이 보다 체계적인 틀 속에서 새롭게 모색되기 시작한 것은 1980년대이다. 1983년에 들어와서 국무총리 산하에 여성정책심의위원회가 설치되고 국책연구기관인 한국여성개발원(현 한국여성정책연구원)이 발족하여 활동을 시작하였으며, 1988년에는 정무(제2)장관실이 설치되어 그 업무의 일환으로 여성정책을 관장하게 되었다. 하지만 몇 차례 직제개정을 거치며 오랫동안 유지되었음에도 불구하고 정무장관(제2실)은 여성정책의 수행이란 면에서 주어진 한계를 벗어나기 어려웠다.

여성연합이 1995년에 김영삼정부가 '여성의 사회참여 10대 과제'를 내어놓을 당시부터 '여성부'의 설치를 주장한 이유는 정무장관 체계의 이런 한계 때문이었다. 또한 "어느 한 부서이기보다 조정 기능을 갖는" 컨트롤타워 역할을 함으로써 성주류화를 실천할 수 있는 정책기구가 필요하다는 문제의식이 그 바탕에 깔려 있었다.[5] 여성연합을 비롯한 여성계는 대선을 앞두고 후보들의 정책공약을 검증하는 과정에서 다시 여성정책을 전담하는 부서의 신설을 요구

하였다.[6]

　　IMF 금융위기 사태의 환란 속에서 출범한 김대중정부는 여성정책의 주류화를 공약으로 약속한 후보가 당선된 결과라는 면에서 여성단체들의 기대감을 높여주었다. 국민의정부가 출범하면서 정무장관(제2실)이 폐지되고 정부조직법 제18조 제3항에 의거하여 대통령직속여성특별위원회(1998. 2. 28)가 설치되어 여성정책에 대한 종합적인 기획 및 조정의 사무를 관장하게 되었다. 또한 이듬해 1999년에 남녀차별 금지 및 구제에 관한 법률이 제정·시행됨으로써 우리 사회의 모든 영역에서 성별로 인한 차별과 성희롱의 피해를 구제할 수 있게 되었다. 그런데 대통령직속여성특별위원회는 조직·기능·인력·예산 등에 비추어볼 때, 여성정책기구로서 분명한 한계를 안고 있었다. 입법권과 집행권이 부여되지 않았으며, 국무회의에서 의결권도 제한되는 까닭에 조직으로서 제 기능을 발휘하기 어려웠기 때문이다.

　　이런 문제점을 인식한 여성연합은 여성부 설치운동에 박차를 가하였고, 마침내 정부조직법의 개정으로 2001년 1월 29일 독자적인 '여성부'가 출범하였다. 이것은 여성정책사에 한 획을 긋는 역사적인 순간이었으며, 여성연합은 물론 여성계 전체가 이를 환영하였다. 여성부의 신설은 여성정책의 주류화라는 공약의 실현이라는 점에서 김대중정부의 최대 성과라고 평가될 수 있을 것이다. 그러나 신생 조직인 여성부는 소규모의 '미니부처'(1실 3국 11과 정원 102명)로서 여성정책의 기획·종합, 남녀차별의 금지 업무 등을 수행하였기에 인력이나 예산 면에서 매우 열악한 상황에 놓여 있었다.[7]

'여성가족부'로 개편: 보육·가족 정책의 통합을 둘러싼 논란

　노무현 대통령의 참여정부 들어와서 여성부는 2004년에 보건복지부로부터 영유아보육 업무를 이관받아 규모가 다소 커졌다(1실 4국 1관 14과). 그리고 2005년 6월 23일에 가족업무가 여성부로 이관되어 '여성가족부'(1실 4국 2관 19과, 정원 150명)로 거듭나게 되었다. 여성연합이 여성부의 출범 당시부터 영유아보육 업무의 이관이 필요하다고 판단한 데는 여러 가지 이유가 있었다. 성별분업에 고착되기 쉬운 기존의 보육·가족 정책을 그대로 놓아둔 채 성평등을 실현하기란 어렵고, 보육의 공공성 확대라든가 일·가정 양립의 실현이 요원하다는 것이 가장 큰 이유였다. 또한 독립부서의 형식을 취하고 있으나 정부부처의 통폐합 압력에 늘 시달릴 수밖에 없는 여성부의 위상이 그다지 견고하지 않았던 사정도 고려하지 않을 수 없었다. '대안적 보육·가족 정책'을 마련하는 것이 성평등을 위해 중요한 과제이지만, 또 한편으로 보육·가족 정책을 여성정책과 통합할 경우 후자의 존재감이나 의미가 퇴색하지 않을까 하는 우려를 떨치기 어려웠다. 무엇보다 보육·가족 정책을 여성정책과 통합하는 과정에서는 입장이 다른 주체들 간의 의견대립과 진통이 적지 않았다.

　　여성부가 여성가족부로 확장되는 과정이 순조로운 것만은 아니었다. 따라서 예상하지 못한 상황은 아니었으나 우선, 여성부의 이름을 그대로 둔 채 보건복지부로부터 보육업무를 여성부로 이관하기에 앞서 2003년부터 수차례 공청회가 열렸으며 여성단체들 외에 시민단체들과 전문가집단이 저마다의 입장을 개진하였다. 대체로 아동·가족 학계가 이를 반대하였지만, 여성연합은 보육업무를 여성부로 이관하는 것의 타당성을 꾸준히 제시하고 이를 여론화하여 소극적이던 보육단체와 여성단체의 합의를 이끌어낼 수 있었다.[8]

이러한 논란을 거쳐 여성부는 2005년 6월에 가족업무를 이관받아 '여성가족부'로 변모하였으며, 평등가족을 지향하는 가족지원기본법의 제정을 추진하는 여성연합의 활동은 여성가족부의 성립 이후에도 이어졌다.[9] 가족분과와 공대위가 2006년에 가족지원기본법(안) 제정 및 하위법령에 대한 정책대응 활동을 추진하는 한편, 대안적인 성평등 가족문화의 방향을 논의하고 여성가족부의 5개년 가족정책기본계획 수립을 위한 대응활동을 펼친 것이 이에 해당한다. 하지만 이명박·박근혜 대통령으로 이어지는 보수정당의 집권기에 여성가족부는 다시 여성부로 축소되었다가 여성가족부로 되돌아오는 등, 조직 측면에서 외풍에 시달리며 상당한 변화와 시련을 겪어야 했다.

여성정책 추진체계의 정비와 여성주의 관료

여성부의 설치 외에 김대중정부 시절의 중요한 변화로 지적할 만한 것은 '여성정책 담당관' 제도를 도입하여 여성정책 추진체계의 정비를 시도했다는 점이다. 1998년에 법무부, 행정자치부, 교육부, 농림부, 보건복지부, 노동부 등 6개 부처에 여성정책 담당관실을 설치하는 것으로 시작된 이 제도는 정부부처 간의 장벽을 넘어서는 실무 차원의 정책공조를 가능하게 하였다.[10] 또한 참여정부는 2002년 11월에 여성발전기본법을 개정하여 향후 늘어나게 될 성주류화와 관련된 주요 정책의 조정업무에 대비하고자 하였다. 그리하여 기존의 여성정책 담당관 외에 45개 중앙 행정기관에 '여성정책 책임관'을 지정하도록 하였으며, 여성정책에 관한 주요 사항을 심의·조정하기 위하여 국무총리실 산하에 '여성정책 조정회의'를 설치하게 되었다.

김대중정부의 출범 이후 정부와 의회에 진출하는 여성들이 확연히 늘어난 것 역시 여성정책의 추진이나 성주류화와 관련해서 중요한 의미를 지닌다고 볼 수 있다. 여성의 정치세력화와 맞물려 여성연합과 회원단체에서 활동하던 인물들의 정계진출이 늘어났고, 여성부의 출범과 함께 여성연합의 전직 대표가 초대장관으로 임명되었다. 특히 갓 출범한 여성부를 비롯하여 정부 각 부처의 개방직에 여성연합 회원단체의 활동가나 여성학 연구자들이 상당수 진출해서 정책실무를 담당하게 된 것도 적지 않은 변화라고 할 것이다.

운동과 제도 간에는 긴장이 불가피하기에 이러한 변화상은 때로 여성운동의 정체성을 둘러싼 논란의 주제가 되기도 한다. 하지만 정부와 NGO의 거버넌스를 원활하게 유지하면서 성주류화 전략을 실효성 있게 추진하여 사회를 변화시킨다는 목적에 비추어보면, 정부 안에서 활동하는 성인지적 감수성을 지닌 '여성주의 관료'(femocrat)는 오히려 턱없이 부족한 상황이 이어지고 있다. 이런 딜레마 때문에 여성연합과 회원단체의 전·현직 활동가들은 여성부와 여성정책 추진체계의 초기 정착과정에 적극적으로 개입해서 제도 안팎에서 성주류화 전략을 부단히 밀고 견인하는 가운데 오늘에 이르게 된 것이다.

(2) 여성발전기본법과 여성정책기본계획

여성발전기본법 제정

베이징 세계여성대회가 개최된 1995년은 향후 우리나라에서 전개될 새로운 여성정책의 근간을 이루는 중요한 법률이 제정된 해이기도 하다. 1995년 12월에 국회 회기종료를 앞두고 통과된 '여성발전기본법'은 여성의 지위신장과 성평등을 위한 국가의 책임, 기금 조성을 통한 재원마련 등을 규정하는 여성정책의 제도적 기반, 말 그대로의 기본법으로서 중요성을 가진다. 그런데 기본법 제정의 필요성에는 공감함에도 불구하고, 당시 이 법의 시안을 검토한 여성단체들은 진보·보수를 막론하고 정부가 이 법을 회기 안에 서둘러 통과시키지 말 것을 제안하였다. 하지만 정부는 예정보다 앞당겨 법의 제정을 강행하였고, 결과적으로 연말에 국회를 통과한 여성발전기본법은 여성연합이 선뜻 환영하기 어려운 문제점을 안고 있었다.

첫째, 여성연합은 무엇보다도 '여성발전기본법'이라는 명칭이 법 제정의 취지인 모든 형태의 남녀차별을 제거하고 여성의 사회참여를 충분히 담보하기 어렵다고 보았다. 당시 국회에서 발의된 두 개의 법안, 즉 '남녀평등기본법안'(새정치국민회의)과 '여성발전기본법안'(신한국당) 중에서 여성연합의 입장에 가까운 것은 전자의 법안이었다. 둘째, 새로 제정되는 기본법이 여성관련 주무부서로서의 여성부를 신설할 수 있도록 정부조직법의 개정과 함께 이뤄져야 한다는 것이 여성연합의 입장이었다. 성주류화 전략이 젠더평등(GAD) 정책을 실효화하기 위한 전략이란 점에서, 여성연합의 이런 주장은 충분히 타당성을 지니고 있었다. 그러나 정부와 여당은 본래 '단기'가 아닌 '중기' 과제였던 법 제정에 대한 입장을 바꿔 연내 제정을 강행하였고, 여성연합으로서는 법이 제정되자마자 개정을 고민해야 하는 상황에 놓이게 되었다.

이처럼 처음 만들어질 당시에는 만족스럽지 못했으나 여성정책의 근간을 이루는 기본법이 제정되었다는 것은 역사적인 의미를 갖는 사건이었다. 비록 '발전적 우대조치'란 부적절한 표현을 사용하였지만 적극적 조치(affirmative action)의 근거가 되는 내용을 조문에 담았고, 성희롱에 대한 국가의 방지의무를 법조문에 명시하였다. 또한 정부와 지자체에 여성발전기금 등 재원을 조성하고 여성정책 기본계획의 수립을 통해 성평등을 위한 포괄적이고 종합적인 국가 계획을 세우도록 의무를 부과했다는 점에서 의미를 지닌다.

따라서 여성연합은 법 제정에 이어지는 시행령 작업에 관여하여 의견을 개진하는 등, 법령이 개정될 때마다 적극적으로 개입하였다. 이후 여성발전기본법 및 성주류화와 연관된 법제의 정비작업은 여성부 출범 이후 여성정책기구가 자리잡아 나가는 데 발맞추어 더욱 정교하게 진행되었으며, 이는 민관협력의 거버넌스와 성인지적 예산제도가 활성화되는 데 기여하였다.

여성정책의 로드맵: 여성정책기본계획

여성발전기본법은 여성부장관이 여성정책에 관한 기본계획을 5년마다 수립해야 하며(동법 제7조), 중앙 행정기관의 장과 시·도지사가 연도별 시행계획을 수립·시행하도록(동법 제8조) 규정해 놓았다. 이에 따라 제1차 여성정책기본계획(1998~2002)에서 시작하여 지금

여성정책기본계획(제1차~제4차)

	1차	2차	3차	4차*
기간	1998~2002	2003~2007	2008~12	2013~17
비전	—	실질적 남녀평등사회의 실천	성숙한 성평등사회	함께 만드는 성평등사회, 힘이 되는 성평등국가
목표	• 남녀평등 촉진 • 여성의 사회참여 • 여성의 복지증진	• 남녀의 조화로운 동반자관계 형성 • 지식기반 사회 여성의 경쟁력 강화 • 사회 각 분야 여성의 대표성 향상 • 여성의 복지증진 및 인권보호 강화	• 여성의 역량강화 • 다양성과 차이 존중	• 성별격차 해소와 동등한 참여 • 촘촘한 안전망 구축 • 일과 가족의 조화
기본 전략	과제성격의 6개 전략	• 성주류화 • 협력체계 구축	—	—
정책 과제	'사회 전반의 성차별적 법·제도 및 의식의 개선' 등 20개 항목	'정책에 양성평등 관점 통합' 등 10개 항목	'여성인력 활용' 등 3개 항목	'여성의 경제적 역량 강화' 등 7개 항목

* 주: (구)여성발전기본법이 양성평등기본법으로 개정됨에 따라서 제4차 여성정책기본계획은 제1차 양성평등기본계획(2015~17)으로 변경되어 시행됨.
* 자료: 여성가족부

까지 제4차에 걸쳐 여성정책기본계획이 수립·시행되어 왔다. 이 가운데 특히 제2차 여성정책기본계획(2003~2007)은 국제적 추세에 발맞추어 성주류화를 정책의 추진전략으로 도입하여 명시함으로써, 행정기구 안팎에서 여성정책의 추진방식에 대한 인지도와 위상을 높이는 데 기여하였다. 또한 이러한 기본계획에 의거하여 성주류화의 다양한 수단과 기법들의 후속 법제화가 가능해졌다. 제3차 여성정책기본계획(2008~12)과 관련해서 여성연합은 2007년 2월에 참여정부 4년 여성정책 평가토론회를 개최하여 정책과제를 도출하고, 정부가 하반기에 공개한 제3차 계획안 등에 여성연합의 입장을 적극적으로 제시하였다. 이처럼 여성정책기본계획을 5년마다 수립하고 평가하는 일련의 과정을 통해서 정부기구와 NGO는 여성정책의 로드맵을 공유할 수 있게 되었으며, 여성연합은 내부논의와 공청회 등을 거치면서 수렴된 의견을 바탕으로 이 과정에 참여해 왔다.

(3) 젠더 거버넌스로서의 협력체계

여성정책 전담기구의 설치, 여성발전기본법과 여성정책기본계획의 수립과 더불어 성주류화의 가장 기본적인 인프라는 거버넌스(governance), 즉 민관협력체계의 구축을 통한 정책 네트워크의 조직화라고 볼 수 있다. 노무현 대통령의 참여정부는 실질적인 남녀평등사회의 실현을 위해 성주류화와 거버넌스를 추진전략으로 제시하였다. 그리고 시민의 참여와 거버넌스를 강조한 노무현정부에서 여성연합은 젠더 이슈와 관련된 거버넌스의 파트너로서 정책현장에 참여하였다. 참여와 영향의 정치를 펼치는 여성운동은 여성정책 전담기구로 새롭게 출범한 여성부를 비롯한 정부 및 지자체와의 협력체계를 통해 짧은 기간에 많은 성과를 거둘 수 있었다. 그리고 이러한 성과들은 대체로 '성주류화'가 기본 추진전략으로 설정된 제2차 여성정책기본계획 기간에 뚜렷하게 가시화되었다.

여성연합의 회원단체들과 중앙부처 및 지자체의 협력체계는 다양한 방식으로 구축되었다. 위원회의 참여를 통한 정책자문과 공청회를 통한 의견수렴 방식이 관행으로 자리잡게 되었고, 정부의 공모사업 또는 시범사업에 대한 직접 참여나 위탁사업의 수행 등을 통해서도 접촉면이 늘어났다. 그리하여 정책의 입안과 설계, 실행과 평가에 이르는 전과정에서 NGO의 참여가 필요하고 가능한 것으로 여겨지게 되었다. 성주류화의 도구 또는 수단을 법제화하는 과정에서는 특히 성인지예산의 작성이 이러한 협력체계의 구축을 촉진하였으며, 중앙과 지역을 연결하는 정책 네트워크의 확장을 가능하게 하였다.

3) 성주류화 도구의 법제화와 성인지예산운동

(1) 성주류화의 도구와 관련입법

성주류화는 젠더관계의 불균형을 바로잡기 위한 일종의 전환전략이며, 그것의 적절한 방법과 수단을 정책으로 제도화하는 것도 중요한 과제이다. 문민정부 들어와 성주류화 전략에 입각하여 여성정책을 주류화하는 작업이 시작되었으나, 도구와 방법 측면에서 입법적 정비가 이루어져 성주류화가 정책실무에 적용되기 시작한 것은 2000년대 초반이다. 성주류화의 도구로 여겨지는 성인지예산, 성별영향평가, 성별분리통계, 성인지교육 등과 같은 정책추진은 2차 여성정책기본계획의 추진과 함께 새롭게 등장한 정책이다.[11]

성주류화 도구와 관련된 법제의 정비과정을 살펴보면, 우선 2002년 12월에 여성발전기본법(현 양성평등기본법) 일부 개정으로 성

성주류화 도구의 법제화

성별영향평가	성인지예산제도	성인지통계
• 여성발전기본법 개정으로 근거조항 마련(2002. 12. 11) • 9개 기관(10개 과제)에 대한 시범사업 실시(2004) • 중앙 행정기관 및 광역자치단체 사업을 대상으로 본격 실시(2005) 기초자치단체(2006), 시·도 교육청(2007) 대상기관에 포함 • 성별영향분석평가법 제정(2011. 9. 15) 및 시행(2012. 3. 16)	• 국가재정법 제정으로 성인지예산제도 근거마련(2006) • 2009회계연도 성인지예산서 작성 시범사업 실시(2008. 6~2009. 2) • 지방재정법 개정(2011)으로 지방 성인지예산제도 도입 • '성인지 예·결산 관계부처 상설협의체' 구성·운영(2014. 6~)	• 여성발전기본법 개정으로 근거조항 마련(2002. 12. 11) • 통계법 개정(2007. 10. 28)으로 국가와 지방자치단체 등 통계작성기관이 새로운 통계를 작성하는 경우에는 성별로 구분한 통계를 작성하는 것을 의무화

* 자료: 여성가족부

별영향평가와 성인지통계의 작성을 가능하게 하는 근거조항이 마련되었다. 신설된 (구)여성발전기본법 제10조(정책의 분석·평가 등)는 제1항에서 "국가 및 지방자치단체는 소관정책을 수립·시행하는 과정에서 당해 정책이 여성의 권익과 사회참여 등에 미칠 영향을 미리 분석·평가하여야 한다"고 규정하고, 이어 "여성부장관은 국가 및 지방자치단체에 대하여 제1항의 규정에 의한 정책의 분석·평가에 필요한 지원 및 자문을 할 수 있다"(제10조 제2항)고 명시해 놓았다.

　　여성발전기본법의 개정으로 국가 및 지방자치단체의 성별영향평가가 가능해지자, 성인지통계와 성인지예산제도의 시행을 뒷받침하는 여타 법령의 제·개정 작업도 이어졌다. 국가재정법의 제정(2006)과 지방재정법의 개정(2011)으로 성인지예산제도가 궤도에 오르게 되었으며, 통계법 개정(2007)으로 성인지통계가 작성되기 시작

했다. 그리고 2011년에는 성별영향분석법이 제정되어 국가와 지방
자치단체를 포괄하는 전국 범위에서 성주류화를 실천할 수 있는 제
도적 형식이 갖추어졌다.

(2) 여성연합과 '성인지예산특별위원회'의 활동

여성연합은 이처럼 성주류화의 수단들이 제도로 정착되는 과정에
적극적으로 개입하여 정책의 전환을 촉구하고 대안을 제시하기 위
해 노력했다. 지방선거를 앞둔 1998년에는 '지방자치시대 10대 여성
정책과제'를 제시하면서 여성정책 관련 전담부서를 확대·개편하고,
기본조례를 제정하도록 요구하는 활동을 전개하였다. 그리고 '여성
관련예산(안)'에 대한 평가를 진행하여 예산증액을 제안하는 의견
서와 건의서를 제출하기도 했다. 2001년부터 여성연합은 여성의 빈
곤화 방지사업을 비롯하여 각 분야에 성주류화를 반영하는 활동
을 전개하는 한편, 성인지적 예산정책 마련을 위한 국회청원이라든
가 제2차 여성정책기본계획 시안마련 및 건의활동으로 성주류화의
기반을 다지는 데 역점을 두었다. 2003년에 국회 여성위원회가 여성
연합의 성인지적 예산정책 마련을 위한 국회청원을 받아들여 '성(性)
인지적 예산편성 및 자료제출 촉구 결의안'을 채택한 것은 이 과정
에서 얻은 소득이었다. 여성연합과 회원단체들이 정책의 전환을 촉
구하는 활동은 2004년에도 이어져 정부 및 지자체 정책에 성인지
적 관점을 통합하고, 성인지적 예산 및 성별분리통계 시스템을 구축
하며, 여성정책 담당관을 확대하고 공무원의 젠더교육을 강화할 것
등을 17대 총선공약의 요구사항으로 제시하였다.

지역자치와 지방분권화 시대를 맞이한 한국사회에서 성주류화는 회원단체들이 정책현장을 모니터링하면서 정책대안을 모색하는 활동을 매개하는 수단이 되어주었다. 한국여성민우회와 그 지부들이 2001년부터 3년간 수행한 '지방자치단체 여성정책과 예산의 새로운 패러다임 만들기' 프로젝트도 그런 운동사례의 하나라고 할 수 있다. "예산에도 성(gender)이 있다"는 슬로건을 만들어낸 한국여성민우회의 적극적인 활동은 정부가 성별영향평가와 성인지예산 제도를 도입하는 데 적지 않은 영향을 끼쳤으며, 연합운동의 차원에서 성인지적 예산수립 논의를 더욱 증폭하고 확대해 나가는 계기를 만들어주었다.[12]

여성연합은 '성인지적 예산정책 수립'을 2003년의 3대 핵심 사업의 하나로 선정하여 회원단체들에 대한 교육과 함께 16개 시·도 예산의 성인지적 분석을 위한 기초작업을 진행하였다. 이와 더불어 여성연합 산하에 '성인지예산특별위원회'를 설치하여 워크숍과 교육을 통해 회원단체들의 성인지예산 분석역량을 강화하는 한편, 간담회와 토론회를 통해 여성관련 예산을 분석하고 지자체에 의견을 전달하는 활동을 지원하였다. 약 3년에 걸쳐 이뤄진 성인지예산특별위원회의 활동으로 특위 소속단체들은 지자체 여성관련 예산에 대한 분석을 공동으로 수행하면서 중앙부처와 지자체의 정책변화를 촉구하였으며, 지역여성들의 성인지 분석능력을 배양하는 등 긍정적인 효과를 낳은 것으로 평가된다.

하지만 내부논의를 통해 각 지역 차원에서 지방자치단체를 대상으로 실질적인 활동이 이루어짐에 따라, 여성연합 산하의 특위를 해소하고 성인지예산 활동에 특화된 네트워크를 모색해 나가는 것이 바람직하다는 판단을 내리게 되었다. 이에 2004년 12월에 여성연합 산하 성인지예산특위를 발전적으로 해소하고 인규베이팅을 위한 지원과 협력을 계속해 나갔다.

여성연합 산하 특위는 해소되었으나 국가재정법의 제정(2006)으로 성인지예산제도에 대한 공동대응의 필요성이 높아졌다. 이에 여성연합 지역여성운동센터의 창립준비 논의를 거쳐 2008년 1월에 창립한 조직이 '성인지예산 전국네트워크'이다. 경기여성단체연합, 서울여성의전화, 인천여성노동자회 등 전국 15개 여성단체와 소속 활동가들이 창립멤버로 출범한 성인지예산 전국네트워크는 각 지역 차원에서 전개되는 성인지예산운동의 공조를 이끌어내는 전국적인 협의체조직이며, 여성연합의 회원단체로 가입하여 활동하고 있다.

성주류화의 방법론이 정책으로 제도화되어 많은 성과를 가져왔으나, 성주류화 정책이나 성인지예산운동의 방향에 관해서는 더 많은 논의가 필요한 것이 사실이다. 우선 각각의 법률로 산재해 있는 성주류화의 도구들이 통합성을 갖지 못하여 때로는 성주류화 전략이 성인지예산이나 성별영향평가 같은 수단과 동일시되어 협소하게 이해되는 문제점을 지적할 수 있다. 또한 보다 정교한 예산분석이나 평가방법의 전문성이 요구되고 제도화된 기관들의 역할이 커질수록 그만큼 성인지예산운동에 대한 고민도 깊어질 수밖에 없을 것이다. 성인지예산사업이 여성연합의 범위를 벗어나 자립화되었으나, 성주류화 전략을 포괄하는 통합적 정책기구와 추진체계의 기반을 마련하는 것은 여성연합과 회원단체들이 함께 고민해야 할 또

다른 과제로 남아 있다.[13]

　　이런 한편으로 성주류화 전략은 이명박·박근혜 정부로 이어지는 보수정당의 집권 이후 가혹한 시련을 맞게 되었다. 젠더 이슈와 관련된 여성정책은 주류화에 역행하는 양상을 보여주고 있으며, 진보적 여성운동의 맥을 잇는 여성연합과 보수정권의 정책연합 거버넌스 역시 눈에 띄게 후퇴하여 지극히 제한된 범위에서 이루어지고 있다.[14] 하지만 여러 가지 제약과 시련에도 불구하고 성주류화와 관련된 여성연합의 활동은 지역화를 통하여 풀뿌리운동의 활성화에 기여해 왔다.

4) 역풍의 시대, 성주류화 운동

(1) 보수정권의 등장과 정책의 역주행
존폐 위기에서 살아남은 여성부

　　제3차 여성정책기본계획의 기점인 2008년은 17대 대선에서 당선된 이명박정부의 출범을 앞두고 대통령인수위에서 흘러나온 '여성부 폐지'라는 놀랍고 암울한 소식과 함께 시작되었다. 후보시절에 여성가족부로 흩어진 기능을 모아주고 5세 이하 아동에 대한 무상보육 확대, 여성일자리 150만개를 약속했던 당선자의 인수위가 공약을 뒤집고 여성부의 폐지를 들고 나온 것이다. 소식을 접한 여성연합은 내부 간담회를 통해 의견을 모아 즉각 성명서를 발표하였으며(2008. 1. 7), 인수위원회 항의방문, 기자회견 등을 통해 여성가족부의 통폐합에 반대하는 입장을 적극적으로 개진하였다. 여성계는 물론 야당과 시민사회까지 가세한 격렬한 반대와 저항에 부딪혀 '폐지' 입장은 '축소존치'로 돌아섰지만, 이명박정부는 정부조직법 개정 (2008. 2. 29)을 강행하여 여성가족부가 수행하던 가족 및 보육 정책 기능을 보건복지가족부로 이관하였다. 그 결과 역할과 기능이 대폭 축소된 여성부는 졸지에 정책의 조정·종합 기능과 권익증진 실무만 담당하는 '초미니' 부처로 격하되었다.

여성정책의 왜곡과 여성운동의 배제와 탄압

이명박정부의 폭거와 여성부의 수난은 보수정권이 민주화의 성과를 부정하고 시대를 거스르는 역주행의 시작이었을 뿐이다. 이명박정부는 여성단체와 학계의 의견을 수렴하여 작성된 제3차 여성정책기본계획을 기존의 관행을 무시한 채 일방적으로 수정하는 데 주력하였다. 이 수정안은 기존의 5대 정책과제를 3가지로 축소하였다. 이에 더하여 "'여성의 경제적 역량강화'를 '여성인력 활용'으로, '여성의 복지와 인권 강화'를 '여성권익 보호'로, '사회통합과 평등문화 정착'을 '성평등정책 추진기반 강화'로 수정하였고 '돌봄의 사회적 분담'은 '여성인력 활용'의 하위분야에 포함"시켰다. 또한 '국가운영에 주도적 참여'는 아예 삭제해 버림으로써 정부의 책임성을 회피하였다.[15]

여성주간 행사에 참석하여 "우리 딸들은 여성정책 없이도 잘 살고 있다"고 말한 대통령의 인식과 태도에서 단적으로 드러나듯이, 이명박정부는 정치적으로 보수적이며 경제에서 신자유주의를 추구하는 불통의 정치문화로 일관하였다. 이런 경향으로 말미암아 이미 축소된 정책과제들조차 실행되기 어려웠고 보육의 공공성 담론은 크게 후퇴하였으며, 심지어 국회는 공청회조차 거치지 않고 일방적으로 영유아보육법을 개악하였다. 또 2008년 여름 광우병쇠고기 파동으로 시민적 저항이 촛불시위로 표출되자, 이를 '불법집회'로 규정한 이명박정부는 이미 기금사업을 공모하여 선정된 단체들에 대해 "불법시위를 주최, 주도하거나 적극 참여한 적이 없고, 보조금을 불법시위 용도로 사용하지 않겠다"는 확인서 작성을 요구하거나 일방적으로 보조금 지급을 중지하였다. 아무런 문제가 없이 정부의 위탁사업 연장을 불허하는 일들도 벌어졌다. 불과 1년 만에 공직사회에서 여성의 대표성은 위축되었고, 여성단체를 비롯한 시민사회와의 소통채널을 닫혀버렸으며, 대등한 협력관계를 지향하던 거버넌스는 위계적으로 전환되고 정책 네트워크에서 주변화와 배제의 장치가 작동하기 시작했다.[16]

따라서 이명박정부 1년의 여성정책을 평가하는 기자간담회 자리가 이 모든 여성정책의 역주행에 대한 성토의 자리가 된 것도 무리는 아니었다. 여성연합과 회원단체들은 여성인권 의식과 젠더 거버넌스가 부재하고 성평등정책을 낡은 것으로 치부하는 이명박정부의 여성정책을 질타하면서 여성부 강화 및 성평등기본법 제정, 괜찮은 여성일자리 50만개 창출, 비정규직법 개악중단과 공공부분 여성 비정규직의 정규직화, 가정폭력 예방과 피해자보호에 관한 장단기 계획 수립, 예산과 정책의 쏠림현상 조정 등을 시행할 것을 주문하였다.[17]

보수정권의 장기화와 추진체계의 형식화

안타깝게도 이처럼 성평등을 지향하는 여성정책과 진보적인 여성운동에 적대적인 환경은 18대 대선에서 새누리당의 박근혜 후보가 당선됨으로써 장기화되었다. 여성연합은 박근혜정부 출범 이후 국회 여성가족위원회 폐지논란 당시에도 국회 여성가족위 여야 간사, 각 당 원내대표 면담 등을 통해 폐지에 대한 반대입장을 분명히 했다(2013). 정부는 이에 앞서 정부조직법 개정(2010. 1. 18)으로 보건복지가족부의 청소년 및 다문화가족을 포함한 가족기능을 여성가족부로 이관하였다. 이로써 여성부는 다시 여성가족부의 외형을 갖추게 되었고, 여성의 권익증진 업무 외에 가족정책과 건강가정사업을 위한 아동업무 및 청소년업무를 수행하게 되었다.

그러나 여성가족부가 외형상 복원되었음에도 불구하고, 보수정권의 장기화와 신자유주의 정책기조 속에서 여성정책 전담기구와 그 추진체계는 점차 형식화되었다. 젠더 의제가 주변화되는 한편 보수적인 프레임에 갇혀버렸다. 가령 주요 여성정책의 심의·조정을 담당하는 '여성정책 조정회의'는 회수가 줄어들고 서면회람으로 대체되었고, 여성정책 담당관실은 해당 부처의 폐지와 함께 사라지거나 정부조직 개편과정에서 소멸해 버렸다. 또한 여성정책 주무부처의 장관을 비롯한 주요 직책들이 정당인을 비롯하여 여성정책의 경험과 무관한 인물들로 채워졌으며, 집권 후반기로 접어들면서 한층 보수화되고 심지어 반인권적인 정책을 강행하여 물의를 빚는 안타까운 상황이 펼쳐졌다.

'성평등'을 외면한 양성평등기본법

2014년 5월에 그간 수차례 소폭 개정을 거쳤던 여성발전기본법이 '전부개정'(2014. 5. 28)의 형식으로 '양성평등기본법'으로 탈바꿈하게 되었다. 1995년 여성발전기본법의 제정 당시부터 논란이 된 명칭은 2009년에 국회 여성위원회에서 '성평등기본법안'을 발의하면서 본격적으로 개정논의가 시작되었으나 여야의 입장차이로 통과되지 못하였다. 그러다가 19대 국회에서 전부개정안으로 '성평등기본법안'(김상희 의원 대표발의)과 '양성평등기본법안'(신경림 의원 대표발의)이 각각 발의되었고, 이후 국회 여성가족위원회의 대안으로 법 명칭을 양성평등기본법으로 하는 전부개정안이 국회를 통과하여 2015년 7월 1일부터 시행에 들어갔다.

양성평등기본법은 과거에 비해 정책의 내용이 한층 보강되고 성희롱의 새로운 정의를 통해 그 보호범위를 폭넓게 규정하는 점에서 진일보한 것이지만, 국회의 공청회 과정에서 드러났듯이 '양성평등'이라는 용어의 선택은 성적 소수자의 배제를 의식한 것이었기에 여성연합의 입장에서 보면 적지 않은 문제를 안고 있었다. "소수자의 입장에서 연대를 형성해야 할 성적 소수자에 대해 가장 큰 소수자집단인 여성이 차별을 용인한 것으로 해석되어 미래 지향적 가치로서의 성주류화 전략을 훼손한 입법"이었기 때문이다. 여성연합은 과거 여성발전기본법 개정이라든가, 성차별금지법 제정논의가 국회와 정부에서 논의되기에 앞서 이러한 법률들의 방향과 내용에 대한 여성계 입장을 성명서, 공청회 참가 등을 통해 제시하였다(2010~13). 그러나 여성발전기본법이 양성평등기본법으로 전부 개정되는 과정에는 사실상 적극적으로 개입하지 못하는 한계를 보였다.[18] 한 걸음 더 나아가 이 법의 소관부처인 여성가족부는 '양성평등'의 의미를 좁게 제한하는 유권해석을 바탕으로 지방정부의 '성평등조례'에서 성소수자를 배제하도록 압력을 행사함에 따라 이 법의 명칭과 해석에 대한 우려와 논란이 이어지고 있다.[19]

(2) 척박한 환경, 그러나 성주류화의 의미 있는 성과들

남인순 등이 지적하듯이 "여성운동에 있어서 제도의 안과 밖은 여성세력화를 이루기 위한 다른 공간일 뿐, 모순된 영역이 아니다."[20] 2000년대 이후 여성연합은 이 두 공간을 어떻게 강화하고 연결시키며 상호 의존적 발전을 이룰 것인가 하는 과제를 안고 고민해 왔다. 즉 여성연합은 참여와 영향의 정치를 추구하는 한편으로 '새판짜기'의 대안정치를 끊임없이 모색해 온 것이다. 이 점에서 성주류화의 정책도구를 제도화한 여성연합의 활동과 회원단체들의 성인지예산 운동이 갖는 의미는 적은 것이 아니다.

　　보수정권하에서 여성운동이 적지 않은 시련을 겪어야 했음에도 불구하고, 베이징 세계여성대회 이후 한국의 여성정책 성과에 대한 국가보고서에서 성주류화를 위한 제도적 장치의 확대 및 정책이 가장 성과를 거둔 분야로 평가되는 까닭은 2002년 여성발전기본법의 개정으로 성별영향평가의 근거를 마련하고 제2차 여성정책기본계획 당시에 성주류화를 추진전략으로 채택했기 때문이다. 비록 이명박정부가 제3차 여성정책기본계획의 내용을 대폭 축소하였으나, 이 시기에 성별영향평가를 위한 독립적인 법률과 성인지예산제도를 지방자치단체까지 확대하는 법적 근거가 마련되었다는 점도 중요하다. 이는 중앙정부 외에 지자체와 지역사회에서 로컬 거버넌스를 가능하게 하였고, 이것은 지역에서 활성화된 풀뿌리 여성운동이 성주류화 전략을 지속해 나갈 수 있는 기반이 되었다.

2012년 이후 여성연합이 서울시 및 시의회와 구축한 거버넌스는 지역화된 젠더 거버넌스를 통해 밀도 있게 전개되는 성주류화 전략이 대단히 생산적인 결과를 가져올 수 있다는 점을 일깨워준 사례일 것이다. 지방선거를 통해 진보·개혁 성향의 단체장들이 선출된 것은 지역 차원의 로컬 거버넌스를 가능하게 하는 마중물이 되었다. 그 대표적인 사례가 서울시·의회 거버넌스 및 대응활동이다.

2012년 2월부터 성평등지방정치위원회는 민주적이고 성 평등한 지방정치 실현을 위한 로드맵의 첫 단계로서, 지방자치단체의 성주류화 모델 구축을 위한 실험을 시작하였다. 여성연합과 회원단체들은 서울시의 성주류화 정책은 물론이고 각종 조례의 제·개정 과정에 적극적으로 참여하여 성주류화의 제도적인 기반을 마련하는 데 기여하였다. 서울시는 성평등위원회를 비롯하여 다양한 위원회와 여성·보육·마을사업 등의 각종 정책자문단을 설치하였으며, 여기에는 서울 소재 여성연합 회원단체의 대표와 활동가들이 두루 참여하여 의견을 개진하였다. 또한 서울시의 각종 공모사업과 주민참여 예산조례안에 대한 성별영향평가라든가 젠더분석 그리고 성인지적 교육과 훈련 등은 여성연합과 회원단체들이 성주류화 전략으로 일상적인 삶의 현장들을 어떻게 변화시킬 수 있는지를 구체적으로 체험하는 계기가 되었다.[21]

여성연합은 앞에서 살펴본 3년간의 '성인지예산특별위원회' (2002~2004) 활동으로 성주류화의 제도적 장치를 정비하도록 촉구 하였다. 이 특위활동을 통해 중앙정부 및 지방자치단체 예산에 대한 성인지 분석 및 여성관련 예산 확대운동을 전개하였으며, 정부 부처에 예산보고체계를 마련하였다. 또한 회원단체들을 대상으로 성인지예산 교육을 지속적으로 실시하여 회원단체들이 여성발전기본조례 제·개정 운동, 여성정책 관련기구의 위상 및 권한확대 요구 운동, 지방의회 내 여성특위 설치요구, 여성주간 사업 분석과 평가 활동 등을 전개하는 것이 가능하였다. 하지만 성주류화 관련제도의 확대가 실제 여성의 삶과 성평등 향상에 긍정적인 변화를 이끌어내는 방향으로 추진되기 위해서는 서울시의 사례처럼 지자체 성주류화 전략에 접근할 수 있는 거버넌스의 통로를 개척하는 것이 아울러 필요할 것으로 보인다.

(3) 베이징 플러스 이행평가

1995년 제4차 베이징 세계여성대회에서 행동강령을 제시하여 각국에 권고한 이후, 유엔은 5년마다 이행평가 가이드라인을 제시하고 있다. 우리나라에서도 이러한 평가작업이 이뤄져 왔으며, 이 작업을 주도하여 조직하는 사업 역시 여성연합의 성주류화 관련활동에서 중요한 비중을 차지한다. 여성연합은 2004년 베이징+10에 이어 2014년에 베이징+20의 심포지엄을 조직하였으며, 보다 타당하고 적실성 있는 평가를 위해 주관단체의 범위를 넘어서 더 광범한 여성연대를 기반으로 평가작업을 수행하였다.

베이징 플러스 이행평가

• 2004년에 여성연합은 베이징 세계여성대회 10년을 기념하여 '베이징+10 기념 심포지엄 한국의 여성정책 10년, 돌아보며 내다보며'라는 제목으로 심포지엄을 개최하였다(2004. 6. 1).

• 2014년에는 '베이징+20과 post2015: 젠더 관점에서 본 한국사회의 변화'라는 주제로 심포지엄을 개최하였다. 이를 위한 평가작업은 여성연합 외에 다양한 주체들의 참여와 연대 속에서 총 25개 분야에 대해 진행되었다.

가장 최근의 평가작업인 2014년의 경우에는 유엔의 가이드라인에 제시된 행동강령 12개 분야 중 11개 분야에 한국의 맥락에서 필요한 5개의 긴급현안과 8개 지역별 평가를 더하여 총 25개 분야에 대한 평가작업을 진행하였다. 이러한 다층적인 평가작업은 국제기구에서 제시한 행동강령과 성주류화 전략이 실제로 지역 차원과 어떻게 연관되어 있는지 확인하는 기회가 되었으며, 숨가쁘게 달려오는 동안 돌아보기 어려웠던 성주류화 전략의 성과와 한계를 성찰하고 점검하는 계기가 되었다는 점에서 큰 의미를 지닌다.[22]

그간 젠더차별을 불평등문제의 핵심이라고 주장해 온 세계 각국의 여성단체들은 유엔여성(UN Women) 및 여성주요그룹(Women Major Group, WMG) 등과 함께 글로벌 차원에서 향후 15년(2015~30) 동안의 국가발전 패러다임을 결정하는 포스트 2015 논의에 젠더를 통합시키기 위한 활동을 전개해 왔다. 이들은 지속

가능한 발전목표에 성평등 독자목표(stand-alone goals for gender equality)를 강조하고 통합함으로써 효과적인 성주류화(effective gender mainstreaming)를 성취하고자 하는 이른바 '쌍둥이전략'(twin-track approach)을 대안으로 제시하였다.[23] 이와 같은 접근은, 제도화를 통한 성평등전략을 추구해 온 여성운동의 성과가 모든 여성의 권리로 실현되지 못한 채 신자유주의 시장경제체제의 강화로 말미암아 양극화와 여성빈곤이 심화되고 보수정권이 성평등정책을 후퇴·왜곡시키는 한국사회에서 여성연합이 지향해야 할 운동방향에도 다음과 같이 시사하는 바가 크다.

> 젠더차별로 불평등을 만드는 사회구조의 전환을 위해, 제도화 중심의 성주류화를 넘어 성평등을 위한 여성 독자목표(stand-alone goal)와 지속 가능하고 인간 중심적인 개발목표에 이행수단과 성평등 우선과제를 통합하는 쌍둥이전략을 채택해서 성평등전략을 강화해 나가야 한다. 여성운동의 대상과 이슈가 다양하게 구성되어 있어 여성운동이 부문운동으로 보이는 것을 넘어 젠더 관점에서 사회·경제 정책에 통합적으로 접근하면서 여전히 남아 있는 여성만의 의제를 동시 병행하는 전략을 통해 주류의 전환과 사회구조 전환으로 성평등과 여성의 세력화를 실현해 나갈 수 있도록 주류화 전략을 강화해 나가야 한다. 더불어 성주류화를 제도화 중심으로 이해하다 보니 궁극적인 성평등전략으로 이해하지 못하고 있다. 성주류화에 대한 정확한 해석과 젠더 거버넌스가 재구축되고 논의되어야 한다.[24]

5)   성주류화 전략과 여성운동의 과제

1995년 베이징 세계여성대회 참가를 시작으로 해서 성주류화를 위한 여성연합과 회원단체들의 활동이 전개되고 성주류화가 여성정책의 전략으로 채택된 지 20년을 바라보게 되었다. 성평등 실현과 여성의 세력화를 위한 성주류화 전략은 주로 국민의정부(1998~2002)와 참여정부(2003~2007) 시기를 거치면서 기본 방향으로 정착되었다. 그러나 2008년 이명박정부가 출범하자 이전 10년의 성과로 제시되었던 여성부가 폐지위기에 직면하는 등 보수정당의 집권으로 성주류화는 난항을 겪고 있다. 성주류화에 대한 그간의 평가에서 지적된 문제들을 정리하면 다음과 같다.

첫째, 성주류화가 운동을 넘어서 정책현장으로 확산됨에 따라 '성주류화'라는 용어가 정책현장에서 널리 사용되고 있으나, 아직까지 그 의미이해를 둘러싸고 혼란이 남아 있다. 성주류화를 단지 주류조직에 여성이 편입되는 것으로 오인하여 빈곤이나 복지 정책과 무관한 것으로 받아들인다든가, 여성과 남성의 성비 불균형을 맞추는 기계적인 성별안배로 해석하는 경우 등이 이에 해당된다.

둘째, 젠더관계의 불평등을 바로잡는 궁극적인 전략목표를 망각한 채 성주류화를 성별영향평가나 성인지적 예산제도와 같은 그것의 도구로 환원하면서 단지 정책생산의 양적인 확대만 추구하려는 경향이다. (구)남녀차별금지법이 폐지된 것은 포괄적인 차별금지법이 곧 제정될 것이라고 전망되었기 때문이지만, 정치의 보수화와 소수자 혐오가 맞물리면서 차별금지법 제정은 기약 없이 미뤄지고 있다. 이렇듯 '차별을 잊은 평등'은 성주류화의 핵심을 이루는 '젠더' 개념에 대한 왜곡을 불러일으킬 수밖에 없다. 최근에 빚어진 '양성평등기본법'의 명칭을 둘러싼 논란은 성주류화 전략의 궁극적인 목표에 대한 사회적 인식의 공유가 필요함을 시사한다고 볼 수 있다.

셋째, 성주류화 전략이 흔히 지엽적인 정책도구로 오해되거나 환원되는 경향은 성평등의 의미와 목표를 분명히 설정하지 못하고 정책추진 전략으로서 성주류화의 위상을 갖춘 중장기적인 기본계획이 부재하기 때문이기도 하다. 또한 성인지예산제도에 의해 해마다 대상사업의 수가 증가하는 추세를 보이지만, 정작 성인지예산의 내용이 입법취지나 예산안 편성지침과 맞지 않은 부실한 사례들이 적지 않으므로 이런 문제점을 시정해 나가는 것이 필요하다.

따라서 성주류화 20년이 남긴 과제들은 이 전략을 올곧게 추진하기 위해 더 많은 고민과 노력이 필요함을 시사한다고 볼 수 있다. 성주류화의 추진을 위한 중장기 계획을 수립하고, 정부부처의 하나로 자리잡은 여성가족부 외에 성주류화 전략 및 관련정책을 실질적으로 총괄하고 중앙정부의 각 부처뿐 아니라 지방정부를 포괄하여 성주류화 정책의 조정기능을 수행할 수 있는 독립 행정기구가 필요하다. 또한 성별영향평가라든가 성인지예산과 같은 도구와 방법은 그것이 현실의 불평등한 젠더체계를 변화시키는 데 기여하고 있는가 하는 관점에서 운용될 필요가 있을 것이다. 그리고 무엇보다 성주류화를 위한 민주적 거버넌스의 구축은 정책현장에서 이러한 변화를 가능하게 하는 가장 기본적인 전제조건이라고 볼 수 있다.

성주류화는 젠더의 불평등한 체계를 바로잡기 위한 전략이며, 주류사회의 진입을 위한 전략이 아니라 가장 소외된 약자와 소수자의 의제들을 정치화하여 성평등의 장으로 초대하기 위한 주류화의 전략이다. 성주류화가 빈곤과 여성폭력을 비롯한 베이징 행동강령 12개 전략목표와 행동분야에 걸쳐 강조되고 있는 것은 이 때문이다. 여성연합은 성주류화의 제도적 기반을 마련하는 데 역점을 두는 동시에 여성의 빈곤화 방지와 경제적 불평등 문제를 비롯하여 다양한 젠더 이슈들에서 주류화를 모색해 왔다. 지금까지 그러했듯이 여성연합과 회원단체들은 젠더 불평등을 바로잡는 성주류화 전략의 올바른 방향성을 모색하면서 이를 위한 견제와 비판을 아끼지 않을 것이며, 참여를 통한 영향의 정치를 끊임없이 지속해 나갈 것이다.

참고문헌

김경애 (2009), 「이명박정부 1년 여성정책 평가기조 발제」, 『MB정권 역주행 1년, 여성정책 평가』 토론회 자료집.

김경희 (2012), 「성주류화 평가 및 여성가족부의 역할과 한계」, 『차기정부 성평등정책 추진기구 개편방안 모색』 토론회자료집.

김금옥 (2014), 「성평등 실현을 위한 여성운동 방향 찾기」, 『베이징+20과 Post2015: 젠더의 관점에서 본 한국사회의 변화』 심포지엄 자료집.

김엘림·주재현 (2001), 「여성부 출범과 여성정책·행정체제의 과제」, 『한국행정학회 학술대회 발표논문집』.

신상숙 (2011), 「신자유주의 시대의 젠더-거버넌스: 국가기구의 제도적 선택성과 여성운동」, 『페미니즘연구』 제11권/2호.

이숙진 (2012), 「차기정부 성평등정책 추진기구에 관한 내안모색」, 『자기성부 성평능정책 추진기구 개편방안 모색』 토론회자료집.

임정규 (2011), 「성인지예산 운동의 현황과 발전방안」, 성공회대학교 NGO대학원 석사학위논문.

정현백 (2001), 「김대중정부의 여성정책 3년에 대한 총괄평가 및 정책제안」, 『김대중정부 여성정책 3년평가 및 정책제안을 위한 토론회』 자료집.

조영숙 (2014), 「베이징+20 이행평가의 배경과 의미」, 『베이징+20과 Post2015: 젠더의 관점에서 본 한국사회의 변화』 심포지엄 자료집.

한국여성단체연합 (1997), 『제11차 정기총회 보고서』.

_____ (1998), 『열린 희망: 한국여성단체연합 10년사』, 동덕여자대학교 한국여성연구소.

_____ (2013), 『제27차 정기총회 보고서』.

_____ (2014), 「여성발전을 위한 제도와 기구」, 『베이징+20과 Post2015: 젠더의 관점에서 본 한국사회의 변화』 심포지엄 자료집.

한국여성단체협의회 (1993), 『한국여성단체협의회 30년사』.

1) 한국여성단체연합 1998. 1987년에 진보적 여성운동의 상설 연대기구로 창립한 여성연합은 비주류의 위치를 자임해 왔으며, 1995년에 비로소 임의단체에서 사단법인으로 전환하였다. 따라서 여성연합으로서는 제4차 세계여성대회 참여가 상당히 이례적인 사건이었으나, 그후 한국사회에서 여성연합의 활동과 무관한 성주류화를 생각하기 어려울 만큼 이 전략을 일관되게 견지하면서 여성정책의 변화를 매개하였다.

2) 베이징 행동강령에서 성주류화는 제4절 전략적 목표와 행동의 12개 분야 모두에서 강조되고 있으나, 성주류화의 전략과 방법을 실질적으로 뒷받침하는 정부기구의 개혁방안은 이 가운데서도 "G. 권력 및 의사결정에서 여성의 위치"라든가 "H. 여성의 향상을 위한 제도적 장치" 범주에서 논의되고 있다. 이 장에서 다루는 내용은 다른 많은 정책분야의 성주류화를 가능하게 하는 정부기구의 의사결정구조와 제도적 장치의 개혁을 위해 여성연합이 펼친 활동이다. 유엔 세계여성대회의 베이징 행동강령은 법적 구속력이 없을지라도 유엔에 이행결과를 보고하도록 하였기에 각국에서 여성정책의 토대가 될 수 있었다.

3) 한국여성단체협의회는 1975년 유엔이 정한 세계여성의 해 이래로 건의문을 통해서 독립적인 여성정책 전담기구의 설치를 정부에 수차례 요구해 왔다(한국여성단체협의회 1993, 212쪽).

4) 한국여성단체연합 1997, 113쪽.

5) 당시 사무국장이었고 여성연합 대표를 역임한 남인순 국회의원과의 인터뷰(2016. 8. 3). 당시 세계화추진위원회에는 조은 교수를 비롯한 학계인사들이 포함되어 있어서 여성발전기본법의 추진과정에서 여성연합에 의견을 청취하는 등 소통을 매개할 수 있었다. 이 인터뷰의 내용은 1990년대부터 2000년대 초반까지 여성연합 성주류화 운동의 전반적인 맥락을 파악하는 데 큰 도움이 되었으며, 글 전반에 걸쳐 반영되었다.

6) 김엘림·주재현(2001)에 의하면, 여성부 설치가 처음으로 공론화된 것은 1987년 6·29선언 이후 제13대 대통령선거에서 김대중·김영삼 후보가 선거공약으로 제시한 때부터이다. 한국여성단체연합은 1997년 12월의 대통령선거를 앞두고 10월에 발간한 『21C를 준비하는 여성정책 자료집』에서 여성정책 전담부서로서

여성부 신설을 주장하였다. 상세한 내용은 김엘림·주재현(2001, 441~56쪽) 참조.

7) 정현백 2001. 여성부의 신설과 더불어 집권 초기 신설한 6개 부처의 여성정책 담당관실은 여성문제를 홍보하고 정책이나 사업에서 성인지적 관점을 높이는 데 기여하였으나, IMF사태의 여파로 김대중정부의 집권 3년 동안 여성들의 정리해고·비정규직화·시간제노동은 가속도로 증가하였다.

8) 일례로 보육업무 여성부 이관을 위한 정부조직법 개정촉구 범여성계 기자회견(2003. 5. 26)에는 대한YWCA연합회, 여성정치세력민주연대, 원불교여성회, 청소년을 위한 내일여성센터, 한국가정법률상담소, 한국여성단체연합, 한국여성단체협의회, 한국여성유권자연맹, 한국여성지도자연합 등이 참여하였다.

9) 2003년 상반기에 여성연합이 보육 마스터플랜에서 가족정책 관련법 시안을 만드는 활동에 집중하지 못하는 동안, 가정학계와 사회복지학계를 중심으로 건강가정기본법이 추진되었고, 결과적으로 이 법이 통과하는 것을 저지하지 못하였다. 여성연합 복지위원회의 가족분과는 2004년 건강가정기본법의 제정·시행에 즈음하여 대응방안을 마련하기 위해 노력하는 한편, 2004년 8월에는 '가족지원기본법(가칭)제정공대위 준비모임'을 결성해서 대체법안을 모색하기 시작하였다.

10) 6개 부처의 소속기관 직제시행 규칙에 따라 기획관리실에 여성정책 담당관 각 1인을 두게 되었으며, 각 담당관은 부이사관 또는 서기관 급으로 보하도록 하였다.

11) 성별영향평가(성별영향분석평가)란 정부의 주요 정책을 수립·시행하는 과정에서 성차별적 요인들을 분석·평가함으로써 정부정책이 성평등의 실현에 기여하도록 하는 제도이다. '성인지예산'이란 예산이 여성과 남성에게 끼치는 영향을 분석하여 성평등을 높일 수 있도록 예산을 편성·집행하는 제도를 말한다. 그리고 '성인지통계'란 국가가 생산하는 통계가 여성과 남성의 상황과 특성을 반영할 수 있도록 성별변수를 도입하도록 하는 제도를 뜻한다.

12) 임정규 2011. 한국여성민우회를 시작으로 한국여성의전화, 전국여성농민회를 비롯한 여성연합의 회원단체들도 지방자치단체의 정책 및 예산에 대한 성인지적 분석과 환류 활동에 속속 참여하면서 지역 차원에서 성주류화를 촉진하는 활동을 전개하였다.

13) 더 상세한 평가에 관해서는 김경희(2012); 이숙진(2012) 참조.

14) 물론 신자유주의 시대의 젠더 거버넌스를 둘러싼 모순과 긴장이 보수정권의 등장만으로 설명되는 것은 아니다. 이에 관해서는 신상숙(2011) 참조.

15) 김경애 2009, 12, 13쪽.

16) "행정안전부는 한국여성노동자회에게 2008년부터 3년간 비영리 민간단체 공익활동 지원사업을 지원하기로 했으나, 2009년부터 특별한 이유 없이 일방적으로 지원을 중단했다. 이에 한국여성노동자회는 2009년 6월에 민변과 공동으로 서울행정법원에 '보조금지급중지 결정취소' 소송을 제기, 2010년 대법원에서 승소했다. 한국여성의전화도 2009년 여성부가 공동협력사업 지원사업 지급에 대한 확인서 작성을 요구하자 이를 거부하여 선정을 취소당한 후 여성부를 상대로 행정소송을 제기, 2010년에 최종 승소했다. 정부 정책과 집행을 감시하고 비판할 의무와 권리가 있는 시민사회단체를 상대로 정치적 족쇄를 채웠던 정부에 항의, 법적 대응을 통해 승리하여 자율성을 확보하고 민주주의 원칙을 바로세웠다." 한국여성단체연합 2014, 94쪽.

17) 2009년 2월 18일의 여성연합, 이명박부 여성정책 1년평가 기자간담회. 이 평가에는 여성연합 본부 외에 한국여성민우회, 한국성폭력상담소, 한국여성노동자회, 한국이주여성인권센터, 성매매해결을위한전국연대, 한국여성장애인연합 등이 참여했다(『더 피플 뉴스』 2009. 2. 18).

18) 한국여성단체연합 2014, 89쪽.

19) 일례로 대전시는 성평등기본조례안을 개정하여 성소수자 보호와 지원내용을 추가하였으나 개신교계 등이 강력하게 반발하였고, 여성가족부는 성소수자 보호와 지원이 상이법인 양성평등기본법과 어긋난다고 보아 대전시에 조례개정을 요구하는 공문을 발송하였다. 이러한 개악요구에 대해 대전여성단체연합을 비롯한 여성단체와 지역의 인권·시민 단체들은 성소수자 인권을 존중할 것을 요구하며 격렬히 반대하였으나 결국 대전시의회는 성소수자를 명기했던 내용을 삭제하고 '성평등기본조례'에서 '양성평등기본조례'로 명칭을 변경하여 통과시켰다. 『뉴스1』 2015. 9. 16.

20) 임정규 2011, 39쪽에서 재인용.

21) 한국여성단체연합 2013. 서울시의 주민참여예산위원 구성 관련조항에 관해 여성연합은 다음과 같은 의견을 제출하였다. ① "성별, 연령대별 비율을 실제 인

구구성 비율과 일치하도록 구성하여야 한다"는 의무조항으로 명시하여, 여성 등 사회적 소수자들의 대표성을 실질적으로 보장해야 한다. 또 공개모집 위원에 한정하는 것이 아닌 전체 위원구성에 대한 할당의무조항을 적용해야 한다. ② 주민참여예산 위원 및 공무원에 대한 교육과정에 성인지정책(성인지예산, 성별영향평가) 교육을 포함시켜야 한다. ③ 시행규칙이나 운영계획 설계시, 다양한 계층의 시민들이 참여할 수 있도록 운영방식을 세심하게 설계해야 한다.

22) 한국여성단체연합 2014.

23) 조영숙 2014.

24) 김금옥 2014, 720, 721쪽.

1995년
제4차 유엔 여성회의(베이징)

2004년 6월
베이징+10 기념 태국 NGO포럼

2014년 11월 11일
포스트 2015 여성운동 미래전망
만들기 심포지엄

1
평등노동권 확보와 여성의 경제세력화를 위한 여성노동운동

최혜영(여성노동 연구활동가)
정문자(한국여성단체연합 전 공동대표)

이 글은 지난 30년간 한국여성단체연합(이하 '여성연합')의 노동위원회와 사회권위원회 활동을 정리하고 이를 통해 여성노동운동을 돌아보는 데 목적이 있다. 매년 여성연합에서 발행하는 총회자료집에 근거해 노동위원회와 사회권위원회의 사업목표와 활동내용을 연도별·의제별로 정리해서 이를 토대로 작성하였다.

총회자료집에 기록된 노동(사회권)위원회 사업과 활동 중 '단순참여' 이상으로 여성연합의 개입이 있었다고 파악되는 활동들을 기준으로 삼았다. 시대적 의미가 큰 사안의 경우에는 여성연합의 결합도가 높지 않았더라도 여성노동운동사에서 중요성이 있으므로 포함시켰다.

이미 상당한 시간이 흘러 내부적인 논쟁이나 여성연합과 회원단체의 역할분담 정도, 활동에 실린 무게의 경중을 정확히 파악하는 데 어려움이 있었다. 기본적으로 총회자료집을 통해 파악될 수 있는 정도에서 기술된 한계가 있다.

1) 여성노동자의 삶을 바꾼 여성노동운동

여성노동운동은 출범 초기부터 여성연합의 주요 활동분야였다. 여성연합은 여성노동자들의 투쟁을 지원하기 위한 '여성단체연합 생존권대책위원회'로부터 출발했으며, 출범 후 여성노동자 투쟁을 지원해 전원복직 등의 성과를 만들어냈다. 여성연합은 출범 후 10년간 여성노동운동 단체와 함께 생산직과 사무직 여성노동자운동 차원에서 여성노동자의 역량강화, 여성노동자 투쟁 지원, 여성노동문제 이슈화, 여성노동정책 마련 등의 활동을 전개했다. 구체적으로 고용안정 확보정책 마련(남녀고용평등법 제·개정), 영유아보육법 제정, 신(新)인사제도의 문제제기와 대안요구, 직장 내 성폭력·성희롱 금지, 적극적 조치(고용할당제) 실시 요구를 하였다. 또한 모성보호와 직장보육 등의 복지확보투쟁, 성차별적인 법과 제도의 개선운동을 선구적으로 전개[1]하여 여성노동자를 위한 법과 제도를 개선하는 기초를 마련하였다.

초기 10년의 법·제도 개선운동을 이어받아 2007년까지는 노동위원회(2005년 이후 사회권위원회)를 통해 회원단체 또는 한국노총, 민주노총 여성위원회 등과 과제별 연대체를 구성하여 여성노동 관련 법·제도를 구축하였다. 법·제도의 내용은 남녀고용평등법 3차 개정으로 직장 내 성희롱 금지 및 예방 법제화, 산전후휴가 90일 고용보험 지급과 유급육아휴직제, 2년 이상 고용된 비정규직의 정규직 전환을 골자로 하는 비정규직 보호입법, 적극적 고용개선 조치 법제화 등이다. 이렇게 여성노동운동 단체들이 요구한 의제가 대부분 법제화·제도화될 수 있었던 것은 단체의 끈질긴 활동에 국민의정부 및 참여정부와의 협치가 가능했기 때문이며 더불어 여성운동 출신의 여성 국회의원이 많이 진출한 것도 큰 몫을 차지했다.

2008년 이후에는 보수정권 재집권으로 여성노동정책이 후퇴하는 것을 막아내는 활동을 하였고 여성노동 관련 법·제도의 사각지대 해소를 위한 활동에 주력하였다. 시간제일자리 확대, 비정규직의 정규직 전환기간 연장, 성별분업 강화 등 여성노동의 현실을 더 악화시키는 정책을 비판하고 대안을 마련하는 활동을 하였다. 한편으로는 법·제도의 사각지대를 해소하기 위해 특수고용노동자, 비공식 돌봄노동자의 노동자성 인정, 사회보험 적용확대를 위한 국가지원을 촉구하는 활동을 통해 두루누리 보험제도 도입과 가사노동자도 노동자라는 사회적 인식의 확대를 가져왔다.

또한 우리나라 여성노동자의 삶을 악화시킨 두 차례의 경제위기(1997, 2008)에 발 빠르게 대응하였다. 1997년 IMF 구제금융으로 인한 대량실업에 대해서는 여성실업자 지원활동과 실업대책 촉구활동을 전개하였고, 2008년 글로벌 경제위기로 인한 여성고용 악화에는 여성일자리와 민생문제 등 경제위기하 여성의 민생문제를 담론으로 확장시켰다.[2]

(1) 사회·경제적 상황과 여성노동운동 의제의 변화

그간 여성연합 노동부문의 주요 목표는 여성의 경제적 자립과 주체화, 성 평등한 노동시장을 위한 법·제도 확보, 여성의 노동시장 참여 확대와 양질의 일자리 및 노동권 확보 등이라 할 수 있다. 이러한 목표를 달성하는 데 있어 주요 의제들은 국내외 경제상황의 변동, 정부정책의 변화에 긴밀하게 연동하며 변화되어 왔다.

시대별 운동의 흐름을 요약하면,[3] 1990년대 후반 여성연합은 '여성의 정치적·경제적 주류화'를 중점 사업으로 선정하고 여성의 경제활동(고용) 참여증진과 차별적 노동시장 개선 및 산전후휴가 사회보험화 입법활동 등의 노력을 통해 '평생평등노동권'을 확보하는 것을 목표로 세웠다. 그러나 1997년 IMF 구제금융 이후 성차별적 노동시장 유연화와 여성 우선해고 및 대량실업 문제가 심각하게 대두하였고, 이에 '실직 여성가장' 등 생계위험에 놓인 여성들을 대상으로 한 긴급구호 활동과 실업대책 활동이 운동의 중심이 되었다.

이후 1990년대 말과 2000년대 초반에는 신자유주의적 노동시장 유연화가 성차별적으로 진행되면서 '성차별적인 고용조정 및 부당해고, 감원방지를 위한 지원활동'이 주요해졌다. 다른 한편, 실업과 경기침체가 장기화되면서 여성노동자의 빈곤문제와 함께 사회안전망 확보의 필요성이 증가함에 따라 여성노동 의제와 사회보장(복지)을 연계한 접근이 본격화되었다. 이에 2005년 여성연합은 여성주의 관점에서 기존의 노동정책과 복지정책을 통합적으로 분석·평가하고 발전적인 정책대안을 제시함으로써, 국가정책에 성인지 관점이 반영되도록 하기 위해 노동위원회와 복지위원회를 통합하여 사회권위원회로 전환한다.

2000년대 중반에는 비정규직노동자를 보호하고 '빈곤의 여성화' 극복을 목표로 한 주체 성장 및 조직화 그리고 사회보장제도 확충과 일자리 창출이 여성노동운동 진영의 중요 의제였다. 또한 적극적 노동시장 정책을 표방한 참여정부의 출범과 함께 사회적 일자리와 공공부문 일자리 창출 등이 정부의 주요 정책으로 자리 잡았다. 이 시기에 여성노동운동 단체들은 정부와 이른바 '파트너십' 관계를 형성하며 일·가족 양립과 여성일자리 창출을 위해 사회서비스 확충 및 돌봄노동의 사회화를 요구하며 가족 내 돌봄노동을 공공영역으로 통합시키기 위한 활동에 집중하였다.

2000년 후반 글로벌 금융위기와 함께 등장한 신자유주의 노동시장을 옹호하는 '반노동적' 정부에 의해 민영화, 외주화, 기업의 이해관계에 따른 노사관계 재편이 진행되었다. 이에 여성노동 관련 법 개악 저지, 여성업무 우선외주화 방지, 임신·출산·양육으로 인한 여성의 경력단절 완화 등이 여성노동운동의 주요 의제가 되었다. 한편 사회서비스 확산으로 일자리는 증가하였으나, 사회서비스의 영리화 혹은 민영화는 서비스의 질이나 서비스노동자의 노동권 문제를 발생시켰다. 2010년 이후 사회적으로 복지국가 담론이 확산되면서 여성연합은 돌봄 중심의 복지국가 설계를 이슈화하는 한편, 여성과 남성이 함께 일·생활 양립이 가능한 사회를 만들기 위한 정책 요구 및 사회적 인식 개선 활동에 주목하기도 했다.

여성연합은 보수정권의 집권이 장기화되면서 여성 및 노동 정책이 전반적으로 후퇴하고 있다는 판단 아래 여성노동 환경 악화와 정책적 후퇴 등 여성의 전반적인 삶의 질 저하를 불러일으키는 정부정책의 한계를 드러내고 비판하는 활동을 강화하였다. 뿐만 아니라 변화하고 있는 여성들의 경제적 상황과 삶의 방식을 가시화하며 대안을 모색하기 위해 노력하고 있다.

(2) 여성연합, 여성노동운동의 핵심 주체단위와 그 변화

여성노동운동에서 여성연합 회원단체들의 역할은 중요했다. 개별 회원단체는 상담이나 조직화를 통해 여성노동자들의 현실과 당면 과제들을 파악하고 이를 기반으로 의제를 발굴, 형성해 가고 있다. 여성연합은 노동위원회나 사회권위원회 내의 노동팀이나 노동분과를 통해 노동관련 활동을 하는데, 여성노동 의제를 중심으로 활동하는 회원단체들이 이 위원회에 참여하고 있다. 이러한 구조 속에서 회원단체가 주로 다루는 의제가 여성연합의 사업 또는 주요 활동에 반영되었다.

또한 여성노동 의제를 개발하고 공동으로 대응하기 위해 여성·노동계가 함께 연대기구를 결성해 활동했다. 2000년대에는 여성노동법개정연대회의, 여성노동연대회의, 생생여성(노동)행동 등 여성노동 이슈에 공동 대응하는 연대기구의 역할이 두드러졌다. 2000년 여성노동법개정연대회의를 만들 당시 참여단위는 한국여성단체연합, 한국여성민우회, 한국여성노동자회협의회(현 한국여성노동자회), 한국노총, 민주노총, 한국여성단체협의회, 전국여성노동조합, 서울여성노동조합이었다. 여성노동법개정연대회의는 2004년에 서울여성노동조합이 빠지고 여성노동연대회의로 전환되었다. 2009년에는 미국발 금융위기로 인한 글로벌 경제위기의 직격탄을 맞은 여성일자리와 민생문제를 담론으로 확장시키기 위해 '민생살리고 일자리살리는 생생여성행동'(이하 '생생여성행동')[4]을 발족하였다. 이러한 공동대응 기구들은 1997년 이후 여성노동운동의 역사를 이끌어온 주요한 축이었고, 이를 통해 노동운동의 발전적 확대도 확인할 수 있다.

2) 의제별 여성노동운동

여기서는 지난 여성노동운동을 의제별로 살펴보고자 한다. 아래 언급되는 활동과 의제에는 회원단체가 중심적으로 관여·활동하고, 여성연합이 연합조직으로서 지원한 사안 및 연대기구를 주축으로 활동한 사안들도 포함되어 있다. 그리고 앞서 언급한 바와 같이 여성연합의 노동운동은 여성연합 독자적인 활동이 아니라 회원단체·연대기구와 함께해 온 운동이라는 점에 기초해 이해할 필요가 있다. 여성연합이 지원하고 연대한 노동사안은 지난 여성노동운동에서 의미와 상징성이 큰 활동과 의제들이고, 여성연합도 이러한 인식에 따라 활동에 동참했기 때문에 의제별 정리에 포함되어 있다.

(1) 여성의 경제적 자립과 여성실업 대책

여성연합은 성(gender)이 모든 국가정책 영역에서 중요하고 본질적인 주류(mainstreaming)로 다루어져야 한다는 성주류화 전략[5]에 근거하여 1997년 여성의 경제적 주류화를 중점 사업의 하나로 선정했다. 경제분야 국가정책 영역에서 여성의 참여와 의사결정권을 높이기 위한 법·제도 개선활동을 주요 과제로 삼고, 경제·사회복지 분야에서 여성정책의 주류화를 위한 정책개발 및 홍보선전 활동을 전개했다. 여성연합은 1997년 대통령선거라는 사회·정치적 상황에서 맞추어 여성의 경제적 주류화를 위한 적극적 조치들을 공약사항에 포함시키려 하였다.

경제분야 성주류화 관점에서 여성의 노동시장 참여 활성화를 위해 사업계획을 논의했으나 1997년 IMF 외환위기로 인해 노동시장에서 여성의 고용불안이 가중되고 대량실업이 발생했다. 이에 여성의 노동권을 지키고 구조조정에 대응하는 것이 시급한 과제가 되었고, 여성연합은 여성실업대책 활동을 통해 여성의 경제적 자립과 주체형성을 우선적으로 도모하는 전략으로 선회했다.

실업대책과 실업극복여성지원센터 운영: 1998~99년

1997년에 발생한 외환위기와 IMF 구제금융 도입으로 한국 노동시장은 신자유주의적 질서로의 재편이 본격화되었다. 노동시장 구조의 유연화를 명목으로 자행된 대규모 인력감축으로, 여성의 대량실업이 발생함에 따라 여성연합은 실업대책 활동에 착수했다. 1998년 여성연합은 여성의 고용안정과 실업문제 해결을 위해 '여성고용대책특별위원회'를 구성하고 여성실업대책 마련을 촉구하는 대(對)정부활동을 적극적으로 전개했다. 그 결과 정부는 여성실업정책을 발표했고, 공공근로사업의 여성참여 확대, 저소득 실직여성가장을 위한 특별훈련사업 시행, 5인 미만 사업장과 시간제·임시직 노동자에게 고용보험 확대적용 등이 추진되었다.

실업관련 활동을 벌이는 회원단체들이 '실업극복여성지원센
터'를 운영하고 여성연합은 이를 적극적으로 지원하기로 합의했다.[6]
각 지역에 있는 실업극복여성지원센터에서는 여성실업자 (집단)상담,
실직여성가장 실태조사, 무료 직업소개 및 취업알선, 방과 후 결식아
동 급식사업, 실업자 의료지원 등의 사업을 진행하였다. 이와 같은
경제적 지원사업뿐만 아니라 '여성실업자와 함께하는 힘내기' 행사
와 실직여성가장 대화모임을 조직하는 등 정서적 지원사업도 병행
하였다. 또 실직여성 스스로 자활모임을 이끌어 궁극적으로 자립할
수 있도록 실업극복상조회나 소모임활동을 조직하였다.

한편 여성연합은 정책제언을 넘어 실직여성에게 고용기회를
제공하기 위해 공공근로사업을 직접 수행하고, 실직여성가장 생계
지원을 위한 긴급구호 활동을 벌였으며, 여성단체 인턴파견 사업[7]도
추진했다. 1998년 여성고용 창출방안으로 정부에 '저소득아동 생활
지도' 보조교사 사업을 건의해서 공공근로사업으로 위탁 수행했다.
이 사업은 공공근로사업에서 여성이 참여할 수 있는 직종을 확대[8]
시켜 여성실업자를 위한 고용창출과 저소득 빈곤가정의 아동복지
를 지원한다는 차원에서 유의미했으나 임시적인 지원방식으로서 한
계가 있었다.

여성연합과 회원단체들은 실직여성가장의 긴급생계보호와
민간 차원의 사회안전망 구축, 사회적 관심을 환기함으로써 자활의
지를 북돋우기 위해 실직여성의 생계지원, '실직여성가장 겨울나기'
(1998) 그리고 '실직가정 돕기 범국민결연운동'(1999)을 실시했다.[9] 두

해에 걸친 사업으로 생계위기에 놓인 여성들을 구조하고 사회안전
망 사각지대에 있는 실직여성가장·저소득여성의 실태(생활수준, 취업
상태, 사회적 관심도, 실직여성가장 명단 등)를 파악하는 한편, 지역 내
여성조직화와 대중활동의 단초를 만들어내는 성과가 있었다. 또한
이 사업은 정부의 실업대책에서 소외되었던 '저소득 실직여성가장'
의 문제를 사회적으로 부각시키고 이들에 대한 사회안전망 구축의
필요성을 알려낸 사업으로 평가되었다.

여성연합은 실업극복여성지원센터 운영과 공공근로사업 및
생계지원사업 수행이 여성실업자를 지원하고 여성실업 문제의 심각
성을 알려냈으며 시기적으로 위기상황에 긴급하게 대응하는 임시적
인 수단으로서 의미가 있지만, 구호의 성격이 강한 지원활동에서 벗
어나 근본적인 문제해결을 위한 여성실업정책을 제시하는 운동에
힘을 기울여나가야 한다고 평가하고 사업을 중단, 2000년에 실업극
복여성지원센터를 해소했다.

사회안전망 구축 및 빈곤여성 경제세력화 모색: 2000~2008년

노동시장 구조의 변화는 여성노동운동 의제와 주체의 스펙트
럼에도 영향을 끼쳤다. 노동시장 진입이 어려운 여성들과 노동시장
유연화로 노동시장에서 주변화된 여성들이 많아지면서 여성빈곤 문
제가 드러났다. 여성연합은 2000년 초·중반부터 '여성의 빈곤화, 빈
곤의 여성화'를 핵심 의제로 삼고 빈곤의 여성화 방지를 위해 법과
제도 마련 및 정책대응 활동을 전개했다. 한편 '빈곤여성'을 찾아 조
직화를 지원하는 활동을 함께 진행하였다.

2003년 여성연합 노동위원회는 여성의 경제세력화 방향에 관한 논의를 위해 정책기획위원회와 간담회를 진행하고, 여성의 70퍼센트가 비정규직인 한국의 노동시장 구조에서 여성의 경제세력화는 두 차원으로 전개될 필요성이 있다고 판단했다. 전문직 고소득 여성의 비정규직에 대해서는 여성의 경제세력화를 저해하는 차별적 요소를 제거해 나가고, 저임금여성의 비정규직 문제는 사회보장의 확충 관점에서 우선 접근하기로 정리했다.

경제적 자립의 전제로 사회안전망 확충이 의제로 설정되면서 노동위원회와 복지위원회의 유기적 공조의 필요성이 커짐에 따라 2005년에 두 위원회가 사회권위원회로 통합되었다. 한편 여성의 경제세력화 측면에서 '탈빈곤'의 중요성이 증가한 만큼, '빈곤여성'의 조직화와 주체화도 2000년대 중·후반에 점점 더 부각되었다. 2006년 여성연합은 여성의 탈빈곤과 경제세력화를 여성연합 전체의 핵심 의제로 확장하고, 노동(사회권) 영역을 넘어서 다양한 분야의 회원단체들이 참여하여 빈곤여성 '당사자' 교육과 조직화를 추진했다.[10] 빈곤여성 관련정책 및 정보제공 교육을 실시(2007)하고, 경제교과서 제작(2008) 및 경제교육 실시를 통해 빈곤여성이 경제를 주체적으로 이해할 수 있도록 돕고, 경제적 자존감 향상과 경제의 구조적 문제에 대한 인식향상 및 의식화에 기여했다.

대안경제 모색 및 경제적 자립 담론 형성: 2008년 이후

여성연합은 빈곤의 여성화 등을 야기하는 신자유주의 질서를 넘어서는 대안경제의 모색을 통해 여성의 경제주체화 모델을 찾아보려 노력했다. 이를 위해 2008년 '빈곤의 여성화 해소와 사회적 경제 아카데미'를 개최하여 사회적 경제에 대한 인식을 확장시키고 사례를 공유하는 장을 마련하여 사회적 경제를 어떻게 접목시킬지에 대해 고민했으며 공동체 활동을 기반으로 한 여성빈곤 해소운동의 가능성과 필요성을 공유했다. 한편 노동분과는 사회적 경제와 연계하는 새로운 방식의 노동운동 담론 형성을 목표로 삼고 '노동시장, 가족구조 변화와 여성노동운동'이라는 제목의 정책워크숍을 개최하여, 노동시장 및 가족구조의 변화가 새로운 대안을 요구한다는 문제의식을 공유하면서 그 대안으로서 비시장·제3섹터 영역의 시민노동, 노동공동체 모델에 관해 논의했다. 이는 여성연합이 신자유주의적 경제질서에 대항하고 기존의 경제질서를 넘어서 사회적 경제 등 비시장영역의 노동을 통해 여성노동운동의 대안을 모색해 보고자 했다는 의미가 있다.

여성은 여전히 저임금, 불안정 고용, 낮은 사회보험 가입률 등 어려움을 겪고 있어 경제적 자립에 대한 불안이 높다. 이에 여성연합은 여성들의 경제적 상황과 삶의 방식을 드러내고 경제적 자립을 향한 여성들의 목소리를 모아내는 것이 필요하다고 보고, 2015년 '여성의 경제적 자립 담론과 의제 만들기'를 핵심 사업으로 선정했다. 11개 회원단체가 참여하여 66명의 여성(비정규직, 전업주부, 한부모여성, 20대 여성 등)의 심층면접을 실시했다. 이후 여성의 목소리를 통해 '경제적 자립'의 의미를 살펴보고 독립된 주체로 자립할 수 있는 방안을 모색하는 토론회를 개최했으며 여성의 먹고사는 이야기를 담은 소책자 『자립의 식탁』을 발간했다. 자립에 대해 경제적 주체로서 여성들이 다양한 위치에서 발언하는 의미가 있었다.

(2) 성차별적 노동시장 대응
직장 내 성희롱 및 간접차별 금지 법제화운동

고용상의 성차별 철폐는 여성노동운동의 핵심적인 과제라는 판단 아래 인식의 확산과 법 제·개정을 위해 여성연합 초기부터 활발하게 활동을 벌여온 분야이다. 그 결과 1987년에 남녀고용평등법이 제정되었고, 모집·채용·교육·배치·승진·정년·퇴직 및 해고에서 성차별을 금지하는 법적 근거를 마련했다. 그러나 성차별 정의가 모호하고, 동일노동 동일임금 규정이 애매하며, 강제규정이 없어 법의 실효성이 취약한 문제가 있어 남녀고용평등법 개정을 요구하는 운동을 전개했다. 이에 1995년까지 두 차례 고용평등법이 개정되어 남녀차별 금지 규정과 동일노동 동일임금의 기준을 세우는 등 다소 보완되었다. 그러나 여성노동운동 진영이 핵심적으로 요구한 간접차별과 성희롱 금지 관련내용이 법제화에 포함되지 못한 한계가 있었다.

1993년에 발생한 '서울대 신교수 성희롱사건'을 계기로 여성노동운동 진영은 직장 내 성희롱을 고용상의 성차별 문제로서 사회적으로 알려냈다. '서울대조교 성희롱 대책위원회'를 구성하고 사건당사자의 법적 싸움을 지원하는 한편, 직장 내 성희롱을 고용상의 성차별로 판단해야 하는 논리와 근거를 개발하는 데 힘을 기울였다. 그리고 직장 내 성희롱은 고용상의 성차별이며 고용상의 불이익이 발생하는 근로조건에 관련된 문제이므로 남녀고용평등법상 규제대상이 되어야 한다고 주장했다.

이 같은 운동의 연장선에서 여성연합은 1990년대 중반 한국여성민우회, 한국여성노동자회협의회, 한국성폭력상담소, 한국여성단체협의회 및 금융·사무 관련 노동조합과 함께 '남녀고용평등법 내 간접차별 및 직장 내 성희롱 금지 조항 신설과 근로자파견법 제정 반대를 위한 공동대책위원회'(이하 '고용평등법 공대위')를 조직했다. 고용평등법 공대위는 한국노총, 민주노총과 함께 남녀고용평등법 3차 개정 청원을 하고 의원입법 발의(이미경 의원 대표발의)를 위해 개정안을 마련했다. 한편 소책자 『남녀고용평등법 "이렇게 바꿉시다"』를 공동으로 제작해서 노동조합과 회원단체에 남녀고용평등법 개정방향에 대한 교육도 실시하였다. 이러한 공동대응은 노동조합의 평등의식 강화에 기여하기도 했다.[11]

신교수의 성희롱사건에 대해 1998년 2월 10일 대법원이 최종적으로 원고(피해자) 승소판결을 내리고 신교수에게 개인 차원의 배상을 결정했다. 이러한 결정은 당사자의 법적 책임을 분명히 했다는 점에서 의의가 컸다. 그러나 서울대와 국가의 책임은 기각함으로써 직장 내 성희롱에 대한 사업주의 책임이 강조되지 못했다는 아쉬움을 남겼다.

이후 1999년 2월 8일 남녀고용평등법 3차 개정과 함께 개정된 법이 시행되었다. 남녀고용평등법 개정으로 직장 내 성희롱 금지 및 예방(교육)과 피해자에 대한 고용상의 불이익조치 금지를 의무화했다. 직장 내 성희롱 문제는 개인 간의 사적인 문제가 아니라 직장내 위계관계에서 발생하는 고용상의 불이익과 차별의 문제라는 점을 명확히 하고 법으로 규제했다는 점에서 의의가 크다. 또한 간접차별—어느 한 성이 충족하기 어려운 인사에 관한 기준이나 조건을 적용하는 것—을 남녀고용평등법상의 '차별' 정의에 포함시키는 성과를 이루어냈다.

이후에도 여성노동운동은 차별을 해소하고 직장 내 성희롱 예방교육의 실효성과 사업주 책임을 강화하고, 산전후휴가 및 육아휴직 실효성을 증대하고, 일·가정 양립을 지원하는 것 등을 목표로 법개정 및 제도개선 활동을 계속하고 있다.

여성 조기(직급)정년, 직장 내 성희롱, 군가산점제 반대

여성을 '보조적 노동자'로 보는 사회적 인식에서 비롯된 성차별적인 고용관행은 여성의 평등한 노동권 확보를 위협해 왔다. 성차별적 고용관행으로 발생하는 여성 결혼퇴직제, 여성 조기(직급)정년,[12] 직장 내 성희롱 등의 구체적인 사안에 대해서는 회원단체가 주도하여 대응해 왔다.

1996년 대법원이 '한국통신공사 전화교환원 김영희씨 해고사건'과 관련하여 여성차등정년제를 인정하는 판결을 내린 것에 대해 여성연합은 남녀고용평등 관행과 제도 정착에 역행하는 성차별적 판결로 규정하고 한국여성단체협의회, 한국통신노동조합과 함께 규탄성명서를 발표하고 항의집회[13]를 열었다. 주로 여성이 일하는 골프클럽 경기보조원도 40세 조기정년 관행이 있었다. 2000년 당시 프라자컨트리클럽, 88컨트리클럽, 한양컨트리클럽 등 여러 곳에서 조기정년 해고가 발생했다. 여성연합은 한국여성노동자회협의회와 함께 이를 성차별적 부당해고로 보고 경기보조원을 조직하는 노조와 함께 긴급 토론회를 열고 사회적으로 알리는 데 기여했으며, 조기 정년 해고의 부당성을 설명하고 근로기준법상 노동자로 포함해 보호받을 수 있도록 노동부의 행정해석을 촉구하기 위해 노동부 면담 등의 활동을 전개했다.[14]

성차별적 고용관행의 하나인 성희롱은 주로 고용평등상담실을 운영하는 회원단체[15]들이 지속적으로 사안별로 대응해 왔다. 그렇지만 사회적인 파급력이 큰 사안의 경우에는 여성연합도 적극적으로 지원활동을 벌였다. 예를 들어 2000년 롯데호텔 성희롱사건[16]에 대해 여성연합은 회원단체 그리고 양대 노총과 함께 대책마련을 위한 여성·노동계 공동활동을 펼쳤다. 2004년에는 회식자리에서 (여)교사에게 술 따르기를 강요한 사건이 성희롱이 아니라 "용인될 수 있는 선량한 풍속"이라는 행정법원의 판결에 여성노동연대회의를 중심으로 즉각적으로 비판하는 행동에 나섰다. 여성노동연대회의는 "술 따르기 강요는 수직적 관계에 있는 상사에 의해 강요되는 성희롱행위이자, 여성을 비하하는 성차별"임을 강조하며 행정법원 판결을 비판했다. 그 밖에도 여성연합은 2011년 현대자동차 사내하청 성희롱 부당해고 피해노동자 지원대책위원회와 2014년 르노삼성자동차 직장 내 성희롱 사건 해결을 위한 공동대책위원회에 참여했다.

채용에서 불평등을 가져오는 군복무가산점제도를 폐지하기 위해 1994년 공무원 채용시험에서의 '군복무가산점제도 폐지' 청원에 이어, 1998년 10월에는 공무원 채용시 적용되는 군복무 가산점이 평등권, 직업선택권, 공무담임권을 위반한다는 내용으로 위헌확인 소송을 청구했다.[17] 그 결과 1999년 12월 23일 헌법재판소 재판

관 전원일치로 위헌확인 판결이 확정되었고, 군복무가산점제도가 약 40년 만에 폐지되었다.[18]

IMF 외환위기에 따른 여성 우선해고 지원

IMF 외환위기가 초래한 고용위기에 노동시장은 노골적으로 성차별적인 구조조정을 진행했다. 여성은 생계부양자가 아니고 보조적인 노동자이므로 노동시장이 탄력적으로 사용하고 버릴 수 있는 존재라는 성별분업 이데올로기에 기초한 남성 중심적 노동관은 여성들을 가장 우선적으로 해고할 수 있는 대상으로 보았고, 일부 노동조합은 이를 합의 내지 용인하기도 했다. 여성연합은 1998년부터 성차별적인 구조조정과 부당해고 방지를 사업목표로 잡고 현장투쟁 지원활동과 함께 정리해고시 성차별 금지를 명문화하기 위한 활동을 전개했다. 성차별적 해고 반대운동 결과 노동법 개정안에 정리해고시 성차별금지 조항이 명시되었고, 전국 지방노동관서에 '여성차별해고 신고창구'를 설치하도록 해서 성차별적 정리해고를 예방하는 압력의 효과가 있었다.

성차별적 부당해고 사안에 대응하는 활동은 주로 회원단체 중심으로 전개되었고 여성연합이 필요시 지원하는 방식이었다. 그중 1999년에 발생한 농협중앙회의 성차별적 구조조정과 여성 우선해고 사건은 여성운동진영이 조직적으로 대응한 대표적인 사례이다. 1999년 5월 한국여성민우회 등 여성단체들이 사내결혼을 한 직원들 중 여성들을 우선 해고시킨 농협중앙회를 남녀고용평등법 위반혐의로 검찰에 고발했다.[19] 농협중앙회 여성 우선해고 사건이 남녀고용평등법 위반이라는 판결을 얻어내지는 못했지만, 회원단체가 중심이 되어 여성이 집중되어 있는 부서 중심의 부당한 구조조정, 무분별한 비정규직 확산, 부당한 전직·퇴직 종용 등에 맞서 항의 및 반대 거리캠페인을 벌여 사용주와 사회에 경각심을 불러일으키는 데 기여했다.

최저임금 현실화운동 점화

최저임금 문제가 여성노동운동의 의제로 처음 부각된 것은 2001년 한국여성노동자회협의회와 전국여성노동조합이 청소용역 (여성)노동자의 노동실태를 조사하면서 드러난 열악한 저임금 문제를 해결하기 위한 고리로 최저임금제도에 주목하면서부터이다. 대부분의 청소용역 노동자가 최저임금을 받았고 40퍼센트 정도는 최저임금조차도 받지 못했다.[20] 주요 노동조합이나 노동단체가 최저임금 이슈에 별다른 관심을 기울이지 않고 있던 상황에서, 여성노동계가 주도적으로 최저임금 문제에 사회적 관심을 촉구하고 나섰으며 최저임금은 '먹고살 만한 액수로 결정되어야 한다'는 전제 아래 최저임금 현실화운동을 시작했다. 여성연합은 2001년 이후 '최저임금 현실화' 투쟁을 주도한 전국여성노동조합과 한국여성노동자회협의회와 함께 여성노동자의 저임금, 정규직과의 차별임금, 빈곤 개선을 위하여 '최저임금 인상'을 사회적으로 쟁점화하는 활동을 다각적으로 펼쳤다. 최저임금심의위원회 위원들과 면담하고 전원회의에 참석하기도 했다. 또한 시민사회단체와 함께 최저임금 위반사업장 공동감시단 발족 및 캠페인에 참여했다.

이후 최저임금 현실화 캠페인과 전국 서명운동에 더 많은 여성연합 회원단체들이 동참했고 노동계와 시민사회단체의 관심도 증대했다. 2002년 말부터는 '최저임금연대'를 결성하여 최저임금제도 개선방안을 논의하고 최저임금 위반사업장 감시, 최저임금 현실화(인상)운동을 전개하였다. 여성계의 대응은 여성노동연대회의 그리고 2009년 이후엔 생생여성행동을 주축으로 캠페인과 집회를 계속해 오고 있다. 또한 정부와 경영계의 최저임금법 개악시도들을 막기 위한 활동에도 동참하고 있다. 최저임금 인상에 대한 사회적 요구가 더욱 커지면서 20대 총선에서는 모든 정당이 최저임금 1만원을 선거공약으로 채택하기도 했다.

일련의 활동에서 여성노동운동은 많은 여성노동자들의 임금이 최저임금 수준에서 결정되는 등 최저임금과 여성임금의 상관관계를 사회적으로 널리 알리며, 여성의 저임금을 개선하고 성별 임금격차 해소를 위해 최저임금 인상을 주장하고 있다. 성별 임금격차는 36.7퍼센트(2015년 기준)로 10년 이상 OECD 국가 중 1위를 유지하고 있다. 이러한 여성의 저임금, 특히 여성 비정규직의 임금이 최저임금 수준에서 책정되는 점[21]에서 기인한다고 보고, 여성연합은 최저임금이 양극화 해소와 성별 임금격차 해소의 관점에서 결정기준이 재정비되어야 하며, '획기적'으로 인상할 것을 요구하고 있다.

(3) 고용안정 및 비정규직 노동권 확보운동

1980년대 후반 이후로 여성들이 주로 종사하던 제조업이 대폭 축소되면서 여성고용의 급격한 변화와 함께, 정규직 중심의 고용에서 다양한 형태로 일하는 비전형적 고용이 증가했다. 특히 임시직, 일용직, 특수고용, 시간제근로, 파견근로 등의 고용형태가 확산되면서 여성노동자들의 고용불안이 가중되었고 고용불안정 문제의 해결이 여성노동운동의 주요한 의제가 되었다. 이에 여성노동계는 집단해고·위장폐업 반대투쟁을 지원하고 1990년대 초부터 여성노동자 고용안정 대책 마련을 위한 정책대응활동을 시작했다. '여성노동자 고용불안정의 실상과 대책'이라는 제목으로 긴급토론회를 개최해 휴폐업·감원으로 인한 여성노동자의 고용불안정 문제의 심각성을 알려내고 정부에 대책을 요구했다. 시간제, 임시직, 용역직 등 비정규직 고용의 확대를 반대하고 파견법 제정에 반대하는 투쟁을 벌이며 여성노동정책안을 개발하여 제시하고 정부가 반영하도록 압력을 행사해 왔다.[22]

자본의 이동과 신자유주의 지구화 흐름, 노동시장 유연화 확대에 따른 고용의 불안정성 증가에 대한 대응은 1990년대 중반 이후 더욱 여성노동운동의 중요한 한 축이 되었다. 특히 IMF 구제금융 이후 신자유주의 경제질서를 확대하려는 구조조정 요구가 거세지면서, 비정규 불안정 노동이 급속하게 확산되었다. 여성노동운동 진영은 고용안정과 비정규직 문제의 대응을 위해 불안정화를 가속화시키는 노동시장정책 반대활동, 고용안정화를 위한 법·제도 개선운동, 다양한 형태의 고용관계에 노동관계법 적용을 위한 운동, 사회보장 적용을 통한 사회안전망 확보운동 그리고 노동, 고용구조 및 법·제도의 변화에 대응하며 지속적으로 고용안정과 노동권 확보를 요구하는 활동을 전개해 왔다.

비정규직화 방지 및 보호 입법

여성연합은 파견노동이 여성노동자의 고용을 불안정하게 하고 고용조건도 열악하게 한다는 판단 아래 1993년부터 파견법 제정 저지활동을 전개해 왔다. 1996년에는 노동법 개정 대응활동을 활발하게 벌였다. 여성연합 상임대표가 노사개혁위원회 위원으로 참여하여 노동정책 개정방향에 대한 여성연합의 입장을 표명하고 4인 이하 사업장의 노동관계법 전면적용을 요구하는 한편, 생리휴가 무급화 반대 등 여성과 비정규직 이슈에 대한 정부의 개악의도를 저지하는 활동을 벌였다. 그럼에도 불구하고 1996년 12월 여당(당시 신한국당)은 노동법을 날치기 통과시켰다. 이 사건으로 정리해고제, 변형근로제, 대체근로제가 도입되었고 상급단체 복수노조 인정은 3년간 유예되었다.

1996년 노동법 날치기 통과 이후, 여성연합은 여성관련 노동법 개정에 대한 대응활동(생리휴가, 휴일·야간·연장 근로 등에 대한 대응활동 및 근로기준법 시행령에 시간제에 관한 규정 마련작업 등)과 근로자 파견법 제정 반대에 힘을 쏟았다. 파견법이 1998년 2월에 제정된 이후, 구체적인 파견대상 업무를 정하는 파견법 시행령 제정 반대운동을 벌여 파견대상 업무를 줄이는 데 기여할 수 있었다. 특히 파견대상 업무에 여성이 많이 고용되어 있는 업종이 주로 포함된 것을 지적하고 여성의 비정규직화가 급속히 진행될 것을 문제제기하여 여성집중 직종을 파견대상 업무에서 축소시켰다.

1997년 IMF 구제금융 이후 대량실업과 성차별적인 구조조정으로 여성노동자들의 비정규직화가 가속화되었다. 이에 대응하여

2000년대 이후로 여성연합은 여성노동자의 비정규직화 방지 및 보호를 위한 법 제·개정 운동을 계속했는데, 주로 비정규공대위[23]에 참여하여 여성·노동 단체들과 연대해서 비정규노동자 보호, 기본권 보장을 위한 법·제도 개정을 촉구했다. 그 밖에도 2002년에 한국여성노동자회협의회, 전국여성노동조합과 공동으로 '비정규 여성노동자 권리 찾기 전국 릴레이캠페인'을 주최하고, 정부에 비정규직 보호입법 마련을 요구했다. 그리고 그해 대통령선거에 출마한 대선후보들에게 비정규직 여성노동자 권리확보 방안을 마련하도록 압박하여 공약으로 만들었다.

여성·노동계의 비정규직 보호입법화 요구에 2004년 정부가 내놓은 입법안은 파견업무 절대금지 대상업무만 지정해서 금지하고 그외 모든 업무에 허용하는 방식으로 전환하려는 시도 등 많은 문제점을 포함하고 있었다. 이에 비정규공대위 차원에서 결사반대하는 의견을 정부에 전달하고 정부입법안의 문제점을 알려냈다. 비정규직보호법[24]은 최종적으로 2006년 11월 30일 국회에서 통과되어, 2007년 7월 1일부터 300인 이상 사업장에 우선 적용되었다. 노동계는 제정된 비정규직보호법이 비정규직 사용사유 제한을 명시하지 않은 것을 지적하며 비판했다. 비정규직보호입법은 기간제(계약직) 근로자로 2년 이상 일하면 사용주가 사실상 정규직으로 전환하도록 규정하는 것을 주요 내용으로 하고 있으나, '2년 뒤 정규직 전환'을 회피하기 위해 '해고'하는 사태가 속출하였다.

비정규직 대책은 계속해서 여성·노동 운동진영의 주요한 화두로서 회원단체인 한국여성노동자회와 한국여성민우회를 중심으로 연대단위를 꾸려 꾸준히 대응해 왔다. 2015년 정부의 '비정규직 종합대책'과 '노사정합의안' '새누리당의 노동법 개정안'에 대해서는 여성연합 차원에서 적극적으로 대응했다는 점이 주목할 만하다. 여성연합은 '젠더 관점에서 본 비정규직 종합대책의 실상과 대안' 토론회를 개최하고 정부의 비정규직 종합대책이 오히려 고용불안과 노동시장 내 차별을 심화시킬 수 있으며, 특히 여성노동자의 고용불안과 성차별을 가중시킨다는 점을 알려냈다. 노동시장 개혁에 관한 '노사정합의안'에 대해서는 "기간제근로자 사용기한 4년 연장, 파견 업종 확대, 일반해고 도입, 취업규칙 불이익 변경기준 완화 등이 여성노동자의 삶을 송두리째 뒤흔드는 명백한 노동시장 구조개악"이므로 분명한 반대입장을 밝혔다. '노동시장 구조개혁' 관련 5개 노동법 개정안이 19대 국회에 발의되었으나 여성연합을 포함한 시민사회단체와 노동단체들의 강력한 저항에 부딪혀 진행되지 못하고 19대 국회 임기만료로 자동 폐기되었다.

비정규직 여성노동자 투쟁 지원

비정규직 여성노동자들은 부당한 차별이나 노동권 침해에 맞서 당사자들이 주로 노동조합을 통해 투쟁을 전개했다. 이러한 투쟁의 주체는 당사자와 노동조합이지만, 여성단체들의 연합조직이라는 위상을 가진 여성연합은 이 투쟁에 회원단체들의 힘을 보태어 사회적으로 여론화시켜 내고 정부를 압박하거나 국회의원들을 통해 정치적 협상력을 발휘하기도 했다. 문제가 법·제도적인 차원에서 기인할 경우에는 여성연합이 노동자들의 권리를 확보할 수 있는 법·제도 방안마련을 위한 활동에 적극적으로 참여했다. 여성연합이 주로 힘을 보태온 투쟁과 사안들은 회원단체가 추동하면서 여성연합에 직접적인 요구가 있거나 당시 여성노동 의제에 상징적인 의미가 있는 투쟁과 사안들인 경우가 많았다.

여성연합은 2000년 회원단체인 한국여성노동자회협의회와 이 단체가 출범시킨 전국여성노동조합의 활동을 통해, 특수고용노동자 노동권 확보운동에 직간접적으로 결합했다. 우선 노동조합을 중심으로 한 골프장 경기보조원 부당해고 철회와 노조활동 보장 투쟁과정에 연대활동을 하였다. 경기보조원에 대한 부당행위는 경기보조원을 포함한 특수고용노동자들이 노동자성을 인정받지 못하는 데서 근본적으로 비롯되기 때문에 이 사안은 개별 사업장의 투쟁에 그치지 않고 노동자성 인정을 목표로 한 활동으로 확장될 필요가 있었다. 이에 여성연합은 공동토론회 및 사례모음집 발간 등을 통해 노동자성 인정을 사회적으로 의제로 부각시키고, 법·제도 개선을 위해 정부와 입법부를 면담하고 압력을 행사하는 활동에 참여했다.

노동시장 유연화 구조조정 속에서 여성집중 업무(부서)는 '핵심 업무'가 아니라고 주장하며 외주로 돌리는 사례가 증가했다. 2001년 한국통신이 일방적으로 114부서의 분사(외주화)를 결정하자, 114 번호안내 여성노동자와 노동조합이 반대농성에 돌입했다. 여성연합은 114부서의 분사(외주화) 결정은 여성을 집중 대상으로 한 성차별적 해고(외주화)라는 점을 확인하고, 한국통신이 인력감축을 할 때마다 여성노동자를 1차 대상으로 삼아온 것을 비판하면서 문제

해결을 촉구했다.

2007년 이랜드가 '비정규직보호법' 시행을 앞두고 홈에버에서 400여 명, 뉴코아에서 350여 명의 여성 비정규직 계약을 해지했다. 이랜드 일반노동조합은 매장 점거투쟁을 시작했고 여성연합을 주축으로 한 여성노동계는 '여성에게 좋은 기업 만들기 실천단'[25]을 조직하여 회원단체의 회원들과 지역여성들이 함께 참여하는 '이랜드 불매 포도송이 채우기' 캠페인 및 이랜드 불매 캠페인을 전국적으로 전개함으로써 비정규직 차별의 문제가 여성의 문제라는 인식을 확산시켰다. 또한 '나쁜 기업'에 맞서 '착한 소비'를 촉구하는 '나쁜 기업 이랜드 불매시민행동'을 제안하고 109개 전국의 시민사회·여성 단체들이 연대하여 불매운동에 시민들의 적극적인 참여를 이끌어냈다.[26]

2006년에는 KTX 여승무원들이 승객의 안전에 위협이 되는 '위탁고용'에 반대하여 한국철도공사에 '직접고용'을 요구하며 파업투쟁에 돌입했다. 이 투쟁은 당시 외주화 반대의 상징적 투쟁으로 확산되면서 시민, 종교, 학계, 여성, 평화, 법조계 등 시민사회 각계의 연대와 직접고용 촉구가 이어졌다. 여성노동운동 단체들은 KTX 여승무원 업무의 외주화(외주위탁고용)가 성차별적임을 분명히 지적하고, KTX 여승무원 업무 외주화와 성차별 여부 판단에 대한 의견서를 국가인권위원회 전원위원 앞으로 발송했다. 이와 더불어 여성연합이 주도하여 참여연대, 경실련 등 시민사회단체들을 독려해서 철도공사·노동부에 대한 압박활동과 공동 기자회견·집회 등을 개최하였다. 또한 KTX 여승무원들이 해고되고 파업이 장기화되면서 사

회적 중재를 위해 여성연합 대표와 사회권위원장이 참여해서 철도
공사 사장 등을 면담했다. 2007년 3·8세계여성의 날 기념 한국여성
대회는 투쟁하고 있는 KTX 여승무원들에게 '올해의 여성운동상'을
수여했다. 수상을 위해 80명이 단상에 올라 눈물바다를 이루었다.
그 이후 KTX 여승무원들은 소송을 제기하여 법적 투쟁이 장기화
되었고 '근로자지위 확인' 법정싸움에서 2015년 2월 대법원의 최종
판결로 패소했다. 그럼에도 KTX 여승무원들은 '직접고용'을 촉구하
며 철도공사를 상대로 투쟁을 이어가고 있다.

노동관련 법의 사각지대 해소를 위한 연대

신자유주의적 질서의 확산은 공식 노동시장에서 고용관계를
더욱더 탈규제화하고, 비공식부문의 확대를 초래했다. 노동시장의
변동과 함께 많은 여성들이 무권리상태의 비공식영역에 종사하고
있었지만, 이러한 사실은 드러나지 않고 있었다. 이에 비정규직 규제
와 더불어 비공식영역의 여성노동자를 보호하고 노동권을 확보할
방안을 모색해야 할 필요성이 증가했다. 특히 2000년대 중·후반부
터 돌봄노동의 사회화 요구와 정책의제 마련의 과제 부상과 함께 사
회서비스가 확대됨에 따라 여기에 종사하는 돌봄노동자의 노동권
보장을 둘러싼 사회적 의제가 확산되었다.

여성연합은 '돌봄서비스노동자 법적 보호를 위한 연대'(이하
'돌봄연대')[27]를 주축으로 한 돌봄노동자 보호법안 마련활동에 참여
했다. 가사노동자가 법적 노동자로 인정받지 못하는 현실에서 법적
보호방안 마련을 위해 국회나 정부를 압박하려면 보다 큰 차원의

정치적 영향력이 요구되었다. 이에 여성연합은 돌봄노동자 법적 보호방안 대응을 위한 공동대응기구에 함께 참여하고 한국여성노동자회를 중심으로 활동하기로 했다.

2011년 ILO가 '가사노동자를 위한 양질의 일자리 협약'(C.198)을 채택함에 따라 돌봄연대를 주축으로 'ILO 가사노동자협약 비준' 촉구활동, '가사서비스노동자의 근로실태와 법적 보호방안 마련 토론회' 개최를 함께하였고 '가사노동자 법적 보호를 위한 법안 마련' 관련활동을 펼쳐왔다. 법적 보호방안의 주요 내용은 현행 근로기준법에 '가사사용인'으로 분류되어 적용 제외대상인 돌봄노동자를 적용대상으로 전환하고, 고용보험과 산재보험 법안에 가사사용인에 대한 특례조항을 넣어 보험가입이 가능하도록 세부내용을 변경할 것 등이다. 최근 전국가정관리사협회와 한국여성노동자회가 주도하여 2016년 2월 '가사근로자 고용개선 등에 관한 법률'을 의원입법(이인영 의원 대표발의) 발의하였으나 19대 국회 임기만료로 폐기되었다.

노동시장의 급변으로 실업과 비공식부문 등 사회보험 사각지대에 있는 노동자의 증가는 사회보장의 핵심인 4대보험 적용확대의 필요성을 증가시켰다. 특히 1990년대의 대량실업과 비정규직 증가 등 고용불안을 해소하고 실직노동자의 생계안정 지원을 위해 실업급여를 포함해 고용보험 가입 사업장과 대상자 확대가 절실하게 필요해졌다. 무엇보다도 여성노동운동은 여성노동자의 62.7퍼센트가 5인 미만 사업장에 고용되어 있는 현실(1998년 기준)에서 이들과 시간제·임시직 노동자에게 고용보험이 확대 적용될 수 있도록 고용보험 개정운동을 전개하였다. 이후 비정형(비정규) 고용형태가 확산되면서

4대보험 관련 법적 보호를 받지 못하는 노동자들이 증가함에 따라 '4대보험 사각지대 해소'를 통한 기본적 노동권 보장 활동이 지속되었다. 특히 특수고용노동자, 비공식 돌봄노동자, 영세 자영업자에게 예외 없이 사회보험이 확대 적용될 수 있도록 하는 활동도 계속하고 있다.

산업재해보상보험법에 '특수형태근로 종사자에 대한 특례' 조항이 마련되어 2008년부터 적용되고 있다. 그러나 시행령으로 정하는 일부 직군(職群)에 대해서만 적용이 되고 있고, 산재보험 가입과 보험료 납부 의무가 사업주에 있는 다른 업종과 달리 특수고용노동자는 본인도 보험료를 납부해야 하는 등의 문제가 있어 개선이 필요하다. 그중에서도 2000년대 이후 노동시장의 전반적인 상황 악화와 장기화 그리고 2008년 글로벌 금융위기로 여성의 사회안전망 확보가 주요 의제로 대두되었다. 소규모 사업장의 저임금노동자들은 사회보험 가입도 어렵고 그로 인해 사회보험 혜택을 받기 힘든 측면이 있었다. 여성노동자는 출산전후휴가와 육아휴직을 고용보험에 기초해서 휴가급여를 받기 때문에 사회보험 사각지대의 해소를 꾸준히 요구해 왔다. 이와 같은 여성계와 노동계의 지속적인 요구로 2012년부터 두루누리 사회보험 지원사업이 시행되었다. 두루누리 사회보험 지원사업은 10인 미만 사업장의 140만원 미만 노동자[28]에 대해 '고용보험'과 '국민연금'의 보험료 일부를 국가가 지원하는 사업이다. 지원대상과 지원금액이 적고 2개 보험만 지원이 된다는 한계가 있지만, 소규모 사업장이나 저임금 노동자들을 위한 사회안전망을 확대하는 디딤돌을 놓았다는 점에서 의의가 있다.

또한 여성연합은 여성자영업자, 여성농민, 청년실업자 등 모두를 포괄하는 실업안전망을 확보하기 위해 고용보험 가입 여부에 관계없이 모든 실업자에게 실업부조를 도입할 것을 시민사회단체와 연대하여 요구하고 있다.[29]

(4) 모성보호제도 마련에서 모·부성권 운동으로[30]

여성연합이 모성보호를 여성노동운동의 중심 과제로 주목하게 된 것은 1980년대 이후 기혼 여성노동자의 증가와 여성노동자의 의식 향상, 그럼에도 불구하고 개선되지 않는 여성노동자들의 열악한 노동환경 때문이다. 특히 생산직 여성노동자들의 열악한 작업환경으로 인한 직업병과 '건강권' 문제는 많은 경우 임신·출산과 관련된 '모성(기능)파괴'의 차원에서 접근되었고, 열악한 작업환경과 모성파괴의 현실을 밝히기 위한 노력들이 이어졌다.[31] 당시에는 유급 생리 휴가도 모성을 보호하기 위해 필요한 조치로서 접근했다. 여성연합은 1990년을 '모성보호의 해'로 선언하고, 모성파괴의 실상을 폭로하는 한편 모성보호는 여성노동자의 기본권임을 알리고, 이를 확보하기 위한 운동을 전개했다. 모성의 사회적 기능을 강조하고 사회보장제도(모성보호 비용의 사회분담화)를 통해 여성이 남성과 평등하게 노동시장에 참여할 수 있는 정책이 마련되어야 한다고 주장했다.

1996년부터 20년간 모성보호운동은 크게 세 시기로 나눌 수 있다.

제1시기(1996~2001)는 모성보호 사회분담 및 유급육아휴직제 도입을 위한 법 개정운동의 시기이다. 1990년대 중반에 여성노동운동 진영은 임신·출산을 이유로 여성노동자가 해고되거나 불이익을 당하는 현실을 개선하고 '평생평등노동권'을 확보하기 위해서는 모성보호 강화가 필요하다는 인식에 기초하여, 산전후휴가의 사회부담(분담)화를 촉구했다. 전문가, 의료보험 관계자 노동조합 등과 함께 논의해서 정부에 정책건의문을 제출했으며, 1996~97년 총선과 대통령선거 시기에 각 정당(후보)에 '모성보호 사회분담화'를 여성정책 과제의 하나로 요구하며 정책제안 활동을 벌였다.

초기 모성보호비용의 사회분담(부담) 방안은 산전후휴가 급여를 의료보험에서 부담하는 방향으로 논의되었다. 1999년에는 사회복지정책에서의 여성관점 강화라는 측면을 강조하면서, 모성보호비용의 사회보험 부담 조기실시를 촉구했다. 이런 활동은 노동위원회와 복지위원회 모두에서 전개되었는데, 복지위원회는 모성권리의 재조명에 초점을 두었고, 노동위원회는 '평생평등노동권 확보'와 '가정과 직장의 양립 지원조치'로서 정책적으로 모성보호비용의 사회분담화를 요구했다. 2000년 노동위원회는 사회분담화 비율과 적용대상 등에 관한 구체적인 논의를 진행하여, 초기에는 기업과 사회분담화 비율을 50 대 50으로 요구하기로 결정했다. 또한 육아휴직 급여는 통상임금의 50퍼센트를 요구하기로 했다. 여성노동법개정연대회의를 통해 모성보호 사회분담화를 위한 근로기준법·남녀고용평등법·고용보험법 개정안을 논의하고 청원활동을 전개하는 한편으로 사회적 여론화를 위한 선전전 등도 진행했다. 이 시기부터 모성보호비용의 사회분담을 위한 산전후휴가 급여를 의료보험이 아닌 고용보험에서 지급하는 방향으로 바뀌었다.

2001년에 여성연합은 '여성노동 관련법 개정활동 및 정책 마련활동과 여론화'를 목표로 설정하고, 여성노동법개정연대회의와 함께 여성노동(모성보호) 관련법 개정에 총력을 기울였다. 여성노동법개정연대회의는 정부의 입장을 비판적으로 검토하면서 2001년 한 해 동안 25차례 성명서를 발표하고, 7차례 국회의원 면담과 국회 환경노동위원회 방청활동을 했으며, 14차례 집회를 진행하는 등 모성보호 관련법의 빠른 개정과 시행을 위해 집중적이면서도 다양한 활동을 했다. 그 결과 2001년 7월 산전후휴가 90일 확대와 사회분담화 그리고 육아휴직 사회분담화를 내용으로 하는 근로기준법·남녀고용평등법·고용보험법 개정의 성과를 거두었다. 모성보호비용의 사회분담화 확보는 여성의 출산을 개인의 문제로 국한시키지 않고 사회적인 사안으로 받아들여 사회에서 보살펴야 하는 영역으로 끌어냈다는 점에서 여성의 사회권 확보에 중요한 진전을 가져온 것으로 평가할 수 있다.[32]

제2시기(2001~2005)는 산전후휴가 90일 전액 사회보험화를 확보하는 시기이다.

2001년 여성노동 관련법의 개정으로 산전후휴가 확대 및 유급 육아휴직 도입, 간접차별 규정 강화 등 법·제도의 개선이 이루어졌으나 실제 출산 및 육아 휴직 사용률과 간접차별 구제율 등은 여전히 매우 낮은 상태였다. 이에 여성노동운동 진영은 여성노동 관련법 실효성 향상을 위한 활동을 시작했다.

2004년 여성연합 노동위원회는 산전후휴가제도 개선방안으로 산전후휴가 90일 전체에 대해 사회부담을 요구하는 것으로 입장을 정리하고, 여성노동연대회의를 통해 '산전후휴가 90일 사회보험화'를 요구하는 법 개정활동을 결의했다. 또한 '사회분담화' '모성보호비용' 등의 용어사용이 여성을 '보호'대상으로 인식하게 하고 여성에게 시혜를 베푸는 것으로 왜곡될 우려가 있으므로, 사회가 함께 책임져야 한다는 인식을 강조할 수 있도록 '사회보험화' '산전후휴가 급여'로 바꾸어 사용하기로 하였다.

이후 산전후휴가 90일 사회보험 적용을 위한 법 개정(안)을 검토하고 의원입법 발의를 위해 국회의원을 면담하는 등 활동을 통해 법 개정안이 2005년 5월 국회 본회의를 통과하였다. 법 개정으로 산전후휴가 90일 전액 고용보험에서 지출, 유·사산 휴가 법제화 등의 성과를 이루었다. 이후로도 일하는 여성들의 임신·출산으로 인한 불이익을 해소하고 평등한 노동권을 확보하고 고용의 안정성을 높이기 위한 법·제도 개선활동은 이어졌다. 그러나 아직까지 비정규직 여성노동자들은 계약만료로 인해 실질적으로 산전후휴가를 사용하지 못하고 '해고'되는 문제가 있어, 여성노동계는 비정규직도 실질적으로 관련 법·제도의 적용을 받을 수 있는 방안을 마련하기 위해 활동하고 있다.

제3시기(2000년대 후반 이후)는 모(부)성권 확보운동을 전개한 시기이다.

산전후휴가 전액 사회보험화의 성과를 바탕으로 남성의 돌봄참여에 관한 논의가 2000년대 중반에 성 평등한 가족정책과 저출산의 정책방향을 제시하는 활동 속에서 이루어졌다. 여성연합은 2005년 '남성의 돌봄노동 권리 어떻게 확보할 것인가' 토론회를 개최했다. 남성의 가족권 보장 및 돌봄노동 참여를 위한 부성휴가와 부모휴가의 해외사례 및 실태를 검토하였고, 임신·출산·양육 등 돌봄노동은 남녀 모두의 역할이라는 사회적 합의가 필요하다는 결론을 도출했다. 특히 남성의 돌봄노동 참여를 남성의 '돌봄권리'라는 관점에서 접근하기 시작했다. 또 남성의 돌봄권리를 보장하기 위해서 자녀출산시 여성노동자에게만 보장되는 출산휴가를 남성노동자에게도 확대하고 임금의 최소 50~80퍼센트의 소득대체율을 보장하는 방안이 논의되었다.

2000년대 후반에 글로벌 금융위기로 인한 경제위기와 함께 '친기업적' 노동정책을 추진하는 정부가 출범했다. 여성연합은 경제위기 때마다 심화되는 여성 차별·해고, 성별분업 이데올로기 강화 등의 문제에 주목하고 '출산기 여성의 고용유지 및 경력단절 완화', 즉 임신·출산·육아를 이유로 한 여성해고의 근절과 육아휴직 급여의 현실화 및 남성의 육아휴직 사용 의무화를 구체적 과제에 포함시켰다.

2011년부터 여성연합은 생생여성노동행동을 주축으로 남성의 육아참여 활성화를 위한 법 개정활동을 전개하며, 아버지 영아 육아휴가제 도입을 촉구했다. 모성보호 관련법 개정 10주년을 맞아 생생여성노동행동이 주최한 토론회에서는 비정규직 여성노동자의 모성권 보호방안과 남성의 돌봄권 현실화를 위한 입법 개선방안 등이 주로 논의되었다. 여성연합을 중심으로 한국여성노동자회, 전국여성노동조합, 여성노동법률지원센터 등은 '아버지 영아육아휴가제도'를 '남녀고용평등과 일·가정 양립 지원에 관한 법률'에 신설하는

내용을 골자로 요구안을 발표하고 도입을 촉구하는 기자회견을 열었다.[33]

　2012년 대선에서 당선된 박근혜 정부는 '아버지 영아육아휴가제도'를 도입하지 않고 2014년부터 부모 가운데 두번째로 육아휴직에 참여할 경우 첫 달 육아휴직 급여로 통상임금의 100퍼센트(최대 150만원)까지 주는 제도인 '아빠의 달'을 실시했다.[34] 2011년에는 전체 육아휴직자의 2.4퍼센트만 남성이었던 것에 비해 2016년 상반기에는 7.4퍼센트로 늘어났지만, 여전히 낮은 수치이다.

(5) 성 평등한 가족정책, 일·가족 양립 지원

우리나라 여성의 경제활동 참가율을 살펴보면 M자 커브 모양으로, 꼭짓점의 높이와 위치가 최근 들어 다소 변화되고 있지만 M자 구조는 대동소이하다. 이는 여성들이 임신·출산·양육(돌봄)의 시기에 노동을 포기하기 때문이다. 여성노동운동은 직장과 가정의 양립이 여성의 평생 평등한 노동권 확보에 필수적임을 확인하고 1990년대 초반부터 직장과 가정의 양립을 위한 조치를 여성들의 노동권과 생존권 보장 및 여성고용 지원제도로 보고, 육아휴직과 보육시설 설치 등의 육아지원을 요구하는 활동을 벌였다. 이 당시 직장과 가정 양립의 주체는 주로 여성이었다. 직장과 가정 양립운동은 여성들이 직장과 가정을 양립할 수 있도록 사적 영역에 머물러 있던 양육(육아)·보육 노동을 공적 영역으로 끌어내어 직장이나 사회가 육아와 보육을 지원하는 방안을 갖추도록 하는 데 집중했다. 그리하여 여성들이 노동시장 참여를 포기하지 않고 경제적 주체가 되도록 하는 데 초점을 두었다.

1990년대에 여성노동운동은 직장과 가정 양립을 위해 육아휴직과 보육시설 설치 운동을 전개했다. 1990년대 초 영유아보육법 제정을 계기로 여성노동운동은 노동조합과 함께 직장보육시설 설치 운동을 본격적으로 시작했다. 여성연합도 1991년을 '평생평등노동권 확보의 해'로 지정하고 보육문제를 중점 사업으로 추진했다.

1990년대 노동시장의 신자유주의적 재편 속에서 여성의 고용유지는 여성노동운동의 주요한 이슈가 되었다. 2000년 여성연합은 노동위원회 사업목표로 '가정과 직장 양립지원(노동시간 단축)'을 설정했다. '가정과 직장 양립' 의제를 통해 성별분업 이데올로기를 깨고, 남녀 모두를 노동주체로 상정할 필요가 있었으며, 노동시간 단축을 요구하는 과제와 남녀 모두 가정의 주체로 변화시키는 것을 통해서 노동시간 단축과 일자리 나누기 효과를 기대했다. 그러나 1990년대 후반 이후 IMF로 인한 구조조정으로 실업여성의 고용 창출과 생계보호 활동에 힘이 집중되면서 고용유지 활동과 '가정과 직장 양립'의 의제 확산은 부진했다.[35]

2000년 초·중반에는 가족정책 관련활동이 활발했다. 가족 구조와 관계가 다양해지는 현실을 인정하고 기존의 규범적 잣대보다는 가족을 바라보는 관점의 전환이 필요함을 역설하면서, 여성연합은 성 평등한 가족 정책을 마련하기 위해 정책적 대응활동을 벌여나갔다. 그리하여 2004년에는 '성 평등한 가족정책 및 가족보호노동의 사회화를 위한 새로운 가족정책 제시운동'을 주요 사업으로 설정했다. 양성평등 가족정책 마련을 위한 전문가 간담회와 연속 토론회를 개최하여 '가족의 변화를 반영한 가족의 정의' '모성과 부성의 권리' '돌봄노동의 사회화와 가족지원에 대한 국가책임 명시' 등을 제시하고 정부의 건강가정기본법을 대체할 가족지원기본법(안)을 마련했다. 2005년에는 여성연합의 구조개편을 통해 사회권위원회 내에 가족분과를 배치하고, 변화하는 가족개념에 따라 '돌봄노동의 사회화' '가족 친화적인 사회문화 조성'을 성 평등한 가족정책의 주요 내용으로 제시했다. 저출산 및 고령화가 사회적 문제로 부각되면서, 당시 정부가 핵심적으로 추진했던 저출산정책과 관련하여 남녀 모두의 일·가족 양립을 지원하는 방향으로 정부 저출산정책이 수립되어야 함을 강조했다. 일·가족 양립 및 남성의 돌봄참여라는 방향성을 가지고 성 평등한 가족정책에 관한 담론형성과 활동을 벌였으며 관련제도의 개선을 중장기 사업방향으로 설정했다.

육아와 양육(돌봄)으로 인해 여성들의 경력단절 문제가 개선되지 않는 상황에서 여성이 육아와 양육(돌봄)으로 노동시장 참여를 포기하는 것을 막기 위한 조치의 확대가 필요했다. 특히 아동의 방과후 돌봄에 대한 국가의 지원과 제도마련이 시급했다. 이를 위해 여성연합은 2004년에 방과후 보육 TFT를 구성하고, 2005년에는 학령기아동의 보호와 교육지원 제도화를 위한 입법활동을 벌이기 위해 공동대책위[36]를 구성했다. 이 공대위를 중심으로 '학령기아동의 보호와 교육지원을 위한 기본법'이 17대 국회에서 제정될 수 있도록 2008년까지 국회에 의견서 제출, 간담회 등 법 제정활동을 활발히 전개했다.

여성의 노동시장 참여확대와 성 평등한 가족정책 마련 등의 차원에서 일·생활 양립(균형)제도 마련에 관심을 기울여온 여성연합은 2009년 1년간 새로운 운동 의제와 방식에 관해 논의해서 '함께 일하고 함께 돌봐요' 과제를 도출하여 2010년 '함께 일하고 함께 돌보기' 캠페인을 계획했다. 이는 '고용위기, 경력단절, 저출산'이라는 악순환의 사회적 배경에 대한 여성연합의 문제인식을 반영하고 있었다. 여성의 경력단절 완화와 여성과 남성이 함께 일·생활 양립이 가능한 사회 건설을 위한 정책요구 및 사회적 인식 개선 활동을 전개했다.

또한 2009년부터 일·생활 양립 및 지속고용을 위해 조사해야 할 지표를 제시할 목적으로 여성사회권 지표 개발에 주력했다. 이를 위해 연구자들 및 단체의 활동가들과 함께 여성사회권의 정의·개념·범주에 관해 토론하는 워크숍을 진행했다. 2010년에는 구체적인 지표개발을 위해 수차례 워크숍과 토론회를 거쳐 '일·생활 양립과 지속고용을 위한 여성사회권 지표'를 개발하고 여성의 삶과 사회적 지위를 구체적 지표로 나타낼 수 있는 토대를 마련했다. 이후 여성연합은 개발된 지표를 가시화하여 여성의 사회권 현실을 변화시킬 수 있도록 여론화하고, 이를 기반으로 정부의 정책변화를 유도해 내는 것을 과제로 남겨두고 있다.

(6) 여성일자리 창출

여성의 노동시장 참여를 통한 경제적 세력화는 여성연합 및 여성노동운동의 역사를 관통하는 주요 목표라고 할 수 있다. 1990년대 초반에는 산업구조 조정과 노동조합 탄압에 따른 직장폐업과 집단해고에 맞서서 여성노동운동은 반대투쟁과 함께 고용안정을 위한 정책마련 등을 목표로 운동을 전개했다. 또 1990년대 후반의 IMF 구제금융과 2000년대 말 글로벌 금융위기를 거치면서 신자유주의적 노동시장 질서로의 이행이 급격하게 진행되었다. 이에 비정형(비정규)노동 및 비공식노동의 문제, 실업·빈곤 등의 문제가 증폭됨에 따라 대안적인 형태의 경제와 노동에 대한 모색도 함께했다.

장기실업과 빈곤층 확대 등 사회·경제적 조건이 변화하면서 여성노동운동은 여성들이 일할 수 있는 기회를 제공하기 위해 고용창출 활동에 직접 뛰어들거나 정부를 향해 고용창출 정책을 요구하고, 양질의 일자리 증대를 위한 노력을 계속해 왔다. 실업과 빈곤을 해결하기 위한 고용촉진(직업훈련과 고용연계 등 취업알선), 사회서비스 확대를 통한 일자리 창출, 대안적 일자리의 모색 등의 활동이 대표적이다.

대량실업의 위기상황에서 실직자를 위한 일자리 연계는 일자리 창출 없이는 불가능했다. 저성장시대, 인력감축을 통한 경쟁력 향상을 꾀하는 기업 등의 시대적 상황에서 공공(사회)서비스 분야는 고용을 창출할 수 있는 영역으로 주목되었다. 여성연합은 공공복지사업 확충, 사회서비스 확대, 사회적 돌봄 등을 통해 여성고용 창출방안을 마련하는 것을 전략적으로 채택했다. 일자리 창출을 위해 회원단체와 함께 일시적으로 공공근로사업을 수행하거나 직접 일자리사업[37]을 추진하기도 했으며, 정부에 일자리 창출을 요구하는 활동 역시 지속해 왔다.

2004년부터 여성연합은 여성일자리 창출을 위한 정책연구팀을 두고 연속 워크숍을 개최하고 사회적 일자리 창출과 관련된 활동을 했다. 당시는 정부가 적극적 노동시장(일자리 창출) 정책으로 사회적 일자리 사업을 진행하던 시기로, 여성연합은 정부의 사회적 일자리 창출정책에 정책적으로 대응하는 한편, 한국여성노동자회협의회 등의 회원단체는 사회서비스 확대를 통한 사회적 일자리 창출의 모델로서 정부의 사회적 일자리 사업을 추진하기도 했다.

2007년 글로벌 금융위기로 여성노동자의 삶의 질 저하가 우려되는 상황이 맞물리면서, 여성연합은 사회서비스 공공성 확보와 일자리 창출방안 마련, 사회적 돌봄 확산을 통한 일자리 창출정책 요구에 더욱 힘을 실었다.

그러나 2000년대 후반 이명박정부의 사회서비스 지원정책이 공공인프라 구축 대신 (영리)민간 참여를 전제로 이윤추구의 수단으로 활용되면서, 주로 여성들이 종사하는 불안정한 저임금 일자리로 전락하는 문제가 발생했다. 이에 일자리 창출의 요구는 양질의 일자리를 촉구하는 활동으로 옮아갔다. 나아가 돌봄의 사회화를 통해 만들어지는 일자리가 노동시장 내에서 성별 고정관념에 의해 전통적으로 돌봄노동을 담당해 오던 여성들에게 '불안정'과 '저임금'이라는 굴레를 씌우는 것을 해결해야 하는 과제가 요구되고 있다.

2008년 이후 정부의 고용률 상승과 일자리 창출을 위한 정책은 '시간제' '유연한' 일자리 확대를 통해 여성들이 "양육과 가사를 하면서도 유연하게 일할 수 있게 한다"는 기조로 방향을 잡았다. 이명박정부가 여성고용정책으로 권장한 '퍼플잡'(Purple Job)과 박근혜정부가 고용률 70퍼센트 달성을 위해 내놓은 여성을 위한 시간선택제 일자리 확대정책이 그것이다. 여성연합은 이러한 정책이 여성에게 양질의 일자리를 제공하지 못할 뿐더러, 오히려 여성을 양육과 가사 담당으로 전제하는 성별분업을 강화시키는 동시에 여성을 '부분적 노동자'로 간주하는 성차별적 노동시장을 고착화시킨다고 강하게 비판했다. 또한 결과적으로 여성을 질 낮은 일자리, 불안정한 노동으로 내몰고 불안정한 비정규직 양산에 일조하여 여성노동의 현실을 더 악화시키는 정책이라는 입장을 기자회견과 의견서 제출을 통해 널리 알렸다.

이리하여 2014년에는 정부정책의 한계를 드러내는 활동을 하는 한편, '여성노동 대안 로드맵' 제시활동을 기획하는 등 여성노동정책의 근본적인 대안을 마련하기 위한 노력을 이어갔다. 여성연합은 여성노동의 대안 담론과 정책을 구상하기 위해 여성노동포럼을 개최해서 지난 20년 동안의 여성노동 관련 담론과 정책을 분석하고 앞으로 여성노동운동이 무엇을 할 것인지를 논의했다. 또한 '여성노동 대안 로드맵' 연구사업 결과를 가지고 한국여성민우회, 한국여성노동자회와 함께 '여성노동정책은 없다' 토론회를 열었다. 여성노동의 열악한 현실에 비추어 적절한 담론과 정책이 부재함을 비판하고 다시 평등의 가치와 시민권적 관점에서 돌봄의 가치 확대 등 대안을 제시했다. 여성연합은 이러한 활동을 바탕으로 여성노동운동의 새로운 길을 모색하는 활동을 계속하고 있다.

3)   맺음말: 평가와 과제[38]

(1) 성과
평등노동 확보를 위한 법·제도 개선

지난 30년간 여성연합의 여성노동운동은 현장과 함께하는 실천운동을 통해 여성노동자의 평등한 노동권 보장의 기초가 되는 법과 제도를 마련하는 데 기여하였다. 1998년부터 법·제도 개선운동을 꾸준히 전개하여 다음과 같은 성과를 냈다.

우선, 직장 내 성희롱 금지 및 예방의 법제화로 직장 내 여성들이 평등하고 안전하게 일할 수 있는 노동환경과 조직문화 형성의 제도적 토대를 마련했다. 둘째는, 출산전후휴가 90일 급여를 고용보험에서 지급하는 것과 유급 육아휴직제도로 임신·출산·양육 때문에 여성들이 해고나 여타 고용상의 불이익을 받지 않도록 하는 환경이 조성되었다. 셋째, 2년 이상 고용된 비정규직노동자를 정규직으로 전환해야 하는 비정규직보호법이 마련되어 계약기간을 정하지 않는 무기(無期)근로 계약의 고용형태를 늘리는 데 기여하였다. 넷째, 고용보험과 국민연금의 일부를 정부가 지원하는 두루누리 보험제도와 일부 특수고용노동자 직군은 산재보험 적용으로 사회보험 사각지대를 해소하는 토대를 마련했다. 그외 사회서비스 바우처사업 도입으로 사회서비스 분야의 여성일자리를 늘리는 성과를 가져왔다.

여성노동 의제의 사회담론화 및 민관 거버넌스

여성노동 관련법 제·개정과 정책마련은 사회적으로 여성노동의제를 제기하고 정책방안을 마련하기 위한 다양한 활동의 산물로 법·제도가 개선되고 이 결과는 또 사회적 의식의 변화와 향상을 견인하기도 했다.

직장 내 성희롱 문제의 제기는 성희롱이 사적인 문제가 아니라 고용상의 여성에 대한 구조적인 차별이므로 법적으로 규제되어야 할 문제임을 사회적으로 알려냈고, 여성의 저임금구조를 해결하기 위해서는 생활이 가능한 수준의 최저임금이어야 함을 확인하고 최저임금 인상을 주도했다. 또한 비정규직노동자의 차별현실을 드러내고 사회화하여 비정규직 의제가 전사회적인 이슈가 되도록 하였다. 아울러 두 차례의 경제위기가 여성노동의 위기임을 사회적으로 제기하여 실직여성가장 문제를, 여성일자리의 질이 악화되는 문제와 함께 부각시킴으로써 정부와 사회가 주목하도록 하였다.

여성노동 의제와 정책방안 마련과 관련해서는 전문가들과 함께 워크숍, 조사, 토론회 등의 방식으로 연구하여 담론과 정책적 기조를 만들어서 정부와 국회에 정책을 제시하고 요구했다. 여성연합이 연합체 조직으로서 정책 대응활동에서 좀더 영향력을 발휘할 수 있었기 때문에, 위원회 활동을 중심으로 정책 마련활동에 집중하였다. 2000년대 중반에 형성된 '참여정부와의 파트너십 관계'로 대정부 정책활동은 여성연합이 가진 의제를 정책화하기에 유리한 상황으로 작용해, 더 가시적인 운동의 성과를 가져오기도 했다.

'취약계층' 여성노동자 가시화 및 권익확보

경제상황의 악화와 성차별적 구조조정 등은 노동시장 내 주변화된 여성의 증가와 비공식영역에서 기본적인 법적 권리조차 갖지 못하는 여성노동자의 증가를 가져왔다. 여성연합은 여성노동자들의 경제적 토대가 변화하고 있는 현실을 의미 있게 주목하고 현장으로부터 나온 의제에 기초해서 권리확보를 위한 활동에 참여했다.

노동자로 인정받지 못하는 비공식 돌봄노동자(특히 가사노동자)와 특수고용노동자의 법적 권리 확보의 필요성에 대한 사회적 인식을 넓혀갔다. 그동안 노동운동 내에서 비가시화되어 있던 여성노동자들의 조직을 지원하여 당사자 주체형성이 가능하도록 하였다. 실직여성가장에서부터 시작하여 한부모여성·가사노동자에 대한 사회적 관심을 불러일으켰다. 이는 또한 여성노동운동이 노동시장 밖, 비공식영역에서 일하는 여성들까지 아우르며 확장되었다는 의미이며, 여성의 경제세력화 차원에서 대상의 확대라는 성과가 있다.

(2) 과제

여성연합을 중심으로 한 여성노동운동이 지난 30년간 이뤄낸 성과에도 불구하고 평등한 노동을 보장하기 위해 갈 길은 멀다. 지난 운동이 지닌 한계와 과제는 여전히 목전에 있다.

먼저, 여성노동운동의 성과로 차별시정을 위한 법과 제도가 마련되고 적극적 고용개선 조치 등이 도입되었다. 그럼에도 성별직종 및 직급분리, 성별 임금격차 등 노동시장의 성차별적 구조를 바꾸어내지 못한 한계가 있다. 구조조정, 저임금, 불안정노동 증가 등 노동시장 양극화 구조의 문제는 사회·경제적 상황에서 기인한 바가 크므로, 여성노동운동의 힘만으로는 한계가 있을 수밖에 없기에 모든 세력과의 연대로 구조개혁을 해야 한다. 또한 주로 여성이 하던 돌봄 일을 사회화시켰지만, '돌봄'노동에 대한 충분한 가치인정 없이 일자리의 질이 보장되지 못한 상태로 남아 있는 과제가 있다.

30년 동안 여성노동권 확보를 위해 꾸준히 법·제도 개선활동을 추진해 왔고 그 결과 상당한 성과가 있었지만, 법·제도의 사각지대가 광범위하게 존재하고 있는 실정이다. 이는 노동시장이 급격히 양극화되면서 나쁜 일자리로 여성노동자들이 대거 유입되고 있고 변화된 법·제도가 현실에서 제대로 작동하지 않기 때문이다. 노동자로서 보호받지 못하는, 법의 사각지대에 놓인 다양한 고용형태가 생겨나면서 이를 규제할 수 있는 방안을 찾지 못하고 있는 한계 또한 존재한다. 여성노동운동은 이를 해결할 대안을 지속적으로 모색하고 있으나 시장은 운동보다 빠르게 움직이고 있으며 보수정권은 이를 가속화시켰다. 여성노동정책의 후퇴를 막아내고 사각지대를 해소하기 위한 종합적인 대책(경제민주화 대책 등)이 필요하다.

뿐만 아니라 모성보호를 중심으로 한 운동은 모·부성권 확보와 일·가정 양립으로 의제가 확장되었다. 여성연합은 돌봄의 사회화를 통해 여성의 일·가정 양립의 토대를 마련하고 남성의 돌봄참여, 부성권 확보를 의제화하기 위해 노력했다. 그렇지만 이 과정에서 자녀가 있는 이성애가족이 주요 타깃집단이었고 일·가정 양립을 위한 다양한 이슈 중 주로 양육에 관련된 요구들이 주목되었다. 결혼 여부에 관계없이 노동주체들의 평등하고 인간다운 삶의 관점에서 개별 노동주체가 자신과 주변의 삶을 돌보는 (재생산)노동을 일과 함께 조화롭게 수행할 수 있는 환경을 조성하는 것을 목표하는 운동으로 방향조정이 필요하다.

그외 여성연합은 연합체로서 정책 개입력이 높아져 정부를 상대로 한 정책마련 요구와 정책제안 활동이 중요한 활동방식이었다. 특히 정부와 파트너십 관계(민관 거버넌스)가 형성되었던 국민의정부·참여정부 시절에는 대정부 정책활동을 통해 법·제도 개선이라는 가시적인 운동의 성과를 확인할 수 있었다. 정부와의 관계는 때로는 여성연합이 설정한 의제를 정책화하기 유리한 상황으로 작용했고, 여성노동운동의 의제와 방식이 국가 정책과 제도에 반영되어 국가의 역할로 넘어갔다. 그러나 제도화로 일부 여성운동단체가 정부사업의 위탁기관을 받다 보니 운동성을 훼손하는 경우가 발생한다는 자체평가가 나오기도 했다.

이상의 과제를 극복하기 위한 향후 여성노동운동의 주요 방향은 다음과 같이 요약할 수 있다.

첫째, 여성노동 주체에 대한 패러다임의 변화가 필요하다. 노동시장은 돌봄노동을 제공받으며 장시간노동이 가능한 노동자, 즉 가족과 성별분업에 기초한 남성노동자를 '표준'으로 삼고 구조화되어 있다. 노동주체를 가족단위 내에 있는 노동자나 남성노동자 중심이 아니라 남녀 모두 개별 시민으로 상정해 개개인이 (유급)노동뿐만 아니라 자신과 주변인을 보살피는 돌봄노동을 함께해야 하는 주체로 패러다임이 바뀌어야 한다.

둘째, 성별 임금격차 해소와 성별 분리된 노동시장의 차별을 제거하기 위해 법·제도 개선을 넘어서는 다각적이고 적극적인 활동이 요구된다. 그간 여성노동운동의 성과로 평등노동권을 위한 기본적인 법적 토대가 마련되었다. 그러나 현재 우리는 평등권 확보를 위한 최소한의 근거가 되는 법마저도 제대로 지켜지지 않는 현실에 있다. 기본적인 법·제도가 마련된 이후에는 이것이 실질적인 효과를 낳을 수 있도록 사회적 의식의 향상, 사회적 분위기 형성, 법적 토대를 근거로 싸우면서 법이 취지에 맞게 기능하도록 하는 활동이 필요하다. 특히 사회적 인식 개선과 고정관념의 변화는 지속적으로 역량을 투입해야만 가능하다. 더불어 성차별적인 노동시장 구조를 허물어뜨릴 핵심 의제(예를 들어 성별 임금격차 축소) 한두 가지를 지속적으로 제기하고 모든 단위가 동참하여 사회의제화하기 위한 기획이 필요하다.

셋째, 여성운동 주체의 강화와 확대가 필요하다. 여성노동자의 노동조합 가입률은 2013년 현재 정규직 16.4퍼센트, 비정규직 1.2퍼센트에 불과하다. 지금 우리는 고용형태의 다양화, 청년층의 취업난, 분절된 노동경력으로 조직화하기 어려운 국면에 있다. 또한 여성연합의 여성노동운동은 회원단체가 전문단체로 강화되면서 분산되어 여성연합으로 다 모아서 운동을 전개하기 어렵게 되었다. 최근 여성운동은 집단적으로 조직화되지 않은 개별 주체들이 다양한 방식으로 목소리를 내고 있는 새로운 세력화의 가능성을 목도했다. 여성주의 인식 확산과 차별에 대한 감수성이 높아져 직장 내 성차별과 성희롱 문제에 대항하여 싸울 수 있는 주체가 많아지고 있다. 노동조합 혹은 다른 단일조직으로 조직화하는 것 이외에 자신의 문제에 대응하여 싸우고 있는 주체와 만나고 자체 힘을 강화하는 방법을 모색해 볼 필요가 있다.

참고문헌

한국여성노동자회 (2009), 『그대와의 해오름: 한국여성노동자회 20년사』.

한국여성노동자회·한국여성단체연합·한국여성민우회 (2014), 『여성노동정책은 없다』 토론회자료집.

한국여성단체연합 (1997), 『제11차 정기총회 보고서』.

_____ (1999a), 『열린 희망: 한국여성단체연합 10년사』, 동덕여자대학교출판부.

_____ (1999b), 『제13차 정기총회 자료집』.

_____ (2002), 『제16차 정기총회 자료집』.

_____ (2010), 『제24차 정기총회 자료집』.

_____ (2011), 『제25차 정기총회 자료집』.

_____ (2014), 『베이징+20 젠더관점에서 본 한국사회의 변화』.

_____ (2015), 『지속 가능한 성평등사회를 위한 100가지 젠더정책』 미간행.

한국여성민우회 (2008), 『성희롱 대응운동, 다른 질문으로 새로운 상상을 열다』 미간행.

주

1) 한국여성단체연합 1999a.

2) 한국여성단체연합 2010.

3) 이 글에서는 여성연합 창립 10년 이후 20년간의 노동부문 운동을 주로 살펴보고, 창립 이후 10년 동안의 활동은 의제별 정리에서 필요한 경우 관련내용을 간단히 정리하였다. 여성연합 창립 이후 10년 동안의 노동부분 활동은 한국여성단체연합(1999a)에서 자세히 확인할 수 있다.

4) 2008년 글로벌 경제위기로 여성고용 악화 및 복지예산 삭감 예상에 따른 여성운동의 적극적인 대응 필요성이 제기되면서, 여성연합은 전국의 회원단체들 및 다른 여성단체들과 함께 전국적인 대응기구를 2009년에 발족하였다. 지역별 사전간담회를 진행하여 8개 지역이 생생여성행동에 함께하였다. 이후 여성노동 관련활동을 하고 있는 단체들로 축소하여 생생여성노동행동으로 진환하였다.

5) 베이징 여성회의 행동강령은 성주류화(gender mainstreaming)를 성평등 실현을 위한 종합적인 전략으로 강조했다.

6) 9개의 여성연합 회원단체(경남여성회, 대구여성회, 전북여성단체연합, 충북여성민우회, 포항여성회, 한국여성노동자회협의회, 한국여성민우회, 한국여성의전화연합, 함께하는주부모임)가 실업여성을 지원하는 센터를 운영했다.

7) 실직여성에게 여성단체에서 일할 기회를 제공하는 사업으로 23개 단체에서 24명의 인턴을 채용했다.

8) 여성연합의 16개 회원단체가 공공근로사업 수행에 직접 참여해 1998년에는 579명, 1999년에는 네 차례에 걸쳐 총 1622명의 실직여성에게 일자리를 제공했다.

9) 실직여성가장 겨울나기 사업은 부양가족이 있는 저소득 실직여성가장 1만 45명에게 쌀이나 석유상품권을 지원하는 것으로 여성연합의 34개 회원단체가 참여했다. 실직가정돕기 범국민결연운동은 전국적으로 12개 회원단체가 참여해 전년도 '실직여성가장 겨울나기'에 참여했던 실직여성 외 실질적 여성가장 2천 명에게 생계지원을 위해 1월부터 3월까지 농협상품권을 지원했다.

10) 2006년 여성연합은 '빈곤의 여성화 해소 운동본부' 활동을 여성연합 전체의

핵심 사업으로 정했다.

11) 한국여성단체연합 1997.

12) 여성 차별적 조기직급정년 대응활동 중 주요한 성과로 볼 수 있는 사안은 한국 여성민우회가 지원했던 한국○○협회 정영임의 40세 조기직급정년에 대한 대 법원의 성차별 판결이다. 이 판결은 직급에 구분을 두어 여성과 남성을 채용하 고 직급 및 직군에 따라 정년규정을 둠으로써 특정 직급(직군)으로 채용되는 여성을 결과적으로 차별한 것, 즉 간접차별을 인정했다는 점에서 의미가 크다.

13) 한국여성민우회, 한국여성노동자회협의회, 서울여성노동자회 등 80여 명이 참 여했다.

14) 이것은 경기보조원을 근로기준법상 노동자로 인정하지 않는 문제와도 결부되 어 있어서, 이 활동은 경기보조원에 대한 근로기준법 적용 활동으로 이어지기 도 했다.

15) 한국여성민우회, 한국여성노동자회, 대전여민회, 대구여성회가 고용평등상담 실을 운영하고 있다.

16) 당시 롯데호텔 성희롱 실태조사 결과 여성노동자 70퍼센트가 성희롱을 당한 경험이 있는 것으로 드러났다.

17) 여성연합은 장애우권익문제연구소, 한국여성단체협의회 등과 협력하여 조○ ○ 외 5인의 명의로 소송을 청구했다.

18) 군복무가산점제 폐지운동은 채용상의 차별을 야기하는 문제에 대한 것으로서, 여성노동계를 중심으로 집중 대응했다. 이 운동의 역사적 의미를 고려해 보다 상세하게 정리할 필요가 있어 별도로 다룬다.

19) 고소·고발장은 해고된 당사자 2명뿐만 아니라 여성단체장 10명, 여성교수 18명 등 30명의 명의로 접수되었다. 여성단체 외에도 이화여자대학교 총여학생회와 여성학과 학생들이 연대시위를 벌이며 사회적으로 문제를 알리고 여론화했다.

20) http://blog.naver.com/gworkingmom/220772070744.

21) 2016년 최저임금은 월 126만원이지만, 통계청에 따르면 2016년 3월 기준 비정 규직 여성의 월 평균임금은 124만원이다.

22) 한국여성단체연합 1999a 참조.

23) 비정규노동자 기본권 보장과 차별철폐를 위한 공동대책위원회.

24) '기간제 및 단시간 근로자 보호 등에 관한 법률' '파견근로자 보호 등에 관한 법률' '노동위원회법' 등 비정규직 보호와 관련된 법률을 통칭함.

25) 실천단 조직에 참여한 주요 단체는 한국여성단체연합, 한국여성노동자회, 전국여성노동조합, 한국여성민우회, 한국성폭력상담소 등이다.

26) 500여 일이 넘는 투쟁 끝에 이랜드 노동조합은 사측과 간부를 제외한 해고자 복직에 합의하고 파업을 종결했다.

27) 2012년 기준 참여단체는 공공운수노조, 병원노동자 '희망터', 전국가정관리사협회, 전국민주노동조합총연맹, 전국보건의료산업노동조합, 전국실업단체연대, 전국여성연대, 주식회사약손엄마, 한국가사노동자협회, 한국노동조합총연맹, 한국돌봄사회서비스협회, 한국여성노동자회, 한국여성단체연합, 한국여성인력개발센터연합, 한국지역자활센터협회, 한국YMCA전국연맹, 한국YWCA연합회, 휴먼서비스네트워크 등 18개 단체. 2012년 하반기에는 여성연합이 간사단체로 활동했다.

28) 지원대상 규모와 보수는 2016년 1월 기준임.

29) 고용보험 확대 및 실업부조 도입 연대활동은 한국여성단체연합(2011) 참조.

30) '모성보호' '모성권' '부성권'이라는 용어의 사용은 여성노동운동계에서 다소 논쟁적인 측면이 있다. 이 용어들이 의미의 왜곡을 불러일으킬 우려가 있다는 지적이 있지만, 여성연합 내부적으로 더 적확한 용어의 개발을 위한 논의가 본격화되지 못하고 계속 사용되어 왔으므로 이 글에서도 그대로 사용했다.

31) 한국여성단체연합 1999a 참조.

32) 한국여성단체연합 2002.

33) 아버지 영아육아휴가의 급여 상한액을 두고 여성노동단체들 사이에 이견이 있었다. 한국여성민우회 등은 기존 육아휴직 급여소득은 40퍼센트인 데 반해 아버지 영아육아휴가에 대해서만 월 200만원으로 급여를 상향 조정하는 것은 차별적이라고 여겨 반대했다.

34) 2016년에 육아휴직 급여기간이 1개월에서 3개월로 늘어났다.

35) 한국여성단체연합 1999b.

36) 참여단체는 공동육아와공동체교육, 부스러기사랑나눔회, 전국공부방협의회, 전국지역아동센터공부방협의회, 한국여성노동자회협의회, 참교육을위한전국

학부모회, 여성연합 등으로 구성되었고, 지역별로 충북지역공대위, 광주지역공대위, 부산지역공대위, 인천지역공대위, 제주지역공대위가 구성되었다.

37) '여성 한부모가족의 탈빈곤을 위한 돌봄서비스 지원사업'이 그 예이다. 이 사업은 SBS 사회공헌사업의 지원을 받아 한국여성노동자회와 함께 5개 지역에서 진행되었다. 육아·가사·간병 서비스를 제공할 수 있는 여성과 서비스가 필요한 한부모여성을 연결하여 서비스를 제공받도록 하는 사업이다.

38) 이 글은 최혜영 연구자와 정문자 여성연합 전 공동대표가 공동 집필한 것임.

2001년 6월 18일
모성보호법 집회

2006년 6월 21일
최저임금 현실화 캠페인

2016년 8월 24일
한국공항공사 원청책임 인정 및
김포공항 여성노동자 인권유린 근절을
위한 기자회견

여성복지운동에서 성평등복지운동으로

김인숙(한국여성민우회 전 대표)
박차옥경(한국여성단체연합 사무처장)

1) 머리말

한국여성단체연합(이하 '여성연합')은 가족법 개정운동(1989), 성폭력 특별법 제정운동(1993), 가족폭력방지법 제정(1996) 등 여성인권 관련법을 제도화하면서, 기존 사회복지정책의 범주를 확대하고 강화하는 데 기여했다. 또한 사회보장 관련법 제·개정과 정책제언 활동을 통해서 기존 여성관련 복지정책의 대상과 내용도 확대해 왔다. 이러한 활동은 가부장적인 문화에 근거하여 마련된 기존 복지제도의 성차별적인 내용을 개선하는 과정이었다. 뿐만 아니라 여성연합의 복지운동은 우리 사회가 직면한 경제위기, 인구구조의 변화 등 사회구조적 문제를 여성주의 시각으로 분석하면서 전문가, 회원단체와 유기적인 활동을 통해 법과 제도를 바꾸고, 사회적 인식을 변화시키는 노력이었다. 특히 여성의 평생평등노동권 확보를 위해 주력한 보육제도 개선활동은 영유아보육법 제정, 제대로 된 무상보육 실현과 국공립어린이집 확대운동을 통해 사회적 공감대를 넓혀가면서 여성연합 복지운동의 주요한 위치를 차지하고 있다.

2) 주제별 접근(1997~2016)

(1) 빈곤의 여성화 예방활동

1997년 IMF 긴급구제금융 시기에 남성가장을 기준으로 한 실업대책이 시행되면서, 여성연합은 빈곤의 여성화 예방활동을 시작했다. 이 활동은 세 시기로 구분할 수 있다. 활동 초기(2001~2003)에는 '여성의 빈곤 예방활동'이라는 명칭으로 빈곤층 내 여성비율이 높은 것에 주목하면서 여성의 자활을 통한 빈곤극복을 목표로 삼았다. 2기(2004~2005)에는 IMF 경제위기가 회복되어도 여전히 여성의 빈곤비율이 높은 것은 성차별을 매개로 하는 사회구조적 문제임을 알렸다. 3기(2006~2008)에서는 여성연합과 지역 회원단체들이 '빈곤의 여성화 해소 운동본부'를 구성, 전국에서 풀뿌리 방식으로 당사자를 조직하고 현장에서 이슈를 발굴하여 이를 정책으로 제안했다.

여성실업대책 활동[1](1998~99)과 여성자활 지원(2001~2003)

IMF 긴급구제금융기의 대량실업 사태가 여성에게 집중되자,

여성연합은 1998년 '여성고용대책특별위원회'를 구성하여 긴급구호 활동을 했다. 다른 가족의 소득원이 없고, 재취업 가능성이 상대적으로 낮은 실직여성가장이 겨울을 무사히 보낼 수 있도록 실직여성가장 1만여 명에게 14만원 상당의 쌀 또는 난방용 유류를 지원하는 '실직여성가장 겨울나기 사업'을 진행했다. 1998년에 전국 34개 단체가 수행한 '실직여성가장 겨울나기 사업'은 이후 실직여성가장과 함께하는 여성문화마당 '힘 모아 힘을 줘'(1998), '실직여성가장의 정서적 지원을 위한 대화모임'(1999), 실직가정 돕기 범국민결연운동(1999), 여성실업 극복과 지역공동체 의식 확산을 위한 '희망'캠페인(1999) 등 문화사업으로 이어진다. 이러한 활동을 통해 당시 남성의 실직만 사회문제화했던 여론과 정부정책의 변화를 촉구했으며, 지역별로 실직여성가장 자조모임이 구성되는 등 당사자조직이 확대되는 성과로 이어졌다.

또한 '실업극복여성지원센터'(1998)를 설치하여 9개 회원단체가 별도의 센터(또는 본부)를 통해 전국의 저소득여성을 만나면서 자조모임 등을 조직하기도 했다. 특히 실직여성의 일자리 창출과 지역사회 아동복지에 기여하기 위해 전국 회원단체가 추진한 '저소득아동 생활지도' 보조교사 공공근로사업은 여성연합의 제안을 정부가 채택하여 1998년부터 2년간 진행되었는데, 이는 방과후보육의 제도화에 기여하기도 했다. 그리고 여성연합은 국민기초생활보장법(이하 '기초법') 제정[2]을 위한 연대활동에 참여, 경제위기 시기에 최소한의 사회적 안전망을 만드는 데 기여하기도 했다.

여성연합은 2001년부터 3년간 실업대책사업의 일환으로 기초법에 근거한 자활사업에 관심을 가지고 활동했다. 기초법에 근거하여 조건부 수급자에게 일자리 기회를 제공하는 자활후견기관[3] 중 전국 33개 기관을 대상으로 여성수급자의 자활후견기관 프로그램 만족도 조사(2001)를 실시하였고, 프로그램이 성인지적으로 운영되지 못하는 현실을 발견하면서 여성 친화적 프로그램을 개발했다. 한편 한국여성노동자회협의회[4]는 자활특화기관의 운영사례를 발굴하여 전체 자활기관에 성인지적 관점이 반영되도록 하였으며, 자활후견기관 담당자와 보건복지 여성정책 관련담당자의 성인지력 향상을 위한 프로그램을 개발·교육하는 활동(2002)을 하였다.

그러나 여성특화 자활후견기관 지정 요구는 정부의 무관심으로 정책에 반영되지 못한 채 여성단체가 운영하는 기관에서 여성 친화적인 사업을 진행했다. 여성빈곤 문제가 노동의 문제만이 아니라 가부장적인 사회문화도 주요한 원인이라는 점을 인식하면서 성인지적인 자활사업을 진행하고자 한 것은 빈곤의 여성화 예방을 위한 초기사업으로서 그 의의가 크다. 또한 여성실업대책 활동은 경제위기가 곧 여성실업·여성빈곤 문제임을 알리면서, 지역 시민사회단체와 더불어 경제적·정서적·복지 차원의 지원과 함께 여성실업대책을 마련하여 정부에 촉구하는 역할을 했다.

여성빈곤 극복을 위한 종합적인 접근 시작(2004~2005)

여성연합은 2003년 말의 복지위원회 사업평가에서 "일가족 투신자살 사건으로 신빈곤문제가 대두되었으나, 가족이나 고용 문제와 연관해서 여성빈곤 문제를 특화해서 부각시키지 못하면서 신빈곤 해소를 위한 과제에 여성의 관점이 반영되지 못했다"고 밝히고 있다.[5] 그리하여 2004년에는 이를 해소하기 위해 노동위원회와 복지위원회가 공동으로 '빈곤팀'을 구성해서 노동시장과 사회복지를 통합적으로 접근하기 위해 노력했으며, 이듬해 2005년부터는 노동위원회와 복지위원회가 통합해서 운영되는 '사회권위원회' 내 빈곤팀으로 활동했다.

또 2004년부터 3년간 '빈곤의 여성화 예방사업'을 핵심 사업으로 배치해서, 악화되고 있는 여성의 비정규직화, 빈곤의 여성화에 대응하는 새로운 담론을 형성하고 구체적인 대안을 제시하기 위한 활동을 했다. 구체적으로 2004년에는 빈곤여성 가구주의 빈곤극복을 위한 중장기정책을 마련하고자 워크숍을 8차례 연속해서 가졌으며, '여성일자리 50만개 확충방안'을 세우기 위해 7차례 열린 '일자리 창출' 워크숍에서는 사회적 일자리를 중심으로 국내외 사례를 살펴보고 이와 관련한 일자리 창출 정책방향과 계획 등을 논의했다. 특히 '여성빈곤 극복을 위한 대안모색' 토론회에서는 여성주의 시각의 빈곤개념을 재정립하였다. 또 이 토론회에서는 빈곤의 젠더 격차를 실증적으로 분석해서 단순히 성차만이 아니라 성의 특성을 사회적으로 규정하는 교육수준·취업상태 등 다양한 요인들이 복합적으로 빈곤에 영향을 끼친다고 보고, 가족·노동시장·사회보장체계에 젠더가 고려된 빈곤대책을 세워야 한다는 정책방향을 제시했다. 노동시장 유연화로 여성의 실망실업자뿐 아니라 실업이 증가하고 또 남성 1인생계부양자 모델에 기초해서 설계된 사회보장정책의 한계, 평등가족정책의 부재 및 성별 분업체계 강화로 신빈곤층의 여성

비율이 높아지는 등, 빈곤이 심화되는 과정에 성차별이 작동하는 것을 파악하고 여성노동정책을 통한 빈곤탈출을 우선과제로 접근한 것이다. 이런 활동은 '빈곤의 여성화'를 불러오는 사회구조적 문제를 지적하면서 이를 해소하기 위한 종합적 접근을 강조한 것이다.

나아가 빈곤여성 1006명의 실태조사와 심층조사 결과를 발표했다. 2005년 "근로빈곤 여성가장의 삶과 노동 실태조사" 토론회는 근로빈곤여성의 경우 일을 하고 있지만 빈곤할 수밖에 없는 구조적인 문제에 관심을 기울였다. 조사대상 근로빈곤여성의 82.2퍼센트가 임시일용직이었고, 실업경험이 4회 이상으로 취업과 실업이 반복되고 있었으며, 74퍼센트가 82만원 이하 저임금소득군에 속했다. 상황이 이러한데도 정부지원을 받는 사람은 10.8퍼센트에 불과했다. 가계부채의 원인은 주거비, 의료비, 자녀교육비인 것으로 나타났다. 조사결과, 가장 시급한 것은 '괜찮은 일자리' 정책이고, 아울러 주거·의료·양육 지원정책도 필요한 것으로 보였다. 이 조사를 통해서 여성빈곤의 핵심 원인이 질적으로 열악한 일자리에 있다는 것이 밝혀짐에 따라, 이후 여성연합은 공공사회서비스를 통한 '괜찮은 일자리' 창출에 정책역량을 집중했다.

여성빈곤운동의 지역화와 전문화:
'빈곤의여성화해소운동본부' 활동(2006~2008)

2006년 여성연합의 사회권위원회 빈곤팀과 전국 6개 지역 14개 회원단체는 '빈곤의여성화해소운동본부'를 구성해서,[6] 이후 3년간 지역 회원단체를 비롯해서 여러 부문조직들과 함께 빈곤여성 조직화·주체화를 목표로 활동했다. 여성의 탈빈곤과 경제적 세력화를 핵심 의제로 정하고, 여성의 취업과 질을 확보하는 방안으로 돌봄 사회서비스에 주목하면서 적극적으로 돌봄노동에 대한 여성주의적 해석을 시도했다. 같은 해 여성연합의 빈곤팀은 연속 워크숍 '돌봄의 사회화를 위한 일자리 창출방안'과 토론회 '정부의 사회서비스 일자리 정책, 사회공공성 확대로 이어질 수 있는가?'를 통해서 돌봄 노동에 대한 여성주의적 해석과 성인지적 관점에서 정부의 사회서비스 정책에 대한 평가를 진행하면서, 돌봄노동을 사회서비스화하는 방향에 관한 사회적 논의를 발전시켰다. 또한 정부의 사회서비스 일자리 정책이 돌봄노동을 왜곡·저평가하는 시장의 한계를 그대로 반영하고 있는 점을 지적, 이를 수정하고 적극적 노동시장 정책을 통해 '괜찮은 정규직 일자리'가 만들어져야 한다고 주장했다.

이와 별개로, '양극화 넘어, 더불어 함께' 전국캠페인도 추진했다. 지역별 워크숍과 토론회, 저소득여성이 참여하는 심층면접을 진행하고, 대중홍보용 책자 3만 부를 제작하여 전국에 배포한 캠페인은 지역 내 저소득층 여성의 실태를 알리고, 지역여성·당사자여성의 주체적인 참여를 통해 정부의 빈곤해소정책에 대해 성인지적 정책을 제안하는 소중한 성과를 만들어냈다. 전국 6개 지역에서 진행된 활동은 이듬해 지역여성과 당사자여성을 중심으로 풀뿌리 차원의 운동을 기획하는 계기가 되었다.

2007년 '빈곤의여성화해소운동본부'는 회원단체의 활발한 활동에 주목하면서, 지역별·부문별로 의제를 발굴하여 공동 의제와 핵심 의제를 구성하고, 다양한 실천활동과 정책요구안을 만들어서 대선시기에 사회적으로 이슈화하는 한편, 중장기 방안도 모색하고자 했다. 회원단체 활동가가 참여하는 '빈곤해소방안 모색 워크숍'(총 7회)에서는 풀뿌리 당사자를 조직할 수 있도록 훈련하고, 빈곤여성 당사자를 조직하고 활성화하기 위한 '빈곤 2007 여성희망 쑥쑥 프로젝트' 사업도 추진했다. 전국 10개 단체가 10개 지역[7]에서 '여성희망 쑥쑥 아카데미'[8]를 열고, 빈곤여성 당사자와 함께 '수다방'[9]을 운영(총30개)하면서 당사자의 문제인식과 욕구를 확인했다. 또 전국 여성한부모들의 정책요구를 수렴하고 이를 의제화하기 위해 '전국 여성한부모 희망 쑥쑥 한마당'을 개최했는데, 전국에서 500여 명의 한부모여성이 참석했으며 사전행사로 SBS와 함께 편지공모 행사를 공동주최하여 사회적 관심을 받았다. '여성한부모 자립지원을 위한 5대 정책요구안'을 각 정당에 전달하여, 대선후보자의 공약에 반영되는 성과도 거두었다.

2008년에 미국발 서브프라임 모기지 사태로 인한 세계적인 경제위기는 다시 한번 여성노동을 위협했다. 여성연합은 '민생 살리고 일자리 살리는 생생여성행동'(이하 '생생여성행동')을 2009년에 구성하여, ① 잘릴 걱정 없는 여성일자리 50만개 만들기! ② 누구나 돈 걱정 없는 공교육 만들기! ③ 먹고살 걱정 없는 살림살이 만들기!를 3대 핵심 과제로 정하고, 5개 영역 20대 정책요구안[10]을 제시하여 글로벌 경제위기에 대응하고자 하였다. 그리고 2010년에는 복지예산 증액요구 여성계 기자회견과 캠페인, 4대강예산 삭감과 민생·여성복지 예산 확보를 위한 전국 여성행동의 날(전국 8개 지역), 시민사회·야당 등과 함께 '민생복지교육의료(건강) 예산 증액을 위한 결의대회', '2010 여성일자리·보육예산 이렇게 해야 한다!' 토론회 등을 개최하였다. 또 최저임금 인상 요구, 비정규직과 특수고용 여성노동자 연대활동 등을 통한 여성노동 관련법 개악 저지활동을 비롯해서, 여성노동권과 여성실업대책, 성인지적인 사회보장권 등 다각적인 대책을 요구·여론화하는 활동을 활발하게 전개하였다.

그러나 이후 10년 가까운 시간의 흐름 속에서 여성일자리는 여전히 불안정한 등 여성고용의 질은 더욱 악화되고, 가계부채 증가로 여성빈곤도 장기화되었다. 소득 불평등의 심화가 결국 빈곤의 여성화 심화로 이어지고 있는 것이다. 빈곤은 노동시장, 사회보장, 가족 등 다층적 차원에서 차별과 배제 과정이 복합적으로 누적된 최종적인 결과이며, 여기에 추가적으로 젠더 불평등이 결합되면서 여성빈곤은 빈곤문제 중에서도 가장 심각한 문제가 되었다.[11] 뿐만 아니라 최근 돌봄노동에 이주여성의 비중이 높아지고 이주여성에 대한 반인권적인 노동행태 등이 드러나면서, 젠더와 계급에 글로벌 이주노동까지 포괄적이고 교차적으로 살펴볼 필요성이 대두되었다.

국내외 여론활동

1995년의 베이징 여성대회는 신자유주의 타파를 위한 주요 아젠다로 '빈곤의 여성화'를 선택했고, 한국사회에서는 IMF 경제위기로 인한 대량실업 사태의 국면에서 여성빈곤층이 급증하면서 빈곤이 곧 여성문제임이 드러났다. 여성연합은 2000년 핵심 사업으로 '빈곤과 폭력 추방을 위한 세계여성대행진[12] 한국대회'를 개최하고 이어 한국대표단이 세계대회에 참석해서 IMF 총재 및 UN 사무총장을 면담하고 워싱턴·뉴욕 행진에 참여하여 해외여성들과 함께 IMF 긴급구제금융으로 인한 경제위기가 한국여성에게 끼친 영향을 국제적으로 알렸다. 세계 159개국, 500여 개 단체가 연대해서 UN에 엽서와 이메일을 보내고, 뉴욕에서 열린 세계대회를 통해 신자유주의의 세계화와 구조조정이 여성에게 집중됨으로써 여성폭력과 여성빈곤을 가중시키고 있음을 전세계에 알렸다. '3·8세계여성의 날 기념 한국여성대회'에서는 세계여성대행진의 의미와 계획을 보고하면서 '빈곤과 폭력 추방을 위한 여성의 10대 요구안'[13]을 선포하고 여성문화공모전, 캠페인 등을 진행하여 국내에서 관심을 불러일으켰다. 또 'ASEM 2000 민간포럼'에 참석해서 국제연대활동을 통해 빈곤문제가 곧 여성의 문제라는 것을 사회적으로 드러냈다.

(2) 일·가족 양립을 위한 보육운동과 방과후 보육운동

영유아보육법 전면개정운동(1997~2004)

1997년 3월, 당시 정부의 교육개혁위원회가 '공교육체제 확립을 위한 유아교육체계 개혁안'을 발표하자, 여성연합은 유아교육개혁에 관한 회원단체 논의, '바람직한 유아교육체제 마련을 위한 토론회'(10. 24) 등을 거쳐 '유아교육개혁과 5세아 무상교육에 대한 건의문'을 한국보육교사회와 공동으로 발표했다. 개혁은 보편주의 관점과 아동의 관점에서 보육기관과 유아교육기관인 유치원의 고른 질적 성장과 내용으로 통합되어야 하며, 통합을 위해서는 기관 간 교류, 통합기관모형 운영 등이 필요하고, 실질적 통합은 조정기구를 설치하여 개방적이고 신중하게 추진할 것을 제안했다. 또한 아동교육의 질적·양적 내용 확보를 위해 보육기관과 유치원에 대한 국고지원을 확대하고, 당시 가장 큰 쟁점인 5세아(취학 전 1년) 무상교육은 전체 아동을 대상으로 빠른 시일 내에 실시할 것을 요구했다. 이러한 개혁방향은 '보육과 유아교육 통합과정'에 대한 여성연합의 기본 방향으로, 현시점에도 유효하다.

한편 1998년에는 '유아교육법(안)에 대한 여성연합 입장 건의문'을 발표하면서, 보육시설과 유치원에서 교육받는 만5세아에 대한 무상교육을 저소득층부터 실시하고 아동이 어린이집이나 유치원 중 어느 시설을 이용해도 지원할 것을 요구했다. 이와 함께 민간 차원에서 아동보육의 공공성 확보를 위해 노력해 온 관련단체와 사전협의 없이 성급하게 유치원과 보육시설을 통합하여 3~5세는 유아학교가, 0~2세는 보육시설이 전담하게 하는 '연령별 이원화'는 불합리하다고 밝혔다. 이후 여러 활동을 통해 여당과 정부가 '유아교육법 제정'을 유보하도록 했다.

2001년 여성연합 복지위원회는 '영유아보육법 개정 및 방과후 아동보호 제도화'를 사업계획으로 설정하고 다양한 활동을 전개했다. 영유아보육법 개정안 마련 기획팀 회의와 육아문제 해결을 위한 전문가 간담회를 각 3회 진행하고, '보육의 공공성 확보를 위한 영유아보육법 개정에 관한 공청회' 공동주최(한국보육교사회, 참여연대 등) 등을 통해 여성연합, 한국보육교사회, 공동육아연구원, 관악 사회복지회 외 8개 단체와 함께 김홍신·이미경 국회의원 등 4인의 소개로 영유아보육법 개정에 관한 청원을 같은 해 6월 27일 냈다.

청원안의 명칭은 '영유아·아동보육법'으로, 보육의 목적을 확대하고 보편성의 원칙을 추구하면서 영유아 및 아동의 이익존중 및 차별금지를 명시하고 있다. 그리고 국공립보육시설 확충, 영아보육 확대, 가구소득에 따른 차등보육료 도입, 민간보육시설 지원, 방과 후 보육(초등학교 연령인 12세까지, 필요한 경우 15세까지 연장) 등을 요구 했다. 청원 후에는 직장과 가정의 양립을 위한 토론회 '보육 바로세 우기'를 10월 31일 개최했고, 그후 전국 15개 지역에서 '보육제도 바로세우기 캠페인'을 펼치면서 영유아보육법이 제정된 지 10년이 지 났지만 여전히 안전하게 아동을 양육할 수 있는 보육시설이 부족한 현실을 밝혀내고 '보육의 공공성 확대'의 필요성을 강조했다. 영유아 및 아동의 인권보장을 명시한 이 법안은 보육제도 발전에 크게 기여 하는 주요한 내용을 제안한 것으로, 2004년 영유아보육법 전면개정 을 통해 상당수 정책화되었다.

2002년에는 보육예산 확대, 국공립보육시설 및 정부지원시설 30퍼센트 확대를 주요 내용으로 하면서 아동의 안전한 양육과 부모 의 일·생활 양립을 위한 지원은 국가의 책임임을 의미하는 '보육의 공공성 확대'가 3·8여성대회 슬로건으로 선정되었다. 이어 보육정책 전담부서 설치 요구, 보육예산 2배 올리기 캠페인, 대선 여성공약 3 대 핵심 과제 선정 등 다양한 활동을 통해 보육의 공공성에 대한 사 회적 합의가 높아지고, 대선후보들의 공약으로 채택되면서 정책의 제가 되었다. 특히 보건복지부에 보육과 설치, 2003년 예산에서 보 육예산 40퍼센트 증액, 영아보육의 교사 대 아동 비율 조정, 만5세 아 무상교육 등 공보육을 실질적으로 진전시켰다.

법적 실효성 확보를 통한 공공성 확대
(영유아보육법 개정 이후~2006)

2004년 1월 19일 영유아보육법이 전면개정된 이후 보육정책은 크게 변화했으며, 보육업무는 여성부로 이관되었다. 그해 여성부는 부처명칭을 일시적으로 여성가족부로 개칭하고, 영아에 대한 기본보조금제 도입(2006)과 보육시설 관리감독 강화 등 보육서비스의 질을 높이기 위해 다양한 정책을 추진했다. 당시 여성연합과 한국보육교사회는 기본보조금제 도입의 성과를 예측하기 위해, 어린이집의 규모와 지역별 특성을 고려하면서 개인이 운영하는 어린이집의 수기장부를 직접 분석해서 그 효과성을 확인하기도 했다. 그 결과 정부지원을 교사인건비와 연동하여 집행할 것과 개인이 운영하는 민간어린이집에 정부재원을 지출하는 것은 적절하지 않으므로 '비영리 보육법인'을 도입하여 민간시설의 법적 지위부터 규정하는 것이 필요하다고 요구했다.

2005년 '고령화 및 미래사회 위원회'가 대통령에게 육아비용 정부지원 예외시설 허용방안(보육료 자율화) 등의 내용이 포함된 제2차 육아지원정책 방안을 보고하자, 그동안 법 개정운동을 해오던 주요 단체들은 '보육료 자율화 반대와 국공립보육시설 확충을 위한 연대'를 발족했다. 이어 기본보조금 도입 등으로 정부재정 지원규모가 확대되면서 일부 경제학자와 경제부처를 중심으로 보육서비스를 '공공재'가 아닌 '사적 재화'로 규정하고 '보육료 상한선 예외시설'(보육료 자율화)을 도입하자는 주장이 지속적으로 제기되었다. 이에 맞서서 여성연합은 같은 해 8월 1일 "육아비용 정부지원 예외시설 허용방침은 보육의 공공성을 훼손하는 것이다"는 성명서를 발표하여 보육료 자율화 논의에 유감을 표명했으며, 10월 7일에는 "국공립보육시설 확충을 통한 보육의 공공성 강화방안을 마련하라!"는 의견서를 제출하였다. 이어 '보육료 상한선 예외시설 허용' 규탄, 여성·시민사회·보육 단체 기자회견, 관계부처장관 면담, 언론사 기고 등을 통해 공공인프라 구축 없는 '보육료 상한선 예외시설' 허용은 부모의 소득 대비 보육비용 지출과 정부의 보육비용 분담을 상승시키고 보육의 공공성을 훼손하는 것임을 지적했다. 결국 '보육료 상한선 예외시설' 허용은 도입이 유보되었다. 또한 여성연합과 참여연대 등은 '여성부, 보육정책1년 평가' 토론회를 통해 국공립보육시설 확대, 보육재정 확대, 보육교사의 처우개선에 대한 정책방향을 제시했다.

이후 2006년에 결성된 '국공립보육시설 확충을 위한 시민사회 네트워크'(가칭) 준비모임은 국회 예산처, 한국민간보육시설연합회와 함께 구체적으로 어린이집 이용아동 중 30퍼센트가 국공립어린이집을 이용할 수 있도록 국공립 확충방안과 국가재정법 개정을 통한 예산편성, 지역주민 욕구수렴 방안 등을 논의하여 사회의제로 설정했다. 이것은 2004년 육아정책센터가 전국 어린이집을 전수 조사한 보육실태조사 결과를 바탕으로, 보육시설 이용아동의 30퍼센트 이상 이용할 수 있도록 국공립보육시설 계획 수립, 중앙정부와 지방정부의 예산을 50 대 50 매칭방식으로 추진하는 예산분담 방식 변경 등 전문적이고 구체적인 안을 정부에 제안하는 활발한 정책활동으로 이어졌다.

한편 참여정부 출범으로 어느 시기보다 정부와 운동세력의 정책협의가 가능한 긴밀한 거버넌스를 경험했는데, 이는 성장한 시민사회단체의 정책생산 능력이 정부정책으로 반영되는 것을 의미하기도 했다. 보육관련 민관 거버넌스도 활발해지면서, 2003년 여성연합은 교육부 '유아교육·보육 발전방안' 회의, 인수위 보육공약 자문회의, 여성부 보육 마스터플랜 연구모임 등에 참석해 여성계의 입장을 전달했으며, 영유아보육법 전면개정 이후 법안이 실효성을 확보할 수 있도록 예산확충 등 다양한 세부정책을 요구하기도 했다.

보육업무의 여성부 이관

2000년대 초부터 한국사회에서는 저출산과 고령화, 가족구조와 산업구조의 변화 등으로 '돌봄'이 위기에 직면했다는 문제의식이 부각되었다. 이에 여성연합은 범여성계[14]와 공동으로 2003년에 보육정책 패러다임 전환을 위한 활동을 전개했다. 대체로 여성계는 사회변화에 보육정책이 빠르게 대응하기 위해서는 보육업무가 여성부로 이관되어야 한다고 주장했다. 그리하여 5월 26일에 '보육업무 여성부 이관을 위한 정부조직법 개정촉구 범여성계 기자회견'을 가진 후 보건복지부와 행자부에 건의문을 제출하고, 국회를 대상으로 정부조직법 변경을 위한 일련의 활동을 전개함으로써 보육업무의 여성부 이관을 사회의제로 설정했다.

하지만 여성단체 내에서도 의견이 엇갈렸는데, 한국여성민우회와 한국여성의전화 등 일부 회원단체는 보육업무로 인해 여성부가 부처 전체의 여성사업을 조정·통합하는 기능이 약화될 것을 우려하여 보육업무 이관을 반대했다. 그동안 사회복지 전달체계의 통합을 주장해 오던 사회복지계 역시 보육업무의 여성부 이관은 전달체계의 통합에 역행한다면서 반대입장을 표명했으나, 결국 영유아 보육업무는 보건복지부에서 여성부로 이관되었다.[15]

'허울만 좋은 보육정책'에 대한 반대활동(2007~현재)

2007년 말, 이명박 대통령 당선 이후 보육정책은 많은 굴곡을 겪어야 했다. 2008년에 보육업무가 다시 보건복지부로 이관되고, 2012년부터 만5세 누리과정시행을 포함한 중장기 보육계획(아이사랑 플랜 2009~12)이 발표되었다. 또한 '무상보육'이라는 이름으로 부모의 보육료지출 부담을 낮추겠다고 했지만, 특별활동비 등 간접지출이 늘어나면서 실질적으로 부모의 부담은 줄어들지 않았다.

취약지역 중심의 국공립어린이집 확충, 교사의 근로환경 및 처우 개선 등 대선공약조차 제대로 이행하지 않으면서, 이명박정부는 보육료 지원방식을 바우처로 전환하고 보육시설을 이용하지 않는 아동에게 '양육지원수당'을 지급하고 '보육료 상한선 예외시설'(보육료 자율화)을 허용하겠다고 밝혔다. 하지만 '부모의 선택권을 보장'한다는 미명 아래 신자유주의적인 보육정책을 추진함으로써 시민사회의 반발을 사게 되었다.

여성연합의 사회적 돌봄팀은 아이사랑카드 등 바우처 방식의 문제점을 집중 점검하고 대응방안을 모색하였으나, 이명박정부가 추진하는 전자바우처 도입, 양육지원수당 신설 등이 포함된 영유아보육법 개악을 저지하지 못한 채 전반적인 복지의 시장화 흐름 속에서 보육의 공공성 담론도 후퇴하는 것을 지켜보아야 했다. 국공립어린이집을 확충하기보다는 민간어린이집의 운영을 관리하여 보육의 질을 높이겠다는 공공형 어린이집 도입, 복지부의 어린이집 규제 개선완화, 보육교사의 처우 개선방안 부족 등 무책임한 보육정책을 남발하는 보건복지부를 향해 끊임없이 비판을 해야 하는 상황이었다.

영유아보육법에는 '보육의 책임'은 모든 국민, 국가와 지방자치단체에 있다고 명시하고 있다. 2009년 지방선거 국면에서 무상보육이 진보진영의 공약으로 우리 사회에 부각되었고, 2012년 대선과정에서 대통령후보들은 이를 공약으로 제시하였으나, 박근혜정부는 무상보육 집행을 위한 예산편성을 미룬 채 지방자치단체에 재정을 부담시켰다. 지방정부는 보육료 지급을 위해 예산을 돌려막기 하는 실정이었으며, 국비 지원비율을 확대하기 위한 법률개정안은 정부부처 반대로 국회에서 표류하고 있었다. 또 박근혜정부는 2016년 '맞춤형 보육'을 발표했는데, 그 내용은 하루 12시간 동안 이용할 수 있는 어린이집 운영시간을 이원화하여 홀벌이가정 아동은 6시간 동안 어린이집을 이용할 수 있는 기본보육료를 지원하고, 맞벌이가정 아동은 6시간 외 추가로 재원을 지원하는 방식이다. 이러한 변화된 정책을 일방적으로 실시함으로써, 양육자들의 반발을 사고 있을 뿐 아니라 보육현장도 많은 혼란을 겪고 있다.

최근엔 어린이 인권을 위협하는 사건들이 발생하여, 정부대책에 대한 대응활동도 늘어나고 있다. 2013년 서울 송파경찰서의 어린이집 비리 적발에서부터 2015년 대구 보육교사 블랙리스트 발견, 어린이집 아동폭력 문제에 이르기까지, 일련의 사건이 발생하면서 부모들의 불안감이 점점 더 커지게 되자, 정부는 CCTV설치를 적극 추진하였다.

이에 여성연합은 회원단체인 한국여성민우회, 한국여성노동자회와 함께 2015년 긴급토론 및 기자회견 '믿고 맡길 수 있는 어린이집, 정말 불가능한가?'를 공동주최하고 성명서 등을 통해 보육예산을 확대해도 믿을 만한 보육시설이 없는 보육현장의 상황과 허울뿐인 보육정책을 비판하였다. 그리고 보육연석회의[16]는 아동학대를 예방한다는 이름으로 CCTV설치를 대안으로 제시하는 정부정책에 반대하는 활동을 펼쳤다. CCTV를 설치하는 것은 교사에 대한 신뢰가 없다는 표시이며, 아이의 안전을 강조하면서 보육교사의 인권을 보장하지 않는 방안이기 때문이다. 야당을 통해 반대의견을 국회에 전달했지만, 영유아보육법은 어린이집 내 CCTV설치를 의무화하는 것으로 개정되었다.

양육수당 논쟁

보육시설을 이용하지 않는 아동에게 현금을 지원하는 '양육수당'은 이명박정부에서 2008년의 영유아보육법 개정 등을 통해 제도화되었고, 2012년에는 정부예산안에 양육수당 확대예산이 반영되었다. 이어 박근혜정부 들어와서는 첫해에 유아를 포함한 모든 계층의 아동에게 지급, 예산규모가 전체 영유아 지원사업의 1/3에 해당하는 주요 사업으로 확대되었다. 신자유주의적인 보수정권은 자신들이 도입한 양육수당제도가 서비스 이용자의 선택권을 보장하는 제도라고 주장하고 있으나, 저소득여성을 가정으로 회귀시키는 '여성의 함정'으로 작용할 위험이 있는 것으로 학자들은 지적하고 있다. 특히 사업집행을 위한 재정분담이 준비되어 있지 않아서 지방재정에 상당한 충격을 주고 있으며, 2016년 현재까지도 지방자치단체와 중앙정부 사이에 재정분담을 둘러싸고 심각한 갈등이 일어나고 있다.

여성연합은 참여연대 등과 함께 양육수당이 한국사회의 가부장체계, 성역할 고정관념을 고착시킬 수 있음을 지적하고 보육료 지원수준을 동결한 채 손쉬운 방법으로 양육을 가정에 전가하는 정책이라는 것을 강조하면서 반대했으나, 선심성으로 도입·확대되면서 여성들 사이에서도 의견이 엇갈렸다.

방과후 아동 및 청소년 보호

초등학교 입학 후, 특히 저학년아동이 방과후에도 안정적으로 보호받을 수 있도록 여성연합은 1999년 세 차례의 '방과후 아동보육의 제도적 장치 마련'을 위한 간담회 등을 열어서 영유아보육법 전면개정을 통해 방과후 보육을 활성화하고자 했으나, 국회 입법과정에서 제한적으로 반영되었다. 2004년 여성부의 실태조사에 따르면, 초등학생 학부모의 60퍼센트가 방과후 프로그램이 필요하다고 하였고, 보호자 없이 혼자 지내는 아동의 비율이 4.5퍼센트에 이르는 것으로 나타났다. 특히 저소득층의 경우 10.6퍼센트의 아동이 보호자 없이 집에 있는 것으로 조사되어서, 방치된 아동에 대한 보호가 시급한 실정이었다. 그러나 방과후 아동에 대한 보호와 교육정책은 교육인적자원부(초등학교 방과후교실), 보건복지부(지역아동센터), 여성가족부(보육시설 방과후보육), 청소년위원회(청소년 방과후아카데미) 등 여러 부처에서 다양한 형태로 실시되었으나, 각 기관 및 프로그램 간 연계가 부족한 것으로 밝혀졌다.

여성연합은 많은 아동이 방과후에도 안전하게 보호받을 수 있도록 하기 위해서 2005년 '학령기아동의 사회적 보호와 교육지원 제도화를 위한 전국공대위'[17]를 구성하여 전국적인 활동을 펼치는 데 주도적인 역할을 했다. 공대위는 입법활동 및 지역조례 제정운동을 전개하는 한편으로, '학령기아동의 보호와 교육지원법' 제정 및 국무조정실 산하 '학령기아동의 보호와 교육지원 위원회' 설치를 요구하고 지자체에 대해서는 체계적인 지원시스템 및 예산안 마련을 촉구했다.

이는 처음으로 교육단체, 아동 관련단체와 함께 전국과 지역에서 공동대책위원회를 결성함으로써 학령기아동의 보호와 교육지원의 제도화를 추동할 수 있는 조직적 틀을 마련했다는 의의가 있으며, 여당 및 정부 차원에서 대책기구를 설치하는 데 영향을 끼쳤다. 공대위가 마련한 법률안이 2006년 제16대 국회에서 김현미 의원에 의해 발의되었고, 이후 법안통과를 촉구하기 위해 기자회견, 주무부서인 국가청소년위원회와의 간담회, 국회 정무위원회 참석, 진술 등의 활동을 전개하였다. 그러나 부처 간 조정에 실패하면서 법은 통과되지 못하였다. 그후 2008년 제18대 국회에서 '학령기아동, 청소년 보호와 교육에 관한 법률'이, 2015년 제19대 국회에서 '방과후 아동·청소년 돌봄법안'이 남인순 의원에 의해 대표 발의되었지만, 회기만료로 폐기되었다.

(3) 사회보장

국민연금

국민의 노후소득 보장을 위해 국민연금법이 제정되어 1998년부터 국민연금제도가 시행된 후 적용대상은 계속 확대되고 있다. 우리나라 국민연금은 고용시장 참여를 통한 기여를 전제로 수급권이 부여되도록 설계되어 있어서 경제활동 참가율이 낮은 여성은 수급권을 확보하기 어려울 뿐 아니라, 가입자인 남성에 의해 발생하는 '파생적 수급권'에 의존하는 비율이 높다. 게다가 노동시장에서 성별에 따른 남녀임금의 격차는 국민연금 수급액에도 반영되어서 노후소득 보장에서도 성차가 발생하는 한계점을 지녔다.

이에 주목한 여성연합은 여성의 노후소득 보장을 위해 국민연금의 성차별조항 개선과 여성의 연금수급권 확대방안으로 '1인 1연금'을 위한 '보편적인 기초연금제 도입'을 주장하면서 지난 20여 년 동안 다양한 활동을 전개했다. 현재까지 여성연합은 사안에 따라 때로는 독자적으로, 또 때로는 노동·시민사회 단체와 연대해서 국민연금제도의 포괄대상 확대, 연기금의 재정투명성 확보, 기초연금제 도입 등 연금제도 개혁을 위한 활동을 해나가고 있다. 활동을 구체적으로 살펴보면 다음과 같다.

① 국민연금의 성차별조항 개선운동

여성연합은 1997년과 1998년 총회에서 '정치·경제·사회보장 분야의 여성정책 주류화'를 중점 사업으로 결정하고 경제적 주류화 달성방안의 하나로 여성의 연금수급권 확대와 사회보장제도에서 성차별조항 개선을 목표로 설정했다. 경제활동 참여가 낮은 여성을 원천적으로 배제하는 제도적 한계와 함께 남성의 기여에 의해 발생하는 파생적 수급권 확보에서도 성차별이 존재하는 데 주목한 것이다. 남성 생계부양자의 사망시 일부를 수급할 수 있는 유족연금은 결혼연수나 기여도에 상관없이 이혼시 수급권을 상실하는 문제가 있었으며, 유족연금 수급권자의 자격권도 성별에 따라 차이가 있었다.

1997년 대통령선거를 앞두고 정당별 대통령후보들의 공약에 '연금분할권'이 반영되도록 압박하는 활동을 했고, 그 결과 1998년 김대중정부에서 연금분할권이 도입되었다. 또 같은 해에 국민연금 급여체계를 개선하고 임시직과 시간제 노동자도 연금가입이 가능하도록 가입대상을 확대하며 육아휴직기간을 가입기간으로 인정하는 방안, 기초연금제 도입과 효율적인 연기금 운영, 국민연금 관련위원회에 여성비율 확대 등 성인지적인 측면에서 개선방안을 제시함으로써 연금제도의 성차별적인 조항에 대한 적극적인 제안이 이루어졌다. 그러나 IMF 긴급구제금융으로 인한 여성실업 문제와 '국민기초생활보장법 연대회의' '국민건강권 확보를 위한 범국민연대회의' 등 급박한 사안별 연대활동에 집중하면서 연금과 관련한 구체적인 활동은 지체되었다.

여성연합 복지위원회는 국민연금법에서 여성 독자수급권 마련을 위해 1997년에 여성의 국민연금권 확보방안에 대한 토론회와 간담회 등을 개최하고 1998년에는 여성의 국민연금권 보장을 위한 1인1연금제도 도입에 대해 대통령의 약속이행을 촉구하는 활동을 전개했다. 이듬해에는 기초연금제 도입을 위한 제도개선 활동을 해

나갔고 2001년에는 사회보장 내 성차별조항 개선사업도 재개하였다. 그리하여 '성 평등한 노후보장을 위한 연금제도 개선방안 심포지엄'을 개최해서 연금분할제 개선과 연금크레디트제도[18] 도입 등 연금제도의 총체적인 개선을 요구했으며, 마침내 2007년에 여성연합의 요구안보다 낮은 수준이긴 하지만 출산크레디트제도[19]가 도입되었다. 또 2012년의 '여성의 연금수급권 강화를 위한 정책방안' 마련을 위한 워크숍 등을 통해서는 파생수급권 비율이 높을 수밖에 없는 여성의 노후소득 보장을 위해 가입자의 가입기간 및 급여수준에 따른 형평성 강화방안과 출산 및 양육 크레디트 확대에 관한 논의가 이루어졌다. 1990년대 후반부터 성차별적인 조항의 개정을 요구해 온 유족연금제도 역시 2007년에 법이 개정되면서 변화되었다. 남성 생계부양자의 피부양자로 남성의 부재시 위기에 처하는 여성을 중심으로 도입된 제도이지만, 유족연금 수급권자의 성별에 따라 수급자격을 달리 설정하고 있는 것을 성별과 무관하게 유족인 배우자는 배우자의 사망 후 3년 동안 유족연금을 수급한 후 55세 이후 재개될 수 있도록 변경되었다.

출산크레디트나 양육크레디트의 경우, 돌봄노동의 보상책으로 간주되면서 학자들뿐 아니라 여성단체들 사이에서도 논쟁점으로 남아 있다. 가족 내 돌봄에 대한 보상을 주장하면 여성의 가족 내 돌봄노동을 지속·강화하는 것으로 이어질 수 있고, 반대로 돌봄노동을 가족 밖에서 제공하는 사회화를 강조하다 보면 자본주의 시장경제의 유급노동만 중시하고 가족 내 돌봄노동의 가치를 간과한다는 비판을 받을 수 있기 때문이다.

② 국민연금제도 개선과 보편적 기초연금제 실현을 위한 활동

1997년 여성연합 복지위원회는 국민연금제도에서 여성의 독자적인 수급권 확보를 위한 방안모색을 사업목표로 정하고 국민설문조사, 내·외부 토론회, 간담회 등을 진행하였다. 그 결과 여성의 노후소득 보장을 위해서는 '1인 1연금제'의 기초연금제를 도입해야 한다는 결론에 이르렀다. 회원단체가 참여한 1천 부 이상의 설문조사 결과는 당시 정부와 언론의 공감대를 형성하는 계기가 되어, 여성의 국민연금권 문제가 대선후보의 공약으로 채택되는 성과를 거두었다. 당시 임금노동시장에서 여성의 임신·출산·양육 등으로 인한 퇴직이 당연시되었던 터라, 결과적으로 여성은 국민연금제도에서 포괄하지 못하는 광범위한 사각지대에 놓여 있었다. 따라서 여성의 시민권적 권리를 보장하기 위한 방안마련이 시급했으며, 여성연합은 기초연금제도가 대안이라는 결론하에 여성의 연금수급권 확보를 위한 지속적인 운동을 과제로 삼았다.

IMF 경제위기에 대응한 활동 이후 저출산·고령화 사회에 대한 사회적 위기감이 고조되고 여성의 노후소득방안 마련이 시급해지면서, 2005년에 다시 여성의 연금수급권 확보를 위한 기초연금제도에 관한 논의가 시작되었다. 당시 참여정부의 보건복지부는 65세 이상 노인에게 월 일정액을 지급하는 기초노령연금을 신설하고, 동시에 국민연금 급여율을 낮추며 보험료를 인상하는 연금제도 개혁안을 발표하였다. 이에 여성연합은 2006년 '노후소득보장체계 개혁에 대한 토론회'를 개최하여, 보건복지부가 제시한 연금제도 개혁안은 국민의 적절한 노후소득을 보장하고 제도 사각지대를 해소하는

방안으로 적절치 않음을 지적하면서, 재정적 지속 가능성을 확보하고 사회·경제적 환경변화에 유연하게 대응하는 연금제도로 설계되어야 한다는 기본 원칙을 제시하였다. 여성연합은 사회적 합의기구인 '저출산고령화대책 연석회의' 내 연금논의 본회의와 실무위원회에도 참가하여 1인 1연금제를 위한 기초연금제도를 도입하되, 2028년까지 연금수급액은 연금수급자 평균임금의 15퍼센트 수준, 전국민의 최소 80퍼센트를 포괄해야 실질적인 노후소득을 보장할 수 있다고 주장하였다. 각 정당도 나름의 안을 제시하였지만, 기초연금 포괄대상과 세부내용이 서로 달라서 연금도입을 둘러싸고 의견이 충돌하고 있었다. 시민사회단체는 토론회를 개최하여 각 정당의 연금개혁안을 비교·검토해서 이를 토대로 사회적 합의를 통한 연금개혁을 촉구했지만, 국회 논의과정이 급진전되면서 여당의 안으로 제시된 '기초노령연금제'가 국회를 통과했다. 사회적 합의에 의한 제도도입을 위한 '저출산고령화대책 연석회의'의 제안은 무시되고 여성연합을 포함한 시민사회단체가 개입할 수 있는 여지는 축소된 채, 기초노령연금제가 국회를 통과한 것이다.

이 제도는 1인 1연금 차원의 기초연금제도 도입이라는 중요한 의미에도 불구하고, 노령연금액이 낮게 설계되어 실질적인 노후소득 보장책이 되지 못하고, 전체 노인의 30퍼센트를 배제한다는 심각한 한계가 있었다. 이후 여성연합과 시민사회단체는 '연금제도 정상화를 위한 연대회의'를 구성, 기초노령연금제도의 한계를 개선하기 위한 연대활동을 전개했다.

2012년 대선을 앞두고 박근혜 대통령후보는 65세 이상 전체 노인에게 20만원의 기초연금을 지급하겠다는 공약을 발표, 노령층의 높은 지지 속에서 대통령으로 당선되었다. 그러나 인수위 시기부터 국민연금과 연계된 기초연금안을 제시하면서 사회 각계로부터 공약파기라는 신랄한 비판을 받았다.

그동안 기존 국민연금의 한계를 극복하는 방안으로 기초연금 제도 도입과 연금 수급액과 수급범위 확대를 주장해 오던 여성연합은 문제의식이 더욱더 커질 수밖에 없었다. 그리하여 재정고갈을 빌미로 국민연금과 연계하는 것에 대해 노동·시민사회 단체와 함께 강도 높게 비판하고, '공동행동의 날' 등을 통해 문제점을 명확하게 알려나갔다. '국민연금 바로세우기 공동행동'(이하 '연금행동')[20]은 기자회견을 통해 기초연금제도와 국민연금제도를 연동하는 안으로 설계할 경우 실질적으로 기존 국민연금 가입자의 노후소득은 감소하고 기초연금제 도입취지 자체가 상실되는 것임을 밝히면서 법안개정 시도에 반대하는 활동을 전개하였다. 공약으로서의 기초연금 제도화를 다시 요구했다. 야당인 민주당 대표와 만나서 항의하는 등 야당의 무능력과 기초연금안에 대한 문제의식을 전달하였다. 2014년 보편적 기초연금 도입을 촉구하는 전국 84개 여성단체 기자회견, '시민의 노후를 불안으로 몰아넣는 기초연금법안 철회 촉구' 시민사회단체 기자회견 등 연대활동을 통해 지속적으로 개선을 촉구하였다. 그러나 박근혜정부는 대상과 급여가 대폭 후퇴한 결정을 내림으로써 여성연합이 제기한 기초연금제도를 왜곡했다.

1990년대 후반부터 여성연합 사무처가 주도적으로 추진한 연금제도 개혁운동에 2012년 이후 한국여성민우회가 함께하기 시작했으며, 2015년에는 한국여성민우회와 공동으로 1인1연금안을 다시 검토하는 등 여성의 실질적인 노후소득 확보방안을 고민하게 되었다. 기초노령연금에 이은 기초연금의 도입으로 제도적으로 1인1연금은 실현되었지만, 다층체계인 연금제도 중 기초연금의 소득보장액이 너무 낮아서 실질적으로 노후빈곤을 방지할 안전망으로 작동하지 못하기 때문이다.

한편 연금수급권을 확대하기 위한 노력의 결과로 중요한 변화들이 나타났다. 국민연금에서 당연가입자 범위를 확대하는 조치가 있었는데, 이는 사각지대에 있던 여성들을 제도 내로 포괄함으로써 국민연금에 대한 접근권을 강화하는 데 기여했다. 특히 2003년부터 단계적으로 시작된 영세사업장과 비정규직 근로자를 대상으로 한 적용범위 확대는 국민연금 가입의 성별격차를 완화하는 효과를 가져왔다. 여성의 연금수급권 측면에서 볼 때, 특히 1999년 도시지역 가입자로의 적용범위 확대는 2004년 이후 여성의 노령연금 수급 및 65세 이상 인구 중 연금수급권자의 비율이 늘어나는 데 크게 기여했다. 또한 여성 중 개별 수급권자의 비율은 꾸준히 증가하고 있어서 개별 연금권 확보에도 긍정적인 영향을 끼친 것으로 볼 수 있다. 그러나 이러한 긍정적 측면은 국민연금제도가 충분히 성숙되지 않은 초기의 특성이 반영된 것으로, 여성의 노후소득 보장 및 노후소득 보장에서 성별격차 완화효과로 이어질 것인지에 대해서는 낙관하기 어렵다.[21]

최근엔 경제활동에 참여하지 못하는 여성을 국민연금 내 포섭, 연금수급권을 부여하는 방안이 적극적으로 모색되고 있다. 국민연금 가입예외자로 분류되던 여성을 임의가입 형태로 연금제도에 포섭하려는 국가적인 노력이 있다. 그러나 가계의 경제적 수준에 따라 임의가입 역시 제한을 받을 수 있기 때문에 연금가입률을 높이기 위해 임의가입자의 소득기준을 하향조정하는 안이 제시되기도 하였다. 하지만 이 경우 평균 소득값이 낮아지면서 도리어 소득보장 기능이 악화될 우려가 있으므로 지양해야 한다는 의견도 있다. 무엇보다 근본적인 해결책은 남성1인 생계소득자 모델의 변화를 위한 사회적 노력임을 확인하게 된다. 국민연금 소득은 연금가입자의 과거 직업이력 및 소득의 결과이므로 여성의 국민연금 수급권 확대를 위한 가장 근본적인 접근은 노동시장의 성별격차 해소와 노동시장 참여를 지원하는 것이며, 여성 내부의 차이를 고려한 정책제안이 마련되어야 한다는 것이다.

연금제도개혁을 위한 여성연합과 노동·시민사회 단체의 연대활동은 연금제도 도입 초기부터 지금까지 이어지고 있으며, 현재는 국민연금제도가 정착되면서 누적된 연기금의 사용처 등 연기금의 공공성 강화를 위한 방안을 모색중이다. 국민의 기여로 조성된 연기금이므로 국민의 일상적인 삶과 연관되고, 사회구조적 변화에 조응할 수 있는 사회서비스 인프라 확충에 투자할 것을 요구하고 있다.

노인장기요양보험제도

노무현정부는 저출산·고령화 사회의 문제를 깊이 인식하고 대통령직속 '고령사회대책특별위원회'를 구성하여 '고령사회대책기본법' '장기요양보호에 관한 특별법' '노인복지법' '고령자고용촉진법'

등을 제·개정할 것을 제시하며 '고령사회대책 및 사회통합기획단'을 구성했다. 또 여성연합을 포함한 여성·시민·종교·노동 단체, 정부, 경제단체가 함께 참여하는 사회적 대화기구인 '저출산·고령화대책 연석회의'를 2006년 1월에 구성하여, 저출산·고령화에 대비한 사회적 의제에 대해 합의하고자 했다.

여성연합은 노인문제연구팀(발랄노후팀)을 구성, 성인지적인 고령사회정책을 수립하기 위한 논의의 틀을 만들었다. 2006년 11월에 열린 '여성의 관점에서 고령화시대를 준비하는 토론회: 노인수발정책의 젠더쟁점' 토론회를 준비하는 사전 워크숍 등을 통해 노인관련정책에 대한 성인지적 분석틀을 제시하고, 여성운동 내 인식확산 및 관련활동을 추동할 수 있는 계기를 마련하였다. 워크숍에서는 노후소득 보장정책, 보건복지부 추진의 '기초노령연금' '노인수발보험법' 그리고 노인의 사회참여 현황, 사회적 일자리 중심의 고령자고용정책까지 노인 관련사안을 다각도로 검토해서 이후 여성연합의 중심 이슈로 채택했다.

2005년 보건복지부는 '노인수발보장법(안)'을 입법 예고했는데, 이에 대한 여성연합의 활동은 이후 도입되는 '노인장기요양보험제도' 설계에 중요한 역할을 하게 되었다. 입법 예고된 '노인수발법'의 명칭에 포함된 '수발'이란 용어는 핵가족화되어 가는 가족구조나 가족에 대한 인식변화를 적절히 반영하지 못하며, 노인보호에 대한 가족책임을 환기시킬 우려가 있다는 점을 지적하면서 '노인요양보장제도'를 제안하고 노인장기요양기관도 국공립시설 중심의 인프라확충이 중요하다고 밝혔다. 또한 본인부담률을 인하하고, 비급여를 통제할 수 있는 방안도 제시해야 하며, 장기요양기관은 국가와 지방자치단체·비영리법인이 운영해야 하며, 장기요양 심사위원회 및 심판위원회에 여성·근로자·사용자·시민사회 단체 등에서 각각 추천한 사람이 참여할 수 있도록 규정하여 장기요양심판위원회의 객관성과 공정성을 높여야 한다는 점을 제언하였다. 이후 요양제도의 전개과정에서 노동문제, 서비스 질의 관리문제 등이 노출되면서 이러한 제언들이 적확했음을 확인하게 되었다. 여성의 노동권 확보를 위해 요양보호사 양성체계에 관한 의견제시 등 하위법령에 명시할 사항에 대해서도 의견을 개진하였으나, 이에 대한 반영 없이 '노인장기요양보험법'은 국회를 통과했고 1년간 시범사업 후 2008년 1월부터 시행되고 있다.

여성연합이 우려하던 설계상의 문제는 제도의 운영과정에서 확인되었다. 시범사업 시기부터 노동·시민사회 단체는 매년 실태조사를 바탕으로 노인장기요양기관의 공적 인프라 확충방안 마련을 위한 정책워크숍, 노인장기요양보험 공공성 강화를 촉구하는 기자회견, 요양보호사대회 등을 통해 지속적으로 문제점을 보완하기 위한 활동을 전개했다. 그러나 시설에서 노인의 인권이 침해당하는 사건이 언론을 통해 알려지면서, 서비스의 질뿐 아니라 요양인력의 노동권이 심하게 훼손되고 있다는 사실이 드러났다.

이러한 문제를 개선하기 위해 여성연합, 민주노총, 보건복지자원연구원 등 31개 단체는 '노인장기요양보험법 전면개정 공동대책위원회'(이하 '요양법공대위')[22]를 구성, 요양보호사의 처우개선과 요양시설의 공공성을 담보할 수 있는 내용 등 공공성 확대를 골간으로 한 법안을 성안하여 입법청원을 했다. 이후 2016년까지 요양보험제도의 실태와 한계, 대안을 주제로 한 토론회를 매년 주최하면서 노인장기요양법의 실태와 현장의 문제를 드러냈으며, 2012년 요양보호사의 노동인권 개선을 통한 노인인권 보장과 노인장기요양 서비스의 공공성 강화를 위한 입법간담회, 2012~13년 복지부 규탄 기자회견 등을 가지면서 전면적인 제도개선을 강조했다. 약 6년간의 활동 결과 2016년 5월에 노인장기요양법이 일부 개정되었다. 이후 요양법공대위는 '노인장기요양보험제도의 공공성 확보방안: 노인장기요양보험법 개정 이후 실효성 확보논의' 토론회를 개최하는 등 법의 실효성을 높이기 위한 노력을 계속하고 있다.

요양법공대위의 활동성과는 요양보호사 당사자부터 연구자, 노동단체, 여성단체 등의 끈끈한 연대와 법안을 대표 발의한 여성연합 출신 국회의원이 협력한 결과이다. 그러나 노인장기요양법의 부분적인 개정만으로 현재 노인요양 현장에서 발생하는 문제를 교정하는 것은 불가능하다. 무엇보다 시장 중심의 공급체계를 개선하는 전면적인 법개정이 시급하다.

여성연합은 노인돌봄 문제를 한국사회에 제기하면서 제도도입 전후로 시민·노동 단체와의 연대활동을 통해 법·제도 개선에 노력을 기울였으나, 회원단체와 그 내용을 공유하고 조직적인 힘을 결집시키면서 성 평등한 제도로 정착시키기 위한 운동으로 발전시키지는 못했다. 근래 요양법공대위가 주목하지 못했던 가족요양보호사의 비중이 지속적으로 높아지고 있다. 이는 노인돌봄에 대한 국가의 전면적인 개입을 표방하면서 돌봄의 사회화, 돌봄의 탈가족화를 지향했던 제도가 역행하고 있는 것이기에, 이에 대한 분석과 대응활동이 필요하다. 노인요양 서비스가 현재와 같이 국가의 최소개입이라는 기조 속에서 '돌봄의 사회화'를 추구하는 정책방향은 기존 보수주의적인 가족주의와 시장의존 구조로 수렴될 가능성이 높기 때문이다. 그동안 연대활동을 중심으로 노인장기요양제도를 개선하기 위해 노력했다면, 이제 여성연합의 좀더 적극적인 역할이 요구된다. 바로 여성의 문제이므로 좀더 여성 주체적인 운동을 모색하는 것이 필요할 것이다.

(4) 가족
가족지원기본법안과 건강가정기본법의 충돌

2001년 가족학계와 사회복지학계가 가족 관련법 제정의 필요성을 들고 나옴에 따라 여성계의 대응이 요구되었다. 건강가정기본법(이하 '건가법')은 가정학계에서 준비한 가정복지기본법(안)을 바탕으로 발의된 건강가정육성기본법(안)과 사회복지학계가 주도적으로 제안한 가족지원기본법(안)이 국회에서 경합했고, 국회 보건복지위원회가 양자를 통합해서 발의한 대안법이 2003년 12월에 국회에서 통과되었다.

건가법이 제정된 2003년 한 해 동안 여성연합 복지위원회 가족분과는 10월 22일의 가족정책 토론회 '성인지적인 가족정책을 모색한다!'에서 당시 현상적으로 나타나고 있는 전형적인 가족유형의 변화를 단순히 '가족의 위기' 혹은 '가족의 붕괴'라고 일컫는 데 대해 문제제기를 하면서, 오히려 이것은 자영업자와 중소기업의 몰락,

정리해고, 여성 사회활동의 증가 등과 같은 사회적 요인에 의한 결과이므로 대책을 마련해야 한다고 보았다.

여성연합 복지위원회 가족분과회의 등을 통해 논의된 내용에 근거하여 '건강가정육성기본법(안)에 대한 여성연합 의견'을 총 4회 발표하고, 여성의 관점이 결여된 가족관련 기본법 제정을 저지하기 위해 국회의원 면담 등의 활동을 했다. 이어 2004년에는 건가법 하위법령에 대한 의견서 등을 다시 제출하고, '일·가족 함께' 양성평등 가족정책 로드맵 마련을 위한 6월 29일의 토론회 '가족위기? 가족변화? 가족개념의 발상전환을 위하여' 그리고 11월 10일의 토론회 '가족정책의 새로운 틀짜기를 제안한다'를 개최하였다. 연속토론회를 준비하는 3차례 사전간담회에서는 가족 개념, 일·가족 양립정책의 방향, 이혼숙려제도에 대한 입장 등 당시 가족과 관련한 쟁점과 정책의 기본방향을 총체적으로 점검했으며, 토론회를 통해서 새로운 가족정책의 방향은 시민 및 가족원이 현실적으로 구성하고 있는 다양한 생활공동체와 가구형태를 보장함으로써 가족정책의 대상에서 사회구성원이 배제되는 문제를 최소화해야 한다는 결론을 도출하였다.

가족의 특성과 관계없이 보편적 복지이념으로 방향과 원칙이 설정되어야 하며, 돌봄노동을 사회화하는 동시에 남녀 공동분담이 가능하고 또 개별시민으로서 여성과 가족의 이해가 충돌하는 모순을 해소·완화할 수 있는 대안의 필요성을 피력하는 등 이후 가족 관련제도의 도입에 중요한 논의들이 이루어졌다.

또한 2004~2007년에는 여성학회, 사회복지학회, 여성·시민단체가 참여한 '가족지원법 제정을 위한 공동대책위원회'(이하 '공대위')[23]의 실무단체로 활동했다. 공대위는 건가법이 가족을 사회정책 범주로 규정함으로써 국가의 책임을 명시하는 긍정적인 의미를 지녔음에도, 가족을 둘러싼 최근의 변화에 대한 원인과 책임을 가족과 그 구성원에게 전가해서 '건강한 가정'을 유지·강화하는 데 초점이 맞추어져 있는 것을 비판했다. 즉 가족의 급격한 변화를 수용하고 그에 따른 사회적 지원을 어떻게 할 것인가에 무게중심을 두기보다는 가족의 위기에 대한 가족구성원의 도덕적 책임을 강화하거나 위기가족에 대한 복지서비스 지원 등으로 가족변화의 흐름에 역행하는 방향으로 나갈 수 있는 점을 우려한 것이다.

그리고 기존 가족형태의 변화양상을 가족의 위기로 간주하는 사회적 시선에 맞서서, 오히려 이것은 남성 중심의 가족주의에 대한 위기의식이라 규정했다. 그에 따라 여성의 사회참여 확대와 가족가치관의 변화로 지금까지 가족 내 여성의 몫이었던 돌봄노동을 더 이상 담당할 수 없게 된 현실 속에서 가족의 기능이 변화한 것이므로, 가족정책은 가족기능에 대한 사회적 지원을 강화하는 방향으로 수립되어야 한다는 입장을 견지했다. 나아가 가족정책을 수립하고 관련제도를 정비하는 데는 가족정책의 새로운 패러다임과 대안적인 가족상이 반영되어야 하며, 이를 기초로 법안을 마련하고 실행해야 한다는 입장이었다. 공대위가 추진하는 가족지원기본법(가칭)은 변화하고 있는 다양한 가족형태를 반영하고, 복지국가 발전을 위한 가족정책의 지위와 역할을 정의하면서 직장과 가정의 양립 지원강화, 부양의 국가부담 강화, 민주적이고 평등한 가족관계 증진에 대한 국가책임을 명시하였다.

공대위는 건가법 전면개정을 위한 '가족지원기본법' 제정을 목표로 2004년 국회의원과 복지부장관을 면담하고, '가족정책 제도화를 위한 토론회: 가족지원기본법(안)을 중심으로'에서 가족변화에 조응하는 성인지적 가족정책을 모색하면서 가족의 개념을 정리하고 성평등 가족정책의 과제를 발굴하기도 했다. 2005년에는 '가족지원기본법(안)' 발의 공동기자회견, 여성가족부 출범에 즈음한 성명서 발표, 여성가족부장관 면담 등을 통해 '평등한 가족, 다양한 가족, 돌봄의 사회화' 실현에 주력했다. 게다가 국가인권위원회가 '건강가정기본법'의 이름 자체는 차별과 편견을 유발할 수 있으므로 중립적인 법률명으로 수정할 것을 권고하자 건가법 전면개정의 요구는 더욱 거세졌다.

마침내 건가법 개정을 위한 여러 법안이 경합하는 가운데 2006년 9월 21일 공대위가 마련한 '가족지원기본법(안)'이 국회 여성가족위원회를 통과하면서 전면개정에 대한 기대가 고조되기도 했다. 그러나 국회 법사위에서 개정논의가 진척되지 않자 공대위는 연대범위를 더욱 넓혀서 대국회 활동을 전개했으나, 국회 법사위 위원들의 보수적인 가족관 그리고 한국여성단체협의회와 대한노인회의 반대로 전면개정은 성사되지 못한 채 제17대 국회가 종료되면서 가족지원기본법안은 폐기되었다.

한편 2007년까지 건가법 전면개정과 건강가정기본계획 등 세부정책에 대한 대응활동 등 가족관련 법·제도 개선활동을 해오던 '가족분과'는 사회적 변화에 따라 노동, 사회적 돌봄, 보건복지정책

등 다양한 정책과 가족정책이 상호 연관되어서 논의될 필요성이 대두하자 사회권위원회 '사회적 돌봄팀'으로 명칭을 변경해서, 법안 개정활동을 일단락 지었다.

건가법이 제정된 지 10년이 경과한 2014년에 '건강가정'이란 용어가 여전히 현실의 다양한 가족형태를 담아내지 못하고 다양한 가족에 대한 편견·차별에 기초해 있다는 문제의식에서 '가족지원기본법(안)'이 발의되었으나, '건강가정' 담론을 선호하는 건강가정기본법 지지자들의 반발로 이 법안 역시 제19대 국회 임기만료로 폐기됨으로써 이후의 활동과제로 남게 되었다.

정부의 저출산·고령화사회 대책에 대한 대응

한국사회에 저출산·고령화 문제가 본격적으로 대두하면서, 2005년 국회는 '저출산·고령사회 기본법'을 제정하였고 이에 근거해서 '저출산·고령사회위원회'를 설치하고 '저출산·고령사회 기본계획'을 발표하였다. 여성연합은 정부의 '저출산'에 대한 문제의식에 동의하지 않았으나, 정부의 '저출산·고령사회 기본계획'에 대해서 의견을 피력하는 활동을 통해 성차별적인 정책을 수정하고 주요 여성의제를 사회정책화하기 위해 노력했다. 같은 해 8월 31일 여성연합 사회권위원회 가족분과는 한국가족사회복지학회와 공동으로 '저출산과 가족정책, 새로운 출구를 찾자' 토론회를 개최해서 참여정부 가족정책의 성격과 돌봄노동의 사회화 과제와 정부 '저출산대책'의 기본방향에 대해 검토하고 여성가족부 가족정책에 제언했다.

정부의 저출산정책은 가족 내 돌봄노동을 남성과 여성이 함께하고, 남녀 모두 직장과 가족생활의 양립을 지원하는 방향으로 설정되어야 하며, 여성가족부의 가족정책은 열린 사고의 가족 개념에 기초해서 다양한 가족형태를 인정하고 가족관계의 평등성과 민주성 정착, 출산·양육·돌봄노동에 대한 사회적 지원을 확대하는 방향으로 수립되어야 한다는 것이다. 전국 35개 여성단체가 함께한 '정부 저출산대책에 대한 여성계 기자회견'에서도 출산은 국민의 의무이기 이전에 개인의 선택이므로 '자녀 둘은 낳아야 한다'는 사회적 의무감을 조장하는 저출산 종합대책의 명칭인 '둘둘플랜'을 수정하도록 요구했다.

2010년, 제2차 저출산 기본계획이 발표되자 여성연합 사회권위원회는 9월 14일 공동육아와공동체교육, 민주노총 공공노조, 한국노총 등 6개 단체와 공동으로 '제2차 저출산대책에 대한 긴급기자회견'을 열고 부모부담을 가중시키는 자율형 어린이집 철회, 국공립보육시설 확충, 남녀가 함께 일하고 함께 돌볼 수 있는 일·가족정책 수립을 촉구했다. 당시 여성연합은 보건복지부장관 면담과 국회 보건복지위원회 및 여성가족위원회에 보낸 의견서를 통해서 일하는 여성의 70퍼센트에 달하는 여성비정규직의 모성보호정책은 부재한 채 정규직 중심의 육아휴직제도 확대는 한계가 있으며 남성의 돌봄권리 확보정책이 미진하며 부모의 보육비용 부담을 증가시키는 자율형 어린이집 도입을 반대한다는 입장을 전달하였다. 이는 여성 노동권 측면에서 일·가족 양립이 가능한 환경의 조성이 필요하다는 것을 다시 한번 강조한 것이다.

(5) 여성 복지역량 강화

여성복지학교

1980년대부터 진행되어 온 여성연합 회원단체들의 활동은 복지운동 영역에 포함된다고 볼 수 있으나, 복지운동으로서의 정체성을 가지고 활동한 것은 보육운동으로 집중된다. 이런 맥락에서 '여성복지학교'는 '사회복지'와 '여성'에 대한 이해를 바탕으로 운동현장에서 여성복지 실천력을 키우는 활동을 공동으로 모색하는 역할을 한다. 회원단체의 요구로 시작한 1998년의 제1회 여성복지학교는 복지사업 담당자들의 복지역량을 강화시키기 위한 교육을 실시했다. "사회복지와 여성운동에 대한 인식을 제고할 수 있었다"고 서술된 평가내용을 볼 때, 여성복지에 대한 회원단체들의 이해수준을 끌어올리는 역할을 했음을 알 수 있다.[24] 이듬해 제2회 여성복지학교에서는 여성단체 복지담당 실무자뿐 아니라 사회복지시설 관계자로 참여범위를 넓혀서 여성 복지인력의 리더십 강화훈련을 실시하였다. 사회보장제도의 성차별적인 요소를 제거하기 위해 회원단체 복지인력의 역량을 강화하고, 지역활동에 적용할 수 있는 내용을 제공했다.

2000년에는 1박2일 동안 여성복지학교를 진행하면서, 세부 분야별로 워크숍을 통해 여성복지 운동과제를 도출하고 여성단체 활동가들의 사회복지 문제에 대한 인식을 향상시키는 기회를 가졌다. 나아가 2001년 여성복지학교는 전국 4개 권역에서 지역별 주요 단체가 주관하여 2박3일 프로그램으로 진행하는 사업으로 확장되었다. 지역사회 내 여성복지사업 활성화와 여성 복지인력의 리더십 강화 프로그램을 진행했고, 참석인원도 전국적으로 200명을 상회, 그 내용이나 형식이 심화되었음을 알 수 있다. 사회복지 종사자들에게 성인지적 관점과 성평등의식을 가지는 것이 중요함을 인지하게 하는 기회가 되었다고 교육참여자들이 평가하고 있어서, 현장에서 필요한 교육 프로그램으로 구성하여 활동가의 성장을 실질적으로 지원했다는 것을 확인할 수 있다.

2007년에 여성연합은 다시 여성복지학교를 개설했다. 이 시기는 저출산·고령화에 대한 사회적 위기감이 높아지는 가운데, 가족구조의 변화로 가정 내 돌봄노동을 사회화하고 이 영역에서 여성일자리를 만들려는 사회적 논의가 활기를 띠던 때였다. 여성연합은 여성복지학교를 통해 돌봄노동 관련 복지정책에 대한 회원단체의 이해도를 높였는데, 이는 향후 돌봄서비스가 확대될 경우를 대비하여 공공인프라 확보와 돌봄노동자 권리보장의 필요성을 인식하는 계기가 되었다. 이후 2011년에 새롭게 대두한 복지국가 논의 속에서 여성연합도 제6회 여성복지학교 '여성, 복지국가, 돌봄'을 개설, 복지국가운동의 당면 실천전략까지 마련하였다.

여성복지분야의 핵심 과제는 여성운동조직이 여성권익의 문제를 강력히 제기하고, 지지기반을 넓혀가면서 현실적 논의가 가능한 정책의제로 채택되도록 하는 것이다. 1980년대 이후 여성연합을 포함한 진보적 여성운동단체들은 여성학자들과 함께 기존 사회 시스템에 대한 비판과 더불어 새로운 대안을 모색하면서 이를 정책 수준으로 발전시켜 법·제도에 반영해 왔다. 여성연합의 사업과 연계된 전문가들은 담론과 정책을 만들고, 회원단체는 교육과정을 통해

여성운동, 사회권으로 확장하다

서 이를 공유하고 회원활동을 모색하는 등 여성복지학교는 공론의
장 역할을 하였다. 여성대중운동을 표방한 회원단체의 연합체인 여
성연합은 여성복지학교를 회원단체가 여성복지운동의 주체로 성장
할 수 있도록 하고 나아가 당사자조직을 만드는 조직적 노력을 지원
하는 역할로 자리매김했다.[25]

복지국가운동과 여성운동:
복지국가 돌봄포럼과 사회서비스 전달체계 개편활동

2012년의 총·대선을 앞둔 2010년 6·2지방선거에서 '무상급식'
이 이슈로 제기되면서 '보편적 복지'와 '복지국가'에 대한 논쟁이 전
사회적으로 확산되었다. 여성연합도 2011~12년의 2년여 동안 여성
주의 입장에서 '복지국가'와 '돌봄'을 주제로 토론을 진행하고 젠더
복지 담론을 개발·확산하는 노력을 기울였다.

2011년에 여성연합 사회권위원회는 여성학·사회학·사회복지
전문가와 여성단체·시민단체 활동가 30여 명과 함께 격주 토요일
오전시간에 참여하는 '복지국가와 돌봄포럼'(이하 '돌봄포럼')을 기획,
총 6차례 워크숍을 진행하면서 복지국가의 전망을 구성했다.[26] 이
과정을 통해서 여성연합은 한국사회의 노동시장 구조, 가족책임주
의 유형 등을 파악하고 여성주의 복지국가의 이론적 틀을 마련해서
과제를 도출했다. 특히 여성주의 복지동맹을 위한 주요 이슈를 '돌
봄'으로 설정하고, 일·생활 양립의 정책이슈를 개발했으며, 개별 과
제로는 돌봄을 받을 권리, 돌봄서비스 전달체계 공공화, 남녀가 함
께 돌보는 사회, 돌봄노동자의 노동권 보장과 괜찮은 일자리 확대

등이 선정되었다. 돌봄포럼의 논의결과는 여성연합 이사회, 여성복지학교 등을 통해서 공유하고 회원단체에서는 강의로 연결시키는 등 조직 내부에서의 공유·확산 작업에도 노력을 기울였다. 또한 돌봄포럼에서 발표된 주제 글은 이후 학회 등에서 꾸준히 논의되면서 사회적으로 확산되었지만, 돌봄노동의 사회적 인정 방식과 수준에 대한 회원단체들 사이의 견해차를 확인하는 기회가 되기도 했다. 돌봄포럼은 단일 주제로는 보기 드물게 학계와 운동현장에서 많은 사람이 모여 활발한 토론을 진행했고, 이로써 복지국가와 여성 담론이 풍부해진 것은 상당한 성과이다.

　'돌봄'은 여성의제이면서 복지국가 담론과 여성주의 담론이 만나는 지점이어서 남성들과 공동작업도 가능했으며, 돌봄포럼은 돌봄과 관련된 서비스를 시장에서 구매하지 않고 공적으로 제공받는 것이 중요하므로 '돌봄서비스 전달체계'를 공공화하는 것을 주요 과제로 선정했다. 이러한 논의결과에 따라서 2012년에 '사회서비스 공급구조 개편을 위한 돌봄사회서비스 포럼'(이하 사회서비스포럼)을 추진했다. 총 9차례 워크숍과 4차례 현장간담회를 거치면서 당시 돌봄 사회서비스정책의 현황을 파악하고, 돌봄위기의 개선방안으로서 공공인프라 중심의 사회서비스 전달체계를 구축하여 돌봄노동자의 노동권을 보장하고 이를 통해 서비스의 질과 만족도를 높이는 것 등을 중심으로 논의가 이루어졌다. 그것은 서비스의 종류에 따라 전달체계가 분산되어 있어서 서비스가 중복 혹은 누락된다거나, 서비스공급이 공공부문보다 민간에 의존함으로 해서 공공성이 약화되어서 국가예산의 낭비, 서비스의 질 저하, 여성일자리의 취약성과 같은 고질적인 문제가 나타나는 등 우선적인 개선이 필요했기 때문이다.

그 산물로 발표한 개편방안 '우리 삶을 바꾸는 사회서비스 전달체계 개편방안: 아동과 노인을 중심으로'는 서비스 이용자의 욕구에 기초해 지자체 단위의 통합체계를 구성하는 것으로 전달체계의 원칙을 정했다. 돌봄노동자의 노동권을 확보하기 위한 원칙도 합의하였는데, 공공부문을 중심으로 질 좋은 일자리를 확보한다는 차원에서 지역사회 수준의 공공 돌봄노동자 인력풀 구성도 논의하게 되었다. 사회서비스포럼의 워크숍 결과, 보육서비스 전달체계 개편방안으로 보육교사나 아이돌보미 등 보육관련 종사자인력을 직접 고용하여 어린이집 등에 파견하는 '돌봄지원센터' 설치를, 그리고 노인사회서비스 전달체계 개편방안으로는 지역 내 다양한 노인지원서비스를 통합적으로 관리·운영하는 '노인사회지원센터' 설치를 제안했다. 또한 돌봄 여성노동자의 처우개선과 사회서비스 전달체계의 관계, 복지국가와의 연관성 등을 이론적으로 정리해서 야권 대선후보의 공약에 반영하는 성과를 이루었다. 변형된 형태이지만 서울시 차원에서 '보육서비스품질지원센터'와 '어르신돌봄종사자지원센터'가 설립되었고, 이는 '사회서비스재단'에 관한 논의를 촉발하는 토대가 되었다. 그동안 제도변화를 위한 다양한 시도들이 개별정책 차원에서 보편주의를 실현하고자 노력한 것이었다면, 돌봄포럼과 사회서비스포럼의 접근방식은 복지국가의 성격을 젠더 관점으로 구성하면서 성 평등한 복지국가를 만들어나갈 핵심 전략이라는 점에서 진일보한 것으로 볼 수 있다.

한편 불안한 삶에 대한 반증으로 복지에 대한 사회적 관심이 높아지고 '복지국가'가 정치적 화두로 급부상하면서, 보편적 복지국가로의 이행을 추동·견인할 시민주체의 형성이 시급하다는 판단 아래 2011년 7월 20일 '복지국가 실현을 위한 연석회의'(이하 '연석회의')가 발족했다. 전국 402개 시민사회단체는 발족 기자회견에서 '요람에서 무덤까지 국민행복 프로젝트'인 복지국가 실현을 위한 7대 원칙, 15대 의제, 10대 실천과제[27]를 발표하면서, 2012년 대선시기에 대응하여 보편적 복지를 사회의제로 제시했다. 여성연합도 초기 기획단계부터 논의에 참여하여, 신사회위험[28]에 적극적으로 대응하고 보편주의 복지국가로 패러다임을 전환하기 위해서는 여성주의 관점이 통합되어야 한다고 보고 '돌봄서비스 전달체계의 공공화'를 주요 의제에 포함시켰다. 연석회의는 2011~12년의 2년 동안 기자회견, 워크숍, 서울복지필름페스티벌 등을 통해 복지국가의 필요성과 대선과정에서 보편적 복지국가가 우리 사회의 전망으로 자리잡을 수 있도록 하는 방안을 모색했다.

여성연합은 복지국가와 관련한 일련의 활동을 통해 생산된 내용과 회원단체들의 요구를 묶어서 2012년 19대 총선을 앞두고 '당신의 삶을 바꾸는 100가지 젠더정책'과 '차기 대통령이 반드시 해결해야 할 성평등 8대과제'를 발표하였다. 이 가운데 '국공립어린이집 확충'의 경우, 그동안 국공립어린이집 확충에 소극적이었던 새누리당조차 매년 50개를 확충하겠다는 대선공약을 발표하도록 하는 데 기여했다.

3)   맺음말

가족구조의 변화, 산업구조의 변화에 따른 한국사회의 신사회위험
은 돌봄의 사회화 방안과 동시에 질 좋은 일자리 창출방안으로 여
성의 경제활동 참여가 많아져야 할 필요성에 대한 인식을 높였다.
이런 사회적 변화는 가족체계 및 가부장문화의 극복에 토대를 둔
여성복지 활동의 필요성을 증대시켰으며, 복지와 노동·가족·사회보
장 정책들에 대한 성인지적이고 통합적인 접근을 필요로 했다. 이에
대응해 온 여성연합의 활동을 성과와 과제로 구분해서 정리했다.

(1) 성과

담론과 정책제안

여성연합은 여성이 처한 노동현실과 사회구조적인 문제를 연
결하면서 이를 개선하기 위한 담론을 구성하고, 이에 따른 구체적인
정책과제를 개발하여 사회의제로 만들어서 이를 현실적으로 발전
시켜 갔다. 특히 여성의 구체적인 현실에 천착하여 사회정책과 여성
의 사회적 지위를 교차분석해서 몰성적인 정책의 한계를 드러내면
서 담론을 구성하고 세부정책을 제시했다.

보육의 공공성 확대를 위해 국공립어린이집 30퍼센트 확충의
구체적인 방안을 마련하여 정책으로 제시하고, 보육정책 제도개선
운동의 경험을 노인장기요양보험제도 개선활동에 반영했고, 전형적
인 가족유형의 변화를 '가족의 위기'로 명명하던 것을 '가족의 변화'
로 인식할 수 있도록 프레임을 전환시켰다.

우리 사회에서 당연히 여성의 역할이라고 간주되어 온 '돌봄'이 사회구조적 변화 속에서 어떤 현실에 놓여 있는지 분석하면서 재구성 방식을 제시했고, '돌봄의 정의'(justice)를 통해 남성의 참여 없는 일·생활 양립의 한계를 드러내어서 남성의 돌봄참여 권리를 주장하여 남성육아휴직을 제도로 정착시키기도 했다.

전문가와 회원단체의 결합·연대를 통한 실천활동

연합체인 여성연합의 여성복지운동은 회원단체뿐 아니라 여성학, 사회복지학, 가족학 등 전문가들의 참여 속에서 관련 위원회가 시기마다 필요한 분과나 팀을 구성하는 방식으로 운영되었다. 이와 같은 협업은 의제별 정치적 논점을 부각시키는 담론을 구성하고 구체적인 과제를 설정하고 정책을 제시하는 과정에서 주요한 역할을 했다. 회원단체는 이를 공유하면서 전파하고 대중운동으로 발전시키는 역할분담을 통해 의제별 동력을 만들어왔다.

여성연합은 정책을 생산하는 과정에서 주로 분야별 학자들의 전문성에 기초한 워크숍과 토론회를 진행하면서 담론과 정책을 개발했다면, 회원단체는 기자회견·집회·성명서를 통해 여성계의 요구를 조직화했다. 필요에 따라 당사자를 직접 조직해서 당사자운동을 추진하기도 하였다. 특히 실업대책과 여성의 빈곤예방 활동에서 살펴보았듯이, 전국적으로 당사자 실태조사를 실시하면서 확대된 접촉면을 활용해 당사자조직을 만들고, 그들로부터 이슈를 발굴하려는 노력은 여성연합이 대중여성과 함께하는 조직임을 확인하는 중요한 계기가 되었다. 그러나 전체적으로는 회원단체들의 참여와 역량이 활동의 성격과 결과를 좌우했다. 빈곤의 여성화 예방사업에서 알 수 있듯이, 회원단체의 결합으로 전국적이고 대중적인 당사자운동으로 나아갔으나, 이를 성장시키기 위한 긴 호흡을 가진 운동을 설계하는 것은 쉽지 않았다.

여성복지는 그 어떤 사회복지분야보다 대상의 폭이 넓을 뿐만 아니라 문제의 근본적 원인이 성차별적인 이념과 가치 그리고 차별적인 정책과 제도 등에 있는 경우가 대부분이어서, 이런 구조적 틀을 바꾸기 위해서는 의제별로 여성단체나 시민사회단체와 연대 및 협동을 도모해야 하는 특징을 가지고 있다. 결론적으로, 여성연합이 사회권 운동과정에서 다양한 주체들과 결합하여 여성복지 문제를 해결하는 노력은 일정한 성과를 거두었고, 연대단체의 의식을 바꾸는 데도 기여했다.

거버넌스를 통한 복지정책 입법화

우리나라의 여성복지정책 형성 및 입법화 과정을 살펴보면, 여성운동은 여성복지를 국가 차원의 정책으로 작동할 수 있도록 지속적으로 노력해 왔으나, 여성복지정책 형성과정에서 여성운동의 요구가 단번에 수용되지는 않았다. 국회, 정당, 지도자 등 남성이 대다수인 정책결정자의 인식 속에서 여성단체의 요구는 정책의제로 수렴되지 않거나 부분적으로 반영되거나 오히려 왜곡되어서 제·개정 과정을 반복하게 된다.

이런 복지정책 형성과정에서 여성연합의 복지활동은 정권의 성격에 따라 많은 영향을 주고받았다. 김대중·노무현으로 이어지는 민주정부와 이명박·박근혜 보수정권에서 여성연합의 활동 방식과 내용은 크게 달라진다. 노무현정부의 여성복지정책은 보육정책, 가족정책, 여성정책의 유기적 결합을 시도한 면이 두드러진다. 이러한 결합은 저출산·고령화사회의 전망과 더불어 새롭게 나타나는 여성정책에 대한 수요를 충족시키기 위한 것이었다. 또한 사회서비스의 확충으로 여성의 돌봄노동을 국가 및 사회가 분담하는 계기가 마련되었다. 특히 민주정부 시기에는 우호적인 거버넌스를 통해 입법이나 정책결정 과정에서 여성운동계의 입장을 상당 부분 반영할 수 있었다. 그러나 신자유주의적인 보수정권에서는 성평등에 대한 이해가 부족한 정부와 거버넌스의 실종, 대화통로의 상실로 인해 복지제도의 변화에 대한 정부의 계획을 미리 인지한다거나 혹은 그에 대응하는 활동을 진행하기가 어려웠다. 그 결과 여러 곳에서 복지의 후퇴, 특히 전달체계에서의 후퇴를 목도할 수밖에 없었다. 그럼에도 여성연합이 여성복지 관련 제도화에서 거둔 성과라 할 수 있는 법의 경우 제정과정에서 여성운동 출신 국회의원의 협력은 성공적인 결과를 가져오는 데 중요한 요인이 되었다. 의사결정과정에서 여성 대표성을 띤다거나, 성평등 관점을 가지고 있는 의사결정자의 존재 여부는 그만큼 중요하다.

(2) 과제[29]

최근 여성을 둘러싼 한국사회의 변화는 새로운 관찰과 분석, 대응 그리고 비전제시를 요구하고 있다. 이제 한국사회도 여성 내부의 '차이'에 주목해야 할 필요가 있다. 오늘날 대다수 페미니즘 이론가들과 마찬가지로 여성연합도 이런 '교차성'에 대한 이해를 바탕으로 운동기획을 고민해야 할 것이다. 극심해지는 자본주의의 폐해를 보정하기 위해 현재 사회보장제도가 지닌 구조적인 한계와 가부장적인 사회인식 등을 바꾸는 데 여성운동의 개입은 여전히 필요하다. 기존 여성연합의 복지운동이 고전적인 사회복지제도에서 배제되어 온 여성이 정책대상에 포괄되도록 하기 위한 운동이었다면, 이제는 앞서 지속적으로 제기된 교차성과 통합성을 바탕으로 운동을 기획하면서 보다 구조적인 관점을 견지하는 것이 필요하다.

고전적인 사회복지제도는 자본주의의 폐해를 보정하기 위해 도입되었으나, 1인생계부양자의 유급노동을 기본 축으로 하는 가족임금에 근거하고 있다. 하지만 이미 한국사회는 신사회위험으로 대표되는 다양한 사회적 위험을 안고 있으며 가족구조가 다양해졌고 1인가구 비율이 25퍼센트를 넘어섰다. 이제 남성 1인생계부양자 모델은 여성이 보조생계부양자가 되는 1.5인생계부양자 모델로 바뀌고 있다. 또한 1인가구는 사회양극화 속에서 임금, 주거, 돌봄, 안전 등 다양한 어려움을 경험하고 있다. 이를 보정하기 위해서는 기존 유급노동 중심의 사고방식에서 출발한 정책담론을 넘어서는 것이 필요하다. 우리 사회의 성차별적인 인식을 극복하기 위한 복지운동을 기획하는 데는 보다 근본적이고 구조적인 관점 그리고 젠더 관점에 기초한 운동 방식과 내용이 요구된다는 것을 의미한다. 이를 위해서는 복지영역의 경우 여전히 '돌봄'을 주요 키워드로 제시할 수 있다.

'돌봄의 철학'은 인간이라면 누구나 태어나면서 돌봄을 받고,

성인이 되면 돌봄을 제공하다가 노인이 되면 다시 돌봄을 제공받으면서 인생을 마무리하기 때문에 '보편성'을 가지고 있다고 말한다. 이러한 보편성이 제대로 구현되는 것이 돌봄의 정의를 바로세우는 것이다. 인간으로서 지니는 '돌봄의 보편성'이 성별에 따라 다르게 적용되는 데 대한 문제제기, 사회적으로 낮은 인식 때문에 돌봄노동이 저임금으로 제공되는 데 대한 문제제기, 상호돌봄이 우리 사회의 가치로 자리잡기 위한 다양한 실천 등을 통해서 우리 사회의 대안담론을 만들어가야 한다. 현재, 제4차 산업혁명이 예견되고 있다. 인공지능과 빅데이터를 활용하는 사회에서 인간의 감정을 기반으로 한 '돌봄노동'은 기계가 대체하기 어려운 영역이기 때문에 여성운동의 고민은 보다 깊어져야 하고, 더욱더 정교하면서도 현실성을 갖추어야 할 것이다.

　　나아가 여성들은 사회운영 주체로서 국가·시장·개인의 역할을 다시 고민해야 한다. 그동안 국가를 향해 공공성 강화를 요구하는 활동에 집중했다면, 이와 함께 시장(자본, 기업)에 대한 사회적 책임을 요구하고 강제하기 위한 활동도 기획하는 것이 필요하다. 이를 위한 운동방식의 변화도 필요하다. 여성연합 회원단체나 시민사회단체와 의제를 중심으로 한 기존 연대활동에서 더 나아가 온라인과 오프라인이 교류하고 개인과 단체가 연대하고 성별과 나이를 뛰어넘는 연대운동 방식을 모색하면서, 젠더복지운동을 더욱 적극적으로 실천해야 할 것이다.

참고문헌

권미혁 (2011), 『복지국가와 돌봄포럼 '여성주의 복지국가로 가는 여정'』, 여성연합.

김영란 (2003), 「한국의 여성운동과 여성복지정책의 변화」, 『한국사회학』 37권/3호.

김영화·손지아 (2004), 「여성운동이 여성복지에 미친 영향」, 『복지행정논집』 14권/2호.

노기성 (2011), 『사회서비스정책의 현황과 과제』, KDI.

노혜진 (2012), 「빈곤의 여성화 접근방식의 전환」, 『여성연구』 83권/2호.

배은경 (2016), 「젠더관점과 여성정책 패러다임: 해방 이후 한국여성정책의 역사에 대한 이론적 검토」, 『한국여성학』 32권/1호.

석상훈 (2012), 『근로빈곤층의 빈곤지위와 노동이동간의 관계 분석』, 한국고용정보원.

석재은 (2014), 「여성빈곤과 젠더정의」, 한국여성단체연합, 『젠더관점에서 본 한국사회의 변화와 쟁점』.

송다영 (2014), 「돌봄의 사회화와 복지국가의 지연(遲延)」, 『한국여성학』 30권/4호.

안현미 외 (2013), 『무상보육과 보육서비스 이용실태』, 서울시여성가족재단.

양난주 (2014), 『사회서비스 공급에서 정부역할의 재검토: 서비스산업화론 비판』, 한국사회정책학회.

엄규숙 (2012), 『돌봄사회서비스 개편방안 연구』, 한국여성단체연합.

이나영 (2014), 「젠더관점에서 본 한국사회의 중층적 위험: 불/변하는 여성들의 위치성과 성평등의 '신화'」, 한국여성단체연합, 『베이징+20과 post2015, 젠더관점에서 본 한국사회의 변화』.

이미경 (1998), 「여성운동과 민주화운동: 여연10년사」, 한국여성단체연합, 『열린 희망』, 동국대학교 한국여성연구소.

이숙진 (2011), 「돌봄노동의 제도화와 여성들의 차이」, 『페미니즘 연구』 11권/2호.

이재경·김경희 (2012), 「여성주의 정책 패러다임 모색과 '성평등'」, 『한국여성학』 28권/3호.

이태수 (2014), 「한국복지국가운동의 어제, 오늘 그리고 내일: 한국복지국가운동의 평가와 과제」 참여연대 사회복지위원회 20주년기념 심포지엄, 참여연대.

정문자·박차옥경 (2014), 「여성과 빈곤」, 한국여성단체연합, 『베이징+20과 post2015,

젠더관점에서 본 한국사회의 변화』.

조은 (2008), 「신자유주의 세계화와 가족정치의 지형: 계급과 젠더의 경합」, 『한국여성
학』 24권/2호.

최현숙 (1998), 「보육운동」, 한국여성단체연합, 『열린 희망』, 동국대학교 한국여성연구소.

한국여성단체연합 (각년도), 『총회 자료집』.

홍승아·마경희·최인희·배지영 (2013), 『젠더관점에서 본 복지패러다임 발전방안 연구』,
한국여성정책연구원.

주

1) 노동부분에서 자세히 기술함.

2) 1999년 여성연합은 기초생활보장법 제정연대회에 참석하여 '국민기초생활보장법' 제정을 추진하기로 하였다. 공청회, 국회 앞 집회 및 여야 정책위원장 면담, 법제정을 위한 촉구건의문 발송, 전국적으로 실직여성가장 1천 인 서명운동을 전개하였다. 1999년 9월 기초법이 제정되었고, 2000년 7월부터 시행되었다. 기초법 제정으로 최저생계비 이하의 한부모가구 여성들이 생계비 지원 및 의료·교육·주거 등의 부가급여 지원을 받을 수 있게 되었다. 이후 기초법의 실효성 향상을 위해 2005년 '최저생계비 산정시 한부모가구와 장애인가구에 대한 세부지원 강화' 워크숍으로 기초법의 부양자기준 완화를 위한 제도개선 방안을 마련하였다. 그외 2008년부터 3년간 중앙생활보장위원회에 여성연합 대표가 참여하여 최저생계비 결정 등에 성인지적 관점이 반영되도록 노력하였다.

3) 현재의 지역자활지원센터, 2001년 자활후견기관이 157개소로 급격히 늘어났으며 자활사업을 운영하는 주체로는 사회복지기관·여성운동단체·사회운동단체 등이 있는데, 2001년 157개 중 여성운동단체에 의한 자활기관은 단지 7개뿐인 상황이었다.

4) 현재의 한국여성노동자회.

5) 한국여성단체연합 2004.

6) 공동대표: 여성연합 상임대표, 여성연합 사회권위원장, 경기·부산·전북 여성단체연합, 대구여성회, 대전여민회, 수원여성회, 울산여성회, 충북여민회, 제주여민회, 한국여성노동자회협의회, 여성장애인연합, 이주여성인권센터, 함께하는 주부모임.

7) 경남여성회, 대전여민회, 부산여성회, 부산한부모가족자립지원센터, 수원여성회, 울산여성회, 안양여성의전화, 성매매 문제해결을 위한 전국연대, 충북여성민우회, 함께하는 주부모임, 전북여성단체연합(익산여성의전화, 전북여성노동자회, 전북장애인학부모회).

8) 여성가족부 공동협력사업으로 빈곤여성 당사자 및 활동가에게 빈곤여성 정책 및 관련 정보제공을 위한 교육으로 한부모 4개, 지역여성 5개, 탈성매매여성 1개 조직을 대상으로 하였음.

9)   빈곤여성 당사자조직 건립 및 활성화를 목적으로 한 소모임 지원사업. 한부모 21개, 이주여성 1개, 지역 일반여성 2개, 빈곤여성 2개, 장애부모 1개, 활동가 1개, 탈성매매여성 2개 등 총 30개 수다방 운영함.

10)   1. 일자리 대책: ① 방과후 아동보육·교육 시설 확대를 통한 일자리 2만개 ② 국공립보육시설 5천개 확충을 통해 일자리 4만개 ③ 초중학교 교사 충원을 통한 일자리 창출 ④ 취약계층 아동보육서비스 확대로 일자리 5만명 ⑤ 노인장기요양사업 확대로 일자리 27만명 ⑥ 산모·신생아 돌봄서비스 확대로 일자리 2만명 ⑦ 가사·간병 도우미 확대 및 간병인 등 보건의료인력 4만명 일자리 창출, 2. 실업안정망 대책: ⑧ 구직활동수당제 도입 ⑨ 실업급여 지급기간 확대 및 지급대상 상향조정 ⑩ 사회보험 사각지대 해소를 위한 고용보험 가입확대, 3. 교육대책: ⑪ 고교 수업료 및 입학료 면제 ⑫ 초중등 학부모 부담교육비 폐지 ⑬ 대학등록금 차등지원, 4. 서민금융지원제도·물가대책·주거복지: ⑭ 국책은행 설립 또는 서민금융기금 3조 조성 ⑮ 임대주택법 및 주택임대차보호법 개정, 5. 여성일자리의 질적 향상 및 산전후휴가와 모성보호대책: ⑯ 4년간 200만 비정규직을 정규직 전환 지원 ⑰ 노동자 최저임금보장(차액 우선지급) ⑱ 최저임금 현실화 ⑲ 결혼·임신·출산 여성노동자 퇴출 방지 및 비정규직 산전후휴가급여 보장 ⑳ 육아휴직 급여 및 적용범위 확대

11)   정문자·박차옥경, 2014.

12)   1995년 여성 빈곤추방을 위한 '빵과 장미행진'을 계기로 퀘벡여성연맹이 기획, 국제협력위원회의 논의를 거쳐 2000년 세계대행진을 진행. 신자유주의적 자본주의와 가부장제의 배격, 여성단체들 간의 연대를 통한 여남평등의 진작 등을 목적으로, 빈곤과 폭력 추방을 위한 세계여성요구안 선포하였음(여성연합 "빈곤과 폭력 추방을 위한 세계여성대행진" 회의자료, 2000).

13)   10대 요구안 중 빈곤부문: 정규직 여성노동자의 권리확보 및 여성실업자 일자리 창출, 저소득여성의 자립지원방안 마련, 여성장애인·여성농민·여성노인의 복지·직업훈련 등 종합적 지원체계 마련.

14)   대한어머니회, 대한YWCA연합회, 한국여성노동자회협의회, 한국여성민우회, 한국여성유권자연맹, 한국여성학회 등 진보와 보수를 아우르는 조직.

15)   2004년 6월 12일.

16)   구성: 여성연합, (사)공공운수노조보육협의회, 공동육아와공동체교육, 녹색당,

인천보육포럼, 참보육을 위한 부모연대, 참여연대, (사)함께배움.

17) 구성: 공동육아와공동체교육, 전국공부방협의회, 전국지역아동센타공부방협의회, 참교육학부모회, 한국여성노동자회협의회, 한국여성의전화연합 등.

18) 출산이나 군복무, 실업 등으로 보험료 납부가 어려운 사람들에게 가입기간을 추가로 인정하여 국민연금 급여수급권을 확대하기 위한 제도.

19) 2008년 1월 이후 둘째 이상의 자녀를 출산(입양)한 국민연금 가입자에게 둘째 자녀는 12개월, 셋째자녀부터 18개월씩 최장 50개월을 국민연금 가입기간으로 인정하는 제도.

20) 공공운수노조연맹 국민연금지부, 복지국가소사이어티, 새로운 사회를 여는 연구원, 전국여성농민회총연합, 한국여성노동자회, 한국여성민우회, 여성단체연합, 참여연대 등 총 24개 단체.

21) 홍승아 외 2013.

22) 구성: 건강세상네트워크, 공익변호사그룹 공감, 노동건강연대, 늘푸른돌봄센터, 보건복지자원연구원, 전국공공운수사회서비스노동조합, 의료연대본부, 여성연합, 한국여성민우회 등 전국 31개 단체 참여.

23) 참여단체: 참여연대 사회복지위원회, 한국가족사회복지학회, 한국여성단체연합, 한국여성민우회, 한국여성의전화연합, 한국여성학회, 한국YMCA연맹.

24) 한국여성단체연합 1999.

25) 여성연합 주최, 여성복지학교 세부내용.

26) '복지국가와 돌봄' 포럼 주제: 여성주의 관점에서 본 복지국가와 여성(제1차), 자유선택과 보편적 사회서비스(제2차), 가족(책임)주의와 돌봄정책의 이론적 검토(제3차), 복지국가, 돌봄 범주와 여성'차이'의 문제(제4차), 돌봄노동의 사회화 유형과 여성노동권(제5차), 복지국가와 여성운동(제6차).

27) 7대 기본원칙과 15대 의제

기본원칙	의제
1. 공정한 경제	의제① 재벌체제의 개혁과 대기업의 책임 강화 의제② 불공정 원하청관계의 극복과 혁신적 중소기업·중소상인 지원

2. 좋은 일자리	의제③ 비정규직 감축 및 모든 차별의 해소 의제④ 안정된 일자리 창출과 실노동시간의 단축
3. 인간다운 노동	의제⑤ 노동기본권 보장과 노동 관련법의 전면개혁 의제⑥ 차별 없는 여성노동권 확보
4. 보편적 사회보장	의제⑦ 주거 취약계층 해소와 보편적 주거복지의 실현 의제⑧ 무상의료 실현 및 공공의료 강화 의제⑨ 노후소득 보장 의제⑩ 실업·고용 안전망 확충 의제⑪ 취약계층 및 근로빈곤층 소득보장
5. 평등한 교육기회	의제⑫ 무상교육 및 공교육 지원 확대
6. 돌봄의 사회화 및 공공성 확대	의제⑬ 돌봄서비스 전달체계의 공공화 의제⑭ 보편적 육아지원 실현
7. 공정한 재원분담	의제⑮ 공평하고 누진적인 과세와 복지부문에 대한 재정 확충

28) 전통적인 서구 복지국가들은 이른바 '구사회 위험'인 실업, 노령, 사업재해 등 소득중단이나 질병으로 인한 예외적인 지출 등에 대응하는 제도, 즉 소득상실 을 보존하는 소득보장 프로그램을 중심으로 대처해 나갔다. 자본주의 경제사 회구조가 후기산업사회로 변화하면서 생산성과 경제성장이 둔화하는 반면 노 동시장은 서비스업의 팽창으로 여성노동력이 증가했고, 세계화 등 경쟁이 격화 되면서 노동자의 고용안정성은 하락하고 있다. 이로 인해 특정 계층의 사회적 배제가 구조화되고, 저출산·인구노령화, 1인 단독가구와 한부모가구 증가 등 인구학적 가족구조의 변화는 기존 가족이 담당하던 돌봄에 대한 사회적 대응 을 요구하고 있다. 이를 '신사회위험'이라고 한다.

29) 과제 중 일부는 2016년 10월 2일 '한국의 여성사회권운동 방향모색'을 위한 집 담회 내용을 재정리했다.

2009년 9월 30일
생생여성행동 한가위 캠페인

2013년 9월 12일
기초연금 공동행동의 날

2014년 2월 4일
보편적 기초연금 도입을 위한
연금행동 기자회견

말하기, 맞서기, 힘찾기: 반(反)성폭력 운동

이미경(한국성폭력상담소 소장)

1)　머리말

성폭력에 반대하는 활동은 전세계적으로 여성단체들이 중심이 되어 피해생존자 지원 및 정책제언, 새로운 성문화 만들기를 중심으로 다양하게 펼쳐졌다. 우리나라에서도 1983년 한국여성의전화 개소 이후 본격적인 반(反)성폭력운동이 시작되었고, 1987년 한국여성단체연합(이하 '여성연합')이 설립된 후에는 연대활동의 틀이 마련되어 '따로 또 함께'하는 반성폭력운동이 가능해졌다.

　　여성연합을 비롯한 전국 성폭력상담소들의 활동은 그동안 보이지 않고 들리지 않았던 피해생존자의 목소리를 드러내 성폭력이 몇몇 운 나쁜 개인의 문제가 아니라, 여성 모두가 직면하는 정치적·

문화적·사회구조적 문제라는 것을 밝혀냈다. 또 성폭력특별법 제정을 비롯한 관련 법·제도 마련과 성폭력 예방교육의 의무화, 성폭력 상담소에 대한 국가의 예산지원 일부 확보 등 괄목할 만한 성과를 이루었다. 그러나 하루도 거르지 않고 울리는 상담전화 내용이나, 언론에 보도되는 사건의 양상은 크게 달라지지 않았고 성폭력을 바라보는 일반인의 시각은 매우 느리게 바뀌고 있는 것을 체감하고 있다.

1987년 여성연합 창립시기에는 반성폭력운동이 크게 부각되지 않았다. 창립선언문 "우리의 주장"을 보면 민족분단의 고착화 반대, 가족법 개정, 여성노동자의 모성과 생존권 확보, 기생관광 반대, 직장 내 여성차별 시정 등이 주를 이루었다. 물론 여성연합이 회원단체와 함께 1988년 성추행범의 혀를 잘라 상해죄로 기소된 변○○사건 등 성폭력 사안에 공동대응을 하기도 했다. 그러나 여성연합의 본격적인 반성폭력운동은 1990년대 초반에 개별 상담소들이 사건지원 과정에서 드러나는 법·제도적 문제들을 제기하고 이것이 성폭력특별법 제정운동으로 이어지면서 시작되었다고 볼 수 있다. 특히 1992년 몇몇 단체들이 이끌어오던 성폭력특별법제정 특별위원회를 여성연합이 이어받아서 법제정운동을 펼쳐나간 점은 대표적인 연대활동으로 들 수 있다. 1998년부터는 여성연합 내에 '성과인권위원회'를 신설해서 관련단체들 간의 논의와 실천의 장을 마련했다. 이 위원회는 2002년부터는 '인권위원회'로 개칭해 활동하다가 2005년부터 6년 동안 휴지기를 거쳐 2011년부터 활동을 재개했다.

이 글에서는 지난 30년 동안 한국사회에서 성폭력 이슈가 어떻게 의제가 되어서 사회변화를 만들어왔는지를 중심으로 여성연합 운동의 성과와 과제를 짚어보고자 한다. 여성연합이 독립된 단체가 아니라 연대조직이라는 점에서 회원단체의 관련활동도 주요하게 고려했다. 이 글의 참고자료는 한국여성단체연합의 총회자료집과 몇몇 단체가 펴낸 단행본, 토론회 자료집 등이다. 따라서 전국적으로 다양한 활동을 펼치고 있는 많은 단체의 활동을 고루 반영하지 못한 채 소수 단체활동에 국한해 기술했다는 한계를 안고 있다. 그리고 유명정치인에 의한 성폭력사건의 대응활동은 여성연합 사무국이 주력해 온 활동임을 감안해 이 글과 별도로 다른 글에서 다룰 것이다.

2) '생존자'[1]들의 말하기와 상담운동, 여성주의 상담

성폭력 피해생존자들은 피해에 대한 '말하기'를 통해 자신이 겪고 있는 분노와 고통을 드러내며 치유의 여정을 시작한다. 전국의 성폭력 상담소와 보호시설에서는 피해생존자에 대한 심리적·법적·의료적·사회적 지원을 하고 있다. 여성연합의 30개 회원단체들 중 성폭력상담을 하는 곳은 9개 단체이며, 각 단체의 지부 상담소와 보호시설을 포함하면 총 35개소[2]이다. 전국적으로 180개 상담소와 29개 보호시설이 있는 것을 감안하면 여성연합 회원단체가 전체의 17퍼센트를 차지한다. 이러한 수치는 여성연합이 다양한 운영철학과 구성원들이 있는 전국 상담소들의 활동에 영향을 끼칠 수 있다는 점에서 매우 유의미하다. 뿐만 아니라 대부분 1990년대부터 활동해 온 단체들이어서 활동의 노하우가 쌓여 외부적으로 공신력이 있다는 점도 주목할 만한 지형이다.

여성연합 회원단체에서 운영하는 상담소에서는 기존의 심리상담과는 달리 상담을 운동의 한 부문으로 보고, '여성주의 상담'을 통해 생존자를 지원한다. 여성주의 상담은 내담자의 상황이 개인의 문제가 아니라 사회구조와 깊은 관련이 있음을 전제하고, 상담자와 내담자의 평등한 관계를 지향한다. 그리고 상담의 목적도 고통의 '극복'이 아니라, 내담자가 자신을 괴롭히는 남성의 언어를 걷어내고 경험을 '재해석'할 수 있도록 돕는 것이다.[3] 따라서 성폭력 상담시 활동가들이 성폭력을 어떻게 의미화하는지, 성폭력 피해의 특성을 어떻게 이해하고 있는지, 인권에 대한 감수성은 어떠한지가 매우 중요하다. 이는 여성연합이 추구하는 "지속 가능한 성평등사회를 만들고 여성인권을 보호하기 위해 여성운동의 연대를 이뤄나가는" 것과 맥을 같이한다.

성폭력 피해생존자들은 자신의 피해를 개별적으로 상담창구에 말하는 것을 넘어 2003년부터는 사회 전체를 향해 공개적인 말하기를 시도했다. 하나의 사례로 한국성폭력상담소는 그동안 피해자들에게 입을 다물라고 무언의 압박을 가했던 사회에 "들어라, 세상아! 나는 말한다"는 슬로건을 내걸고 '생존자 말하기대회'를 개최하였다. 이 대회를 통해 생존자들은 성폭력에 새롭게 직면하며 자신의 기억과 경험을 재해석하고 힘을 내는 경험을 하게 되었다. 또한 우리 사회는 기존과 완전히 다른 방식으로 들을 것을 요청받았으며, 피해자에 대한 비난과 의심 대신 공감과 지지를 하는 새로운 듣기

문화를 만들어갔다.

이러한 '생존자 말하기대회'는 2006년부터는 부산성폭력상담소, 전주의 성폭력예방치료센터 등에서 다양한 방식으로 이어지고 있다. 특히 2016년 5월, 강남역 10번출구의 '여성살해' 사건 이후 8일간 거리에서 이어진 '반(反)여성혐오 자유발언대'[4]와 한국여성민우회가 주최한 "여성폭력 중단을 위한 필리버스터 '나는 ○○○에 있었습니다'"에서는 생존자들의 말하기가 길거리에서도 거침없이 이어지는 엄청난 변화를 만들어냈다. 생존자 말하기는 우리 사회가 성폭력에 공분하고 피해자의 아주 특별한 용기를 응원하며 서로 연대해 나갈 당위와 힘을 얻는 기회이자, 성폭력의 의미를 새롭게 구성하는 물꼬를 터주었다. 나아가 반성폭력운동의 현재를 성찰하고 희망적인 내일을 그려보는 계기가 되었다.

3) 생존자권리 확장을 위한 법·정책의 제도화와 그 이면

여성연합의 반성폭력 법제화운동은 1990년부터 계속되어 온 과제이자 비교적 꾸준히 성과를 이룬 부분이기도 하다. 성폭력특별법 제정운동의 기폭제가 되었던 두 사건은 당시 우리의 법체계가 얼마나 허술하고 부당한지를 보여주었다. 1991년에는 21년 전 강간범을 살해한 김○○사건[5]이 발생해 당시 6개월 이내에 고소해야만 했던 친고죄의 한계를 극단적으로 드러냈다. 이 사건의 지원과정에서 한국여성의전화와 김○○사건대책위원회, 대구여성회, 한국성폭력상담소에서 '성폭력특별법 제정을 위한 특별위원회'(이하 '성특위')를 구성했다. 이듬해 1992년에는 13년 동안 의붓아버지로부터 성폭력 피해를 입은 대학생이 남자친구와 함께 가해자를 살해한 사건이 발생했다. 직계존속은 고소할 수 없도록 규정한 형사소송법 제224조에 의해 피해자는 그동안 어떠한 법적 도움도 받을 수 없는 상황이었고, 주변의 지원을 받을 만한 제도적 장치도 없었다. 성폭력 피해를 입고도 적절한 지원을 받지 못해 결국 가해자 살해라는 극단적 선택을 한 두 사건으로 '성특위' 활동은 박차를 가하게 되었다. 특히 1992년 여성연합 총회에서 성폭력특별법 제정이 주요 사업으로 채택되면서 '성특위' 활동은 결속을 다지고 외연을 넓혀갔다. 마침 1992년 총선과 대신을 맞이한 정치권에 여성유권자로서 압박을 가했고, 마침내 각 당에 성폭력특별법안을 국회에 제출하기에 이르렀다.

성폭력특별법 제정운동에서 성폭력의 개념을 어떻게 정의하느냐는 매우 첨예한 논쟁거리였다. 당시 여성연합이 주최한 정책토론회[6]에서 현장활동가·학자·법조인 들이 모여 여성에 대한 폭력을 포괄할 것인지, 성적(sexual)인 것으로 한정할 것인지를 놓고 열띤 논쟁 끝에 후자로 모아졌다. 그러나 성폭력 개념을 가정폭력·성매매 등 여성에 대한 전반적인 폭력으로 확대해야 한다는 주장이 꾸준히 제기되고 있어 이 논쟁은 현재진행형이다. 또한 성폭력을 규정하는 형법 제32장의 제목이 '정조에 관한 죄'였다가 1995년에야 '강간과 추행의 죄'로 바뀌었지만, 여성단체에서는 '성적 자기결정권의 침해죄'로 변경할 것을 주장하고 있다.

법제정운동 3년 만인 1994년 성폭력특별법이 제정되어 가해자 처벌의 강화 및 피해자 지원체계가 구축되고 전국의 성폭력상담소에 대한 재정적 지원도 가능해졌다. 그러나 국회를 통과한 성폭력특별법은 여성연합의 성특위에서 만든 초안의 상당 부분이 반영되지 않은 채 통과되어서 법 제정과 동시에 개정운동을 시작해야만 했다. 1997년의 1차 개정시 수사와 재판 과정에서 피해자가 신뢰관계인과 동석할 수 있는 제도가 신설되고, 친족범위를 4촌 이내 혈족과 2촌 이내 인척으로 확장, 13세 미만 가중처벌 및 비친고죄화 등이 마련되었다. 이어서 진술녹화제도 도입(2003), 성폭력 전담검사 및 전담사법경찰관제(2006), 친고죄 폐지 및 강간의 객체 확대(2013) 등의 개정작업이 이루어졌다. 현재의 피해자 지원체계는 여성긴급전화 1366, 원스탑 지원체계인 해바라기센터, 성폭력상담소, 피해자 보호시설, 피해자 의료비·간병비·돌봄비 지원, 국민임대주택 우선입주권 부여, 피해자 국선변호인제도 등이 있다.

1993년 발생한 '서울대조교 성희롱사건'은 6년간의 기나긴 법정공방 끝에 마침내 행위자의 책임을 인정한 법원의 판결을 받아냈다. 서울대 교수가 조교를 성희롱한 이 사건은 피해자가 먼저 명예훼손으로 고소당해 피고소인의 위치에서 단체에 도움을 요청했고, 여성연합은 '서울대조교 성희롱사건 공동대책위원회'에 성특위의 이름으로 동참하면서 사건 지원 및 소송 과정에서 성희롱의 개념을 세우고, 사회적 관심과 공감을 끌어내는 데 주도적인 역할을 했다. 1999년에는 성희롱 관련법이 제정되었고, 이에 따라 공공기관 및 각급 학교, 회사 등에서는 매년 의무적으로 성희롱 예방교육을 하도록 제도적 장치를 마련하였다. 또한 2000년에 제정된 아동청소년

성보호법은 가해자의 신상정보 등록 및 공개를 결정했고, 이어서 유사강간죄 처벌 등의 제도를 만들어나갔다.

이러한 일련의 과정에서 여성연합 및 회원단체들은 때로는 적극적으로 개정운동을 펼치기도 했지만, 특히 처벌강화에는 많은 우려를 표명하면서 반대해 왔다. 성폭력범의 처벌강화 정책이 자칫 성폭력을 가능하게 하는 사회구조는 뒤로하고 특정 개인을 '괴물화'하여 사회적으로 격리시키면 성폭력문제가 해결되는 것처럼 왜곡될 수 있음을 경계했다. 그럼에도 정부는 끔직한 아동성폭력사건이 발생할 때마다 공분하는 시민들의 공감대를 이용하여 일명 전자발찌법, 화학적 거세 법 등을 제정하면서 가해자 처벌을 강화해 오고 있다.

돌아보면, 지난 30년 동안 여성연합을 비롯한 각 성폭력상담소에서는 성폭력 관련 법·제도의 마련을 요구하였고 정부는 대부분 이를 수용하였다. 이와 같은 발 빠른 제도화는 성폭력 피해자 지원체계의 구비와 재정적 기반 마련 등으로 운동의 확산효과를 가져왔지만, 동시에 운동단체들에 정부와의 관계 및 전반적인 제도화와 관련해서 깊은 고민을 안겨주고 있다. 성폭력특별법이 제정된 이래 전국의 성폭력상담소에 정부지원이 이루어졌고, 2017년 현재 총 180개의 성폭력상담소 중 104개 상담소가 정부로부터 연간 7천만 원에서 1억원 정도의 지원을 받고 있다. 각 지자체에서는 담당자에 따라 차이는 있지만 사사건건 '지도·감독'을 하고, 3년마다 여성가족부에서 전국 규모의 시설평가를 한다. 또 상담소는 정부의 지원 여부와 상관없이 정부에 등록하지 않으면 '성폭력상담소'라는 명칭을 사용할 수 없도록 법에 명시되어 있다. 특히 정부 전산화시책에 따라 각 상담소의 상담일지 및 회계서류를 전산망에 올리도록 해서 중앙통제 시스템 안에 두겠다는 계획에 각 단체에서는 피해자의 사생활보호 및 정보인권 존중 등을 이유로 크게 반발하고 있다. 이처럼 민관협력(governance)은 이미 관 쪽으로 기울여진 채로 운영되면서 NGO로서의 자율성과 독립성을 훼손하고 위협하고 있어 운동계의 '뜨거운 감자'가 되고 있다.

한편 반성폭력운동의 중요한 축을 이루는 성폭력 상담창구도 변화가 체감된다. 반성폭력운동 초기에는 상담소를 찾는 내담자들 대부분이 자신의 분노를 표출하고 지원을 요청했었다면, 지금은 "여성부에서 운영하는 상담소 아니냐?" "왜 이것도(의료비 추가지원) 안 해 주느냐"는 불만을 쏟아내는 피해자들도 적지 않다. 이제 피해자들에게 성폭력상담소나 여성단체연합은 운동단체라기보다 서비스 전달체계의 하나로 인식되고 있다는 방증이기도 하다. 이러한 내외부적인 변화는 반성폭력운동에서 성찰적으로 '제도화'의 돌아보기 및 내다보기를 해야 한다는 과제를 남기고 있다.

4) 반(反)성폭력 이슈 만들기 및 피해자 지원 연대기[7]

우리 사회에서 반성폭력운동은 전국의 성폭력상담소를 비롯한 개별단체들이 주도적으로 이끌어오고 있는 분야이지만, 지난 30년간 여성연합의 연대기 안에서도 여성연합의 활발한 반성폭력운동의 흐름과 의미를 찾아볼 수 있다. 여성연합에서는 주로 회원단체 및 시민사회단체와 연대하여 주요 성폭력사건을 지원하고 관련정책에 대응을 해오고 있다. 1987년 창립 후 여성연합의 첫번째 성폭력 관련 활동은 부천경찰서 성고문사건이었다. 1986년 사건발생 후 여성단체들과 공동변호인단은 이 사건 피해자의 형사소송은 물론 민사소송까지 3년여 동안 계속 지원했다. 인천지방법원에서 열린 공판에 매회 참가해서 항의시위를 하고, 성명서 발표, 석방 서명운동, 특별검사 선정 건의서 발송, 판결에 대한 입장 발표 등을 진행했다. 이 과정에서 성을 고문의 수단으로 삼는 군사독재정권의 반인륜적 폭압에 분노하면서 자연스럽게 정권타도의 구호가 터져나왔다.[8]

1988년에는 영생애육원 성폭력사건 지원의 일환으로 보건사회부장관과 치안본부장에게 각각 항의공문을 발송하였다. 1989년에는 대구 경찰에 의한 다방 여종업원 윤간사건 대책활동으로 "강간범 잡는 경찰이 파출소 안에서 윤간이 웬 말인가"라는 성명서를 발표하고 치안본부 항의방문, 가두행진 등을 비롯해 대구여성회와 함께 공판방청을 하기도 했다. 특히 무고죄로 역고소가 된 강○○씨를 적극 지원함으로써 마침내 1990년 11월에 무고죄 무죄판결을 받아냈다. 이 활동에 대해 여성연합은 "강○○사건[9]의 강간혐의 무고죄에 대한 승소판결을 받아냈으나, 다른 성폭력·인신매매 사안에 대한 대처는 미흡했다. 이는 투쟁에 대한 사건적 배치와 주체역량의 점검이 안 된 점에서 기인한다"고 평가했다.[10]

1991년 발생한, 21년 전 강간범을 살해한 김○○씨 건과 관련해서는 공동대책위원회를 비롯하여 전주지역 단체의 적극적인 활동이 있었다. 여성연합은 공대위 소속은 아니었지만 재판부에 탄원서를 제출하고, 재판부 면담 등으로 이 활동을 측면 지원했다. 연이어 거창 모녀강간사건, 부산 장○○사건, ○○교회 허○○목사 사건 등에 대해서도 각 지역의 회원단체가 주된 활동을 하고, 여성연합은 지원하는 역할을 수행했다. 이와 같이 여러 성폭력사건들에 대응하는 과정에서 성폭력을 근본적으로 예방하고 근절하기 위해서는 성폭력특별법 제정과 대책마련을 위한 조직적 활동이 필요하다는 점에 합의하여 여성연합 내에 조직을 구성하기로 결의했다.[11]

　　1992년 여성연합은 중점 사업으로 '성폭력 추방의 해'를 선언하며 본격적으로 반성폭력운동을 주목받는 이슈로 만들어갔다. 앞에서 소개한 대로 여성연합은 성폭력특별법 제정을 위한 특위 활동을 활발하게 펼쳤다. 1993년 12월에 법 제정의 성과가 있었지만, 이에 대해 여성연합 자체적으로는 "성폭력특별법 제정이라는 단일 사안을 놓고 운동이 장기화됨에 따라, 사회 전반적으로 매우 높아져 있는 성폭력문제에 대한 사회인식을 토대로 한 이슈제기의 질적 발전과 운동의 대중화는 가져오지 못했다는 점에서 큰 아쉬움을 남긴다"고 평가했다.[12] 이 시기에 여성연합은 13년간 의붓딸을 강간한 아버지를 남자친구와 함께 살해한 김○○·김○○ 사건, 서울 강남의 10대 청소년들의 성폭력사건, 서울대조교 성희롱사건, 성폭력특별법 제정 등에 대한 성명서를 비롯해서 기자회견, 거리캠페인, 국회로비 등 다양한 활동을 전개했다.

　　성폭력특별법 제정 이후 여성연합의 반성폭력운동은 약간의 휴지기를 가지며, 때마침 국제적으로 활발한 연대활동에 합류하게 된다. 1995년에는 베이징 세계여성대회에 여성연합을 중심으로 각 단체 활동가들이 참여했고, 1997년에는 "인도네시아의 동티모르 여성에 대한 만행을 규탄한다"는 성명을 내는 등 여성폭력 관련 국제연대의 물꼬를 텄다. 1996년부터 2년 동안은 한총련 강제진압 과정에서 발생한 폭력 및 성희롱에 대한 규탄성명 등 대응활동을 하며 공권력에 의한 성폭력에 주목했다. 1997년 여름에는 신촌 그레이스 백화점에 설치되어 있는 '비밀카메라'에 대한 문제제기를 하면서, 최근 들어 피해가 극심한 도둑촬영·몰래카메라 문제에 처음으로 대응활동을 시작했다.

1998년에는 여성연합 내 '성과인권위원회'를 두고, 성폭력·가정폭력과 관련해 상담일지 공통 틀거리 마련, 성교육 시행령 의견제시, 정신대문제대책협의회와의 연대 등 좀더 구체적인 활동을 하게 된다. 특히 전국 13개 회원단체 소속 상담소에서 인형극, 치유 프로그램, 심포지엄, 거리캠페인 등의 반성폭력 행사들을 펼쳐나갔다. 한편 한국여성민우회가 주도적으로 몇 년간 진행해 온 미인대회 중계 반대활동을 함께하며 외모 지상주의를 조장하는 방송사에 일침을 가했다. 또한 1992년 몇몇 단체에서 진행했던 세계여성폭력추방 주간행사를 6년 만에 부활시켜 여성연합 성과인권위원회에서 주관하였다. 그리고 1999년 성폭력추방 주간에는 전국 9개 지역에서 "성폭력·가정폭력 없는 새천년을 위하여"라는 선포식과 함께 거리 캠페인을 진행하고, 17개 회원단체에서 다양한 행사를 개최했다. 지역별로 성폭력과 가정폭력의 심각성을 알리고 특히 각급 학교의 성교육과 학내 성폭력 실태조사 등으로 여성에 대한 폭력의 실태를 알리는 장을 마련했다.

　　2000년 들어 여성연합은 외교부 고위간부들이 기자들과 가진 술자리에서 올브라이트 미 국무장관의 가슴에 대해 언급하고, KBS 심야토론에서 방청객 여성의 치마 속 팬티를 보며 졸음을 참았다는 발언을 함으로써 공직자로서 자질을 크게 훼손한 이정빈 외교통상부장관의 사퇴를 촉구하는 건의문을 내는 등 주로 고위층에 의한 성폭력 문제를 이슈화했다. 그리고 한국청소년순결운동본부에서 일선 초·중·고를 대상으로 연간 13만 명 이상에게 순결교육을 실시한 것이 국감을 통해 알려지면서, 여성연합은 "순결은 여성에게 일방적으로 강요되어 온 불평등한 역사의 산물이고 올바른 성문화 형성과 관계없는 성기 중심적 발상이며, 순결 이데올로기는 성폭력 피해자에게 휘두르는 또 하나의 폭력이다"[13]는 취지의 입장을 내고 강력히 항의했다. 이어서 2001년에는 언론노조 KBS본부 간부 성추행사건 및 대구시립합창단 상임지휘자의 성희롱사안에 대한 대응활동을 했다.

　　2002년부터는 '성과인권위원회'를 '인권위원회'로 개칭하고, 성폭력 추방운동에 대한 명예훼손 역고소에 대응해서 공대위 활동을 펼쳐 성폭력 피해자와 지원단체를 위축시키려고 한 가해자들의 공세를 차단시키는 데 기여하였다. 동국대 K교수 성폭력사건의 피해자를 지원하는 과정에서 조은 교수가 가해자로부터 오히려 명예훼손으로 고소를 당했는데 여성연합의 서명운동 등으로 결국 무혐의를 이끌어냈다. 또한 제주도지사 성추행사건에 대해 제주여민회의 적극적인 대응활동에 동참하면서 이 사안이 결코 지역의 문제만이 아님을 널리 알리고 고위직 공무원 및 정치인들의 각성을 촉구하였다. 이듬해인 2003년 여성연합의 총회에서는 "성매매 방지사업을 우선순위로 배치하면서 인권위 회의조차 열지 못했고, 사업계획의 대부분을 수행하지 못해 개편된 인권위의 정체성을 구축하지 못했다. 앞으로는 성폭·가폭 외 인신매매나 외국인여성의 인권침해 등 새로운 여성인권 사안을 개발하여 사업의 독자성을 마련해야 한다"는 평가를 했다.[14]

2003년에는 여성인권 사안을 확장해 간 시기이다. 그동안 제대로 논의조차 진행되지 못했던 형법상 낙태죄에 대한 여성의 '임신중지권'[15] 주장이 제기되기 시작했다. 또한 정부의 유전자정보은행 설치안이 나오면서 찬·반 입장표명을 요구받고 여성연합 및 회원단체들에서는 가해자 처벌의 강화와 이후 운동의 방향성에 많은 고민을 하게 되었다. 그러나 관련논의를 활발히 펼쳐나가지 못한 상황에서 전자발찌제도 등 성폭력 가해자 엄벌주의 정책들에 제대로 대응하지 못한 아쉬움이 있다. 여성연합에서는 성폭력·가정폭력법 개정안 마련을 위한 집담회를 개최하였는데, 여성 관련법이 각기 다른 특별법으로 되어 있어서 수사 및 재판 과정에서 통합적으로 적용되지 못하는 점뿐만 아니라 피해자 지원의 형평성도 문제로 제기되었다. 따라서 통합적 법체계 정비를 위해 지속적으로 전문가를 포함한 논의구조를 마련키로 했다.[16]

2004년에는 "이미 개별단체가 책임감 있게 사업을 전개하고 있어 여성연합 인권위 역할이 축소된 상황이므로 인권위를 해소하는 대신 개별단체들 간 네트워크를 강화하는 방향으로 사업방식을 전환할 것을 결의"[17]해 개별단체 중심의 반성폭력운동이 펼쳐진다. 이후에는 주요 사건이 발생하면 해당 단체들이 중심이 되어 대응을 해가고 여성연합은 연대하는 방향으로 운동이 진행됨에 따라, 여성연합은 제주도지사 성폭력사건, 한나라당 최○○ 의원 성추행사건 등 정치인들의 성폭력문제에 주력했다.[18] 이후 술 따르기 강요가 성희롱이 아니라는 사법부판결 비판(2004), 용산 어린이성폭력 살해사건 대응활동(2006), 시민사회 내 성폭력인 이○○사건 대응활동(2006), 여성장애인연대 쉼터 비상대책위원회(2007), 군대 내 스토킹 피해자 지원을 위한 공대위(2008) 등의 활동을 해왔다. 또한 2004년부터 매년 밤길 되찾기 행사에 참여하고, 2006년에는 '성폭력 근절을 위한 긴급토론회' 등을 여성연합 주최로 진행하기도 했다. 2009년에는 고(故) 장○○사건으로 여성연예인 인권문제가 터져나왔고, 여성연합에서는 회원단체들과 적극적으로 이 사건을 지원하며 '여성연예인 긴급지원 서포터스'를 구성하고, 관련 의견서·간담회·기자회견·논평 발표 등을 해왔다.

2011년부터는 6년여 동안 잠정적으로 활동을 중단했던 여성연합 산하 '인권위원회'를 다시 상설위원회로 전환하였다. 이 해에는 장○○씨 사건 재수사를 촉구하는 여성단체 기자회견, 재수사 촉구 촛불시위, 시민법정, 고(故) 장○○씨 친필편지 관련 국과수의 발표에 대한 논평, 침묵시위, 시민법정 TFT, 시민법정극 〈분노의 목소리〉 공연 등으로 시민들과 만났다. 연극이라는 문화적이며 대중적인 소통방식의 성과가 긍정적으로 평가되었다.[19] 또한 2010년부터 진행한 정부의 '여성안전권' 사업의 모니터링 사업에 대해서는 "여가부 내에서조차 안전권에 대한 정확한 개념이 정립되지 않은 실정이고, 민간 여성단체도 마찬가지여서 앞으로 안전권을 대체하거나 이를 넘어서는 여성주의적 담론 논의가 필요하다"[20]는 평가 및 과제를 제시하기도 했다.

2012년에는 모자보건법 개정논의와 함께 임신중지 담론이 확산되고, 피임약 재분류 건이 논의되기 시작하면서 개별 회원단체인 성폭력상담소들과 여성연합 인권위에서는 여기에 적극적으로 참여하였다. 여성의 재생산권 보장을 위한 낙태찬성의 입장은 특정 종교인들의 집중 공격을 받기도 했다. 그리고 수원 살인사건 대응 및 나꼼수 비키니 시위에 대한 논평 그리고 성폭력유머집을 발간한 농협중앙회 최○○ 회장의 사과를 촉구하는 기자회견, 문화체육관광부의 연예매니지먼트 산업 선진화방안 발표에 대한 비판논평 등의 활동을 펼쳤다.

특히 2012년은 그동안 한국여성민우회, 한국여성의전화, 한국성폭력상담소와 함께 오랫동안 펼쳐온 친고죄 폐지운동이 그 결실을 맺었다. '친고죄 폐지'는 반성폭력운동 단체들의 목표이자 숙원사업이었다. 그동안 성폭력 피해자의 '명예'와 '사생활'을 보호하겠다는 이유로 성폭력 피해당사자의 고소가 있어야만 공소를 제기할 수 있도록 하는 친고죄 조항은, 성폭력문제가 사회적 범죄가 아닌 개인적 치부라는 사회적 인식을 확산시키는 등 성폭력 가해자 처벌의 장애요소가 되어왔다. 여성연합은 관련 성폭력상담소들과 함께 친고죄 규정으로 신고조차 못하는 현실을 상담사례 분석을 통해 발표하고, '성범죄 친고죄조항 폐지 국회 법제사법위원회 & 본회의 통과를 촉구하는 전국공동행동'을 조직하여 1인 피켓시위 등을 진행했다. 당시 여성단체뿐만 아니라 국회 안에서도 '아동·여성 대상 성폭력대책특별위원회' 소속의 남인순 의원 등 여성의원들의 적극적인 추진이 있었기에 가능한 일이었다. 이듬해 여성연합 총회에서는 "친고죄 폐지가 2012년 여성운동의 가장 큰 성과"[21]라고 평가했다.

2013년부터 2년 동안은 인권위원회를 존치하되 현안 발생시 관련 회원단체를 중심으로 대응할 것을 결정하고, 필요시 여성연합 사무처가 대응하는 형태로 진행되었다. 이 시기에는 동성결혼 커플의 혼인신고 수리 촉구 기자회견에서 지지발언을 하고, 서대문구 퀴어문화제에 대한 환영성명을 발표하거나 서울시청 무지개농성단 지지방문 등을 했다. 이러한 활동은 이듬해 여성연합 총회에서 군대 내 성폭력사건, 고위공직자 성폭력사건 등 성소수자, 이주여성, 교통약자 등 소수자 차별행위에 대해서는 연대단위들과 함께 꾸준히 대응을 했고, 아쉬운 점으로 논평발표 이후 후속사업을 추진하지 못했다는 평가가 있었다.[22]

2015년부터는 여성인권에 대한 여성운동 내 담론형성과 단체별 소통이 필요하다는 평가[23]에 따라 여성연합 인권위 단체들에서는 인권의 기반을 다지기 위해 유엔인권조약, 성적 자기결정권을 중심으로 한 성폭력 및 인권 개념, 여성인권 관련 개정법안 등 여성폭력·인권 관련 개념과 담론을 공부했다. 특히 연초의 여성연합 총회 정책토의에서 공유한 제도화와 여성폭력 예방교육에 대한 문제의식을 중심으로 인권위 소속단위뿐 아니라 회원 및 연대 단체들과 함께 성폭력 가해자 교육, 폭력예방교육 강사양성 및 운영, 성희롱 예방교육과 장애인 성폭력 예방교육, 다문화가족 내 성폭력 발생 시 언어와 국적 문제 등과 같은 현안을 짚어보았다. 이러한 과정을 통해 앞으로 운동방향의 토대를 만들고, 소통과 연대의 필요성을 재확인했다. 그리고 인권위에서는 "중국정부는 구금된 페미니스트 LGBT 활동가 5명을 즉각 석방하고 페미니스트 LGBT 활동가와 사회운동에 대한 탄압을 중단하라"는 기자회견문[24]을 발표했다. 이외에도 퀴어문화축제 집회신고 불허 관련 대응활동, 성소수자와 여성단체의 면담을 일방적으로 취소한 여성가족부를 규탄하는 기자회견 등을 진행했다. 최근에는 연예기획사 대표에 의한 청소녀 성폭력 사건 공동대책위원회, 유명연예인 박○○ 성폭력사건 공동대책위원회 활동으로 재판 모니터링 및 주간 릴레이 의견서 송부, 서명운동 등을 전개 하고 있다.

여성연합 소속 성폭력상담소들에서는 초기부터 꾸준히 형사사법 절차에서의 법과 제도를 이행하는 과정에서 일어나는 2차 피해와 관련된 모니터링 및 비판 활동을 해왔다. 2000년대 들어 전국성폭력상담소협의회(이하 '전성협')라는 연대체가 조직적으로 활동해오면서 이 같은 활동은 여성연합보다는 전성협의 역할로 옮겨가게 되었다. 앞에서 살펴보았듯이 여성연합 소속 성폭력상담소들은 모두 전성협 소속이기도 해서 그 활동을 굳이 이분화해서 볼 필요는 없다고 판단된다. 전성협에서는 2004년부터 성폭력 수사·재판 시민감시단을 결성하여 각 상담소에서 상담한 사건들을 지원하면서 경찰·검찰·재판부를 모니터링 한 결과를 공유하고, 매년 '디딤돌'과 '걸림돌'을 선정해서 발표하고 있다. 이 활동은 12년간 지속되면서 이제 형사사법 절차 담당자들도 무관심하거나 무시할 수 없는 시민운동으로 자리잡아 가고 있는 중이다. 더불어 한국성폭력상담소에서는 2006년부터 성폭력을 조장하는 대법원 판례 바꾸기 운동으로 여성주의 관점에서 다시 쓰는 판례평석, 모의재판 등을 지속적으로 실행해 오고 있다. 한국여성민우회는 대부분의 판결문에 있는 "욕정을 일으켜"라는 문구가 성폭력을 성적 욕망에 의한 것으로 호도하고 있다고 비판하면서 법원행정처에 이를 삭제할 것을 공식적으로 요구했고, 형사사법 절차에서 피해자를 지원하는 '첫 사람' 활동을 하고 있다.

5) '올해의 여성운동상'을 통한 반성폭력운동의 의미화

성폭력문제의 이슈화를 위한 여성연합의 노력은 3·8세계여성의날 기념 한국여성대회에서 시상하는 '올해의 여성운동상' 선정에서도 볼 수 있다. 지난 한 해 동안 여성운동 발전에 기여한 개인이나 단체를 선정하는 '올해의 여성운동상'은 여성연합이 매해 어떤 주제의 운동에 주력하였는지 그리고 운동의 이슈화를 어떻게 의미화하고자 하는지를 보여주는데, 지금까지 성폭력분야는 총 4회 선정하였다. 여성연합은 1987년 제1회 '올해의 여성운동상' 수상자로 권인숙 씨를 선정했다. 부천서 성고문사건을 폭로함으로써 공권력에 의한 성폭력을 고발하여 우리 사회의 여성억압 현실에 대한 인식의 토대를 만든 공로이다. 이어서 1989년에는 경찰관에 의한 강간을 폭로하여 사회문제로 부각시키는 데 큰 기여를 한 강○○씨를 선정하였다. 그는 은폐되기 쉬운 경찰의 성폭력을 폭로함으로써 성폭력이 한 여성만의 문제가 아닌 사회범죄임을 각인시켰고, 여성계의 성폭력특별법 제정요구의 배경이 되었다.

1998년에는 서울대조교 성희롱사건의 공동 변호인 박원순·이종걸·최은순을 수장자로 선정하였다. 당시 성희롱 처벌조항이 없어 법적 소송이 불가능한 사회현실에도 불구하고 여성단체들과 함께 '서울대조교 성희롱사건 공대위'를 결성해 활동함으로써 성희롱은 인간의 존엄성을 훼손하는 명백한 범죄임을 사회적으로 밝혀내는 데 주도적인 역할을 한 공로이다. 그리고 2013년에는 『눈물도 빛을 만나면 반짝인다』는 수기를 쓴 은수연씨가 올해의 여성운동상을 수상했다. 그가 성폭력 가해자와 피해자에 대한 사회적 편견이나 통념을 뒤집으면서 성폭력에 대한 사회적 책무를 촉구한 '성폭력 생존자'인 점을 높이 샀다. 2017년에는 불법 음란동영상 공유사이트인 소라넷 폐쇄에 기여한 '디지털 성범죄 아웃'(Digital Sexual Crime Out, 이하 DSO)이 수상했다. DSO는 온라인과 오프라인을 넘나들며 범죄의 온상이 되고 있는 사이트를 계속 조사하고 신고하는 새로운 운동방법과 끈질긴 투쟁방식으로 여성운동의 원동력이 되고 있다. 이들 수상자의 이야기가 언론에 보도되면서 성폭력문제에 대응하는 개인과 단체들에게 적극적인 실천의 의지와 희망을 나누는 계기가 되었다. 지금까지 총 5차례의 성폭력분야 시상 중 두 번은 지원자, 세 번은 생존자들을 선정했다는 점도 여성연합이 생존자의 목소리에 힘과 의미를 부여하고자 노력했음을 보여준다.

6)   남은 질문들 그리고 새로운 운동을 상상하며

여성연합의 지난 30년 동안 반성폭력운동은 관련 법과 제도를 만들고 피해자를 지원하면서 새로운 성문화를 바꿔나가는 다양한 활동들을 해왔다. 특히 1990년대 초 몇몇 단체를 중심으로 진행해 오던 성폭력특별법 제정운동을 여성연합이 주요 사업으로 받으면서 국회의원 압박 및 언론에의 이슈화 등 박차를 가해 3년 만에 법 제정의 성과를 이뤄냈다. 성폭력특별법 제정운동의 경험은 이후 가정폭력·성매매 관련 특별법 제정운동에 실질적인 본보기가 되었다. 여성연합은 법 제정운동뿐만 아니라, 개별 상담소 내에서 제기하는 목소리를 모아서 사회적 이슈로 만들어가며 우리 사회 성문화를 바꾸어가는 활동들을 꾸준히 진행해 왔다.

2017년의 반성폭력운동 현장은 법과 제도 마련을 넘어 새로운 과제들에 직면해 있다. 무엇보다 운동 차원에서 반성폭력 담론을 어떻게 만들어가고 이를 대중들과 어떻게 소통할 것인가, 다른 시민사회단체 및 정부와는 어떻게 연대하고 소통할 것인가, 그리고 누가 각 의제를 담당하고 지속적으로 사회적 공론화 및 문제해결을 해나갈 것인가 등의 산적한 질문들을 하나하나 끄집어내서 깊이 논의해야 할 시점이다. 또한 활동가들이 운동현장에서 전문성을 쌓으면서 '보람'과 '의미'를 찾고 성장해 가기 위한 운동환경을 어떻게 만들어갈지, 나아가 활동가의 재생산 및 운동의 지속성을 어떻게 다질 수 있을 것인지도 매우 중요한 문제이다.

또 일반시민들이 공감하고 지지할 수 있는 새로운 운동방식을 찾기 위한 즐거운 상상이 필요하다. 2004년부터 시작한, 여성들에게 안전하고 자유로운 밤길을 보장하라는 '밤길 되찾기 달빛시위'는 참여자들도 신명나게 할 수 있었던 활동이다. 이어서 다른 몸 되기 프로젝트와 자기방어 훈련 등도 더 이상 공포 속에 갇히지 않고 적극적인 형태의 소리내기 및 힘 기르기 과정이었다. 2016년 5월에 발생한 강남역 여성 살해사건 이후 시민들이 보여준 공감과 연대는 '강남역 10번출구' '불꽃페미액션' '페미당당' '페미디아' 등의 새로운 운동세대들과 기존의 반성폭력 활동가들의 만남을 가능하게 했다. 특히 여성단체들은 이 사건 1주기를 맞이하여 '5·17 강남역을 기억하는 하루행동'으로 광화문·신촌·홍대·강남역 일대에서 "우리의 두려움은 용기가 되어 돌아왔다"고 외치며 여성 혐오와 차별, 폭력의 고리를 끊기 위한 연대활동을 했다.

최근 일어나고 있는 사회관계망 서비스(SNS)에 문단, 출판계, 영화계, 사회운동, 예술학교 등에서 발생한 성폭력 피해를 알리는 해시태그(hash tag) 운동은 피해사실 공개와 사과의 통로일 뿐만 아니라 성폭력·성차별·여성혐오 표현사례를 기록하고 저장하는 아카이빙 활동이기도 하다.[25]

여성연합의 반성폭력운동 30년을 돌아보며 이제는 성폭력에 반대한다는 무거운 당위의 주장을 넘어서서 즐겁고 신명나게 세상을 바꿔가는 일상의 실천을 다짐한다. 그리고 이어질 또 다른 반성폭력운동의 30년 후를 '희망적'으로 그려본다.

참고문헌

정희진, 「여성주의 상담이란」, 『성폭력사건 지원 나침반을 찾아라!』, 한국성폭력상담소, 2004.

강남역10번출구관리자, 「페미니즘 말하기 공간으로, '강남역 10번출구'」, 『2016 여성회의: 새로운 물결 페미니즘 이어달리기』, 한국여성재단, 2016.

한국여성단체연합 성폭력대책특별위원회(가칭), 『성폭력 추방운동 정책토론회』 자료집, 1992.

이미경, 「여연운동 10년사」, 한국여성단체연합 엮음, 『열린 희망: 여성연합 10년사』, 동덕여자대학교 한국여성연구소, 1998.

한국여성단체연합, 『제1~30차 총회 자료집』, 1987~2016.

1) 우리 사회에서 성폭력 피해자(victim)라는 용어는 나약하고 수동적이며 평생 고통을 안고 살아가는 여성이라는 부정적인 이미지로 고착화되어 있다. 2000 년대 들어 여성단체에서는 성폭력 피해자들이 갖는 치유를 향한 강한 힘과 용기, 지혜를 담아내는 용어로 피해자를 생존자(survivor)로 바꿔 쓰자는 움직임이 일어났다. 이 글에서도 생존자라는 용어를 사용하기로 한다.

2) 경남여성회 부설 성폭력상담소, 부산성폭력상담소, 새세상을 여는 천주교여성 공동체 부설 성폭력상담소, 제주여성인권연대 부설 제주여성상담소, 포항여성회 부설 경북여성통합상담소, 한국성폭력상담소와 부설쉼터 열림터, 한국여성민우회 부설 성폭력상담소와 3개 지부의 성폭력상담소, 한국여성의전화 부설 성폭력상담소와 12개 지부의 성폭력상담소, 한국여성장애인연합 부설 서울여성장애인성폭력상담소와 7개 지부의 성폭력상담소와 보호시설 3개소 등이다.

3) 정희진, 「여성주의 상담이란」, 『성폭력사건 지원 나침반을 찾아라!』, 한국성폭력상담소, 2004, 144, 145쪽.

4) 강남역10번출구관리자, 「페미니즘 말하기 공간으로, '강남역 10번출구'」, 『2016 여성회의: 새로운 물결 페미니즘 이어달리기』, 한국여성재단, 2016, 36쪽.

5) 이 사건은 9세 초등학생이 이웃집 아저씨에게 성폭력 피해를 입은 후 21년이 지나서 가해자를 살해한 사건이다. 해당 지역을 중심으로 대책위원회가 꾸려져 어린이 성폭력사건이 실제 일어나고 있으며 이를 지원하는 사회적·법적 시스템이 전무함을 이슈화하고 재판지원을 했다. 살인죄로 기소된 김○○씨가 법정에서 "나는 사람을 죽인 것이 아니라 짐승을 죽였어요"라고 절규한 것은 사회적으로 큰 울림을 안겨주었다. 이 사건은 1992년에 일어난 13년간 의붓딸을 강간한 아버지를 남자친구와 살해한 사건과 함께 성폭력특별법 제정운동을 시작하는 직접적인 계기가 되었다.

6) 한국여성단체연합 성폭력대책특별위원회(가칭), 『성폭력 추방운동 정책토론회』 자료집, 1992.

7) 이 글은 한국여성단체연합, 『제1~30차 총회 자료집』(1987~2016)을 참조해서 작성하였음.

8) 이미경, 「여연운동 10년사」, 한국여성단체연합 엮음, 『열린 희망: 여성연합 10년

사』, 동덕여자대학교 한국여성연구소, 1998.

9) 최근 한국여성단체연합 이사회에서 본 사건은 "강○○ 사건" 대신 "대구 대현1
    동 파출소 순경에 의한 성폭력사건"으로 명명해야 한다는 지적이 있었다(2016
    년 11월 3일에 열린 한국여성단체연합 2016년 제4차 이사회).

10) 한국여성단체연합, 『제5차 총회 자료집』, 1991, 14쪽.

11) 한국여성단체연합, 『제6차 총회 자료집』, 1992, 19쪽.

12) 한국여성단체연합, 『제8차 총회 자료집』, 1994, 12쪽.

13) 한국여성단체연합, 『제15차 총회 자료집』, 2000.

14) 한국여성단체연합, 『제17차 총회 자료집』, 2003, 134쪽.

15) 여성운동단체에서는 '낙태'라는 용어가 태아를 떨어뜨려 죽인다는 의미를 지
    녀 그 자체로 낙인의 의미를 포함하고 있다는 점에서 '낙태' 대신 '임신중단'이
    나 '임신중지'라는 용어를 사용하고 있다.

16) 한국여성단체연합, 『제18차 총회 자료집』, 2004, 111쪽.

17) 한국여성단체연합, 『제19차 총회 자료집』, 2005, 121쪽.

18) 이 부분은 별도의 장에서 정리하기로 해서 이 글에서는 생략한다.

19) 한국여성단체연합, 『제26차 총회 자료집』, 2012, 247쪽.

20) 같은 책, 248쪽.

21) 한국여성단체연합, 『제27차 총회 자료집』, 2013, 305쪽.

22) 한국여성단체연합, 『제29차 총회 자료집』, 2015, 89쪽.

23) 한국여성단체연합, 『제30차 총회 자료집』, 2016, 267쪽.

24) 중국에서 성소수자 인권운동(lesbian, gay, bisexual, transgender, LGBT)을 하
    는 5명이 2015년 세계여성의 날을 맞아 공공교통수단에서 여성에 대한 성폭력
    에 항의하는 스티커 부착 시위를 기획중 정부당국에 의해 구속된 사건이다. 곧
    바로 이들 5명의 무사귀환을 위한 국제적인 구명운동이 시작되었고, 여기에 여
    성연합도 함께했다.

25) 『한겨레신문』(2016. 10.30), "침묵 않겠다… 해시태그 성폭력 말하기" 확장.

1993년 10월 19일
서울대조교 성희롱대책위 기자회견

1993년
성폭력특별법 제정 촉구를 위한
여성단체 회원들의 국회 앞 행진

2016년 7월 28일
유명 연예인의 성폭력사건, 제대로 된
수사 촉구하는 기자회견

부부싸움에서 사회적 범죄로:
가정폭력 추방운동

박인혜(성공회대 민주주의연구소 연구교수)

가정폭력은 여성에 대한 폭력(이하 '여성폭력') 가운데서도 가장 먼저 제기된 이슈이다.[1] 가정폭력 추방운동은 1987년 한국여성단체연합(이하 '여성연합') 창립 이전인 1983년에 시작되어 진보적인 '새로운' 여성운동의 주요 동력이 되었으며 여성연합 창립과 성장의 한 축을 담당하였다.

이 글에서는 한국사회에 여성폭력이 사회적 범죄, 여성인권 문제임을 널리 알리고, 피해여성을 보호·지원하고 가해자를 처벌하는 일에서 국가적 책임을 묻는 법적 근거와 제도를 구축하는 데 앞장서 온 '여성의전화'를 중심으로 여성연합이 함께한 가정폭력 추방운동의 흐름을 시기별로 살펴보고자 한다.[2]

가정폭력 추방운동의 전개과정은 운동방법론 측면에서 크게 세 시기로 나눌 수 있다. 즉 아내폭력을 여성문제로 자각하고 사회문제로 드러내어 피해자 지원모델을 만들어낸 1980년대, 가정폭력을 여성인권의 문제로 끌어올리면서 문제해결에서 국가의 책임성을 확립하고 그 법적 근거를 만들기 위한 입법운동과 제도화에 주력한 1990년대 그리고 제도화의 성과와 한계를 자각하고 제도화 이후의 대안적인 운동을 고민하는 2000년대부터 현재까지의 시기이다.

1) 가정폭력의 사회문제화(1983~94)

우리 사회에서 가정폭력 문제가 본격적으로 제기되기 시작한 시기는 1980년 광주민중항쟁을 무력으로 진압한 신군부가 새로운 군부독재체제를 공고히 하기 위해 노력할 때였다. 당시 여성단체들은 신군부에 협조적인 단체가 대부분이었고 민주화운동과 연대하던 몇몇 기독교 관련단체들과 여성노동자 운동조직이 활동하고 있을 뿐 페미니즘에 입각한 독자적인 진보 여성운동은 형성되지 않던 시기였다.[3]

(1) 가정폭력의 발견

이런 상황에서 1975년 유엔의 '세계여성의 해' 선포를 계기로 크리스천 아카데미가 실시하던 여성문제 의식화교육을 받은 여성들과 대학에서 여성학교육을 받거나 민주화운동에 참여하고 있던 여성들 가운데 아내폭력을 심각한 성적 불평등 문제로 포착한 여성들이 1983년 여성의전화를 창립하였다. 이들은, 아내폭력은 부부사이에 발생하는 사적인 일이 아니라 여성에 대한 폭력이며, 가정의 민주화와 사회의 민주화는 상호 불가분의 관계이므로 민족민주운동 과제의 긴급성 못지않게 아내구타 문제의 해결도 중요하다고 판단하였다.[4]

이들은 아내폭력 피해자를 위해 전화상담, 법률·의료 지원을 하는 한편, 심각한 아내폭력 현실을 폭로하여 아내폭력이 사회적 범죄임을 알리고 사회적 관심을 결집해 나갔다. 여성의전화 개원 준비의 일환으로 한국 최초로 실시한 아내구타 실태조사에서 조사대상 708명의 42.2퍼센트인 299명이 결혼 후 남편에게 구타당한 사실이 있다고 대답한 조사결과는 우리 사회에 큰 충격을 주었다.[5]

(2) 피해자 지원체계 마련

가정폭력 피해자를 지원하기 위하여 시작한 첫 활동은 전화를 통한 무료상담이었다. 상담전화가 개통되자마자 전국에서 피해여성들의 전화가 걸려왔다. 가정폭력 외에도 외도·결혼과 관련된 미혼여성들의 문제들에 대한 상담이 쇄도했다. 상담을 통해 사적·공적 사회에서 여성들이 겪는 차별과 억압·폭력이 드러나기 시작했고 가정폭력은 가부장제 결혼제도의 불평등한 권력관계에서 발생하는 것이라는 점이 분명해졌다.[6]

가정폭력 추방운동에서 대중적인 무료상담 활동은 매우 독특한 위치를 가지고 출발하였다. 원래 상담은 개인심리를 대상으로 하는데 여성의전화는 상담사업을 통해 피해자들의 경험과 고통을 직접 대면하고 그 속에서 문제를 드러내어 사회운동으로 연결시키고자 했기 때문이다. 이는 민주화운동이 거시적이고 정치적인 이슈 파이팅을 하거나 여성폭력은 사회운동의 이슈가 될 수 없다고 보았던 것과는 다른 운동방식이었다. 이러한 시대적 한계에도 불구하고 가정폭력 추방운동이 본격화될 수 있었던 데는 상담의 역할이 매우 컸다고 할 수 있다.

전화상담을 시작한 지 4년 만인 1987년 여성의전화는 폭력피해 여성들을 위해 일시 피난처인 '쉼터'를 개설하였다. 쉼터는 부산에서 아이 셋을 데리고 무작정 피해 나온 여성을 활동가들의 집이나 사무실 한쪽에 재우면서 시작된 것이었다. '쉼터'라는 이름은 영어의 shelter와 발음이 비슷하면서도 피해여성들이 안심하고 쉴 수 있는 곳이 되겠다는 의미를 가졌는데, 당시 활동가들이 만든 용어이다.[7] 이제 '쉼터'는 위기에 처한 여성들을 위한 비상휴식처, 긴급피난처라는 새로운 사회적 개념을 상징하는 말로 자리잡았다.

그러면서 아내폭력 피해자에 대해서는 전통적인 상담방식과는 다르게 접근해야 한다는 것을 알게 되었다. 초기에는 이를 뒷받침할 이론이 별로 없어 많은 어려움을 겪었으며 여성학과 상담학을 공부하면서 여성운동에 적합한 상담이론을 개발하였다. 서구의 여성주의 상담이론이 전해지면서 내담자를 '문제 있는 개인'으로 보는 프로이트 중심의 전통 상담이론의 한계를 비판하고 여성주의적 대안을 모색하면서 지금까지 발전시켜 오고 있다.[8]

한편으로는 일반대중 여성을 모집하여 여성주의 상담가를 훈련하였다. 1982년 여성의전화 창립 준비단계부터 시작한 '여성상담학교'는 현재까지 회원단체들과 함께 전국에서 계속 운영되고 있으며 현재는 주요한 여성 사회교육으로 자리잡았다. 상담원 교육을 받은 여성들은 자신들이 성장하고 변화되는 과정을 거치며 여성주의 상담의 리더로 성장하였을 뿐만 아니라 지역의 여성운동조직을 확대하는 데 큰 역할을 하였다.[9]

이렇게 가정폭력 추방운동은 1980년대 초 권위주의 국가의 폭력적인 환경에서 발원하여 가정폭력을 가시화하고 여성주의 상담과 쉼터라는 피해여성을 보호·지원할 수 있는 체계를 만들었다. 그러나 그것만으로는 가정폭력을 근절할 수 없었다. 국가가 그 책무를 담당하도록 하는 것이 필요했다.

2) 가정폭력 추방을 위한 법 제정운동과 제도화(1994~2002)

1990년대 초에 이르러 우리 사회의 민주화가 진전되고 동유럽 사회주의권이 몰락하였다. 이에 영향을 받아 새로운 시민운동이 성장하기 시작했고, 마침내 여성운동은 민주화운동의 부문운동이 아니라 독자적인 조직을 가지고 여성 고유의 과제에 전념할 수 있게 되었다. 여성폭력은 민주화운동의 소재에서 벗어나 성폭력을 가능하게 하는 남성 중심의 섹슈얼리티 문제, 일상적인 여성폭력의 문제, 성적 자기결정권에 대한 억압으로 인식되기 시작하였다. 이런 사회적 변화를 배경으로 가정폭력 추방을 위한 법 제정운동을 추진할 수 있는 공간이 열렸다.

(1) 가정폭력 추방을 위한 입법운동

1990년대 전반에는 유난히 폭력에 맞서다 가해자가 되어버린 아내폭력 피해사건이 많았다. 여성의전화는 이들 상담사례를 근거로 여성폭력은 범죄이며, 시급히 해결해야 할 사회문제임을 주장하였다. 또한 이들의 행위는 정당방위이며 무죄라고 주장하면서 지역의 회원단체들과 연대하여 법적 지원, 탄원서 제출, 서명운동 등의 구명운동을 벌여 피해자들을 집행유예로 석방시키곤 하였다.

창립 초기부터 여성폭력은 사회적 범죄이므로 이를 처벌하기 위한 법 제정이 필요하다고 주장해 오던 여성의전화는 가해자가 된 아내폭력 피해사건이 빈발하자 1991년 4월 '성폭력특별법 입법을 위한 공청회'를 열어 법 제정운동을 제안하고 한국성폭력상담소, 대구여성회, 전북의 김○○대책위원회[10] 등의 단체와 함께 성폭력특별법제정추진위원회(이하 '추진위')를 조직하였다.[11]

이때 제정하고자 했던 법은 여성에 대한 모든 폭력을 대상으로 하는 '여성폭력방지법'이었다. 그러나 법안을 만드는 과정에서 추진위 대부분이 아내폭력을 부부간에 발생하는 사적인 문제라고 인식하는 대중적 정서와 법체계상 문제를 이유로 가정폭력을 제외하고 '성폭력범죄의 처벌 등에 관한 특례법'(이하 '성폭법')을 먼저 제정할 것을 주장하였다. 이에 여성의전화는 다시 가정폭력방지법 제정운동에 착수하였다.[12]

가정폭력방지법 제정에 힘을 실어준 것은 1990년의 가족법 3차 개정과 1994년 유엔이 선포한 세계가정의 해 그리고 1995년 베이징 세계여성회의(이하 '베이징회의')이다. "가족법 개정으로 결혼과 이혼 그리고 가족에 대한 인식전환의 계기가 마련되었으며" 유엔은 가정의 민주화 원칙을 제시해 주었다.[13] 또 베이징회의는 여성폭력이 여성인권 문제라는 새로운 관점을 제시해 주었다.

여성의전화는 1994년 5월 6일부터 13일까지를 세계가정의 해를 기념하는 '가정폭력 추방주간'으로 선포하고 전국적으로 다양한 행사를 전개했다. 대구·광주·수원·인천·전북 등에 소재한 여성의전화 지부들과 대구여성회·충북여성민우회 등 회원단체, 한국아동학대예방협회와 같은 관련 사회단체들과 함께 가정폭력 사진전, 가정폭력 비디오 연속상영, 가해자를 살해한 혐의로 구속된 이○○씨 석방을 위한 서명활동, 공개토론회 등을 개최했으며 경찰은 가정폭력 사건 신고접수를 받는 등 가정폭력의 심각성과 실태를 알리는 데 주력하였다. 그리고 여성연합은 '가정폭력방지법 제정을 위한 전국연대'를 결성하였다.[14]

여성연합은 1996년의 중점 사업으로 가정폭력방지법 제정활동을 채택하고 여성연합 산하 7개 단체와 외부의 5개 단체로 '가정폭력방지법 제정추진 특별위원회'(이하 가폭특위)를 구성하였다.[15] 이어서 여성연합 외부에 '가정폭력방지법 제정추진 범국민운동본부'(이하 '범국민운동본부')를 조직하여 법 제정운동을 위한 추진력을 결집하는 동시에[16] 각 지역에도 여성연합과 지역단체들을 묶어서 지역운동본부를 결성하고 "가정폭력방지법 제정을 요구하는 서명운동, 국회의원에게 법제정을 촉구하는 엽서 보내기 운동, 시민대회" 등을 개최하고 법제정을 위한 활동을 전개하였다.[17]

이러한 활동의 결과 범국민운동본부는 "전국에서 9만 명의 서명을 받아 이미경 의원의 소개로 1996년 10월에" 법안을 청원하였다. 그러나 법 제정은 쉽지 않았다. 여성연합 가폭특위는 각 지역 운동본부나 회원단체를 통해 법안 설명회를 개최하는 등의 홍보활동을 하는 한편, 국회 법사위와 간담회나 공청회를 개최하고 개별 의원들을 만나 설득하는 등 전력을 기울였다. 그 결과 법 제정을 청원한 지 1년여 만에, 법 제정운동을 시작한 지 3년여 만에 가정폭력 방지 및 피해자보호 등에 관한 법률, 가정폭력범죄의 처벌 등에 관한 특례법(이하 가폭법)이 제정되어 마침내 여성폭력 해결의 책임을 국가가 지게 되었다.[18]

(2) 가폭법 조기정착을 위한 감시·견제 활동

가폭법 제정 후에는 법의 조기정착을 위한 활동이 이어졌다. 가폭법에 대한 가부장제 사회의 반발이 만만치 않았는데, 이는 입법정신과 법 집행과정의 괴리가 컸기 때문이다. 먼저 각 지역의 국민운동본부는 가폭법 설명회를 개최하여 가정폭력을 범죄로 처벌하고 피해자를 보호할 수 있는 법이 제정되었다고 홍보했다. 여성연합 가폭특위는 가폭법이 제대로 시행될 수 있게 하기 위하여 정부의 시행령과 시행규칙 작업에 개입해서 여성연합의 의견이 정부안에 반영될 수 있도록 하였다.[19]

여성의전화는 '가정폭력사건 처리불만 신고센터'를 설치하고 불만접수를 받는 한편, 1999년 가폭법 실행 1년을 평가하는 토론회 '가정폭력방지법, 그 평가 및 대안'을 열고 모니터링 결과를 발표하였다. 전국의 성인남녀 1천 명과 상담하러 온 가정폭력 피해여성 242명을 연구조사해 보니, 신고를 받고 출동했으나 사건처리가 미흡하거나(52.0퍼센트) 가해자를 즉시 훈방하거나(19.6퍼센트) 오히려 피해자를 모욕주거나 협박하는 경우(10.8퍼센트)가 많았다. 여성의전화는 이런 모니터링 결과를 가지고 일선경찰 교육을 강화하고 가정폭력 범죄의 가정보호사건 송치율을 높이도록 경찰을 압박하였다.[20]

(3) 가정폭력 추방운동의 전국적 확대

입법과정에서 여성폭력 추방운동의 연대활동이 여성연합을 통해 확장되면서 여성폭력 추방운동이 전국으로 확대되고 여성인권 담론이 대중화되기 시작했다. 또한 법 제정으로 생긴 상담소에 대한 법적 지위와 지원근거는 지역에서 새로운 여성단체들이 탄생하는 물적 토대가 되기도 하였다.

1993년 12월, 성폭법 제정을 앞두고 변화될 운동의 상황에 공동 대응하기 위해 지역에서 자생적으로 여성상담을 주 사업으로 하고 있던 단체들이 여성의전화를 중심으로 모여 하나의 사단법인으로 등록하고 자연스럽게 회원단체가 되었다.[21] 그리고 가폭법 입법운동의 영향을 받아 지역 여성의전화들이 새로이 창립되어 2001년 여성의전화는 26개 지부를 가진 전국적인 여성인권운동 단체로 성장했다. 여성연합 회원단체들도 적극적으로 상담소를 개설하였는데 2001년 현재 전국의 가정폭력·성폭력 상담소 234개소의 30퍼센트 정도가 여성연합 소속단체들의 상담소이다.[22] 그만큼 지역의 회원단체가 증가하고 활동의 폭과 역량이 강화된 것이다.

(4) 상담소의 제도화 그리고 정부와의 갈등

한편 여성연합 회원단체들은 상담활동을 계속하려면 정부가 제시한 기준에 따라서 '가정폭력상담소' 혹은 '성폭력상담소'라는 이름으로 새로 허가를 받거나 신고를 하고 그 운영규칙에 따라야 했다. 이것은 상담의 제도화라고 할 수 있었다. 제도화는 여성폭력 추방운동을 전국으로 확산시키는 순기능도 했으나, 상담활동을 여성인권운동의 일환이 아닌 정부가 제공하는 복지서비스로 축소시키는 역기능도 가져왔다. 상담소는 정부의 여성권익사업의 일환이 되었고 페미니즘 전통과 철학을 공유하고 있지 않은 종교나 복지 기관에서도 적극적으로 상담소를 운영하게 되면서 여성폭력 추방운동이 피해자 지원서비스 사업으로 제한되기 시작했다.

2002년 여성부는 가정폭력·성폭력 상담소를 관리할 목적으로 보건사회연구원 김승권의 「가정폭력·성폭력 상담소 및 보호시설의 기능 및 역할 강화방안」에 관한 연구결과를 발표하였다. 이 보고서에 따르면 가정폭력·성폭력의 원인은 가정에 있다고 전제하면서, 여성단체가 운영하는 상담소들이 사회복지 서비스 관점보다는 여성주의·여성운동 관점에 서 있기 때문에 전문성과 시설 수준이 크게 떨어진다고 비판하였다. 따라서 시설과 상담원 기준 등을 상향 조정하고, 상담소를 평가하여 예산을 차등 지원하는 방식으로 전문성을 높여야 한다고 주장하였다. 나아가 여성부는 여성단체들에 여성운동과 복지서비스를 분리할 것을 요구하였다.[23]

그러자 2002년 12월 5일 여성연합 회원단체인 한국여성의전화연합, 한국성폭력상담소, 한국여성민우회는 공동으로 긴급토론회

'여성부의 여성폭력 추방정책 이대로 좋은가?'를 개최하고 가정폭력·성폭력 피해자 지원과 상담소 운영은 여성폭력 추방운동의 과정에서 발전한 것으로, 여성주의적 접근을 무시한 채 복지서비스 문제로만 접근해서는 안 된다고 강력히 비판하였다. 그러나 여성부는 사회복지사업법에 의거해 상담소 운영과 정기적인 평가 등 상담소를 관리하기 위한 제도정비를 강력히 추진해 나갔다.[24]

이에 여성연합은 "제도화로 인해 운동의 전망이 취약해지면서 자원분배에서의 갈등, 이해관계의 상충이 심화되고 있다고 판단하고 여성운동 방향에 대한 공유 수준을 높여나가고 일정한 룰을 만들어 공존"할 수 있는 방안을 찾고자 '진보적 여성운동의 좌표 찾기'를 시작했다. "2001년에 시작된 이 논의는 2008년 여성연합 20주년 비전선포로 종결"되었는데 만족할 만한 비전을 만들어내지는 못했다. 한국성폭력상담소는 여성주의 상담과 피해자 중심의 활동을 강화한다는 방침을 세웠다. 여성의전화는 상담소의 위상을 여성의전화의 부설기관으로 설정하고 여성운동의 자율성을 유지하고자 했다. 즉 "여성의전화 사업에서 상당히 큰 비중을 차지하고 있던 상담사업을 분리하고, 대신 여성의전화는 지역여성 조직화사업을 강화한다"는 이중전략을 채택했다.[25]

(5) 여성연합 인권위원회

여성연합은 가정폭력만이 아니라 성폭력과 여성장애인 등 회원단체들의 인권관련 활동을 총화하고 확대하고자 1998년 가폭특위를 '성과인권위원회'로 개편하였다. 성과인권위원회는 가폭법 시행령과 시행규칙 제정작업을 계속하는 한편, 입법 당시 미진했던 부분에 대한 개정작업도 시작하였다. 개정안의 주요 골자는 "가정폭력 신고 시 경찰의 신속한 처리, 임시조치와 보호처분의 강화(가해자가 처분을 따르지 않을 경우 구속), 피해자에 의한 가정보호 사건 및 임시조치 신청권, 피해자 비밀엄수 조항에 아동보호 조항 추가하는 것" 등이었다. 법 개정은 법 제정만큼이나 어려워 이후 법 개정활동은 가정폭력 추방운동의 일상이 되었다.[26]

2003년에는 성과인권위원회를 '인권위원회'로 재편하고 제도화 이후 제기된 문제의식을 반영하여 활동방향을 수정하였다. 즉 "지난 10여 년간의 성폭력·가정폭력 상담활동을 여성운동의 방향 속에서 평가하고 재정립 방안을 모색하는 동시에 인권의 사각지대에 있는 여성들의 인권문제를 발굴하고 대응하며, 여성인권 증진을 위한 일상적인 대응활동을 한다"는 목표를 세우고 세부적인 논의를 위해 '여성폭력관련법 연구소위'와 '여성운동으로서의 상담소 연구소위'를 두었다.[27]

여성폭력관련법 연구소위에서는 여성폭력의 개념을 재정의한 후, 가폭법과 성폭법 사이에 상충되는 점을 확인하고 통합적인 관점에서 정리하여 법 개정안에 반영하고자 했다.[28] 논의 결과는 2003년 10월 28일에 열린 가정폭력방지법에 관한 공청회(주관: 여성의전화, 주최: 인권위원회, 장소: 국회도서관 지하대강당)에서 최종의견을 수렴하였다. '여성운동으로서의 상담소 연구소위'에서는 성폭법·가폭법 제정 이후 10여 년간 제도화로 인해 변화된 상담소의 제반 문제에 대응하여 진행된 여성운동 차원에서의 상담활동에 대하여 평

가하고 향후 활동방향을 재정립하고자 하였다.[29]

　그러나 가정폭력·성폭력을 통합하는 입법방안을 찾기가 어려웠으며, 가정폭력·성폭력의 경계를 뛰어넘는 새로운 여성인권 이슈를 찾아내기도 쉽지 않았다. 점차 상담사업에 대한 입장이나 비중 등에서 단체들 사이의 차이들이 드러났고, 실무 중심의 상담소장들로 구성된 인권위원회가 정책과 전략을 만들어내야 한다는 것은 적절해 보이지 않았다.

　성매매방지법이 제정된 2004년 이후 공동으로 추진할 수 있는 활동영역이 줄어들면서 의제별로 제도화에 적응하는 것이 시급했다. 또한 여성폭력 의제를 담당하는 단체들이 전문성을 확보하고 활발하게 활동을 하게 되어 인권위원회는 해소하고, 각 의제들에 대한 대응활동도 관련단체들이 담당하기로 했다.

　그러나 여성폭력 추방을 위한 공동 협의구조의 필요성은 남아 있어 '여성폭력공동행동' 네트워크를 꾸리고, 사무국은 여성의전화가 맡았다. 이 네트워크는 상설 운영되었던 것은 아니고, 개별단체의 대응을 넘어서는 사안들이 발생하면 관련단체가 제안하여 논의하고 공동행동을 하는 식으로 진행되었다. 그러다가 공동행동 사안들이 늘어나고, 안전 담론 등 새로운 여성인권 담론 마련의 필요성이 제기되면서 인권위원회는 다시 구성되어 상설위원회로 운영되고 있다.

　이상에서 본 바와 같이 입법운동은 큰 성과를 거두었다. 가정폭력 피해자의 인권을 지원하고 가해자를 처벌할 수 있는 사회적 동의를 얻어내고 가정폭력 추방운동이 전국으로 확산된 것이다. 동시에 가정폭력 이슈가 여성정책의 대상이 되면서 가정폭력 추방운동은 피해자보호 중심의 사회복지 서비스로 축소되었고 여성단체가 운영하는 상담소는 정부의 사업을 위탁받는 수행기관으로 위상이 하락하기도 했다. 이 같은 여성운동의 자율성 축소라는 예기치 못한 결과는 가정폭력 추방운동의 정체성과 방향에 대한 자기성찰을 할 수 있는 계기가 되었다.

3) 제도화를 넘어 대안적 운동방법 모색(2002~현재)

2000년대 들어 신자유주의적 맥락에서 가속화된 지구화는 다양한 정체성과 다양한 욕망과 감수성을 가진 다중의 주체들의 등장을 가져왔다. 권위주의적인 국가폭력은 감소했으나 가정폭력은 줄지 않았으며 오히려 법과 제도에서 배제·누락되거나 제도의 모순에서 비롯된 여성폭력들이 새롭게 등장하였다. 또한 가정폭력은 여성에 대한 물리적·정서적·육체적·성적 폭력이라는 전통적 정의와 가정과 국가·인종의 경계를 넘어 친밀한 관계에서의 폭력인 데이트폭력, 이주여성에 대한 폭력, 아내강간, 정당방위, 재산권 등으로 확장되었다. 이런 문제들은 상담과 입법운동 같은 전통적인 운동방식만으로는 다중주체의 욕구에 부응하기 어렵다는 것을 의미했다.[30]

여성폭력을 근절하기 위한 법과 제도가 정비되었으나 국가의 책임성이 완벽해진 것은 아니었다. 제도화는 여성의 경험을 충실히 반영하기보다는 일상의 견고한 가부장적 가족주의와 남성 중심적인 법 개념을 그대로 내장한 채 진행되었다. 입법화를 위해 여성주의의 관점을 관철시키기보다 남성 중심의 법 개념과 어느 정도 타협할 수밖에 없었던 것도 한계였다.

이렇게 다양해진 이슈와 주체들에 대응하기 위해 회원단체들은 여성연합 내의 연대활동보다는 이슈별 개별활동에 집중하게 되었다. 회원단체들 각각의 역량이 강화되었고 이슈의 복잡성과 즉자성은 전문적인 역량을 필요로 했으며 대응능력의 발전 정도가 서로 달랐기 때문이다. 가정폭력 추방운동은 심화·확장되는 가정폭력의 근절을 위해 피해자 상담과 인권지원, 입법운동이라는 운동방식을 넘어 가부장적 편견과 이데올로기를 변화시킬 대안적인 운동방식을 모색하는 쪽으로 방향을 잡았다. 그중 대표적인 운동방식은 가정폭력의 쟁점 드러내기와 개념의 확장, 당사자운동, 영상과 SNS를 활용한 인식개선운동이라 할 수 있다.

(1) 가정폭력의 쟁점 드러내기

쟁점은 남성주의적 법과 제도가 여성의 경험과 그 맥락을 무시하고 현실에 적용될 때 발생하는 갈등 속에 내재해 있다. 겉으로 드러나는 가정폭력 속에 숨어 있는 '가정폭력 피해자에 의한 가해자 살해'를 정당방위로 인정하는 문제(이하 '정당방위')와 아내강간 문제는 남성 중심의 법 개념과 가부장적 가족주의가 낳은 전형적인 쟁점이다. 그리고 여성의 재산권 문제는 여성 내부의 차이를 보여주는 쟁점이었다.

정당방위의 개념은 즉각적 공격에 대한 즉각적 방어를 기본으로 하는 것으로, 자기방어 능력과 의지를 갖춘 성인남성의 경우를 전형으로 하고 있다. 그러므로 장기적이며 일상적인 폭력 아래 놓여 있던 피해여성들의 특성을 전혀 반영하지 못한 법 개념이라고 할 수 있다. 그 결과 아내를 구타하다가 아내를 죽게 만든 남편은 과실치사가 되지만, 폭력을 당하던 아내가 남편을 죽이면 살인죄가 적용되었다. 2000년 6월 21일 여성의전화는 토론회 '가정폭력 피해자에 의한 가해자 살해 정당방위 인정될 수 없는가'를 개최하고 가정폭력 피해자들의 정당방위를 쟁점화하고자 하였다. 가정폭력 피해여성이 폭력남편을 죽이는 사건이 발생할 때마다 가정폭력의 맥락 속에서 발생한 정당방위를 주장하고 있으나 현재까지 인정되지 않고 있다.[31]

형법상 강간이란 여성의 정조에 대한 죄이며 법적 보호대상은 부녀이다. 남편에게 속한 아내와 아내의 성은 부녀의 범주에 속하지 않고 남편은 아내의 정조를 보호할 의무가 없으므로 아내강간은 성립되지 않는다는 것이 법 개념의 핵심이다. 입법운동 초기부터 아내강간이 아내폭력의 하나라는 것을 주장해 온 여성의전화는 2000년 김○○사건이 발생하자 아내강간은 기혼여성의 성적 자기결정권을 행사할 수 없도록 억압하여 지배하고자 하는 폭력이란 점을 쟁점으로 부각시켰다. 그리고 별거 혹은 이혼 중에 발생하는 강제적인 성관계를 아내강간으로 규정하는 내용을 법 개정에 반영하고자 하였다. 법 개정에는 이르지 못했지만 쟁점화한 지 4년 만인 2004년 헌법공포 후 처음으로 아내강간을 인정하는 판례가 나왔으며 2009년 이후에는 아내를 부녀에 포함시키고, 2015년 흉기 없는

아내강간을 인정하는 판례가 나온 것은 간접적인 성과라고 할 수 있다.[32]

정당방위와 아내강간이 남성 중심의 법률을 적용함으로 해서 발생한 쟁점이라면, 여성의 재산권 문제는 여성운동 내부의 관점 차이에서 비롯된 쟁점이었다. 여성이 가정폭력을 당하면서도 남편이나 가정을 떠나지 못하는 이유 중 하나는 여성에게 재산이나 경제력이 없기 때문이다. 여성 자신들이 일군 재산마저 남편의 명의로 등록하는 것이 가부장적 관습이다. 2000년 '황혼이혼'이란 신조어를 만들어낸 70대 여성들의 이혼사건에 개입하면서[33] "여성의전화는 2000년 소유주택의 명의를 부부의 이름으로 함께 등록하자는 부부 재산공동명의 운동을 시작하였다." 이 운동은 사회적으로 큰 반향을 일으켜 2002년 제2차 여성발전기본계획의 핵심 과제로 '부부 재산공동명의 지원'이 포함되었다.[34] 그러자 법무부는 2006년 혼인중 재산분할청구권, 배우자 상속분 조정, 이혼숙려제도 등을 골자로 한 민법개정안을 발의했다.

이와 관련해서 두 가지 쟁점이 발생했다. 하나는 가사노동 가치인정의 문제, 또 하나는 법정재산제도의 문제이다. 먼저 법무부·가정법률상담소·여성의전화는 균등분할을, '한국의 페미니즘을 돌(아)보는 사람들'이란 여성그룹은 여성의 가사노동 가치가 모두 다르므로 여성 내부의 계급차이에 주목해 차등분할을 주장했다. 다음, 여성의전화는 부부공동재산제를, 법무부와 가정법률상담소는 수정별산제를 주장하면서 논쟁이 붙었다. "이 논쟁은 여성노동과 재산권에 대해 담론을 발전시킬 가능성을 가지고 있었으나" 2007년에 '이혼시에 한해서'라는 단서가 붙은 채 재산분할 청구시 취득세를 면제하는 지방세법 개정안이 통과되자, 단기적 성과를 거두었다고 판단한 여성의전화는 논쟁을 중단하였다.[35] 이렇게 쟁점 드러내기 방식은 피해가 발생하지 않으면 전개하기 어렵기 때문에 여성들이 일상에서 폭력을 드러내도록 하는 당사자운동이 모색되었다.

(2) 당사자운동과 가정폭력의 개념 확장하기

입법운동이 대리인운동이었다면 당사자운동은 여성들이 자신의 문제와 경험을 가지고 자신들의 목소리를 내는 것을 말한다. 다시 말하면 가정폭력만이 아니라 여성들이 일상생활에서 겪는 다양한 폭력들에 대하여 사신들의 목소리를 드러내도록 돕는 운동방식이다. 당사자운동의 가능성을 열어준 것은 이혼숙려제 도입반대운동이었다. 2005년 서울가정법원과 법무부는 이혼율의 급증은 이혼절차가 쉽고 경솔한 결정 때문이라고 판단하고 이혼숙려제 도입을 골자로 하는 민법개정안을 제출하였다. 이혼을 해야 하는 가정폭력 피해여성들에게 강제로 숙려기간을 갖게 하는 것은 가정폭력 속에 방치하여 인권을 침해할 소지가 많다고 판단한 여성의전화는 이혼에 대한 부정적인 편견과 이혼당사자 여성의 고통스런 경험을 드러내어 가부장적 통념을 깨는 당사자 집담회를 열고, 이를 담론투쟁의 계기로 삼았다.[36]

집담회는 같은 상황에 있는 여성당사자들에게 영향을 끼쳐 이혼여성 당사자모임(당당한 나의 목소리에 귀기울이는 모임, 당나귀)이 조직되었고 2008년에는 시흥·영광 등의 여성의전화로도 확산되었다. 또한 "한국·일본·홍콩의 이혼당사자들 이야기 마당인 '싱글맘의 수다'를 서울에서 개최하는 등 아시아 여성의 연대로 이어졌다. …그 결과 이혼 전 상담 의무화와 유료화가 삭제되고, 법의 목적을 이혼예방에서 자녀의 복리로 변경한 수정안이 통과되었다."[37]

　　2000년대 들어 폭력을 당하는 결혼이주여성들이 증가하자 여성의전화는 이 문제를 피해자 상담과 함께 이주여성들이 우리 사회에서 당당한 주체로 살 수 있도록 하는 데 초점을 맞춘 당사자운동으로 접근하는 시도를 하였다. 2008년 인천여성의전화는 아시아 이주여성 다문화공동체(아이다마을) 프로젝트를 시작하였다. 이 활동은 이주여성들이 가정폭력 문제만이 아니라 이주민으로서 겪는 문제를 스스로 해결하고 시민권을 행사할 수 있도록 커뮤니티를 구성하고 지원하는 것을 목표로 삼았다. 현재 아이다마을은 비영리민간단체로 등록하고 독자적인 활동을 벌이고 있다.

　　당사자운동 입론은 성매매 피해여성이나 이주여성들의 운동에서는 꾸준히 전개되고 있으나, 가정폭력 피해여성이나 이혼여성들의 경우에는 부진한 상태라고 할 수 있었다. 그러나 2010년대 들어 데이트폭력 추방운동이 당사자운동의 관점에서 활발하게 추진되기 시작했다.

　　데이트폭력은 1980년대에 많이 제기되었던 미혼여성들의 문제의 연장선상에 있는 것이다. 가정폭력 추방운동 초기에는 데이트하다가 당하는 신체적 폭력이나 폭언, 성폭력, 혼인빙자간음, 중혼, 스토킹 등 미혼여성들이 가부장제 결혼제도와 관련하여 겪는 고통을 구조적 문제로 보고 단순히 '미혼여성의 문제'로 통칭하였다.

2000년대 들어서서 비로소 미혼여성의 문제는 데이트폭력이란 이름을 갖게 되었다고 할 수 있다.

　　데이트폭력은 친밀한 관계에서 발생하는 모든 폭력을 말한다. 데이트폭력은 가정폭력의 연장이라고 할 수 있는데 그 이유는 바로 '친밀한 관계' 때문이다. 예전에는 결혼만이 남녀사이에 친밀한 관계를 맺을 수 있는 조건이 되었으나 현재는 결혼을 통하지 않은 친밀한 관계를 언제 어디서나 맺을 수 있다. 이런 친밀한 관계는 가부장제 구조 속에서 언제든지 폭력을 가능하게 하는 불평등한 권력관계로 전화될 수 있다. 가정폭력이란 용어는 폭력이 가정 안에서 발생하는 것이라는 착각을 일으킨다. 그런데 데이트폭력의 정의는 여성폭력이 가정을 벗어나 사적 관계 전반에서 발생한다는 것을 명확히 드러내주었다.

　　여성의전화는 데이트폭력의 실태를 파악하여 데이트폭력 근절과 예방을 위한 대안을 모색하고자 2003년 청소년 이성간 폭력실태 조사, 2008년 상담에 나타난 데이트폭력의 경향성 분석, 2009년 서울지역 11개 대학 800여 명을 대상으로 '데이트폭력 경험 실태조사'와 아시아 3개국 데이트폭력 설문조사, 2016년 데이트경험이 있는 성인여성 등을 대상으로 데이트폭력 경험 실태조사 등을 진행하고 결과발표 및 토론회 등을 개최했다. 그리고 데이트폭력 예방을 위해 지침서와 종사자 매뉴얼 등을 제작·배포했으며, '안녕데이트공작소'(sogoodbye.org) 사이트와 '데이트 UP데이트' 애플리케이션도 개발 및 배포했다. 2009년부터는 데이트폭력 예방을 위한 대중강좌 '사랑에도 공부가 필요하다'를 기획, 대중강좌 방식을 추진하였다.

그러다가 2014년에 '사랑에도 공부가 필요하다' 강좌를 마치고 '데이트공작단'이 결성되면서 데이트폭력 추방운동은 새로운 모습을 갖추게 되었다. 데이트공작단은 '데이트 이슈와 문화에 관심이 있는 20대' 활동가들로 구성된 당사자운동 주체로 "차별과 폭력이 판치는 연애로부터 탈주를 꿈꾸는, 진정한 연애의 철학과 기술을 전파"하는 모임으로 운영되었다. 캠페인 및 홍보물 제작, 글쓰기 및 소책자 발간, 온라인 커뮤니티 운영 등의 활동을 스스로 기획하고 실행하였다. 『愛:say』라는 연애매거진도 발간해 자신들의 경험과 주장을 소개하고 20대의 성의식과 연애에 대한 생각을 드러내는 '전국 공정연애 실력고사' 같은 캠페인을 벌이는 등, 상담과 입법운동 중심의 이전 운동방식과 다른 젊은 세대의 특성이 담긴 새로운 방식의 운동을 전개하였다.[38]

(3) 영상과 SNS를 활용한 인식개선운동

영상과 시각 매체에 익숙한 젊은 세대를 겨냥하여 2000년대 후반부터는 영상과 SNS를 활용한 가정폭력에 대한 인식개선 활동이 본격화되었다. 여성인권영화제는 영화를 통해 "일상적으로 일어나는 여성폭력의 현실과 심각성을 알리고 피해자의 생존과 치유를 지지하는 문화를 확산하기 위해" 2006년부터 시작되었는데 제10회가 되는 2016년 현재 전국의 8개 지역에서 공동 진행되는 등 전국으로 확산되고 있다. 2015년에는 4200여 명이 관람하고, 39개 공동체 상영에 2700여 명이 참여한 것으로 집계되었으며 지금까지 상영된 영화들은 아카이브로 구축되어 있다.[39]

2015년에 시작한 여성폭력예방 연중캠페인 "그 일은 전혀 사소하지 않습니다"는 단발적인 캠페인의 한계를 극복하고자 상시적이고 지속적인 캠페인 방식을 개발한 결과이다. "그 일은 전혀 사소하지 않습니다"는 카피를 케이블 영상광고, 지하철광고, SNS 등을 통해서 일상적으로 노출시켜 사소하지 않았던 폭력과 차별의 순간 그리고 그 징후는 "전혀 사소하지 않다"는 메시지를 전달함으로써 피해자와 방관자의 '의심'을 지지하고, 대중의 힘으로 폭력상황을 막을 수 있는 힘을 키우고자 하는 것이다. 그 결과 다소 도발적인 이 카피는 많은 사람들의 이야기 소재가 되었고 카피를 빌려달라는 요청도 늘고 있다.[40]

온라인상의 캠페인인 '기억의 화요일'(화요시위)은 2012년 오원춘 사건을 계기로 결성된 '여성폭력 피해자 추모 및 여성폭력 근절을 위한 공동행동'의 광화문 1인시위로 시작되었다. 2013년 공동행동은 마감했으나 여성의전화는 2014년까지 전국의 지부들과 함께 독자적으로 계속 이어나가다가 2015년부터는 화요논평으로 개편하여 온라인상에서 계속하고 있다. 2015년 한 해 동안 47개의 논평이 게시되었고 SNS 최대치는 8729회였다. 그 밖에도 분노의 게이지라 하여 "2009년부터 언론에 발표된 기사 중 친밀한 관계(남편이나 애인 등)에 의한 여성살해 통계를 발표하여 여성폭력의 심각성을 사회적으로 알리는 활동"을 하고 있다.[41]

제도화와 신자유주의의 만남은 가정폭력 추방운동에 다양한 주체와 이슈를 등장시키는 계기가 되었다. 이에 대응하기 위해 가정폭력 추방운동은 피해자 상담과 인권지원, 입법운동 등과 같은 운동방식을 뛰어넘어 가정폭력 개념 확장하기, 당사자운동, 영상과 SNS를 활용한 인식개선운동 같은 대안적인 운동방식을 모색하고 있다. 이러한 시도 속에서 20대 페미니스트 활동가들이 성장하고 있는 것이 눈에 띈다.

4) 가정폭력 추방운동의 성과와 과제 그리고 전망

(1) 성과

지난 30여 년간의 가정폭력 추방운동은 여성폭력에 관한 사회 전반의 태도와 의식에 변화를 가져왔다. 여성폭력 추방운동은 사적인 영역으로 감추어져 있는 여성들의 삶을 드러내어 일상적인 삶의 영역이 곧 불평등과 폭력·권력의 장임을 보여주었다. 나아가 여성폭력 문제는 인권의 문제라는 사회적 동의를 얻어내었다. 여성폭력은 국가가 해결해야 할 사회적 문제라는 인식이 확립되면서 여성폭력 예방과 인권보호를 위한 법과 제도 그리고 전담기구가 만들어졌으며 각종 제도교육과 사회교육을 통해 여성폭력 예방교육을 실시할 수 있게 되었다. 그리고 운동과정에서 형성된 사회적 동의와 법적 지원 근거마련으로 여성단체들이 전국적으로 성장할 수 있었고 여성연합 소속단체들만이 아니라 다양한 조직과 여성들이 전국적으로 여성폭력 추방운동에 참여하게 되었다.

(2) 과제

그럼에도 불구하고 이제 가정폭력 이슈는 낡은 이슈로 치부되고 있다. 그것은 피해자 지원활동을 주요 사업으로 하는 상담소 업무로 축소되었고 운동의 중심이 새롭게 등장하는 다른 이슈들로 이동했기 때문이다. 나아가 사회적인 인식의 변화에도 불구하고 여전히 가정폭력은 사적인 공간에서 일어나는 사적인 문제라는 인식이 사회 저변에 깔려 있기 때문이기도 하다. 그 결과 가정폭력 추방운동이 동원할 수 있는 자원이 제도화 이후 상당히 줄어들게 되었는데 정부나 사회의 지원 및 인력이 상담소(제도)로 집중되었기 때문이다.

무엇보다 심각한 문제는 제도화 이후 아내폭력, 아내강간이 부부폭력, 부부강간으로 그 개념이 탈정치화한 것이다. 가폭법은 가정폭력을 가족구성원 간의 폭력, 즉 가정폭력은 부부 상호간에 발생하는 부부폭력이라고 정의하고 있다. 이에 따라 언론보도는 아내강간을 보도하면서 부부폭력이란 부정합적인 용어를 사용하고 있다.[42] 이런 정의는 아내폭력이 불평등한 권력관계에서 발생하는 것이라는 본질을 은폐하고 가정폭력 추방운동의 추동력을 약화시키고 있다.

과제를 보자면 오랜 개정운동에도 불구하고 법이나 제도에도 보완해야 지점들이 여전히 남아 있다는 것이다. 아내강간이나 정당방위를 인정하는 법의 개정, 데이트폭력방지법과 스토킹방지법의 제정 등이 그것이다. 가정폭력, 성폭력, 성매매 등으로 나누어져 있는 이른바 '여성인권 3법'의 통합성에 대한 고민도 계속되어야 한다. 아내강간 이슈에서 볼 수 있듯이 아내강간은 아내폭력이자 기혼여성의 성적 자기결정권의 억압 문제이다. 성매매 피해여성은 어릴 적 가정폭력이나 성폭력에 노출된 경우가 많다.

이렇듯 여성은 살아가면서 다양한 여성폭력을 경험할 수 있기 때문에 피해여성의 입장에서 폭력을 통합적으로 볼 수 있어야 한다는 것이다. 여성연합은 이런 문제의식을 가지고 2004년 인권위원회에서 '여성인권통합법'을 논의한 바 있었으나 결론을 내지 못했고 그후 총선과 대선을 거치면서 논의를 지속하고 있으나 뚜렷한 결과물을 내지 못하고 있다.

(3) 전망

지난 30여 년의 운동을 통해 여성폭력에 대한 여성들의 문제의식과 자각의 수준이 높아지면서, 현실과의 괴리감은 더 커질 수밖에 없게 되었다. 그 결과 여성들의 분노가 폭발하는 현상이 곳곳에서 일어나고 있다. 여성혐오에 대한 미러링, 강남역 여성 살해사건에 대한 온오프상의 전국적인 대응 등이 그것이다. 이에 영향을 받아 새롭게 자각하는 여성들이 늘어나고 있으며 이들의 경험을 드러내는 페미니즘이 새로이 구성되고 있다. 이 움직임들이 가부장제와 타협해서 만들었던 여성폭력 관련법들을 여성주의적인 법으로 적극적으로 개정할 수 있는 힘이 될 수 있을 것으로 기대한다.

이제 여성폭력의 경험은 유사하지만 그 경험을 당하는 주체는 예전의 여성들과 상당히 다르다. 이들은 자연스럽게 새로운 방식으로 운동한다. 다시 말해 현재의 운동을 제도라는 갇힌 공간에서의 갇힌 운동이라고 한다면, 이들의 운동은 제도에 연연하지 않는 열린 공간에서의 열린 운동이라고 할 수 있다.

영상과 SNS를 활용한 인식개선운동의 지향이 새로운 세대를 포섭하는 것이었다면, 이제는 기존 조직의 여성운동이 이들과의 연대와 역할분담을 적극 고민해야 할 단계이다. 이제 새로운 방식의 운동을 하는 주체들과 연대하고 소통하는 횡단의 정치가 필요하다. 가정폭력 추방운동은 이 새로운 주체들과 어떻게 만나는가에 따라 그 방안이 달라질 것이다.

참고문헌

박인혜 (2006), 「한국여성운동의 흐름과 고민」, 한국여성의전화연합 정책토론회 발제문.

_____ (2009), 『한국여성운동의 프레임과 주체의 변화』, 한울아카데미.

쉼터 창립20주년 기념비디오.

신혜수 (1998), 「여성인권운동」, 한국여성단체연합 엮음, 『열린 희망, 한국여성단체연합 10년사』, 동덕여자대학교 한국여성연구소.

이현숙·정춘숙 (1998), 「아내구타추방운동사」, 『한국여성인권운동사』, 한울아카데미.

한국여성의전화 (2014), 『愛: say』 vol. 1.

_____ (각년도), 『총회보고서』; 『활동보고서』.

한국여성단체연합 (각년도), 『총회 자료집』.

한국여성의전화 홈페이지.

주

1) 가정폭력이란 용어는 1998년 법제정 이후에 통일·정착된 것이다. 1980년대 운동 초기에는 매 맞는 아내(battered woman/wife), 아내학대(wife abuse), 아내구타(wife battering), 가정폭력(domestic violence), 가부장적 테러리즘 (patriarchal terrorism) 등 다양한 용어가 사용되었다. 법률상 가정폭력이란 "가정구성원 사이의 신체적·정신적 또는 재산상 피해를 수반하는 행위"를 말한다. 2010년 가정폭력 실태조사가 의무화되면서 부부폭력(marital/conjugal violence), 배우자학대(spouse abuse) 등의 용어도 등장했다. 이는 가정폭력의 정의가 '성별 권력관계에 의한 아내구타'로부터 '가정구성원 사이의 상호폭력'으로 변하면서 탈정치화했음을 보여준다. 이 글에서는 혼란을 피하기 위해 현재 사용되고 있는 '가정폭력'이란 용어를 사용할 것이다. 그러나 실제 운동현장에서 '가정폭력'은 '아내폭력'이란 의미로 사용되고 있다. 아내폭력은 아내에 대한 물리적 폭력뿐만이 아니라 정신적·정서적·경제적·성적 폭력 등 폭넓은 의미를 포함하고 있다.

2) 여성의전화는 한국여성의전화라는 이름으로 창립했으나 조직의 변화에 따라 한국여성의전화연합, 한국여성의전화로 단체명이 변경되었다. 이 글에서는 여성의전화라 통칭한다.

3) 이현숙·정춘숙 1999, 108쪽.

4) 박인혜 2009, 120쪽.

5) 같은 책, 141쪽.

6) 같은 책, 125쪽.

7) 쉼터 창립20주년 기념비디오, 한우섭 증언.

8) 박인혜 2009, 166~72쪽. 그 연구성과를 거두어 서울여성의전화는 2005년 『왜 여성주의 상담인가』라는 단행본으로 출간했다. 현재 여성의전화 부설 여성주의 상담연구소도 개설되어 있다.

9) 박인혜 2009, 173쪽.

10) 1991년 전북 남원에서 발생한 어린이 성폭력 피해자에 의한 가해남성 살인사건.

11) 같은 책, 287쪽.

12) 같은 책, 289, 290쪽.

13) 같은 책, 263쪽.

14) 신혜수 1998, 173쪽.

15) 가폭특위 구성단체는 다음과 같다. 회원단체: 경남여성회, 대구여성회, 서울여성노동자회, 제주여민회, 충북여성민우회, 한국여성의전화, 한국여성민우회 부설 가족과성상담소. 외부단체: 가톨릭여성의쉼자리, 아동학대예방협회, 장애우권익문제연구소, 한국노인의전화, 한국성폭력상담소.

16) 범국민운동본부는 여성연합을 비롯하여 경제정의실천시민연합, 한국여성유권자연맹, 환경운동연합 등 22개의 여성·시민 단체로 조직되었다.

17) 같은 글, 174, 175쪽.

18) 같은 글, 175, 176쪽.

19) 같은 글, 176쪽.

20) 박인혜 2009, 314~17쪽. 이 토론회에서 경찰은 10개월에 걸쳐 7만 1783회, 173만 9532명을 교육하고 경정 이하의 경찰관을 상대로 시험을 보았으며 각급 경찰 교육과정에 가정폭력 관련과목을 배치했다고 보고하였다(같은 책, 315쪽).

21) 이때 여성상담을 주 사업으로 하고 있던 여성단체는 대구애린회(1987년 창립, 대구여성의전화 전신), 광주여성의전화(1990년 창립), 부산기독쉼터(1990년 창립, 부산여성의전화 전신), 전북여성의전화(1991년 창립, 전주여성의전화 전신), 인천여성의전화 창립준비위원회 등이다(같은 책, 341쪽).

22) 같은 책, 419쪽.

23) 같은 책, 412, 413쪽.

24) 같은 책, 414쪽.

25) 같은 책, 415, 416쪽.

26) 한국여성단체연합 1999.

27) 박인혜 2009.

28) 이를 여성인권법이라고도 한다.

29) 같은 책.

30) 같은 책, 355쪽.

31) 같은 책, 328~31쪽.

32) 같은 책, 319~28쪽.

33) 일흔이 넘은 두 여성이 재산분할을 위해 이혼재판을 청구하자 재판부는 고령
     의 병든 남편을 부양할 의무가 있다, 여생이 얼마 남지 않았으니 힘들어도 그냥
     살라는 취지로 이혼청구를 기각하였다. 이 사건들은 패소 후 두 여성의 가족들
     이 여성의전화에 상담을 의뢰해 개입하게 되었고 결국 승소를 이끌어냈다.

34) 같은 책, 395쪽.

35) 같은 책, 399쪽.

36) 같은 책, 401쪽. '한국사회의 이혼, 과연 문제인가'(2006. 9. 12), '쉬운 이혼은
     없다! 이혼당사자 그녀들의 이야기'(2007. 3. 28), '이혼, 자녀는 이렇게 생각한
     다'(2007. 11. 16) 등 일련의 이혼당사자 집담회를 열고 "이혼절차보다 가부장적
     이데올로기 때문에 이혼과정에서 당사자와 그 자녀들이 겪는 고통"을 드러내
     는 데 주력하였다.

37) 같은 책, 402쪽.

38) 한국여성의전화 2014.

39) 한국여성의전화 홈페이지.

40) 한국여성의전화 2015(『활동보고서』).

41) 같은 곳.

42) 연합뉴스 2015. 1. 20.

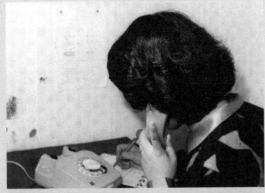

1983년
최초로 한국여성의전화 가정폭력
피해자를 돕기 위한 전화상담 시작

1995년
가정폭력방지법 전문가 워크숍

1999년
서울가정법원은 당시 일흔 살의
이○○씨가 남편을 상대로 낸
재산분할 및 위자료 청구 이혼소송에
대해 '해로하라'며 기각, 이에
여성의전화는 여성노인 인권문제에
대한 논의를 확장

2000년
가정폭력 정당방위 사건은 지속적으로
가정폭력을 당해 온 피해자가 국가와
사회의 지원을 전혀 받지 못하고,
가해자의 폭력으로부터 스스로를
보호하는 과정에서 우발적으로
가해자를 죽음에 이르게 한 사건을
말함. 한국여성의전화는 이 사건을
'정당방위'로 규정, 꾸준히 피해자를
지원

2000년
이혼과정에서 여성들이 부딪히게
되는 재산권 문제, 여성노인들의
황혼이혼과 재산권 문제, 여성의
정당한 재산권 확보 등에 대한
관심에서 1999년 부부재산공동명의
운동을 시작

2012년 5월 16일
'여성폭력에 대한 무관심과 죽음의
행렬을 멈춰라!' 거리행동

3
성매매의 정치화와 반성매매 여성인권운동

정미례/이하영(성매매문제해결을위한전국연대)

1) 머리말: 성매매여성의 인권

오랫동안 성매매는 형법상 '여성의 정조'에 관한 죄였으며 남성의 성
욕해소를 위해 필요하지만 사회의 건전한 성도덕을 위해서는 제한
되어야 할 악습으로 취급되어 왔다. 이런 취지에서 1961년에 제정된
'윤락행위 등 방지법'은 성매매를 전면적으로 금지하면서도 그 책임
을 남성이 아니라 여성에게만 물었다.

한국사회의 성산업은 1980년대를 거치며 극적인 변화를 겪었
다. 주한미군과 일본인 관광객을 대상으로 외화벌이가 주목적이었
던 성매매는 80년대에 접어들면서 한국남성을 대상으로 한 유흥·향
락산업을 중심으로 재편되었다. 광주민주화운동을 무력진압하며 정
권을 잡은 전두환정부는 민심을 안정시키기 위해 여러 선심성 정책

을 펼쳤는데, 유흥업소와 접객업소 할당제와 거리제한제 철폐(1980) 및 37년간 지속된 야간통행금지 해제(1982)도 그 일환이었다. 그 결과 1976년 대비 1988년의 기업접대비는 12배 증가했으며, 룸살롱·스탠드바·요정·카바레와 같은 '유흥음식점'뿐만 아니라 카페와 다방·숙박업소·안마시술소·목욕탕·이용업소 등 업소와 업태를 망라하여 합법적 영업장과 성매매가 결합하면서 성매매 산업도 급격히 확장됐다. 성매매 경제규모는 연 24조원에 이르며, 성인남성 두 명 중 한 명이 성구매 경험이 있고, 최소 33만 명의 여성이 성매매에 연루되어 있다는 조사결과[1]는 한국사회 성산업 및 성매매의 광범위함을 짐작하게 해주었다.

1990년대 들어 진전된 민주화의 과정과 여성운동의 성장은 여성인권에 대한 논의를 확산시켰고, 성폭력 및 가정폭력에 관한 법제정과 지원정책의 확대로 이어졌다. 그럼에도 성매매여성은 여전히 도덕적 비난의 의미를 담고 있는 '요보호'여성의 범주를 벗어나지 못하였다. 오히려 급속한 경제발전과 물질적 풍요는 경제적 빈곤층을 확대시켰고, 성 상품화의 확산은 성산업에서의 저연령화 현상을 가속화시켰다. 일명 '원조교제'라고 불리는 성인남성들의 청소년 성매수행위는 아동·청소년에 대한 성적 착취가 악화되고 있는 현실에 대책이 필요함을 보여주는 것이었다. 그러나 당시 한국사회는 여성에 대한 폭력과 인신매매에 대한 논의가 아니라, 성에 대한 통제와 억압·보호할 수 있는 성과 보호받지 못할 성으로 구분하는 풍속의 관점에서 청소년의 성을 보호하기 위해 '청소년 성보호에 관한 법률'을 제정했다.

강고한 가부장제와 성적 이중규범, 여성의 성적 억압 문제를 전면적으로 내세운 변화는 여성들의 참혹한 죽음으로부터 시작되었다. 2000년 군산 대명동, 2001년 부산 완월동, 2002년 군산 개복동의 성매매업소에서 화재가 발생해 20명이 넘는 여성들이 감금상태에서 사망하는 참사가 일어났다. 잇따라 터진 대형 참사는 한국 사회의 성매매 현실을 적나라하게 보여주었고, 이를 통해 드러난 성매매의 착취적인 구조와 노예 같은 여성들의 삶은 세상을 충격에 빠뜨렸다.

이처럼 반(反)성매매 여성운동은 성매매 현장에서 죽어간 여성들의 희생 위에서 시작되었다. '사회의 필요악'으로 취급되던 성매매여성들의 인권문제는 전국적으로 퍼져나갔고 한국여성단체연합(이하 '여성연합')을 중심으로 한 진보적 여성운동의 핵심 의제가 되었으며 마침내 2004년 '성매매방지법'이 제정되기에 이르렀다. 그리고 지난 10년간 반성매매 여성인권운동은 성매매를 정상화하려는 반동적 힘들에 맞서 성매매를 여성에 대한 폭력이자 착취로서 의미화하기 위한 노력을 해왔다.

2) 성매매의 정치화와 성매매방지법 제정운동

(1) 군산 성매매업소 화재참사와 성매매 문제의 의제화

2000년 9월 19일 오전 9시 15분경, 군산 대명동 소재 성매매업소에서 화재가 나 성매매여성 5명이 목숨을 잃는 참사가 벌어졌다. 화재가 발생한 곳은 3층짜리 건물의 성매매업소로, 화재는 2층에서 발생했고 화재 당시 창문을 두드리며 살려달라고 외치는 여성들이 있었지만 유리창과 쇠창살에 가로막혀 결국 죽음에 이르렀다. 건물 내부는 1평 남짓한 쪽방 7개가 미로처럼 불법적으로 개조되어 있었고 유일한 탈출구인 창문은 철창으로 막아두었으며 출입문도 바깥에서 잠가서 밖에서 열어주지 않으면 빠져나올 수 없는 구조였다.

사건이 발생하자 지역여성단체를 중심으로 사건의 진상을 밝히는 활동에 나섰고, 여성연합은 지역단체의 의견과 사건을 접수하여 같은 해 9월 23일 "군산시 대명동 화재참사로 인한 매춘여성 사망에 대한 입장"을 발표하면서 철저한 수사와 재발방지 대책을 요구했다. 이어 10월 16일에는 '군산 화재참사를 통해 본 성매매 해결을 위한 토론회'를 개최하여 한국사회의 성매매 현실을 진단하고, 전국 15개 시민사회단체와 공동으로 군산지역 뇌물상납 경찰 및 공무원 등 관련자를 고발했다. 그리고 2000년 여성폭력 추방주간에는 '2000년 여성인권 침해 5대 사건'으로 '군산 대명동 매매춘지역 화재참사로 드러난 노예매춘'을 선정하였다.

사실 2000년 이전까지 성매매는 여성운동의 중심 의제는 아니었다. 성폭력과 가정폭력으로 인한 여성인권 침해문제를 제기하는 동안, 성매매 영역은 성매매 현장에서 여성들을 직접 지원하는 선도보호시설이나 기지촌여성들을 지원하는 단체들을 중심으로 부분적으로 진행되었을 뿐 여성운동의 중심 의제로 설정되지는 못했다. 1995년 당시 보건사회부를 중심으로 '윤락행위 등 방지법' 개정작업이 추진되었을 때도 여성 학자와 단체들이 의견을 개진하고 많은 논의를 진행했지만, 여성운동의 중요한 의제가 되지는 못했다.

그러다 군산에서 발생한 화재참사는, 성매매 문제가 여성연합 중심의 진보적 여성운동의 핵심 의제로 채택되고, 성매매는 여성에 대한 폭력이자 성적 착취 행위라는 인식을 바탕으로 여성인권 영역에서 함께 논의하고 담론을 만들어나갈 뿐 아니라 피해자를 지원할 수 있는 국가정책을 마련하도록 하는 계기가 되었다.

(2) 반성매매 여성인권운동의 형성과 확산

군산 화재참사로 드러난 성매매 문제가 지역사회에 국한되지 않고 전북지역 나아가 전국적인 의제로 확산될 수 있었던 것은, 지역 여성 운동단체들의 끈질기고 지속적인 노력과 함께 한국사회 전반에서 벌어지고 있는 성매매여성들의 참혹한 인권침해 상황에 응답할 것을 요청하는 현장의 요구가 이어졌기 때문이다. 이를 계기로 사문화되어 있던 '윤락행위 등 방지법'을 대체하는 새로운 법 제정에 대한 논의가 본격화되었다. 여성연합은 '성과인권위원회'의 2001년 사업목표를 "(가칭)성매매방지법 제정활동을 전개한다"로 정한 뒤,[2] 전문가 간담회, 법제정 초안작업을 변호사와 진행하여 법률안을 만들고 법률안에 대한 설명회 등을 거쳐 국회에 법률안을 입법청원하였다. 입법청원한 법률안은 성매매는 '여성에 대한 성적 착취이자 억압'이라는 관점에서 성매매여성은 처벌하지 않고(비범죄화) 구매자와 알선자에 대한 처벌은 강화하는 내용이었다(노르딕 모델). 그러나 여성연합이 제출한 법안은 국회에서 제대로 논의되지 않았다.

그러던 중 2002년 또다시 대형 참사가 군산 개복동 성매매업소에서 발생했다. 2002년 1월 29일 개복동 유흥주점에서 불이 났고 업소에서 일하던 여성 14명을 포함해 총 15명이 사망하는 사건이 일어났다. 1층에서 불이 났음에도 불구하고 출입문 밖에서 잠근 샤프리키[3] 때문에 굳게 닫힌 문 앞에서 모두가 사망한 대형 참사였다. 화재현장에서는 '빚, 인신매매, 감금, 폭행' 등 폭력으로 얼룩진 여성의 일기가 발견되어 성매매여성들이 처한 처참한 현실이 고스란히 드러났다. 그럼에도 군산시와 군산경찰은 여성들이 술에 취해 대피하지 못했다는 식으로 사건을 몰고 갔고 전국 여성단체들의 분노를 불러일으켰다.

　　이에 여성연합 단체들은 1월 30일 서울 정부종합청사 앞에서 '군산 개복동 화재참사 긴급규탄집회'를 가졌고, 이어 2월 2일에는 군산지역 시민단체들을 포함하여 총 43개 시민사회단체가 '군산 개복동 화재참사 대책위원회'를 꾸려 화재현장 인근에서 '성매매 근절과 군산 개복동 화재참사 진상규명을 위한 촉구대회'를 열었다. 지역과 전국에서 '성매매 근절과 군산 개복동 화재참사 진상규명을 위한 여성·시민사회 단체 규탄집회'가 개최되었으며, 군산에서는 대책위원회·유가족·여성연합이 주최하여 화재참사 희생자들의 합동 여성장을, 또 같은 날 서울에서는 합동 여성장 노제를 진행하면서 성매매여성들의 인권문제를 강력하게 제기하였다. 나아가 대명동·개복동 화재사건은 국가의 책임이라는 차원에서, 여성연합과 민주사회를 위한 변호사모임은 공동변호인단을 꾸려 국가를 상대로 한 손해배상 청구소송을 진행하였다.

　　군산 화재참사와 전국적으로 발생한 성매매여성들의 인권침해 사건이 세상에 드러나고 성매매를 여성인권의 문제로 제기하면서 성매매 문제에 응답해야 한다는 여론이 확산되었고 성매매방지법을 새롭게 제정하려는 운동이 본격화되었다.[4] 여성연합은 2001년 2월 9일 준비모임을 시작으로 같은 해 국회에 입법청원을 하였고, 2002년에는 총회에서 '성매매방지법 제정 특별위원회'(이하 '특위')를 구성하여 개복동 화재참사 대응, 성매매방지법 제정활동, 대국민 여론활동을 전개하였다. 새로운 법안에 대한 홍보활동을 비롯해서 성매매는 성적 착취이자 여성에 대한 인권유린임을 알리는 대국민 캠페인도 동시에 펼쳐졌다. 성매매방지법 제정을 촉구하기 위해 법안 심의과정을 모니터링하고 국회의원 및 지역 도의원·시의원, 정부부처와 정부 인수위원회를 대상으로 간담회·법안설명회 등을 추진하고, 국회 앞 가두시위를 벌이고, 법안통과 촉구공문을 보낸 결과 7월 25일에는 성매매방지법 제정을 촉구하는 광역의원 결의안이 국회에 제출되었다. 대국민 캠페인을 통해 받은 1만 6372명의 서명도 국회의장에게 전달되었다.

지역의 여성단체들도 "성매매 없는 건강사회 만들기"라는 캠페인과 여성인권 콘서트를 개최하여 반성매매의 물결에 동참하였다.[5] 경기·부산·전북 지역에서는 실태조사를 실시하여 성매매여성들의 인권실태와 현황을 파악하였으며 그외 지역에서도 거리캠페인, 상담사례집 발간, 토론회 개최 등의 활동을 전개하면서 반성매매 여성인권운동을 확산시켰다. 한편 성매매여성에 대한 긴급구조지원 활동도 시작되었는데, 당시 성매매여성에 대한 구조지원 시스템이 전무한 상황에서 여성연합 회원단체들과 지역여성단체를 중심으로

(전북, 대구, 제주, 광주, 부산, 서울, 인천, 대전, 경기) 구조지원팀을 결성해 상담전화를 개설하고 선불금과 사기죄로 피해를 입은 여성들에 대한 법률지원, 조사동행, 쉼터 연계 등의 활동을 시작했다.

(3) 성매매방지법 제정, 새로운 도전과 한계

2004년 3월 23일, 마침내 '성매매알선 등 행위의 처벌에 관한 법률'(약칭 '처벌법')과 '성매매방지 및 피해자보호 등에 관한 법률'(약칭 '보호법', 이하 두 법률을 합쳐서 '성매매방지법')이 통과되었고, 같은 해 9월 23일부터 시행되었다. 법 제정은 전국적인 규모의 범여성계와 시민사회단체들의 적극적인 연대, 참여정부의 우호적인 분위기, 여성연합 출신의 여성부장관과 민주사회를 위한 변호사모임 출신의 법무부장관 그리고 2001년 미국무부의 인신매매 3등급 국가분류 등이 결합된 성과였다. 그러나 '성매매방지법'이 여성연합에서 입법청원한 내용대로 통과된 것은 아니었다. 여성연합을 비롯한 여성단체들은 성매매여성은 비범죄화하고 구매자와 알선자는 강력하게 처벌하는 일명 노르딕 모델을 제안했으나, 국회를 거치면서 형평성을 이유로 성매매 관련자 모두를 처벌하는 금지주의로 변형되었다. 단 '성매매 피해자'에 한해 처벌을 유예하고 지원을 하는 '보호법'을 새로 제정하게 된다.

　즉 '성매매방지법'은 성매매 금지주의를 전제로 성매매여성의 인권보호와 탈성매매, 성매매 알선 및 기타 전달체계의 퇴출을 핵심 내용으로 하고 있다. 성매매방지법의 주요 특징은 ① 기존의 공식용어였던 '윤락'이나 '매춘' 또는 '매매춘'이 아닌 '성매매'를 공식 용어로 채택했으며 ② 알선업자에 대한 처벌 강화와 부당수익의 몰수·추징을 통해 중간 알선고리를 근절하고자 했으며 ③ 성매매 수요에 주목함으로써 성구매자 처벌을 강화했으며 ④ 성매매 피해자 개념을 도입함으로써 성매매여성이 법적 보호를 받을 수 있는 길을 열었다는 것이다.

성매매방지법은 성매매 문제를 여성인권 및 사회구조적 문제로 접근한 성과는 있지만, 여전히 성매매를 풍속을 저해하는 행위로 규정함으로써 성매매 행위자와 성매매 피해자를 구분하여 강제·강요에 의한 성매매여성만 피해자로 규정하고 그렇지 않은, 이른바 '단순·자발적' 성매매여성은 처벌하도록 했다는 점에서 한계가 있다. 결국 이런 구분은 성매매여성 스스로 피해를 증명하지 않으면 책임을 물어 처벌하겠다는 의미로, 성매매의 젠더 불평등성을 고려하지 않은 채 여전히 성매매의 책임을 여성에게 전가하는 것이었다. 이 때문에 여성연합을 비롯해서 반성매매 여성인권운동은 성매매방지법의 시행과 동시에 노르딕 모델로의 법 개정운동을 현재까지 해오고 있다.

법이 시행되자 성매매집결지를 중심으로 단속이 펼쳐졌고 강력한 단속에 대한 저항은 당사자들의 반발이라는 형태로 나타났다. 법 시행과 동시에 이 법을 통해 '보호'하고자 했던 성매매여성들이 반대시위를 벌이며 조직화된 것이다. 이들은 여성운동단체들의 "성매매는 여성의 인권에 대한 침해다"라는 주장에 맞서 "성매매 종사자들의 생존권을 보장하라"고 요구하며, 새로운 법은 당사자인 자신들의 요구가 반영되지 않은 법이라면서 반발하였다. 성매매집결지

(일명 집창촌)를 중심으로 한 지역상인, 업주 그리고 당사자 여성들의 집단시위는 일부 여성주의자 및 단체들을 통해 '성노동자'로 의미화되면서 새로운 당사자 주체가 등장한 것으로 비춰졌고, 언론은 이를 '여성 대 여성'의 대결로 보도하면서 사회적 갈등을 표출시켰다. 나아가 '성매매는 필요악'이고 '성매매에 국가가 개입하는 것은 사생활 침해'라는 오래된 논쟁에서부터 "생계 때문에 성매매를 하는 여성들이 있기 때문에 이들에 대해서는 허용하라"는 주장, 남성들의 성적 욕구를 권리라고 주장하는 정치인들과 관광업계의 반발, 성매매를 합법화해서 관리해야 한다는 '신공창론'에 이르기까지 민낯을 드러내면서 성매매 논쟁은 법에 대한 저항과 백러시로도 작용하였다.

그럼에도 성매매방지법 제정과 시행은 단순히 "성매매는 불법이다"는 선언적인 의미가 아니라, 성매매를 하게 되는 사회구조에 대한 분석과 실제 성매매 구조 내에서 여성들이 당하는 인권침해에 주목하게 함으로써, 국가는 성매매를 예방·방지하고 성산업에 대응하고 피해자를 지원해야 할 책무가 있음을 분명히 했다는 점에 그 의의가 있다.

3) 반성매매 여성인권운동 전개: 새 인프라와 시스템 구축

(1) 지원체계의 제도화와 민관 파트너십

법 시행은 많은 정책과 제도를 변화시켰다. 성매매여성의 보호와 지원이 정책의 의제로 설정되었고 범정부 차원에서 성매매방지 종합

대책과 성매매방지 추진점검단이 만들어졌으며 여성운동단체들은 이런 법과 제도를 만드는 데 참여하고 개입했다. 성매매여성의 인권 보호와 자활 지원을 목표로 긴급구조, 법률지원, 의료지원, 직업훈련, 경제적 자립에 이르는 전과정을 체계적으로 지원하기 위한 정부 및 민간 차원의 인프라와 시스템이 구축되었다.

전국적으로 성매매여성들의 구조·지원 요청이 쇄도하자 여성운동단체들은 지원 시스템을 효과적이고 효율적으로 운영하기 위해 허브 기능을 하는 기관이 필요함을 여성가족부에 요청하였다. 이러한 요청에 부응해 여성가족부는 정책적 사업으로 예산을 확보하고 정부 산하기관에 위탁하고자 했으나 경험부재로 민간단체 위탁을 결정했다. 이에 여성연합과 여성운동단체들이 중심이 되어 2005년 11월 (사)여성인권지원하는사람들이라는 별도 법인을 설립하고 '여성인권중앙지원센터 종이학'(이하 종이학)이라는 허브기관을 여성가족부로부터 위탁받았다. 시스템이 부재한 상황에서 '종이학'은 지원기관들 간의 네트워크를 구축하고, 성매매여성들을 지원하는 전문인력을 양성하고 역량을 강화하기 위해 교육을 실시하고, 체계적인 지원 매뉴얼을 개발하는 등 현장과 정책을 이어주는 민간 거버넌스의 역할을 수행하였다.

그러나 2008년, 이명박정부는 이전에 구축된 여성운동단체와의 민관 파트너십을 파기하고 정부 차원의 성매매정책도 무력화시켰다. 종이학 역시 민간위탁 방식을 일방적으로 파기하고 재단법인 '한국여성인권진흥원'으로 재편하면서 정부가 주도하는 성과 중심의 성매매방지 종합대책을 수행하는 기구로 현재에 이르고 있다.

(2) 새로운 모델 만들기: 성매매집결지 사업

성매매방지법이 시행되자 성매매집결지를 중심으로 반발이 일어났다. 성매매방지법을 무력화하려는 언론의 공격과 성매매집결지의 업주 및 여성들의 시위가 계속되자, 여성연합과 '성매매문제해결을위한전국연대'는 24시간 공동상황실을 설치해서 매일 새로운 뉴스레터를 만들어 대국민 설득작업에 나서는 한편, 성매매여성들이 처한 현실을 고발하였다. 언론에서 여과 없이 보도되는 업주들의 인터뷰와 내용은 고스란히 여성들에게는 협박과 위협으로 작용하였다. 여성운동단체들은 성매매여성들을 구조·지원하는 활동을 하는 한편으로는 법이 제대로 시행될 수 있도록 성매매 현장의 폭력성과 성매매여성의 인권침해 상황을 알리는 활동을 전개하였다. 전국 255개 시민사회단체들도 '성매매 없는 사회 만들기 시민연대'를 조직해 철저한 법집행을 촉구했다. 호주제 폐지운동에 연대하였던 많은 시민사회단체들은 성매매 문제에 대해서도 이를 여성인권의 핵심 의제로 보고 함께 목소리를 모아주었다.

　　성매매집결지에서 시위가 계속되는 가운데, 2004년 10월 19일 부산 완월동 성매매집결지와 인천 옐로하우스 성매매집결지의 여성대표들이 여성연합을 찾아와 면담을 가졌고, 10월 22일에 면담의 결과를 건의서로 전달했다. 성매매방지법이 여성들을 처벌하는 법이라며 항의하기 위해 찾아온 여성들은 만남을 통해 법 제정취지와 여성단체들의 입장을 이해하고 그간의 오해와 불신의 간극을 줄여나갔다. 그 결실로 10월 27일 부산 '해어화'(완월동 여성들의 모임)와 인천 '상조회'(옐로하우스 여성들의 모임), 여성연합, 전국연대는 '집결지 사업'을 하기로 합의하고 공동의 결의문을 발표했다. 합의의 내용은 ① 성매매여성을 처벌하지 말 것 ② 정부가 적극적으로 탈(脫)성매매와 자활교육을 지원할 것 ③ 모든 프로그램의 내용을 공개하고 전국의 성매매여성에게 적극적으로 홍보할 것 ④ 그동안 업주가 얻은 이익 일부를 성매매여성의 자활에 쓸 것 ⑤ 이 모든 결정은 성매매여성 당사자의 자발적 의지에서 하겠다는 것이었다.[6]

이러한 결의문을 받아 여성부는 같은 해 11월부터 부산과 인천에서 '집결지 사업'을 시범적으로 시작했고, 2005년부터는 전국 14개 지역으로 확대·시행하였다. 이는 성매매여성들이 경제적·사회적 이유로 성매매에 유입되는 현실에서 탈성매매를 위한 제반 여건을 만들어주기 위한 시도의 일환으로, 스웨덴의 '말뫼 프로젝트'(Malmö project)를 한국현실에 맞게 변형한 사업이었다. 구체적으로 과거 일방적인 단속이나 시설 중심의 지원이 아닌 집결지역에 있는 여성들을 직접 찾아가 지원을 시도하는 사업으로 심리상담, 법률 및 의료 지원, 문화예술 치유 프로그램, 직업훈련 실시, 생계비 지급(1인당 40만원 현금지급) 등의 프로그램이 있었다. 특히 긴급생계비 지원은 당장의 생계를 해결하기 위한 시도로, 당시 여성부는 복지의 사각지대에 있는 여성들을 위해 과감하게 긴급생계비를 편성하였고 성매매 현장에서 힘들게 버티던 여성들에게는 탈성매매를 결심하는 데 큰 도움이 되었다.

획기적이면서도 새롭게 시도된 집결지 사업에 대해 여성들은 처음에는 "개인정보가 경찰에 그대로 들어간다"는 업주들의 왜곡된 정보전달과 업소에서 벗어나 상담소까지 오기를 꺼려하여 참여가 저조하였으나 점차 현장단체와 정부정책에 신뢰가 쌓여가면서 조심스럽게 사업에 참여하기 시작하였다.

성매매여성들이 여성단체를 통해 자신들의 문제를 인식해 나가면서 적극적으로 지원사업에 참여하자, 성매매 영업을 지속하려던 업주들은 공격적으로 여성들이 지원을 받지 못하도록 압력을 행사하였다. 급기야 집결지 업주들은 여성운동단체들이 집결지 사업을 못하게 하기 위해 감사원에 프로그램 운영비 및 생계비 지원에 대한 감사청구를 신청했다. 여성연합과 여성운동단체들은 이에 강력하게 항의하였지만 MB정부는 감사원의 감사를 수용하였고, 이를 계기로 2009년에는 이 사업을 종결하고 문제가 된 긴급생계비를 제외하고 사업 참여자들의 개인정보를 제공하는 조건으로 현장기능강화사업으로 사업을 전환하고 말았다. 이에 따라 정책에 개입하고 제도화에 참여한 여성운동단체들은 예산지원을 받는 상담소나 지원시설을 운영하는 체계에 편입되면서 성과를 중심으로 관리·감독하려는 정부정책 및 행정과 끊임없이 부딪치면서 제도화 싸움을 전개해 나가고 있다.

(3) 반성매매 여성인권운동의 전국 네트워크 결성

여성연합을 중심으로 한 전국의 회원단체와 연대단체들은 전국적으로 법제정을 위한 다양한 활동을 펼쳐나가는 동시에, 성매매여성들을 지원할 수 있는 새로운 시스템을 구축해 나갔다. 조직과 자원이 크게 부족한 상황에서 전국적으로 구조·지원된 성매매여성들은 '윤락행위 등 방지법'에 의해 선도보호시설에 입소해야 했으나, 여성들은 시설을 감옥으로 여겨 입소를 꺼렸다. 다른 시설들에서는 전국적으로 구조를 요청한 성매매여성들을 시설의 특성과 맞지 않는다는 이유로 지원을 거부했다. 그렇지만 성매매여성들을 업주들로부터 안전하게 보호하기 위한 쉼터가 절실히 필요했다. 다행히도 2001년 여성연합은 사회복지공동회에 조성된 복권기금사업 '폭력 피해여성에 대한 긴급지원사업'으로 성매매여성 쉼터, 이주여성 쉼터, 성폭력·가정폭력 피해여성 중장기 쉼터를 만들어줄 것을 제안해서 지원을 받게 되었다. 여성운동단체들은 자율적이고 안전한 성매매여성 긴급쉼터가 필요하다고 보고 전국의 주요 도시—서울, 경기, 전주, 광주, 대구, 부산, 제주—를 중심으로 전세금을 지원받아 본격적으로 쉼터를 만들어나갔다. 반성매매 여성인권운동은 이러한 물적 토대 위에서 전국적으로 전문적인 상담, 구조지원, 자활지원의 활동을 전개하면서 성장할 수 있었다.

2003년에는 본격적으로 서울·경기·전북·대구 지역의 여성단체들을 중심으로 성매매에 반대하는 '새로운 조직을 위한 추진모임'이 결성되었고, 2004년 법 제정을 계기로 같은 해 6월 반성매매 여성인권운동의 전국 네트워크인 '성매매문제해결을위한전국연대'(이하 '전국연대')가 발족하고 여성연합 회원단체로서 활동을 시작했다. 전국연대는 발족선언문을 통해 "법 제정을 계기로 정부는 성매매방지 종합대책안을 내놓고 본격적으로 성매매 문제에 대응해 나가고 있다. 그러나 새로 제정된 법 역시 성매매여성에 대한 비범죄화를 이루지 못했고 성매매 피해여성을 보호하고 성매매를 근절시켜 나가기에는 한계가 있다. …법 제정을 출발점으로 정부정책이 올바른 방향으로 나갈 수 있도록 정책제안과 함께 감시 모니터 활동, 피해자 보호지원을 확대하는 활동과 국민의식을 바꿔내는 활동 등을 진행하여 진정으로 인권이 존중되고 평등한 세상을 앞당기는 활동을 할 것"이라고 밝히고 운동을 전개했다.

전국연대는 2006년부터 매년 '민들레순례단'을 조직하여 성매매로 인해 죽어간 여성들을 기억하고 추모하는 활동을 진행하고 있다. 해마다 성산업 착취구조 해체를 위한 여성·인권행동의 이름으로 군산 대명동과 개복동을 방문해서 여성들을 추모할 뿐만 아니라 전국적으로 주요한 사건이 발생한 지역이나 이슈를 중심으로 활동하고 있다. 나아가 군산 개복동 성매매업소 건물이 철거되자 여성인권 공간으로 재탄생시키기 위해 2015년에는 이 공간에 세울 추모조형물 "개복동 2002 기억, 나비자리"를 제작하였다. 현재 지역주민들의 반대로 조형물은 화재참사 자리에 설치되지 못했으나 조형물은 화재 당시 유품, 성매매 생존자들의 글과 함께 전시회를 통해 공개되었고 이 전시회는 지금도 자리를 옮겨가며 계속되고 있다.

2016년 현재, 전국연대는 전국 13개 지역에 회원단체를 두고 법 개정운동과 정책 개입활동, 반성매매를 위한 대중 캠페인 그리고 수요차단을 위한 의식전환 및 시민참여 활동 등 다양한 활동을 진행하고 있다.

(4) 당사자운동의 성장: 성매매 경험당사자 네트워크 뭉치

성매매 경험당사자들의 운동이 시작된 것은 반성매매 여성인권운동의 큰 성과이다. 전국연대 지역단체들에서 여성들에 대한 상담과 구조지원 활동을 해나가면서 당사자 활동가들이 자연스럽게 탄생하였다. 성매매 현장을 벗어났거나 현장에 있지만 벗어나려는 여성들은 자신들의 경험을 공유하면서 현장여성들과 함께하고자 했다. 이렇게 조직된 당사자모임이 '성매매 경험당사자 네트워크 뭉치'(이하 뭉치)다. 뭉치는 성매매 경험을 당사자의 입장에서 해석하고 알리기 위해 "우리의 존재가 실천이다"는 구호를 내걸고 활동하고 있다. 2006년부터 각 지역에서 자조모임 형식으로 스스로의 지지와 지원을 위한 활동을 전개하다가 2010년 '현장활동가 네트워크 준비운영위 뭉치'에서 '성매매 경험당사자 네트워크 뭉치'로 스스로의 정체성을 설정했다. 당사자 정체성을 보다 분명히 하면서 성매매 경험을 기반으로 한 반성매매운동을 본격적으로 전개하기 위해서였다.

이어 2011년에는 〈우리의 존재가 실천이다〉는 영상을 직접 제작해 발표하면서 세상에 모습을 드러냈으며, 매년 정책 워크숍, 회원 전체 워크숍을 통해 스스로 정책을 만들고 목소리를 내면서 성매매에 대한 당사자들의 목소리를 확산시키고 있다. 2012년에는 전국을 순회하면서 직접 제작한 영상을 상영하고 일반시민들과 만나는 '무한발설'을 진행하였고, 2014년부터는 토크콘서트 형식과 결합된 "성매매 경험당사자 네트워크 뭉치 토크콘서트: 우리 지금 만나, 아니 그걸 이야기하겠다니"를 진행해 오고 있다. 뭉치는 자신들이 직접 만든 의견을 발표하고 연대의 폭을 넓혀나가고 있는데, 성매매방지법 제정 10주년을 맞아 "성착취 근절 '성매매여성 비범죄화'를 위한 선언문"[7]을 발표하여 해외 여성단체 14개, 당사자조직 3개, 개인 66명의 서명을 받았다. 또한 2016년 헌법재판소에서 진행된 위헌제청

과정에도 참여해서 의견서 및 릴레이 탄원서를 보내 성구매자에 대한 처벌은 강화하고 성매매여성에 대한 처벌은 멈출 것을 요청하였으며, 기자간담회를 통해 언론이 제대로 문제를 볼 수 있도록 촉구하는 활동을 벌였다. 뭉치는 현재도 현장에서 활발하게 활동하면서 당사자들의 요청과 목소리로 성매매정책에 개입하고 있다.

4) 반성매매운동의 현재 쟁점과 과제

(1) 성매매를 둘러싼 담론투쟁: 성노동론의 도전을 넘어

우리 사회는 이중적인 성별 규범을 통해 성을 사는 남성의 성은 자연스럽고 통제할 수 없지만 성을 파는 여성의 성은 도덕적으로 타락(윤락)한 것으로 여겨 비난하면서, 성매매여성은 특별히 감시받고 통제되어야 할 '요보호'여성이거나 선도보호(갱생)의 대상으로 간주해 왔다. 2000년부터 시작된 반성매매 여성인권운동의 물결은 성매매를 몰성적인(gender-blind) 성적 욕망의 차원에서 보아서는 안 되고 성산업의 구조적 폭력과 성매매여성들의 착취적 상황에 주목할 것을 주장하면서, 남성 중심적 성문화와 성에 대한 왜곡된 인식, 불평등한 성별 노동시장 등 우리 사회의 다양한 젠더 불평등과 연관되어 있다는 인식을 확산시켰다.

그러나 법시행과 동시에 성매매집결지 업주와 성매매여성, 지역상인 들은 '생존권 보장과 성매매방지법 폐지'를 주장하면서 법집행과 단속에 반발했고, 이후 국회 앞 단식농성, 삭발시위, 소복농성 등을 이어나갔다. 2005년에는 '전국성노동자연대'를 조직해 성매매여성을 '성노동자'라고 명명하면서 '성매매는 성적 노동'이며, '성매매여성은 자발적으로 성적 서비스업에 종사하는 노동자'로 의미정립을 했다. 이 같은 움직임은 온라인공간과 노동운동 그룹을 중심으로 빠르게 확산되었고 일부 여성주의자들 또한 이론적으로 이를 뒷받침하는 성노동 연구와 합법화 국가의 사례 그리고 당사자들의 목소리를 표출하면서 성매매를 둘러싼 논쟁이 벌어졌다.

사실 성매매를 둘러싼 논란과 각축은 여성주의에서 오래된 논쟁영역이었다. 1995년 베이징 세계여성대회는 성매매여성의 인권보호를 위해 여성을 처벌하지 말 것을 권고했고, 이후 서로 다른 성매매관련 법과 정책이 만들어지는 결과를 가져왔다. 스웨덴은 1999년에 성매매여성만 비범죄화하는 정책을 채택한 데 반해, 네덜란드는 2000년 그리고 독일은 2002년에 모든 성매매 형태를 허용하는 합법화 혹은 성매매 전면 비범죄화 정책을 채택했다.

한국의 여성인권운동 활동가들과 단체들도 스웨덴의 방향을 따라 성매매 문제의 쟁점을 성매매여성에서 성매매 알선자와 구매자로 그 초점을 옮기고자 했지만, 성매매방지법은 기존 체계를 유지한 채 제정되었다. 이는 성을 파는 행위를 한 사람을 강제(피해자)와 자발(행위자)로 나누어서 강제적으로 성매매를 한 피해자로 인정될 때만 보호하겠다는 것이어서, 결과적으로 반성매매 여성인권운동을 지원체계 중심의 '보호' 패러다임에 의존하게 만든다. 그렇지만 반성매매 여성인권운동은 성매매여성의 피해를 지원할 수 있는 물적 토대를 만들고자 했고, 성매매 경험당사자들이 운동의 주체로 나설 수 있도록 적극 지원하고 함께해 왔다.

상담소-쉼터-자활로 이어지는 지원체계는 비록 통합적이지 못하다는 한계를 가지고 있었지만, 성매매 구조에서 빠져나올 수 없게 하는 빚·폭력 등의 장애물을 걷어내고 일시적인 주거 지원을 통해 심리적 안정과 피해를 회복하고 생계대안을 모색하고자 하는 고민을 체계화한 것이었다. 그럼에도 여성인권운동은 제도화된 지원체계 아래서 여전히 '보호' 패러다임에 의존하고 있으며 이를 극복하기 어렵다는 것 또한 현실이다. 현실에는 여전히 많은 난관이 있고 정책적 변화가 더딘 상황에서 이론과 담론을 개발하고 실천현장과 하나 되는 활동은 쉽지 않다. 여성인권운동은 이론을 현장에서 구현하고 현장의 논의를 이론화하는 작업을 계속하면서 '성매매하지 않을 권리'를 중심으로 더 탄탄한 제도를 구축하고 사회의 변화를 이끌어내야 할 과제를 안고 있다.

(2) 강제와 자발의 이분법을 넘어: 성매매여성 비범죄화

전세계적으로 성매매 논쟁은 성매매를 정상적인 산업의 한 영역이자 자발적인 선택의 결과로 이해하는 성노동운동과 성매매 여성에 대한 폭력이자 성적 착취 행위라고 규정하여 반대하는 반성매매 여성인권운동이 대립하고 있다. 이런 논쟁은 국내에서도 되풀이되고 있다. 2013년 성매매여성을 처벌하는 '성매매처벌법' 제21조 제1항의 위헌 여부를 가려달라는 위헌제청 청구소송이 제기되었고, 2016년 3월 31일 헌법재판소는 "성판매자, 즉 '자발적' 성매매여성에 대한 처벌은 합헌"이라는 결정을 내렸다. 전국연대와 '뭉치' 및 여성연합은 성매매 금지주의 원칙은 유지하되, 성매매여성에 대해서는 처벌하지 않는 일부 위헌, 즉 노르딕 모델을 주장했지만 헌법재판소는 이를 받아들이지 않았다. 한마디로 강제적으로 성매매를 하게 된 여성은 보호하되 '자발적'으로 성매매를 하는 자는 처벌한다는 현행의 원칙을 재확인한 셈이다. 더욱이 성매매는 여성에 대한 폭력의 차원이 아니라 풍속의 관점에서 건전한 성도덕을 위해 금지되어야 한다는 '윤락행위 등 방지법' 시대의 정신이 여전히 강고하게 유지되고 있음도 확인되었다.

한편 2016년 5월 국제엠네스티는 성매매여성의 인권을 보호한다는 이유를 들어 성매매와 관련된 모든 행위를 전면적으로 비범죄화할 것을 요청하는 결의문을 채택했다. 이는 성노동론에 입각한 성매매 합법화 또는 비범죄화 정책에 대한 권고라 할 수 있다. 이에 대해 전세계적으로 인신매매와 성적 착취에 반대해 온 여성·인권·시민 활동가들은 엠네스티의 결정에 반대하는 성명을 냈고 한국의 반성매매 여성인권운동 단체들도 강력히 항의하면서 성매매 경험당사자들의 의견과 성명을 엠네스티에 보냈다. 이와 달리 유럽의회는 2014년 「성착취 및 성매매가 젠더 평등에 미치는 영향」(Sexual Exploitation and Prostitution and Its Impact on Gender Equality)이라는 보고서를 내고 노르딕 모델을 권고했다. 노르웨이(2009), 아이슬란드(2010), 캐나다(2014), 프랑스(2015)는 노르딕 모델을 국가의 성매매정책으로 채택했다. 노르딕 모델(Nordic model)이란 세계적인 여성인권 운동가인 캐슬린 배리(Kathleen Barry)가 1986년 유네스코가 소집한 회의에서 제안한 것으로, 성매매를 여성에 대한 성적 착취로 보면서 성매매여성은 비범죄화하고 구매자를 처벌하는 정책을 일컫는다.[8] 1999년, 스웨덴이 이 제안을 받아들여 '성구매자 처벌법'을 제정하면서 법과 정책으로 구체화되었다. 이후 노르웨이와 핀란드 등 북유럽국가로 확대됨에 따라 '노르딕 모델'로 불리고 있다.

　　여성연합을 비롯한 여성운동단체들은 2000년 성매매방지법안을 제안할 때부터 성매매여성에 대한 비범죄화를 꾸준히 주장해왔다. 성매매를 젠더 폭력으로 규정하고 국가 차원에서 대응하는 노르딕 모델은 성매매의 책임을 성매매여성 개인에게 환원하지 않고 사회공동체 모두가 함께 문제해결을 고민하려는 노력의 일환이다. 그렇기 때문에 '성매매는 여성에 대한 성적 착취이자 폭력'이라는 사회적 합의와 성매매여성의 인권을 보호하고 성산업을 축소하는 데 가장 효과적인 방안으로서 노르딕 모델을 채택하기 위한 노력이 보다 더 필요한 시점이다.

(3) 지구화된 성착취 시대의 성매매

지구화된 성착취는 현재 반성매매 여성인권운동이 직면한 긴급한 과제 중 하나다. 한국은 여성 인신매매의 송출국이자 경유국, 목적국이라는 다중적 위치에 놓여 있다. 이와 연관된 문제로는 기지촌지역에서 노년을 보내고 있는 미군 '위안부'의 문제, 기지촌지역 및 국내 성매매·성산업으로 유입되고 있는 이주여성 인신매매의 문제, 해외로 송출되는 한국인 성매매여성의 인신매매 문제 그리고 전세계로 성매매 관광을 떠나는 한국인 남성들의 문제가 있다.

　　한국사회는 법적으로는 성매매를 불법으로 규정하면서도 정책적으로는 성매매를 묵인하고 조장하는 이중적인 전략을 구사해 왔다. 그 결과 동두천, 이태원, 송탄, 평택, 군산 등 미군주둔 기지촌 지역을 중심으로 성매매가 활발하게 이뤄졌고 미군 위안부로 불리는 성매매여성들이 대거 양산되었다. 1990년대 이후 미군 기지촌지역이 점차 쇠락하자 정부는 이 지역들을 관광특구로 지정해 지역경제 활성화를 꾀했고 외국인여성들에게 예술흥행비자(E62)를 발급해서 기지촌의 클럽들로 유입시켰다.

오랜 기간 기지촌지역에서 살아온 미군 위안부여성들은 젊은 시절 산업역군으로 불리며 성매매를 강요당했음에도 현재 대부분 독거노인으로 빈곤, 외로움과 싸우고 있다. 이에 지난 2014년 6월 미군 위안부여성 122명은 오랜 침묵과 고통을 넘어 국가가 강제적인 성병검진, 강제수용 등 직접 성매매를 관리하고 강요했음을 주장하며 국가를 상대로 손해배상 청구소송을 제기했고, 2017년 1월 20일 선고된 1심 판결에서 재판부는 "국가가 조직적이고 폭력적으로 미군 기지촌 위안부여성들의 성병을 관리한 것이 맞다"고 인정하면서 1인당 500만원을 지급하라고 선고했다.[9] 이러한 싸움은 기지촌 성매매 문제가 과거 민족문제 또는 미군범죄의 차원에서 진행되어 왔던 것과는 질적으로 다른 것이다. 미군·위안부여성들은 국가에 의해 성착취 피해를 받은 당사자 주체로서 진상규명과 명예회복을 요구하고 있다. 이는 오랫동안 현장에서 헌신해 온 여성인권 운동가들의 운동성과이기도 하다.

나아가 현장의 여성운동단체들을 중심으로 예술흥행비자로 한국에 들어온 필리핀·러시아 여성들의 성매매 강요 및 인신매매 문제가 오랫동안 지적되어 왔다. 더구나 점점 더 많은 이주여성들이 기지촌지역뿐만 아니라 한국인과 이주노동자들을 대상으로 하는 성매매시장으로 이동하고 있으며,[10] 최근에는 러시아와 태국 등지에서 관광비자로 들어온 여성들이 한국인 남성을 상대로 하는 마사지 및 성매매 업소로 유입되고 있는 실정이다. 특히 관광비자로 들어온 여성들은 여권압수, 성매매 강요, 원치 않는 이동 등과 같은 다양한 인권침해와 인신매매의 위험에 노출되어 있지만 정확한 실태조차 파악되고 있지 않다. 국내의 열악한 노동시장을 이주노동자들이 채워나가고 있듯이 더 열악한 성매매시장을 이주여성들이 채우게 될 것이다.

한편 해외로 송출되는 한국인 성매매여성과 성매매 관광을 떠나는 한국인 남성들의 문제도 지구화된 성착취의 현재적 쟁점이다. 특히 해외로 송출되는 성매매여성들은 해외송출업체, 브로커, 업주들에 의한 이동이라는 점에서 인신매매 성격이 강한데도 불구하고 인신매매 피해자로서 지위를 보장받기는커녕 오히려 성매매 행위자로 처벌되고 있다.

그럼에도 인신매매를 방지하고 피해자를 보호할 수 있는 국내법은 여전히 미흡한 실정이다. 성매매방지법을 제정할 당시 처벌 규정에 '성착취 목적의 인신매매' 조항을 두어 피해자에 대해서는 강제추방을 막는 등 인권보호를 위한 최소한의 조치를 마련해 놓았지만, 인신매매 방지를 위한 국제협약의 정의규정과는 거리가 먼 임시방편적인 규정에 불과하여 2011년 유엔 여성차별철폐위원회(CEDAW)는 인신매매와 성매매 착취에 대응할 수 있는 포괄적 법을 제정할 것을 한국정부에 권고한 바 있다. 그러나 법무부는 이를 계속 미루면서 소극적으로 대응하고 있다. 2013년 법무부는 형법의 '약취, 유인의 죄'와 관련된 장을 '약취, 유인, 인신매매의 죄'로 개정하였으나, 이는 인신매매에 대한 정의규정을 비롯해서 피해자를 위한 조치에 대한 부속조항도 전혀 없는 형식적인 개정이었다.

여성단체와 시민단체들은 2000년부터 인신매매방지법 제정을 위해 계속 문제제기를 하는 등 꾸준히 노력해 왔다. 그 결과 비록 단독법안 제정으로 이어지지는 않았으나 18, 19대 국회에서 인신매매방지법안이 지속적으로 제출되었고 피해자 보호조치를 강화하기 위한 공청회가 열리기도 했다.

5) 맺음말: 성매매에 대응하는 실천적 과제

성매매·성산업은 극도로 성별화되어(gendered) 있으며 성매매여성을 구속하는 방식은 더욱 교묘해지고 있다. 여성들은 점점 더 '자발적'이라는 수식어로 성매매에 연루된다. 그러나 취약하고 절박한 상황에 놓인 여성들에게 성매매는 강제된 선택에 불과하다. 성매매는 너무나 강력하게 젠더 불평등한 사회구조의 산물이자 문제이다. 그리고 지구화시대에 성매매는 더욱더 일상화·다양화·저연령화·지구화되고 있다.

여성인권운동은 인권의 보편성을 확대시켜 나가는 동시에 성별에 근거해 여성에게 가해지는 폭력에 저항해 왔다. 특히 반성매매

여성인권운동은 한국사회의 이중적인 성문화, 여성에 대한 혐오와 폭력, 여성의 성 상품화에 반대하면서 여성의 몸을 직접적으로 통제하고 착취하는 성매매에 맞서왔다.

여성인권운동은 '성매매'에 대한 언어를 변화시켜 왔는데, '윤락'이나 '매춘'이라는 용어가 남성 중심의 성도덕주의 관점에서 여성만 비난하고 있음을 폭로하고 성 구매자와 알선자의 존재를 부각시키기 위해 성매매라는 용어를 제안했다. 그리고 한 걸음 더 나아가 성매매 용어 자체도 성매매의 성별 연루를 은폐하고 마치 시장에서 중립적으로 거래되는 것처럼 보이게 하기 때문에 성매매의 본질을 적시하는 '성착취'라는 용어를 쓸 것을 제안한 바 있다.

성매매여성의 착취에 대한 문제제기와 더불어, 성매매 수요차단을 위한 강력한 대응이 필요하다. 결국 성매매는 남성들의 권력행사와 착취행위를 소비와 거래라는 이름으로 정당화하고 있는 것에 불과하기 때문이다. 수요가 없으면 착취도 사라질 것이다.

모든 인간과 여성은 안전한 노동을 하고 안전한 성적 관계를 맺을 권리가 있고 성매매하지 않더라도 빈곤하지 않을 권리를 가진다. 여성운동의 성장으로 성매매방지법이 제정되고 성매매여성을 보호하고 지원할 수 있는 길이 열렸음에도 아직 갈 길은 멀다. '성매매로 인해 착취되지 않을 권리'를 위해 싸우는 반성매매 여성인권운동은 성매매가 여성에 대한 성적 착취이자 폭력임을 분명히 하면서, 성매매여성의 비범죄화를 실현하기 위해 활동하고 연대할 것이다.

주

1) 한국형사정책연구원,『성매매실태 및 경제규모에 관한 전국조사』, 2002.

2) 성매매방지법 제정을 위한 전문가 간담회가 2001년 한 해 동안 총 18차례 열렸다. 같은 해 10월 23일에는 법 제정을 위한 토론회를 개최하여 당사자 여성을 초청해 현장의 소리를 듣고, 성매매 방지를 위한 국제조약의 현황 및 각국의 입법사례를 알리고, 전문가 회의를 통해서 마련한 새로운 법안 '성매매알선 등 범죄의 처벌 및 방지에 관한 법률(안)'(이하 성매매방지법)을 소개하는 자리를 가졌다. 이러한 과정을 거친 후 11월 23일에 새로운 법률안을 설명하는 기자간담회를 개최하였고 11월 26일 법안을 국회에 청원하였다.

3) 밖에서만 문을 열 수 있는 이중 잠금장치이다.

4) 성매매방지법의 청원취지는 법률안의 명칭에서도 알 수 있듯이, 이전 '윤락행위 등 방지법'이 성매매를 법률로 금지하고 있음에도 성매매를 가능하게 하는 다양한 매개체의 확산을 방지하는 방안이 포함되어 있지 않았던 것과 달리, 성매매 알선행위를 차단함으로써 성매매 행위를 방지하고 성매매여성의 인권을 보호하는 것을 그 목적으로 하고 있다. 또 '성매매된 자'라는 개념을 도입함으로써 성매매는 도덕적으로 타락한(윤락) 일부 여성들에 의해 발생하는 범죄가 아니라 성매매를 가능하게 하는 사회구조의 문제이며 여성들은 그 구조의 희생자라는 관점을 분명히 했다. 나아가 "성매매여성을 범죄시하는 것은 성착취의 피해자인 성매매여성들에게 오히려 성매매의 책임을 돌리는 행위이며 이는 성매매의 본질을 왜곡시키는 것"이기 때문에 "성매매여성에 대한 비범죄화는 필수적"임을 강조하는 운동을 진행했다. 이는 "성매매를 가정폭력이나 성폭력과 같은 여성에 대한 폭력으로 규정하고 있는" 스웨덴의 여성폭력방지법(성구매자처벌법, 1999년 제정)을 모델로 한 것이었다.

5) 2002년 6월 19일, 서울을 시작으로 광주·부산·경기·대구·전북에서 각 지역 여성연합과 지역여성단체들이 주최가 되어 성매매 고발사진전, 거리콘서트, 성매매방지법 제정촉구 캠페인이 이어졌다. 전단지 "성매매, 우리가 해결합시다" 1만 부, 소책자『우리는 왜 성매매를 반대하는가』5천 부,『성매매방지법 제정을 위한 자료집』500부, 인권지침서『다른 사람들처럼 평범하게 살고 싶어요』등이 제작, 전국에 배포되었다.

6) "부산 완월동, 인천 옐로하우스 집결지 여성연합 입장 결의문"(2004. 10. 27)
    참조.
    "부산과 인천의 성매매 종사여성들과 한국여성단체연합(이하 여성연합) 등 여
    성단체가 성매매 밀집지역 내의 지원시설 설치를 정부측에 촉구했다. 부산의
    성매매업소 밀집지역(집결지)인 완월동의 성매매 종사여성 모임인 '해어화'와
    인천 성매매업소 밀집지역인 속칭 '옐로하우스'의 업소여성 모임인 '상조회'는
    27일 오전 여성연합, 성매매문제해결을위한전국연대(전국연대) 등 여성단체와
    공동 기자회견을 갖고 '부산과 인천을 집결지역 프로젝트 시범사업 지역으로
    선포해 달라'고 정부에 요구하고 '탈성매매를 전제로 정부의 지원사업에 동참
    할 의향이 있다'고 밝혔다. …여러 번에 걸친 만남을 통해 이들은 ▲성매매여성
    을 '자발적·비자발적'의 기준으로 나누는 것은 무의미하며, 이에 상관없이 모든
    성매매여성은 처벌이 돼선 안 된다는 점 ▲현재 성매매에 종사하고 있는 여성
    을 위한 실질적인 지원대책이 마련돼야 자발적인 탈성매매를 이끌어낼 수 있다
    는 점 등에서의 의견의 일치를 봤다."("부산·인천 성매매여성, '탈성매매' 가세
    했다」, 『오마이뉴스』 2004. 10. 27. http://news.naver.com/main/read.nhn?mo
    de=LSD&mid=sec&sid1=102&oid=047&aid=0000052445에서 재인용)

7) "2014 한국 성매매방지법 제정 10년 성착취 근절 '성매매여성 비범죄화'를 위
    한 선언문"(2014. 9. 23)
    "성매매는 인간을 철저히 유린하는 범죄행위이다. 성매매는 개인 간의 거래가
    아니다. 공동체 전체가 인간의 몸을 이용하는 거래에 공조하는 구조적 폭력이
    며, 이 폭력의 가장 큰 희생자는 취약한 상태로 내몰리는 인간/여성이며, 결국
    엔 이를 용인한 공동체 전체가 착취의 가해자이며 피해자가 되는 것이다. …
    '성매매' 산업의 거대한 규모에 대한 가장 큰 책임은 국가에 있다는 것을 분명
    히 하며 한국의 성매매방지법은 2004년 제정되었다. 성매매 알선업자에 대
    한 처벌을 강력히 한 것은 큰 의미였으나 성매매여성의 인권을 온전히 보장하
    지 못하고 소위 '자발적' 성매매여성을 처벌하고 있는 것은 이 법의 가장 큰 한
    계이다. 공공연히 성매매를 묵인·조장한 한국의 상황이 말해 주는 것처럼, 국
    가가 '된다'라고 하는 순간 성매매 알선업자들의 착취행위는 사업, 성적 서비
    스, 거래라는 이름으로 걷잡을 수 없이 거대해진다. 성매매 알선업자는 성착취
    를 목적으로 한 인신매매의 주범이며 성매수자는 성착취를 목적으로 한 인신
    매매의 공범이다. 이들에 대한 사회적 제재와 불관용의 원칙을 분명히 할 때만
    이 '성매매'는 '인권'의 영역에서 다루어지며 공동체 전체가 이에 대한 책임을

가지게 된다. 그래야만 성매매 알선업자의 설 자리가 없어지고, 성매매로 인한 착취행위에 희생당하는 사람이 줄어든다. …반성매매 여성인권을 위해 활동해 온 성매매문제해결을위한전국연대와 성매매 경험당사자조직 뭉치는 전세계 성매매와 인신매매를 반대하는 활동가·당사자·단체와 함께 2014년 한국의 성매매방지법 제정 10년을 맞이하여 성착취로서 성매매 범죄행위를 규정하고, 성매매 알선업자와 성매수자를 처벌하고, 성매매여성은 비범죄화할 것을 한국정부에 요구한다. 우리는 전세계에 성매매라는 착취행위가 근절될 때까지 함께할 것이다."

8) 캐슬린 배리, 『섹슈얼리티의 매춘화』, 정금나 옮김, 삼인, 2002, 373쪽.

9) 「미군기지촌 여성 '낙검자 수용소' 국가책임 첫 인정」, 『경향신문』 2017. 1. 20(http://news.khan.co.kr/kh_news/khan_art_view.html?artid=20170120185 2001&code=940100에서 재인용).

10) 2013년 현재, 엔터테인먼트 비자로 한국에 들어와 유흥업소나 외국인 전용클럽 등에서 일하고 있는 외국인은 총 4940명이다(『예술흥행비자 소지 이주민 인권실태조사』, 2014).

2003년
3·8한국여성대회 성매매방지법
제정촉구

2008년 9월
민들레순례단 성매매집결지 폐쇄와
성구매 근절을 위한 행동 해단식

2010년 4월 27일
성매매 비리검사 고발장 접수

4
고위공직자 성폭력 및 '권력형 성접대' 사건 대응활동

김현아(한국여성단체연합 전 부장)

성폭력은 많은 경우 권력관계를 매개로 해서 일어난다. 권력 앞에서 여성은 무력한 희생자가 되고 만다. 그러나 여성이 모여 '힘'을 만들어내면 여성은 이 권력이 매개된 성폭력에 저항할 수 있다. 고위공직자 성폭력과 '권력형 성접대'에 대한 한국여성단체연합(이하 '여성연합')의 싸움은 이런 교훈을 명쾌하게 보여준다.

1) 고위공직자 성폭력사건 대응활동의 의미

2000년대 이후 여성연합은 고위공직자의 성폭력사건이 사회적 이슈가 될 때마다 적극적으로 대응해 왔다. 2002년 우근민 제주도지사의 성추행사건을 시작으로, 강용석·김형태 등 현직 국회의원 및 공직자들의 성폭력사건이 발생했을 때 이들에 대한 엄중한 처벌과 재발방지를 위한 제도개선을 촉구하는 다양한 활동들을 전개하였다.

여성연합이 고위공직자 성폭력사건에 주력한 배경은 두 가지라 할 수 있다. 첫째는, 성폭력에 관한 우리 사회의 규범의식이 올바르게 형성되지 못한 현실, 즉 "남들도 다 하는데, 나만 재수가 없어서 걸렸다"는 식의 그릇된 인식이 팽배한 현실을 개선할 필요가 컸기 때문이다. 특히 사회지도층의 성폭력사건이 미온적으로 처리되는 과정은 그러한 인식을 유지·강화시킨다는 측면에서, 사회적 권력의 유무나 지위 고하를 막론하고 성폭력 가해자는 반드시 처벌을 받게 된다는 상징적인 사례를 만들고자 하였다.

둘째는, 고위층의 성폭력사건들이 언론을 통해 부각되고 사회적 공분을 사면서 그동안 개별적 혹은 사적 영역의 문제로 인식되어 오던 성폭력문제를 사회적 의제로 부상시키고 공론화하는 기폭제로 작용하였기 때문이다. 때문에 여성연합은 이러한 공론의 장에서 성평등 가치와 원칙에 따른 진단과 대안을 제시하는 역할을 하고자 했다.

여기서는 여성연합이 적극적으로 대응한 주요 사건들의 전개양상과 활동내용 그리고 각 사건이 어떻게 마무리되었는지 살펴보고, 여성연합의 대응활동의 성과와 남은 과제를 짚어보고자 한다. 이를 위해 여성연합의 총회자료집과 홈페이지의 성명서·논평·보도자료 등을 참고하였으며, 각 사건이 종결되는 사법부의 판결은 언론기사를 참조했다.

(1) 혐의부인과 '시간 끌기'에 맞선 끈질긴 싸움

2000년대 들어와서 사회적으로 이슈가 되었던 고위공직자 성폭력 사건들을 살펴보면, 성폭력이 발생한 후 가해자의 태도와 대응, 처벌 여부가 결정되는 시점까지의 전개과정에서 유사한 패턴을 보인다. 그간 고위공직자들이 저지른 성폭력 유형은 성희롱, 성추행, 성폭행, 여성비하 발언에 이르기까지 갖가지 사례들이 있는데, 이들의 공통점은 자신이 가진 사회적 권력을 타인을 제압할 수 있는 특권이자 더 나아가 여성의 인권까지도 유린할 수 있는 힘(power)으로 인식하는 남성 중심적인 권력의식이 밑바탕에 깔려 있다는 점이다. 때문에 이들은 자신의 성폭력행위를 인정하고 피해자에 대한 사과와 반성의 모습을 보이는 것이 아니라, 성폭력 혐의를 부인(否認)하며 사법적 판결이 나올 때까지 시간을 끌면서 자신의 지위를 유지하는 전략을 취하는 패턴을 보인다.

여성연합이 대응한 주요 사건들인 우근민 제주도지사 성추행사건(2002), 최연희 의원 성추행사건(2006), 강용석 의원 여성 아나운서 비하발언(2010), 김형태 의원 친족 성폭력사건(2012), 심학봉 의원 성폭력사건(2015) 등이 이와 같은 패턴을 보이는 대표적인 사례라 할 수 있다.

2002년 우근민 제주도지사의 성추행사건은 도지사가 모 여성단체의 제주시 지부장인 피해자 A씨와 면담을 하다가 A씨의 가슴을 만지는 성추행을 한 사건으로, 사건을 접수받은 제주여민회가 같은 해 2월 21일 가진 '우근민 지사 여성단체장 성추행사건 기자회견'을 통해 처음 알려졌다. 당시 우근민 도지사는 자신의 가해사실을 부인하고, 정무부지사가 기자회견을 열고 성추행사건을 정치적 음모로 몰아가서 피해여성과 제주여민회 대표를 명예훼손 혐의로 고소하였다. 여성연합은 제주여민회와 공조하여 여성부 남녀차별개선위원회의 판정이 나올 때까지 우 도지사의 성폭력 사실을 입증, 처벌과 사과를 이끌어내기 위해 기자회견, 항의집회, 의견서 제출, 민간진상조사위원회 구성 등 다양한 활동을 전개하였다.[1] 특히 여성연합은 우 도지사의 성추행사건을 입증하기 위해 법조계·학계·종교계·시민운동계 8인으로 구성된 '제주도지사 성추행사건 진상조사위원회'[2]를 발족시켜, 진상조사를 전개하였다. 이러한 대응활동의 결과, 우근민 제주도지사 성추행사건에 대한 여성부 남녀차별개선위원회의 성희롱 판정과 1천만원의 손해배상청구 의결[3]을 이끌어냈다.

2006년 최연희 국회의원의 성추행사건은 현직 국회의원이자 거대정당의 사무총장이 회식자리에서 여기자를 추행한 사건으로, 특권적 지위의 국회의원이 성폭력범죄를 저질렀을 때 그를 징계할 수 있는 국회 자정시스템의 부재를 여실히 보여준 사건이었다. 여성연합은 최연희 의원의 의원직 사퇴를 촉구하는 기자회견, 의견서 제출, 성명발표 등 국회를 압박하는 활동과 함께 국회 윤리확립 청원운동을 전개하였다. 그 결과 사건발생 40여 일 만에 국회 본회의에서 '최연희 의원 사퇴촉구 결의안'이 통과되었는데,[4] 이는 헌정사상 현역 국회의원이 성폭력사건으로 의원직 사퇴를 요구받은 첫 사례이다.[5] 그러나 '사퇴촉구 결의안' 통과는 당사자가 받아들이지 않으면 실질적인 징계로 이어지지 않는 한계가 있었다. 최연희 의원은 사퇴를 거부하고, 그로부터 5개월 뒤인 9월부터 의정활동을 재개하였다. 통과된 결의안에는 "최연희 의원이 사퇴를 거부할 경우에는 국회는 제명에 필요한 진상조사 등 보다 강도 높은 조치를 강구하기로 한다"는 내용을 담고 있었지만[6] 추가조치는 이루어지지 않았다. 결국 최연희 의원의 성추행사건과 의원직 유지 여부는 사법부의 판결에 따라 결정되었다. 사법부는 1심에서 징역 6월에 집행유예 1년을 선고했으나, 2심에서는 "피해자와 합의한 점 등이 참작된다"며 형량을 벌금 500만 원으로 낮추고 그마저도 선고유예를 판결을 내렸다.[7] 사실상 '무죄판정'이었고, 검찰이 상고를 포기하면서 최종적으로 의원직을 유지하게 되었다.

2010년 7월 강용석 국회의원이 대학생들과의 회식자리에서 한 여학생에게 "아나운서 하려면 다 줘야 하는데 할 수 있겠냐"는 성희롱 발언을 한 사건이 일어났다. 그의 언사는 명백한 성희롱일 뿐만 아니라 특정 여성직업군을 성적으로 비하(female abasement)한 발언이었다. 그러나 국회는 사건에 대한 적극적인 조사와 징계처리를 위한 윤리심사자문위원회의 및 윤리특별위원회의 소집과 의사결정을 차일피일 미루며 처리를 지연시켰고, 강용석 의원은 자신의 죄를 인정하기는커녕 사건을 보도한 언론사 기자와 사건을 풍자한 개그맨을 명예훼손과 모욕죄로 고소하며 '시간 끌기' 행보를 하였다. 이에 여성연합은 한국아나운서연합회, 청년유권자연맹, 시민사회단체 들과 연대하여 국회 윤리특별위원회의 제명의결을 촉구하는 수차례의 성명서와 기자회견, 윤리특위 회의장 앞 피켓시위, 개별 윤리특위 위원에게 입장 질의, 양당 원내대표 면담 요구, 시민 5천여 명이 참여한 서명운동 등을 전개하였다. 그리고 제명 촉구활동이 진행된 지 1년 만인 2011년 8월, 헌정사상 최초로 성희롱사건으로 현직 국회의원의 제명안이 본회의에 상정되었다. 여성연합이 이 사건을 끈질기게 붙들고 싸우지 않았다면 성희롱 발언으로 국회 본회의에서 제명안이 상정되는 사례는 만들어지지 않았을 것이라 평가해도 과언이 아닐 것이다. 또한 징계 제명안이 가결되면 즉각 의원직을 상실하게 된다는 점에서 이전 국회 징계처리 수위에 비하면 상당히 진전된 것이었다. 그러나 결국 제명안은 부결[8]되었고, 이는 국회의원들의 '제 식구 감싸기' 태도와 낮은 윤리적 책임의식을 여실히 보여준 사건으로 남았다. 국회에서의 제명 징계처리 불발 후, 사건은 사법부 판단으로 넘어갔고, 몇 년간의 법정공방을 거쳐 강용석 의원은 2014년 8월 최종 무죄판결을 받았다.[9]

이후에도 고위공직자 성폭력사건과 그에 대한 여성연합의 대응활동은 계속되었다. 친족 성폭력 가해자 김형태 의원 제명 촉구활동(2012), 윤창중 전 청와대 대변인 성폭력사건 대응(2013), 심학봉 의원 제명 촉구활동(2015) 등이다. 이 사건들 대부분 앞서 살펴본 사건들과 마찬가지로 초기 가해당사자의 '시간 끌기', 지지부진한 국회 내 징계처리 과정에 맞서 여성연합은 끈질긴 싸움을 이어나갔다.

김형태 의원 제명 촉구활동은, 2012년 19대 총선에서 새누리당의 공천을 받아 국회의원으로 당선된 김형태 의원이 친족 성폭력 가해자라는 사실이 밝혀지면서 시작되었다. 2012년 총선 당시 김형태 의원은 친족 성폭력 가해사실을 폭로한 피해자와 피해자의 아들을 '명예훼손 및 공직선거법 위반'과 '허위사실 유포'로 고소하였고, 새누리당은 사건에 대한 철저한 규명 없이 그를 공천하였다. 여성연합과 포항여성회는 이에 대한 긴급대응의 필요성을 논의하고, 포항에서는 '포항범시민대책위'를 구성, 서울에서는 '친족 성폭력 가해자 김형태 제명촉구를 위한 시민행동'을 구성하여 적극적인 연대활동을 전개하였다. 그해 5월부터 포항시민 명예회복 기자회견, 국회 앞 릴레이 1인시위, 제명촉구를 위한 거리서명전이 연말까지 진행되었으며, 시민 3만 1399명의 서명을 받아 '친족 성폭력 가해자 김형태 제명촉구 국민청원'을 제출하였다. 또한 2013년 1월에는 남인순 의원 등 국회의원 41명의 발의로 '국회의원(김형태) 징계요구안'을 국회 윤리특별위원회에 제출하였다. 그러나 이러한 노력에도 불구하고 국회에서는 소송이 진행중이라는 이유로 징계안이 처리되지 않았고, 결국 김형태 의원은 성폭력사건이 아닌 공직선거법 위반 확정판결로 2013년 7월 의원직을 상실했다.

2015년 심학봉 의원 성폭력사건은 현직 국회의원이 한 여성을 호텔에서 성폭행한 일이 밝혀지면서 사회적 공분을 샀던 사건으로, 여성연합은 그에 대한 징계안 회부를 위해 국회 윤리특위의 징계절차가 제대로 진행될 수 있도록 압박하는 대응활동을 전개하였다. 앞서 다른 사건들과 마찬가지로 현직 국회의원의 징계안 처리는 지난한 과정을 거쳐야 했고, 끝내 심학봉 의원 제명안이 본회의 안건으로 상정됐으나, 제명안 처리를 불과 몇 시간 앞두고 심학봉 의원이 자진 사퇴함으로써 징계를 피해 피해 갔다. 제명안의 본회의 처리 무산은 국회의 자정력 상실과 징계처리 시스템의 무력함을 보여준 것임에도 불구하고, 오히려 국회는 이를 규탄하며 항의 피켓시위를 벌인 여성연합 활동가들에게 국회출입 금지조치를 취하는 적반하장(賊反荷杖)의 행태를 보였다. 결국 심학봉 의원은 성폭력행위로 국회에서 징계를 받는 첫 사례가 되지 못했고, 이후 피해자의 진술 번복과 처벌 반의사로 사법부에서조차 무혐의로 결론 내려졌다.

(2) 남은 과제

여성연합의 고위공직자 성폭력사건 대응활동은 성폭력을 저지른 국회의원의 제명징계안이 상정되는 사례들을 만들어냄으로써, 성폭력은 고위층의 지위를 상실할 수 있을 정도로 심각한 범죄행위라는 인식을 확산시키고 "권력층은 처벌받지 않는데 나만 운이 나빠서 걸렸다"는 통념에 균열을 내는 데 기여했다고 평가할 수 있을 것이다.

하지만 아직 남은 과제가 있다. 고위공직자 성폭력사건을 근절하기 위해서는 국회·행정부 등 공직 시스템 안에서 여성인권 침해행위에 대한 제대로 된 징계조치와 예방교육이 이뤄져야 하며, 그러한 기능을 수행하는 윤리심의기구와 제도적 장치가 강화되어야 한다. 국회의원 성폭력사건 대응과정에서 반복되었던 사법적 판결까지의 '시간 끌기' 패턴과 '제 식구 감싸는' 동료의원들의 징계회피는 국회 내 실질적 자정기능의 한계를 여실히 드러냈기 때문이다.

이에 여성연합은 국회의원 성폭력사건 대응활동 전개과정에서 이미 두 차례에 걸쳐 여성인권 침해사안에 관한 국회 내 윤리 자정기능을 강화하기 위해 국회법 개정운동을 추진한 바 있다. 그 첫 시도는 2006년 최연희 의원 성폭력사건 대응활동을 전개하면서, 국회의원의 윤리강령과 처벌의 준칙사항에 여성인권 침해행위가 다뤄지지 않았고 유일한 자정기구인 국회 윤리특별위원회의 권한과 기능이 미약하다는 사실을 파악하고 '국회 윤리확립을 위한 국민청원 운동'을 전개한 것이다. 당시 국회법에는 국회의원 징계사유를 청렴의무, 겸직 금지, 영리업무 종사 금지 등 기본적인 공직자 윤리의무 사항을 위반한 경우와 국회 회의장 내에서 질서를 문란케 하는 행위나 회의장에서 타인을 모욕하거나 사생활에 대한 발언을 한 경우 정도로 그 범위를 매우 협소하게 규정하고 있어, 국회 밖에서 일어나는 부도덕하고 반인권적인 행위를 징계할 법적 근거를 갖추지 못하고 있었다.[10]

　　시민 2천 명의 서명으로 처음 제안한 국민청원의 내용에는 ① 국회 밖에서 벌어지는 부도덕하고 반인권적인 행위를 징계할 수 있도록 윤리심사 및 징계요구의 일원화 ② 국회법 내 국회의원 징계사유에 "성폭력·가정폭력·성매매 등 인권관련 범죄, 기타 사회·윤리적 규범에 부합하지 않는 행동을 한 경우"를 구체적으로 명시 ③ 국회의원 윤리심사 요구권 국민에게 확대 ④ 외부인사로 구성된 윤리조사위원회 설치 ⑤ 윤리특위 및 윤리조사위원회 구성시 여성비율 30퍼센트 이상 보장 ⑥ 국회의원 윤리강령·윤리실천규범 보완 및 징계 세분화 ⑦ 윤리특위의 책임성·투명성 제고를 위한 제도적 장치 마련 등이 포함되었다.[11] 특히 청원내용 중 국민들이 직접 국회의원의 윤리심사를 요구할 수 있도록 '국회의원 윤리심사 요구권' 확대를 제안한 것은, 특권층으로서 국회의원들이 가지고 있는 동료의식과 담합의 구조를 넘어서고자 했다는 의미가 담겨 있었다. 하지만 이 국민청원은 국회 운영위원회에 안건으로 단 한번도 상정되지도 못한 채, 17대 국회의 임기만료와 함께 폐기되고 말았다.[12]

두번째 시도는 2011년 강용석 의원 성희롱사건의 대응활동 과정에서 여성의원과 협력하여 관련법 개정안을 발의하는 방식으로 이루어졌다. 여성연합은 강용석 의원의 사건 전개과정에서 경험한 국회 내 징계처리의 지지부진함, 회의 비공개의 문제점 등을 해소하는 방안을 2006년 국민청원 운동 제안내용에 추가하여 개정안 발의를 제안하였다. 내용은 ① 국회의원 및 지방의회 의원을 대상으로 성희롱 예방교육 매년 1회 이상 실시(국회법 및 지방자치법 개정) ② 윤리특별위원회 징계심사 처리 3개월 기한설정 ③ 윤리특별위원회 징계안 회부일로부터 1개월 내 윤리심사자문위원회 소집 의무 ④ 징계에 관한 회의 공개원칙 등이다. 이 제안을 받아 김상희 의원이 대표 발의한 개정안이 국회 운영위원회에 2012년 회부되었으나 안건상정이 되지 못한 채, 19대 국회 임기만료로 폐기되었다.

고위공직자의 성폭력행위 예방과 윤리기구의 실질적 자정기능을 강화하기 위한 법개정 시도가 두 차례나 무산된 것은 매우 안타까운 일이다. 하지만 이러한 법개정은 그동안 반복되어 온 고위공직자의 성폭력 문제를 근본적으로 해결하기 위해서 앞으로 여성연합이 이뤄야 할 과제라고 할 수 있겠다. 20대 국회에서는 이를 포함한 다양한 법적·제도적 정비가 이루어질 수 있기를 기대해 본다.

2) '권력형 성접대' 사건 대응 및 여성연예인 인권 지원활동

여성연합은 고위공직자의 성폭력사건 대응뿐만 아니라, 한국사회의

'권력형 비리'가 여성인권을 유린하는 형태로 이뤄지고 있는 '권력형 성접대' 문제를 이슈화하고 근본적 해결을 위한 노력과 피해여성의 인권을 옹호하는 활동들을 벌여왔다. 그 대표적인 사건이 2009년 '고(故) 장자연 사건'과 2013년 '별장 성접대 의혹사건'이다.

2009년 3월 신인여배우 장자연씨의 죽음과 그에 관련된 '장자연 문건'이 언론에 보도되면서 그동안 연예산업의 권력구조로 인해 암묵적으로 이루어져 온 여성연예인의 성상납 관행이 폭로되는 사건이 발생하였다. 이 사건은 한국사회의 정치계·재계·연예계 등 사회권력층이 형성한 권력사슬에 의해 여성연예인의 인권이 심각하게 유린당하고 있는 현실을 수면 위로 올려놓았다. 이에 여성연합은 한국성폭력상담소를 주축으로 하여 고 장자연 사건의 성역 없는 수사와 '장자연 리스트' 관련자 엄중처벌을 촉구하는 활동을 전개하였다. 여성·언론·인권 단체 등 범시민사회단체들과의 공동기자회견, '고 장자연에 대한 성상납 강요 의혹사건 진상규명을 위한 특별검사 임명'에 대한 국민청원운동 등을 벌였다.

그러나 성역 없는 수사를 위한 특검은 국회에서 통과되지 않았고, 결국 검찰은 고 장자연씨 죽음의 진실을 은폐·축소한 매우 실망스러운 결과를 내놓았다. 소속사 전 대표 김모씨를 고인에 대한 폭행 및 협박으로 기소했으나, 경찰이 강요죄 공범혐의에 대해 기소의견으로 송치한 드라마PD, 금융회사 간부, 전직 언론인 등 나머지 피의자 12명을 모두 무혐의 처리함으로써 진실을 덮은 채 사건을 종결지었다.[13] 고 장자연 사건과 관련해 성상납을 받은 권력층 인사에는 조선일보의 방모 사장이 포함되어 있었다. 조선일보는 당시 '장자연 리스트'와 관련해 의혹을 제기한 국회의원들과 시민사회단체 대표와 당직자까지 명예훼손으로 고소하는 등 진실을 밝히려는 사람들을 탄압하고 사건을 축소시키려 했다. 이에 여성연합은 조선일보를 규탄하는 기자회견을 가지기도 했다.[14]

여성연합은 고 장자연 사건을 계기로 여성연예인의 인권을 지원하고 근본적인 문제해결을 위한 운동이 필요하다고 판단하고,[15] 여성계뿐만 아니라 시민사회단체와 정당들 그리고 일반시민들까지 광범위하게 참여하는 '여성연예인 인권지원 서포터즈: 침묵을 깨는 아름다운 사람들'(이하 여성연예인 인권서포터즈)을 결성하였다. '여성연예인 인권서포터즈'는 2009년 5월 22일에 토론회 '장자연씨를 죽음으로 내몬 성착취 침묵의 카르텔 어떻게 깰 것인가'를 개최하고, 발족 선언식을 통해 활동을 시작하였다. 특히 '여성연예인 인권서포터즈'는 고 장자연 사건으로 촉발된 여성연예인 인권문제에 대한 일반시민들의 관심과 참여를 이끌어내는 데 목적이 있었다. 시민들이 참여할 수 있는 커뮤니티(온라인 카페)를 운영, 정기적으로 활동소식을 전하는 웹진 발행, '할말 많은 UCC행동단' 등을 통해 여성연예인 인권이슈를 지속적으로 견인하려는 노력을 기울였다. 뿐만 아니라 '여성연예인 인권SOS센터'를 운영하여 상담을 지원하고, 고 장자연 사건을 알리고 추모하는 문화행사인 "침묵을 깨는 아름다운 동행, 진도씻김굿"[16] 등을 개최하였다.

2013년, 언론보도를 통해 밝혀진 '별장 성접대사건'은 다시금 우리 사회의 '권력형 성접대' 문제의 심각성을 보여준 사건이다. 이 사건은 건설업자 윤중천(53)씨가 강원도 원주의 별장에 김학의 법무부차관 등 유력인사들을 초청해서 성접대파티를 벌였다는 의혹이 불거지면서 파문을 일으킨 사건으로, 특히 이 사건에 연루된 사람들 가운데 유력기업가와 고위공직자 등 사회고위층 인사들이 다수 포함돼 있었다는 사실이 한층 더 큰 충격을 주었다. 당시 경찰이 적용한 혐의는 성접대 상습강요, 성관계 촬영, 특수강간 등이었지만 검찰을 거치면서 모두 무혐의로 종결되었다.

　'별장 성접대사건'과 '고 장자연 사건'은 성상납을 강요받으며 고통당하고 있는 여성들의 인권현실과 한국사회 사회지도층의 '권력형 성접대'의 민낯을 드러낸 사건이었다. 여성연합은 축소·은폐된 '권력형 성상납' 사건의 진실이 밝혀지고, 한국사회의 왜곡된 접대문화와 권력형 비리를 근절하기 위한 노력을 계속 기울이고 있다. 시민배심원을 모집하여 진행한 "고 장자연 시민법정: 분노의 목소리"(2011. 6), "권력형 비리와 '성접대' 문제 공개토론"(2013. 4) 등을 통해 '권력형 성접대' 문제를 끊임없이 제기하고 있다.

　앞으로 권력형 비리와 성접대의 연결고리를 끊고 이를 근절하기 위해서는 성접대가 사회적 범죄라는 인식의 확산, 처벌이 가능하도록 '성매매 알선 등 행위의 처벌에 관한 법률'의 개정과 사법부 개혁 등 다양한 제도개선, 왜곡된 접대문화를 근절하기 위한 기업CEO 등 전문직 종사자들의 자율규제 강화, 시민사회의 의식개선 그리고 권력에 대한 견제와 감시 운동이 필요하다. 이를 위한 여성연합의 대응활동은 계속 이어질 것이다.

1) 한국여성단체연합, 『제17차 정기총회 보고서』, 2003.

2) '제주도지사 성추행사건 진상조사위원회' 구성(총 8인): 김삼화 변호사(한국성폭력상담소 이사장), 박원순 변호사(참여연대 상임집행위원장/아름다운재단 이사), 안상운 변호사(인권언론센터 이사), 이영자 교수(가톨릭대 사회학과), 황상익 교수(서울대 의대), 하유설 신부(천주교정의구현전국사제단 여성분과장), 신철영 사무총장(경실련), 이시재 교수 (환경연합 정책위원장)

3) 피해자의 사건신고 5개월 만에 여성부 남녀차별개선위원회는 우 지사의 성희롱 판정과 1천만원의 손해배상 청구의결(2002. 7. 29)하였다. 하지만 이후 우 지사는 이를 받아들이지 않고 서울행정법원에 '남녀차별 개선위 의결취소' 청구소송을 제기하였다. 2004년 서울행정법원은 우 지사의 패소를 결정했고, 이에 불복한 우 지사는 항소했지만 2005년 항소 역시 기각되었다. 2005년 대법원 상고 역시 기각되며, 2006년 12월 우 지사의 '성희롱 판정'은 최종적으로 대법원 확정판결을 받았다.

4) 국회 본회의 표결 결과는 제적인원 260명 중 찬성 149명, 반대 84명, 기권 10명, 무효 17명이다.

5) <SBS> 뉴스 "현역 국회의원에 대한 사퇴촉구 결의안이 본회의를 통과한 것은 헌정사상 처음"(http://news.sbs.co.kr/news/endPage.do?news_id=N1000095857&plink=OLDURL&plink=COPYPASTE&cooper=SBSNEWSEND).

6) 국회의안정보시스템, "국회의원(최연희) 사퇴촉구 결의안에 대한 수정안"(의안번호 174056).

7) 여성연합 성명서 "최연희 의원의 성추행 사건에 대한 항소심 판결을 규탄한다" (2007. 6. 14)

8) 비공개·무기명 투표로 진행. 재석의원 259명 중 찬성 111표, 반대 134표.

9) 1, 2심에서 집단모욕죄 성립이 인정돼 '징역 6월에 집행유예 1년'의 징역형을 받았다. 하지만 대법원은 "직업 전체에 대한 모욕은 한사람 한사람 단위에 와서는 그 정도가 희석된다"며 원심을 파기해 서울서부지법으로 환송. 2014년 8월 29일 서부지법 형사2부(재판장 오성우)는 "강 전 의원 발언은 여성 아나운서 일반을 대상으로 한 것이어서 아나운서 개개인의 사회적 평가에 영향을 미칠 정

도는 아니다"며 모욕죄는 무죄, 사건을 보도한 기자를 명예훼손으로 고소한 것에 대한 무고죄만 인정해 벌금 1500만원을 판결했다(<연합뉴스> "'아나운서 비하 발언' 강용석에 모욕무죄·무고유죄," http://news.naver.com/main/read.nhn?mode=LSD&mid=sec&sid1=001&oid=001&aid=0007093731).

10) 여성연합, '최연희 퇴진촉구 및 국회 윤리확립을 위한 국민청원' 기자회견 보도자료(2006. 3. 21).

11) 여성연합, '최연희 퇴진촉구 및 국회 윤리확립을 위한 국민청원' 기자회견 청원안 개요(2006. 3. 22).

12) 국회의안정보시스템 청원 검색(likms.assembly.go.kr), 청원번호 170269/청원인 박상증 외 8인(참여연대)/소개의원: 이경숙, 강기갑, 고진화/제안회기 제17대(2004~2008) 제258회.

13) 논평 "故 장자연씨 죽음의 진실을 은폐, 축소한 검찰을 규탄한다"(2009. 8. 21).

14) '적반하장, 오만방자 조선일보 규탄' 기자회견(2009. 4. 20).

15) 한국성폭력상담소, 한국여성민우회 미디어운동본부, 한국여성의전화, 장영화 변호사, 유지나 동국대 영화영상학부 교수, 오한숙희 여성학자는 여성연예인 인권 지원을 위한 TFT를 구성하여 이 운동을 기획하였다.

16) 고 장자연을 잊지 않기 위한 "침묵을 깨는 아름다운 동행: 진도씻김굿"은 2009년 11월 4일 인사동에서 개최되었다.

2011년 8월 31일
강용석 제명촉구 기자회견

2012년 5월 11일
김형태 포항명예회복버스

2013년 5월 16일
윤창중사건 기자회견

1
우리들의 모습으로, 우리들의 목소리로: 여성장애인운동

장명숙(한국여성장애인연합 전 상임대표)

1)　머리말

이 글은 한국여성단체연합(이하 '여성연합') 30주년을 맞이하여 여성 장애인운동 영역을 기술한 것으로, 사단법인 한국여성장애인연합 (이하 '한국여장연')의 활동 17년에 중점을 두고 기록한다.

　　한국여장연은 1999년 창립 이후 여성장애인의 교육권, 폭력 근절, 모성권, 노동권, 자립생활, 법률 제정 및 개정, 정책개발과 정책 연구, 국내외 연대운동 등의 활동을 이어왔다. 창립시기부터 한국여 장연은 여성연합의 회원단체로 활동해 왔다. 여성연합은 같은 여성 의 자리에서 여성운동을 이끌어오며, '장애'라는 차이를 갖고 우리 사회에 본격적으로 뿌리내리고자 하는 한국여장연을 깊은 관심과 동지애로 그리고 먼저 길을 만들며 간 여성운동의 선구자로 앞서가며 창립과 그 과정을 함께했다.

우리 사회에는 한국여장연뿐만 아니라 1990년대 말부터 현재까지 여러 여성장애인 인권운동단체가 설립되어 활동하고 있다. 그 속에 서로 다른 관점의 차이와 담론들을 존중하며 같은 여성장애계의 활동이지만 그것들을 다 담아내지 못하는 한계를 인정한다.

2) 한국여장연의 창립

우리 사회에서 여성상애인은 여성이라는 성차별뿐만 아니라 장애인이라는 차별 등 오랫동안 중첩된 차별을 받아왔다. 1980년대에 민주화의 열망 속에서 시민사회운동과 여성운동이 본격적으로 시작되었다. 그러나 여성장애인은 우리 사회의 구성원으로 인정되지 않았을 뿐더러 극심한 차별로 인하여 그 어느 집단보다 인권의 사각지대에서 소수자로 매우 고립되고 소외된 삶을 살아왔으며, 앞선 여성운동이나 장애인운동에서도 여성장애인에 관한 논의나 그 존재를 찾아볼 수 없었다. 이 같은 이유로 여성장애인운동은 1990년대 중반에 가서야 비로소 당사자 중심의 자조모임이 만들어지고 자신들이 경험한 차별과 억압을 사회에 알리며 존재를 드러내기 시작했다.

한국여장연의 탄생은 장애인 속에서는 '성인지적 관점'의 등장과 궤를 같이하는 것이고, 여성 속에서는 '차이의 정치학'에 기반을 둔 것이라고 할 수 있다. 왜냐하면 비(非)장애 중심에다 남성 중심의 사회구조에서는 비장애여성과 여성장애인의 여성주의 관점에 차이가 존재하기 때문이다. 그 차이는 다양성으로 인정되지 않고 차별로 전환되어 삶의 주기마다 처한 환경이 달라지게 되므로 문제해결 역시 다를 수밖에 없다. 예를 들어 폭력에서도 그것에 대한 노출 상황이 다르기에 접근과 해결 방법이 달라진다.

한국여장연의 탄생은 이러한 입장에 근거해 있다. 이것은 우리 사회에 만연한 비장애와 장애에 대한 사회적 차별과 그 맥을 같이한다. 여성주의가 가부장제의 관념과 상식에 도전하는 것이라면, 여성주의는 그 내부에서도 차이에 대한 끊임없는 소통과 성찰이 필요하다. 여기, 한국여장연을 창립하며 1999년 4월 17일 가졌던 현장의 외침을 기록하고자 한다. "첫째 잃어버린 여성장애인의 목소리를 찾아서, 둘째 지역조직으로부터 시작되고 모아져 연합사무국을 형성한다. 셋째, 다른 조직에 소속되거나 의지하지 아니한 완전한 독립적 조직으로 선다. 넷째, 반드시 여성운동과 여성장애인운동을 접목시킨다"는 점을 분명이 했고, 창립 취지문[1]은 다음과 같다.

한국사회에서 여성은 가부장적인 사회분위기 속에서 정치, 경제, 사회 등의 모든 영역으로부터 차별받아 왔다. 여성이면서 동시에 장애를 갖고 있는 여성장애인은 차별과 장애, 빈곤 등 삼중의 고통을 감수하며 사회의 구성원으로 기본적인 권리마저 누리지 못한 채 살아가고 있다. 그럼에도 불구하고 장애를 가지고 있는 여성의 문제는 그동안 논외의 영역에 놓여 있었고, 여성계와 장애계로부터도 소외되어 왔다. 따라서 여성장애인운동의 힘을 아우르고, 여성장애인의 권리보장과 삶의 질 향상을 위해 보다 능동적이고 체계적인 활동을 펼치고자 전국 연대조직인 한국여성장애인연합을 결성하기로 한다.

이렇게 창립한 한국여장연은 여성연합에 회원단체로 가입하여 연대하면서, 젠더문제에 연대하고 여성연합의 운동이 장애 관점을 갖도록 견인해 왔다.

3) 여성장애인 인권운동

(1) 여성장애인 교육운동

우리 사회 여성장애인의 교육수준을 살펴보면 초등학교 이하가 67.3퍼센트[2]로, 많은 여성장애인들이 의무교육과 정규교육에서 제외되어 왔다. 이러한 교육의 부재로 여성장애인들은 자연히 또래집단에서 배제당하고, 또 이것은 사회화의 부재로 이어지면서 사회로부터 철저히 소외되고 억압되었다고 볼 수 있다. 인간의 기본권이기도 한 교육에서의 차별은 삶의 주기별 모든 기회와 선택에 대한 권리를 제한할 뿐만 아니라 인적 자원 측면에서도 경제활동에의 진입을 차단하고 빈곤으로 빠지게 하는 구조적 악순환에 놓이게 하며, 잇따른 기본권의 연쇄적인 박탈 또한 가져온다.

한국여장연은 창립 초기부터 교육권에 중점을 두고 여성장애인의 자존감과 권리의식 등 역량강화와 의식화교육 운동에서 출발했다. 순회교육을 통해서 사회적 차별의 경험과 자매애를 나누며 풀뿌리조직으로서의 토대를 마련하는 데 그 역량을 집중하였다. 특히 '여성장애인 인권 아카데미'를 지역마다 개설하여 여성장애인의 인권 실태와 문제를 드러내고 이해를 증진시켜 사회적 지원체계를 모색했다. 교육은 우리 사회에 여성장애인의 참여와 활동을 독려하였고 부정적인 인식과 편견에 맞서 당사자들의 소통의 장을 넓히고 새로운 활력소를 불어넣어 지속 가능한 여성장애인운동으로 이어졌다. 이러한 흐름 속에서 각 지역마다 진행된 교육은 '여성장애인 한글교실' '여성장애인 인권 아카데미' '야학설립' '검정고시반' '글쓰기' '체험학교과정' '세상 속에서 호흡하기' 등이었다.

이렇게 교육에 대한 의지와 사회참여의 기회를 지속적으로 넓혀갔으며, 2005년 제5회 한국여성장애인대회에서는 "차별 없는 세상, 여성장애인 교육부터: 역량강화와 평등을 향하여"를 주제로 우리 사회의 심각한 '여성장애인 교육차별' 현황을 세상에 알렸다. 또한 결의를 담아 "여성장애인 학력이수를 보장하는 성인학교 설치, 여성장애인 의무교육 불이행시 처벌조항 마련, 학습을 위한 육아·활동 보조인제도 도입, 편의시설 설치, 생애주기별 교육정책 마련"과 함께 정책제안을 내놓았다. 그 성과로 2006년부터 보건복지부의 '여성장애인 역량강화 교육사업'이 전국 2개 지역에서 시작되었으며, 2008년부터는 여성부의 '여성장애인 사회참여 확대사업'이 지역을 넓혀가며 시행되었다. 이 사업을 토대로 '여성장애인 역량강화 순회교육사업 발표 및 교육권 확보를 위한 정책토론회'를 개최하여 진행사례와 교육의 성과 및 문제점을 살펴보았으며, 연장선상에

서 2014년 제13회 한국여성장애인대회를 2005년 대회에 이어 "여
성장애인 교육권: 평등세상! 여성장애인 교육부터"로 개최하였고, 8
년 전과 유사한 내용을 담은 결의문을 발표하고, 여기에 더해 "청각
장애 여성의 교육참여 확대를 위한 자막·수화통역사 배치, 시각장
애 여성의 교육참여 확대를 위한 점자자료 비치, 활동보조인 배치"
를 다시 외치며 이슈화했다.

　　여성장애인에게 교육은 사회참여의 활성화와 자기발전 및 자
존감의 강화와 함께 사회의 당당한 구성원으로 서게 한다. 현재는
전국 각 지역의 단체 및 기관에서 300개 부문 교육 프로그램이 진
행되고 있다. 그러나 2015년까지 보건복지부와 여성가족부에서 시
행되던 여성상애인 정책은 유사중복을 이유로 2016년부터는 보건
복지부로 통합이 결정되었으며, 이 과정에서 차기연도의 예산삭감이
시도되어 부처별 성인지적 관점과 장애인지적 관점의 정책수립이
지금 이 순간에도 계속 요구되고 있다.

　　여성연합은 2005년, 2014년의 교육권을 주제로 한 여성장애
인대회에 대표가 참여했고, 2007년 여성연합 총회에서는 부문별
'빈곤의 여성화 해소' 운동의 과제로서 한국여장연 대표가 "여성장
애인의 교육권과 빈곤"을 주제로 발표를 하여 여성장애인의 교육권
에 대한 인식을 공유하였다. 또 2015년에는 "여성장애인의 교육지원
과 사회참여 지원사업 통합을 반대한다"는 성명서를 발표하여 여성
장애인의 교육권 확보운동에의 지지·지원을 통해 여성장애인 교육
권 확보를 위한 운동에 함께했다.

(2) 여성장애인 반폭력운동

여성장애인 성폭력 근절운동

여성장애인의 여러 현안 중에서 가장 심각한 문제로 우리 사회에서 구체적으로 이슈화된 것이 성폭력문제다. 여성장애인에 대한 성폭력은 1980년대 중반에 장애인 생활시설 내 성폭력문제가 시설 종사자들과 부모·자원활동가 들 사이에 회자되면서 이슈화되기도 했으나 일회성 관심환기 정도에 그쳤을 뿐, 2000년까지 사회적으로 크게 주목을 받지 못했다.

여성장애인은 비장애여성과의 '차이'에 따른 차별과 편견으로 훨씬 열악한 폭력상황에 놓여 있다. 즉 신체적·정신적 장애와 장애유형별 특성에 따라 성폭력에 더 쉽게 노출된다. 특히 장애특성상 인지능력과 대처능력이 현저히 낮을 수밖에 없는 지적 장애 여성[3]에 대한 성폭력 문제는 오랫동안 은폐되어 드러나지 못하고 있었다. 그러던 중 지적 장애 K씨가 초등학생 때부터 수년간 마을주민 7명으로부터 지속적으로 성폭력 피해를 당해 급기야 아이를 출산하게 되자, 언론과 인터넷을 통해 그 실체가 사회에 적나라하게 드러났다. 그런데 이 사건을 검찰은 심신미약자 간음으로 처리하여 합의하게 함으로써 가해자들을 처벌하지 않았다.

이에 한국여장연은 관련단체와의 연대활동으로 공청회를 개최하는 등 K양을 비롯한 수많은 여성장애인에 대한 성폭력 문제를 폭로하고 성폭력 근절 및 예방 활동을 전개하는 한편, 정부의 대책 마련을 촉구하는 등 반성폭력운동에 집중하였다. 이러한 반성폭력운동의 성과로 2001년 초 한국여성장애인연합 부설 여성장애인 성폭력상담소(이하 '상담소')가 서울·부산·대구·전주 등 4곳에 개소, 상담활동을 시작함으로써 여성장애인의 성폭력문제를 사회문제로 이끌어냈다.

상담소 개소 이후 여성장애인 성폭력에 대한 최초의 판례는 서울 모지역에서 발생한 지적 장애가 있는 초등학생 L양[4]의 사건이었다. 이 사건은 '성폭력특별법'에서 친고죄 폐지와 제8조의 '항거불능' 용어[5] 삭제를 위한 법개정의 필요성에 관한 논의로 이어졌다. 그리고 폭력 관련제도의 개선을 위해 여성장애인에 대한 폭력의 특수성 및 대안마련을 위한 토론회 개최, 성폭력사건 공동대책위원회를 통한 각 단체와의 연대활동, 교육 및 언론인터뷰를 통해서 적극적으로 우리 사회에 알리고 대응해 나갔다.

2002년에는 여성장애인 성폭력예방 지침서를 발간·보급하고, 성폭력·가정폭력·성매매 통합상담소 설치와 여성장애인 성폭력 피해자의 특수성을 고려한 '피해자 보호시설'(이하 '쉼터')의 필요성을 토론회를 개최하여 밝혔고, 이는 같은 해 부산지역의 쉼터를 필두로 점차 확장·설치되었다. 2006년에는 상담소 개소 5주년을 맞이하여 각 상담소[6]의 활동을 중심으로 여성장애인 성폭력문제 해결과 피해자 지원을 위해 "여성장애인 성폭력 전문상담소 및 보호시설 확충, 통합연계망 구축, 관련법 개정과 제도개선, 자립지원 및 직업·재활 훈련 프로그램의 개발" 등과 같은 정책제언을 했다. 그리고 2011년 "여성장애인 인권확보 및 기본권보장(폭력근절)"을 주제로 개최한 한국여성장애인대회에서는 "성폭력·가정폭력·성매매 피해 근절을 위한 체계적이고 실효성 있는 법개정과 실질적인 정책의 수립, 긴급구조 시스템 강구, 관련법 개정, 가해자들 엄중처벌, 장애여성 지원법이 개정되어야 함" 등을 내걸고 국회 앞에서 가두집회를 하며 정책을 제언했다.

이러한 반성폭력운동에 힘입어 현재 전국 23개의 성폭력상담소, 1개의 통합상담소, 9개의 성폭력쉼터, 1개의 통합쉼터가 설치되어 운영되기에 이르렀다. 상담소는 수년 전부터 '전국성폭력상담소협의회'와 연대하여 장애·비장애 여성의 반폭력활동에 더욱 주력하고 있다. 이 과정에서 2010년 경찰청에 아동성폭력 근절을 위한 성폭력특별수사대와 2013년 사회악 척결을 위한 성폭력특별수사대가 발족하고, 같은 해 피해자 국선변호사제도와 진술조력인제도가 수립되어 시행되고 있다. 뿐만 아니라 여성연합 인권위원회 위원으로 참여하여 활동하면서 비장애인 여성폭력 근절운동의 경험과 성과를 여성장애인 인권향상에 접목시켜서 여성장애인 성폭력 문제가 누락되지 않도록 노력하였다.

여성장애인 가정폭력 근절운동

여성장애인 가정폭력 문제가 최초로 우리 사회에 알려진 것은 상습적 가정폭력 피해자인 뇌성마비 1급 여성장애인 Y씨가 비장애인 남편 최씨를 불가항력적 상황에서 살해한 사건을 통해서이다. 이에 한국여장연은 여성단체들과 공동대책위원회를 구성하여 Y씨 구명활동을 하면서 여성장애인 가정폭력 문제를 이슈화하였다. 그 후 여성장애인 가정폭력 예방 및 근절 활동을 한국여장연의 중점 운동과제로 전국에 확산시켜 2004년 여성장애인에게 가해지는 가정폭력을 예방하고 근절하기 위해 『여성장애인 가정폭력 예방지침서』를 발간·보급하였다. 이어 2005년에는 한국여성장애인대회에서 '여성장애인 가정폭력'을 주제로 다양한 문화공연을 펼쳐 여성장애인 가정폭력의 심각성과 특수성을 전국적으로 이슈화시켰다.

2006년에는 14개 지역에서 '여성장애인 가정폭력 실태조사'를 실시하여, 여성장애인이 경험하는 다양한 가정폭력 사례를 직접 찾아내어 유형화함으로써 실태와 특수성 및 심각성을 드러내었다. 조사결과 남편, 부모, 형제자매, 자녀, 친인척, 시설생활자 등 주로 가족구성원들인 행위자에게 어린 시절부터 지속적으로 가정폭력을 당하고 있는 사례들이 밝혀졌다. 그리고 가정폭력에 대응을 못한다는 응답이 높았고, 언어·신체적·정서적·경제적 폭력 등에 다양하게 노출되어 있었다. 그럼에도 치료를 받거나 신고를 하지 않는 경우가 높게 나타나, 가정폭력의 빈도와 지속성이 상대적으로 높음을 유추할 수 있었다. 이런 추정을 토대로 여성계·장애계·시민사회 등이 토론회를 개최하여 의견을 수렴해서 여성장애인 가정폭력의 예방과 근절, 가정폭력 상담소와 쉼터의 설치 등 적극적인 지원책의 과제와 홍보의 필요성을 사회에 공론화시켰다.

그럼에도 2016년 현재 '여성장애인 가정폭력상담소'[7]가 전국에 2개, 쉼터가 1개뿐으로 대다수의 여성장애인 가정폭력 피해자가 사회로부터 아무런 지원도 받지 못하고 방치된 채 인권의 사각지대에 놓여 있다고 할 수 있다. 이는 정부가 여성장애인 가정폭력의 근절과 예방에 대한 의지가 없음을 단적으로 보여주는 것이다. 조속히 국가 차원의 적극적인 지원과 제도가 시행되어야 할 것이다.

여성장애인 성매매 근절운동

여성장애인 성매매가 구체적으로 수면 위로 떠오른 것은 2003년 초 성매매업소에서 지적 장애와 지체장애 여성들이 구출되면서부터였다. 그와 함께 오랜 기간 동안 감금상태로 성착취 피해를 당하고 있었던 여성장애인의 인권문제가 심각하게 제기되었다. 같은 선상에서 여성장애인에 대한 폭력 상담을 하던 중에 타단체 여성상담소로부터 의뢰를 받기도 했고, 경찰에 계류되어 있는 사건을 통해서 혹은 성매매 지원기관에서 여성장애인 성매매사건을 접하고 한국여장연에 논의를 해옴으로써 알게 된 일부 사례들도 있었다. 여성장애인에 대한 성착취는 여성의 인권영역에서도 참혹함과 지속성 면에서 많은 문제들이 제기되는 영역이다.

한국여장연에서는 이상과 같은 사례들을 접하면서 "여성장애인의 성매매 현실, 피해 여성장애인의 시설에서의 경험과 한계, 성매매방지법과 여성장애인, 여성장애인 성매매 근절을 위한 대책과 제안" 등을 내용으로 한 기자회견과 토론회 등을 가졌다. 장애를 가진 여성들이 성매매와 성산업 영역에서 생존을 명분으로 성착취, 인신매매 피해를 입고 있는 문제에 대응하고자, 성매매방지법을 제정할 당시 여성연합 인권위원회 단체들과 "장애인은 어떠한 이유나 동의 여하를 불문하고 성매매 피해자로 규정"하려고 하였다. 그러나 이는 실패하였고, 장애여성들도 대통령령이 정하는 중대한 장애임을 입증해야 하고, 강제 혹은 강요당했음을 입증해야 함으로 해서 더욱 취약한 상황으로 내몰리고 있다.

성착취 피해를 당한 여성장애인은 장애특성과 함께 다중적인 억압과 피해를 입은 상태이기 때문에, 이들에 대한 보호지원체계는 보다 전문적이고 많은 지원이 필요한 분야이다. 이런 이유로 2014년에 성매매 피해자 보호시설에서 여성장애인을 특화하는 특별시설에 대한 보완조치가 이뤄졌지만, 장애의 특성 또한 다양하므로 이에 대한 더 많은 대책이 필요한 상황이다.

(3) 여성장애인 모성권운동

여성의 사회진출 증가와 여성가족부의 출현으로 정부는 소외된 여성의 모성권과 보살핌 노동에 대하여 관심을 기울이기 시작하였고 각종 제도와 서비스를 마련해 왔다. 그럼에도 불구하고 여성장애인은 임신·출산·육아의 과정에서 편견과 더불어 중첩된 차별로 인해 사회의 관심에서 배제되어 있었다.

"저 몸으로 결혼을 해서 아이도 낳았네." "장애인이 아이를 낳아?" 사회적 지원체계가 전혀 마련되어 있지 않은 상황에서 비장애여성에게 모성이 강제되어 왔다는 점에 주목했을 때, 여성장애인에게는 오히려 모성이 박탈되어 왔을 뿐만 아니라 논의에서도 오래도록 배제되어 왔음을 인식하게 되었다. 그래서 미래사회를 위한 '재생산'의 자리에 있으면서도 그 존재를 외면당했던 사실이 부각되기에 이르렀다.

한국여장연은 '여성장애인의 모성권' 문제에 주력하지 않을 수 없었으며 해마다 '모성권'을 중점·핵심 운동으로 이끌어내어 그 중요성을 견인하였다. 2002년 제2회 한국여성장애인대회에서는 '모성권'을 주제로 다루면서 캐나다의 여성장애인 네트워크 DAWN

과 함께 자국 여성장애인의 모성권에 대하여 국제적 차원에서 공론화하기 시작하였다. 또 같은 해 '여성장애인 임신·출산·육아에 관한 조사연구사업'으로 여러 장애유형의 기혼여성이 설문에 참여하여 임신과 출산의 과정, 출산비용과 양육의 문제, 모성보호제도의 인지 등이 조사되었다. 그리하여 여성장애인의 특수성을 고려한 의료서비스와 정보습득 경로 및 지지집단 부족, 사회적 편견과 지원부족 등을 파헤쳐 이슈화하고, 정책과제로 임신·출산·육아 과정에 대한 지원, 건강관리체계의 구축, 정기적인 실태조사의 필요성을 제시하는 등 여성장애인의 모성권을 사회에 이슈화시켰다. 2003년에는 여성장애인 가사도우미 예산 확보와 안내책자 발간, 차별사례 발굴, '여성장애인 육아도우미' 파견사업 실시 등을 통해 당사자들의 의식을 강화하였다. 또한 장애유형별 여성장애인 30여 명의 다큐멘터리를 제작하여 다양한 시각에서 여성장애인 모성권에 대한 사회적 관심과 논의를 확장시켰다.

그 성과로 한국여장연은 2010년 7월부터 2016년까지 사회복지공동모금회로부터 여성장애인 출산지원금을 지원받아 주로 저소득층 여성장애인을 지원해 왔으며, 2013년부터는 보건복지부에서 여성장애인 출산에 대한 지원이 시행되어 현재[8]까지 실시되고 있다. 보건복지부의 여성장애인 출산비 지원은 100만원이다.[9] 2015년 기준 분만시 종합병원 이상의 상급 의료기관 이용비율이 여성장애인은 평균 22.7퍼센트로 전체 평균 14.4퍼센트에 비해 높았다. 자연분만과 제왕절개의 비율도 전체 평균은 40.3퍼센트이지만 여성장애인은 54퍼센트에 달했다. 분만 1인당 진료비는 전체 평균이 138만

7493원인 반면 여성장애인의 경우 153만 1949원으로 14만 4456원 높은 것으로 나타났다. 2016년 7월 기준 국내 산부인과는 총 3751개소이고 의료 취약지역 지원, 찾아가는 산부인과 사업을 운영하고 있지만, 여성장애인 임신·출산을 지원하는 병원이나 진료시설 관련 정부의 정책은 전무한 상태다. 장애로 인한 추가비용도 월평균 15만 9천원에 불과하고 이는 의료비, 보조기구 구입·유지비 등으로 구분된다. 따라서 현재의 출산비 지원은 현실적으로 더 늘어나야 한다.

한국여장연은 출산비용의 확대나 산후조리원 도우미 지원제도의 실시와 함께 당사자성이 반영된 법률의 제·개정을 외치며 모성권 관련운동을 이어가고 있다.

(4) 여성장애인 자립생활운동

자립생활은 모든 장애영역을 포괄하며 장애인 당사자가 지역사회에서 스스로 자신의 삶을 선택하며 살아가는 것이다. 그리고 일상생활에서 보조가 필요한 부분이 있는 장애인은 활동보조인을 통해 문제를 해결하며 장애인 자신에게 필요한 선택과 자기결정권을 행사하는 것을 말한다.

한국여장연은 1999년 창립 초기부터 자립생활 이념과 실천방향으로 여성장애인의 관점에 기초한 자립생활운동을 모색하였다. 창립과 함께 진행된 첫 토론회가 '지역사회 내에서의 여성장애인 자립생활 지원방안'인 점을 보더라도, 한국여장연이 자립생활에 무게중심을 두고 있음을 알 수 있다. 삶의 질 향상의 기초가 되는 자립생활이 가능한 방안에 대해 토론하고 지원정책과 실천적 대안을 각

지역의 여성장애인들과 함께 모색했다. 그리하여 여성장애인의 감수성과 패턴에 대한 기초적 동료상담을 실시하며 자립생활을 가능케 하였다. 각 지부에서는 중증 여성장애인들에게 활동보조인을 파견하고 신변활동, 가사, 일상생활, 육아도우미, 이동, 학습, 업무보조, 동료상담, 직업훈련, 정보제공, 이용자 간담회 등을 통해 자립생활운동을 시작하였다.

2004년에는 제3회 한국여성장애인대회 "내 삶의 주인은 나, 당당한 자립생활!"을 개최하여 '여성장애인 자립생활 권리선언문'을 채택해서 "여성장애인의 자기결정권과 선택권이 존중되어 지역사회 안에서 자신이 원하는 삶을 누리고 참여할 권리와 당사자의 감수성과 특수성에 알맞은 자립생활 프로그램이 개발되어야 함과 생활을 영위하는 데 필요한 활동보조 서비스를 받을 권리, 자조단체 및 자립생활센터 등을 운영하며 이를 활성화시키기 위한 지원을 받을 권리" 등에 관한 것을 제시하였다.

2005년에는 '한·미장애인자립생활워크숍'을 국제연대로 공동 진행하였다.[10] 미국[11]과 우리나라[12]의 장애인 자립생활운동 현황과 앞으로 자립생활운동이 나아갈 방향 등이 논의된 자리였다. 또 같은 해 한국여장연 경남·충남 지부에 시범사업으로 예산이 지원되면서 지역을 중심으로 자립생활운동이 확산되어 갔다. 한국여장연은 여성장애인의 관점에 입각한 자립생활을 펼치고자 했다. 그러나 국고예산이 투입되면서 자립생활을 원하는 장애인 누구한테나 지원되어야 하는 자립생활의 이념 때문에 여성장애인만 지원할 수 없고 지역의 장애인을 포괄해서 활동하게 되어 있어서, 여성장애인에게

만 맞춰진 자립생활운동을 이어가는 데는 한계가 있었음을 밝힌다.

2016년 10월 현재 장애인 자립생활운동은 전국 300여 개의 장애인자립생활센터를 중심으로 펼쳐지고 있으며, 당사자가 지역사회에서 사는 데 필요한 자립생활을 지원하고 권익옹호와 동료상담, 활동지원 급여, 정보제공, 이동권 등을 통해 지역사회의 변화를 견인해 가고 있다. 그러나 정부 차원의 자립생활과 관련된 중장기 발전 로드맵이 부재한 상황이며, 그에 따라 계획과 예산이 확보되어야 하는 문제와 더불어 관련법률이 제·개정되어야 하는 과제 그리고 제도개선과 자립생활 정책개발 등의 과제가 남아 있다. 그런가 하면 2017년도 정부예산안에서 자립생활센터 예산이 5퍼센트로 삭감되고, 활동보조인에 대한 활동지원 서비스 예산이 동결됨으로 해서 지금 자립생활운동 진영은 천막농성, 단식 등의 투쟁을 하고 있다. 이에 여성연합은 이들 활동을 지지하고 연대하였다.

(5) 여성장애인의 노동권운동

여성장애인의 경제적 활동, 즉 노동권은 인간의 기본적인 욕구라는 점에서 지속적으로 요구되어 왔다. 그러나 수많은 여성장애인이 교육에서부터 배제되었기 때문에 현실의 여성장애인들은 궁핍과 빈곤에 내몰려 있다. 이에 한국여장연은 2003년 '여성장애인 고용실태를 위한 연구'를 통해서, 장애인 고용과 관련하여 의무고용 비율을 정하고 있을 뿐 구체적인 고용 정책 및 프로그램이 부족한 실정이라는 것, 여성장애인의 지속적인 고용을 위해 사업체를 대상으로 교육이 실시되어야 할 것, 여성장애인의 장애 유형과 정도를 고려한 직업의 개발과 장애인 의무고용 사업체의 비율 확대 및 그 과정에서 여성장애인의 고용비율을 명시할 것 그리고 전문적 직업정보를 체계화해서 고용의 경로를 확대시키고 여성장애인의 인적 자본을 강화할 수 있는 직업훈련 프로그램과 여성장애인에게 적합한 직종을 발굴하는 노력을 실행할 것 등을 정책과제로 제시하면서 여성장애인의 고용문제를 사회적으로 이슈화시켰다.

2007년 제6회 한국여성장애인대회에서는 "우리에게 비상구는 없다. 여성장애인 빈곤탈출, 일할 권리부터!"를 주제로 '여성장애인 일할 권리를 위한 정책토론회'를 개최하였다. 여기서는 여성장애인의 취업실태를 조사하여 취업률·실업률 및 고용률을 분석하였고 취업 여성장애인의 특성으로 경제활동 분야, 종사자 지위, 근무시간, 월 임금, 직장생활상 애로사항을 살펴보았다. 여성장애인 실업자 및 비경제활동 인구의 특성과 직업·재활 관련 국가의 역할 등을 살피면서, 여성장애인 노동권에 대한 참가자 전원의 정책 요구사항을 담아 결의문을 낭독하였다. 구체적으로 "여성장애인 노동권을 위한 의무교육을 보장하라! 장애유형별 맞춤식 직업훈련을 개발하라! 여성장애인 의무고용을 확대·강화하라! 여성장애인 공동작업장을 설치하고 창업을 지원하라!" 등을 주창하였고, 그 해결방안에 대한 정책제언을 하였다.

2015년의 '여성장애인 고용 실태 및 현황과 지원체계 마련을 위한 토론회'를 통해서도 여성장애인에게 취업의 장벽이 얼마나 높은지를 장애유형별 사례를 가지고 적나라하게 드러냈는데, 여성장애인의 고용률은 19.8퍼센트에 그치고 월평균 임금은 50만원 미만

이 절반 가까이 차지하는 실정이었다. 이로써 우리는 여성장애인의 소득이 보건복지부가 고시한 최저생계비보다도 훨씬 낮다는 것을 알 수 있었다.

지금도 여성장애인의 경제활동 참가율은 매우 낮은 수준에 머물러 있다. 이는 장애인의 활동에 맞는 고용의 부재와, 의무고용률이 낮은데도 그마저 장애인 고용 대신 분담금을 납부하고 장애인 고용을 회피하는 기업들의 저급한 인식이 겹쳐 있기 때문이다. 이렇게 여성장애인에 대한 차별은 노동권과 깊게 맞물려 있다.

(6) 여성장애인의 법률 제·개정운동[13]

UN 장애인권리협약 채택운동

UN 장애인권리협약은 2006년 12월 13일 제61차 UN 총회에서 회원국 192개국의 만장일치로 채택되었다. 2002년부터 8차례의 특별위원회를 거친 후 국제사회가 장애인의 기본적 인권보장을 위해 보여준 노력의 결과였다. 이 협약은 국제적으로 전세계 장애인에 대한 시각의 변화, 장애인 인권의 증진, 장애인 복지 패러다임의 변화를 적절히 반영하였다. 기본적 인권보장의 관점에서 국가가 장애당사자의 주체적인 삶의 실현을 위해 조치를 취해야 할 문제로 인식하게 하였다는 것 그리고 장애문제가 '복지'뿐만 아니라 '차별'에 있다는 인식과 더불어 장애인의 참여와 사회통합이 국가의 의무로 전환되었다는 점에서 역사적 의미가 크다.

한국여장연은 UN 장애인권리협약 제정[14]을 위해 적극적으로 활동하였다. 이 조약은 50개 조항으로 구성되어 있으며 18개조로 이루어진 선택의정서를 포함하고 있다. 그리고 여덟번째 국제인권법이다. 한국여장연은 협약의 제정과정에 한국의 여성장애인 운동가들과 함께 주도적이고 적극적으로 참여하였다. 2004년 뉴욕에서 열린 3차 특별위원회에서는 한국정부가 본회의에서 장애여성 단독조항 (15bis) 제정을 제안했으며, 2005년의 5차 특별위원회부터는 '장애여성 단독조항'을 위한 로비활동을 전개하였고, 전세계 장애여성 네트워크 구성을 위한 이벤트를 개최하기도 하였다. 그리고 2006년 UN에서 마지막 8차 특별위원회까지 한국의 여성장애인 운동가들이 참석하여 별도의 회의를 진행하여 각국 GO, NGO들의 관심을 유도해 내며 주도적으로 활동하였다. 이와 같은 5년에 걸친 대장정 끝에 UN 장애인권리협약은 채택되었으며, 여성장애인 이슈를 부각하여 '여성장애인'이 별도조항으로 채택되게 하는 성과를 거두었다.

한국정부 대표단은 특별위원회 회의과정 동안 장애시민단체를 지원하는 등 적극적으로 참여하였고, 특히 제3차 특별위원회 회의 이후 한국에서 제안한 별도 조항으로 제6조(여성장애인), 제19조(자립적인 생활과 지역사회 통합), 제20조(개인의 이동)를 제안하여 채택되는 성과를 거두었을 뿐만 아니라, 성안과정에서 보여준 한국정부와 장애인단체의 활약은 제8차 회의석상에서 당사국들로부터의 감사인사를 이끌어내는 외교적 성과도 있었다.

협약에 의거하여 2014년 9월 제네바에서 개최된 '국제장애인권리위원회'에서 대한민국 최초로 국가보고서에 대한 심의가 있었으며, 최종 견해로 정부의 장애인권리협약 이행에 있어 제시한 주요 우려 및 권고사항 등은 66개 항으로 구성되었으며, 여성장애인 관련사항으로는 "강제불임으로부터 장애여성 및 장애소녀들을 보호하는 메커니즘의 효과 및 접근성을 보장할 것" 등이 있었다. 정부는 보다 다양한 분야의 발전적 논의와 소통을 통해 "정부의 권고이행 및 협약에 대한 사회적 인식을 높이고 협약의 국내적 이행을 강화" 해야 할 것이다. 대한민국의 두번째 국가보고서 심의는 첫 심의 후 5년이 지나서 있을 예정이다.

장애인차별금지법 운동

'장애인차별 금지 및 권리구제 등에 관한 법률'(이하 '장애인차별금지법')은 2007년 3월 6일에 제정되어 2007년 4월 10일 공포, 2008년 4월 11일부터 시행되었다. 이는 2001년 공론화된 이후 범장애계와 시민단체가 연대하여 이룬 투쟁의 성과였다. 특히 장애당사자들이 수시로 모여서 장애로 인한 차별을 공유하고 그것을 금지하고자 토론하여 법조항을 만들어낸 결과로서, 무엇보다도 당사자운동이 중심이 되어 제정되었다는 것과 장애의 문제가 '차별'에 있다는 것 그리고 다른 소수자운동에도 차별에 대한 파장이 더욱더 일게 하였다는 것에서 의미가 크다.

한국여장연은 장애인차별금지법 추진연대(이하 '장추련')[15] 활동으로 '장애인차별금지법' 제정운동에 함께하였다. 상임공동대표단과 상임집행위원 그리고 장추련 내에 법제위 여성차별연구팀을 두어 시각장애인여성회, 장애여성문화공동체, 자조모임 다올 등 여성장애인단체가 중심이 되어서 여성장애인 관점이 고려된 차별의 이슈가 포함될 수 있도록 했다. 그 결과 장애인차별금지법 제3장이 여성장애인 별도의 장으로 제정되는 성과를 이루어냈다. 여성연합은 2004년에 장애인차별금지법 공청회에 참가하고, 2006년에는 장추련 농성장 방문, 사무실 개소식 참여 등으로 장애인차별금지법 제정을 지지하고 적극적으로 연대하였다.

애초 장애계에서는 장애인차별금지법이 제정되면 '장애인권리위원회'라는 별도 시정기구를 설치해서 시행토록 해야 한다고 외쳤다. 그러나 예산상의 문제 등으로 이 요구는 받아들여지지 않았다. 장애인차별금지법은 국가인권위원회에 장애인차별조사과와 장애차별시정위원회를 두고 시행되고 있는데, 법이 시행되기 전까지만 해도 장애인 진정사건은 전체 차별영역의 15.3퍼센트였으나 시행 후 첫해에 전체 차별건수의 52.9퍼센트[16]를 차지하였는데, 7년이 지나도록 평균적으로 이 수치를 유지하고 있다. 이는 우리 사회에서 여전히 이루어지고 있는 장애인 차별의 현실을 보여주는 것이다.

장애인차별금지법의 시행은 여성장애인 당사자가 2008년부터 2015년 초반까지 야당의 추천으로 국회의 선출과정을 거쳐 국가인권위원회 상임위원으로 활동하는 구체적인 성과를 거두었는데, 이것은 장애계의 적극적인 연대로 장애인 당사자가 국가인권위원회의 인권위원으로 활동할 수 있도록 하는 데 총력을 기울이고 지지한 결과이다. 이러한 장애 당사자성과 전문성은 국가인권위원회에서 장애인차별금지법이 시행되는 한 계속되어야 할 것이다. 그 당사자가 굳이 특정 '성'에 국한될 필요는 없다. 물론 야당만의 추천일 이유도 없다. 여당과 대통령, 대법원장의 추천에 그 결과가 부재한 것은 여전히 장애인을 바라보는 시각이 달라지지 않았기 때문이 아닐까? 장애인차별금지법의 제정과정에 열정을 다했던 수많은 장애인 당사자 전문가들이 있다. 그들의 염원과 갈망으로 이루어진 장애인 차별금지법 시행의 지속성을 위해서는 장애인 당사자이며 전문가인 그들이 인권위원으로 활동해야 함이 당연하다.

(7) 연대활동[17]

한국여장연은 창립준비위원회부터 여성연합과 연대하여 꾸준히 활동을 해오고 있다. 1999년 여성연합에 준회원단체로 가입하여 1년 동안 활동한 후 2000년에 정회원단체가 되었다. 여성연합의 총회와 이사회를 비롯해서 정책위원회, 인권위원회와 각종 연대회의에 참석하여 우리 사회 여성의 문제와 더불어 여성장애인의 현황과 문제를 공유하며 논의를 통한 연대활동을 이어갔다. 특히 해마다 개최되는 3·8여성대회에 참가해서 각종 여성현안 속에 여성장애인의 목소리를 드러냈다. 성매매방지법 제정활동에서는 성매매 특위활동과 연대하여 2004년 법률이 제정되는 것을, 그리고 2005년에는 호주제폐지운동본부와 연대하여 호주제 폐지가 국회 본회의를 통과하도록 한국여장연은 회원단체로 적극 참여하였다. 같은 해 세계여성폭력추방주간에는 거리문화 캠페인으로 시민들과 함께하였다. 그리고 평화를 위한 침묵시위, 반전·파병반대 연대활동, 총선여성연대활동, 대통령탄핵반대국민행동, 군가산제 부활을 골자로 하는 병역법 개정 반대, 시민사회단체와의 연명활동 등 사안에 따라 연대활동을 계속해 왔다.

'전국성폭력상담소피해자보호시설협의회'와의 연대활동으로

는 비장애여성의 성폭력과 여성장애인에게서 드러나는 성폭력의 차이를 이슈화하며 반성폭력운동에 함께 대처하였다. 여성연합은 한국여장연 창립과 그후 매년 총회에 참석하고, 여성장애인운동의 이슈를 함께하였다. 창립 이전부터 수면 위로 떠올라 연일 우리 사회에 문제의 심각성을 제기한 지적 장애 여성의 성폭력 피해상황들과 폭력 근절운동의 활성화에 힘입어 한국여장연 부설기관인 '여성장애인 성폭력상담소'와 '여성장애인 성폭력 보호시설'의 필요성에 적극 연대하여 설치되도록 하는 성과를 이루어 그 의미가 더욱 컸다. 뿐만 아니라 매년 핵심·중점 사업을 제시하면서 개최한 한국여성장애인대회에도 연대하여 성원을 해주었으며 각종 토론회에 구체적으로 참여하여 토론자로서 여성장애인과 관련된 여러 정책제언에 한목소리로 연대해 힘을 실어주었다.

연대활동에서 쟁점사항으로는 비장애여성운동 진영의 '낙태비범죄화'에 대해 한국여장연은 오랫동안 이견을 보여왔다. 장애계는 그동안 모자보건법 제14조 1항의 "본인이나 배우자가 우생학적 또는 유전학적 정신장애와 신체질환이 있는 경우" 임신중절수술을 할 수 있도록 규정한 부분에 대해 "장애인의 생식권을 부정하고 장애인은 태어나지도 말아야 하는 존재라는 부정적 인식을 확산시키는 요인이 된다"는 이유로 폐지를 요구해 왔다. 이러한 장애계의 '장애아낙태 반대' 요구는 모든 생명은 태어날 가치가 있다는 이유에서 '낙태 반대'로 이어지기도 하므로 '낙태 비범죄화'를 주장해 온 여성운동의 입장과 충돌한 것이다.

그 이면에는 '우생학'[18]이라는 반인권적인 법조항이 깔려 있기 때문이기도 하다. 우생학은 근본적으로 인간의 존엄과 가치를 부정하며 사회의 범죄와 빈곤 등의 문제를 불합리한 사회적 여건에서 찾기보다는 특정 집단에 문제를 전가하는, 차별과 혐오에 뿌리를 두고 있다. 우생학에 의하여 미국[19]에서는 장애인·고아·부랑자·알코올중독자·범죄자·흑인 등을 대상으로 단종수술이 시행되었고, 독일 나치정권에서도 우생학이 적용되어 나치체제하에서 살해된 장애인의 수가 27만 5천여 명으로 추산되고 있다. 전세계적으로 우생학에 기초한 법률은 제2차 세계대전의 종전과 함께 사라졌다고 볼 수 있다. 거의 일본과 우리나라에만 우생학이 적용되어 왔는데 일본에서는 시민단체의 운동으로 2003년에 삭제되었다. 우생학은 반드시 모자보건법에서 삭제되어야 한다. 결국 모자보건법 14조 1항은 모두 우생학적인 요인에 의거한 것이라 볼 수 있다. 모자보건법 14조 1항의 조항은 반인권이라는 점에서 반드시 폐기되어야 한다.

하지만 한국여장연에서는 여성이면서 장애인이기도 한 이유 등으로 오랫동안 입장정리를 할 수 없었던 것도 사실이다. 여성연합은 이런 한국여장연의 입장을 반영하여 '낙태죄' 전면폐지 입장을 정하지 않고 '모자보건법' 개정을 입법과제로 제시하였다. 그러나 여성연합 회원단체들의 다수가 낙태죄 전면폐지를 위해 형법개정이 필요하다는 입장이라 한국여장연과 인권위원회의에서 간담회를 진행하였다. 간담회를 통해 낙태죄 폐지에 대한 기본 입장에는 차이가 없다는 것과 우생학에 대한 한국여장연의 문제인식에 공감하였다. 이후 2016년 9월 보건복지부가 모자보건법을 위반한 의사의 처벌을 강화한 개정안을 입법 예고한 것을 계기로 여성의 몸에 대한

국가통제를 반대하며 낙태죄 폐지운동이 촉발되었다.

이에 한국여장연은 '우생학에 대한 반대'와 '여성의 낙태에 대한 반대'는 구분할 필요가 있고, 여성의 출산과 낙태는 여성의 자기결정권에 따라 결정하고 선택할 수 있어야 한다는 데까지 정리중에 있으며, 2016년 10월 현재 한국여장연은 비장애 여성운동과 뜻을 같이하여 '낙태 비범죄화'에 동참하고 있다. 실제로 '낙태의 비범죄화'는 우리 사회에서 지난한 싸움이 될 것이다. 낙태죄 폐지 연대를 통해 시퍼렇게 살아 있는 모자보건법 14조 1항의 '우생학'이라는 반인권적 법조항의 삭제운동이 범여성운동 차원에서도 한목소리로 더욱 외치게 되어야 할 것이다.

4)   맺음말

한국여장연은 여성과 장애로 인해 중첩된 차별을 당하는 문제를 우리 사회에 알려내고 통합의 길로 나아가고자 결성된 조직으로서, 중첩된 차별 속에서 잃어버린 여성장애인의 목소리를 찾아내면서 비장애 여성운동과 연대하여 활동해 왔다.

새삼스레 한국여장연의 창립 초기, 여성연합의 행사에 참석했다가 편의시설이 구비되어 있지 않아 건의를 했던 기억이 떠오른다. 그리고 여성연합은 한국여장연의 건의를 기억했다가, 2010년 지금의 여성미래센터로 이전할 때 엘리베이터와 장애인 화장실을 구비하는 개축공사를 하는 등 장애인 인지적 관점을 갖는 노력을 기울였다. 차이를 기반으로 한 문제들은 그렇게 조직적 활동과 어울린 연대의 힘 속에서 변화로 연결된다.

여성장애인운동은 우리 사회가 당사자에게 가한 '인권침해와 차별'에 저항하며 나타난 대표적 소수자운동이라고 할 수 있다. 한국여장연의 활동을 기록하며 현재까지도 여성장애인에게 가해지는 여러 영역에서의 인권침해와 차별을 더욱 절감한다. 변화를 위한 운동은 기본권을 중심으로 국가를 향해 정책과 제도화를 외치게 하는데, 이 글이 끝나가는 2016년 11월에도 여성장애인 당사자들은 거리에서 정부를 향해 대대적인 투쟁중에 있다. 1990년대 말부터 본격적으로 그랬듯이 이후로도 그러할 것이다. 이 투쟁은 여성이며 장애로 인한 차이가 인권침해로 이어지지 않을 때까지, 차별이 되지 않을 때까지 지속될 것이다. 차이에 대한 공평함이 적용된 소득과 분배 그리고 인식의 전환과 사회로의 통합 등 변화를 이끄는 투쟁으로 계속될 것이다. 이러한 관점의 소수자운동은 파장을 일으키고 지평을 넓혀 다른 소수자운동으로 연결되어 확산될 것이다.

이 글을 마감하며 지면의 제한으로 아쉬움이 많았음과, 그리하여 '초고'를 대폭 줄이고 또 줄이고 과감히 삭제된 활동들도 있음을 전한다. 그러한 한계를 전하고 싶다. 그러나 지면을 아끼지 않고 과제별 사례와 열정적인 투쟁의 현장을 풀어쓸 날도 있을 것이다.

시간은 간절한 소수자들의 투쟁 속에서 오늘도 흐르고 있다.

참고문헌

학술대회 및 토론회 자료

국가인권위원회 (2014), 「유엔장애인권리위원회 최종견해에 대한 검토」.

_____ (2015), 『'장애인차별 금지 및 권리구제 등에 관한 법률' 시행 7주년 기념토론
　　　회 자료집』 발표문.

대한민국정부 (2011), 『장애인권리협약 제1차 국가보고서』.

여성부 (2006), 『여성장애인 임신·출산·육아 지원 정책토론회 자료집』.

장애인차별금지추진연대 (2004), 「'장애인차별 금지 및 권리구제에 관한 법률' 제정을
　　　위한 초안 워크숍」.

한국여성단체연합 (2000~16), 『총회 자료집』.

_____ (2004), 『베이징+10기념 심포지엄: 한국의 여성정책 10년 돌아보며 내다보며』.

한국여성장애인연합 (2001), 「성폭력 피해 여성장애인을 위한 쉼터 관련 토론회」.

_____ (2006a), 『여성장애인 성폭력 실태와 대안모색: 한국여성장애인연합 여성장애
　　　인성폭력상담소 개소5주년 기념토론회 자료집』.

_____ (2006b), 『전국 여성장애인 가정폭력 실태조사 토론회 자료집』.

한국장애여성네트워크준비위원회 (2005), 『"국제장애인권리조약, 우리는 장애여성 단
　　　독조항을 요구한다!!!": UN 제5차 특별위원회를 다녀와서』 토론회 자료집.

연구·실태조사·해설집

국가인권위원회 (2007), 『장애인권리협약 해설집』.

김경미 외 (2008), 『여성장애인 고충 및 사회진출 상담지원 매뉴얼 연구』, 여성부.

성정현 외 (2003), 『여성장애인 고용 실태에 관한 연구』, 한국여성장애인연합.

오혜경 외 (2006), 『여성장애인 복지증진 방안을 위한 연구』, 보건복지부.

장명숙 (2005), 「여성장애인 성폭력 문제의 특성 연구」, 성공회대학교 석사학위논문.

장애인차별금지실천연대 (2007), 『우리가 가는 길이 역사다 1: 시작에서 끝까지』.

한국보건사회연구원 (2008~2014), 『장애인 실태조사』, 보건복지부.

그외 한국여성장애인연합 자료

한국여성장애인연합 (1999~2016), 『한국여성장애인대회 자료집』.

_____ (2000~15), 『1~16차 총회 자료집』.

_____ (2000~16), 『회보』.

_____ (2001), 『제1기 여성장애인 복지아카데미 교육 자료집』.

_____ (2008), 『여성장애인 관점의 장애인차별금지법 가이드북: 또 다른 나 여성장애인, 차별을 말하다』.

_____ (2009), 『한국여성장애인엽합운동 10년사: 한국여성장애인연합운동의 역사적 의미와 전망』.

인터넷자료

에이블뉴스 (2016), "여성장애인 출산지원금 절반만 혜택".

위키백과 (2016) "우생학 관련 자료", http://www.daum.net/.

1) '창립취지문'은 오래전부터 있어온 여성장애인의 활동의 바람과 열정을 담은 것이다.

2) 한국보건사회연구원 2008. 가장 최근 이루어진 2014년 장애인 실태조사에서는 57.8퍼센트이다.

3) 여성장애인 성폭력의 68퍼센트를 차지한다(한국여성장애인연합 2016 『회보』, 46쪽).

4) L양에 대한 성폭력은 수년간 지속되었으며 노출 당시 나이는 15세였다. 가해자 4명이 구속되어 재판을 받았는데 L양이 동네사람들의 사진을 보고 지목한 가해자는 21명이었다. 한국여장연과 전국의 여성장애인 성폭력상담소 및 여성단체, 장애인단체 들이 공동대책위원회를 구성하여 함께 대응한 사건이다. 공동대책위원회 진정서 21회, 관련 전문가 비디오 녹화자료 제출 1회, 성명서 3회, 피해자 증인진술시 검찰청 2회 및 법정 3회 동석을 한 사건이며 피해자의 상담 회수가 총 150회를 웃돌았다. 장명숙 2005, 100쪽.

5) 이 조항은 영화 〈도가니〉를 계기로 삭제되었으나 여성장애인계의 관점과 담론의 차이로 다시 삽입되었다.

6) 한국여성장애인연합 부설 여성장애인 성폭력상담소 6개소(서울, 부산, 대구, 광주, 청주, 마산).

7) 2015년 대구 여성장애인 가정폭력상담소에 따르면, 여성장애인 가정폭력 중에서 신체적 학대가 80퍼센트로 가장 높다.

8) 초반에는 장애 1급부터 3급까지만 지원하다가 2015년부터 등록 여성장애인 전체로 확대되었고, 임신 16주 이후 유산한 여성장애인에게도 지원을 하고 있다.

9) 에이블뉴스 2016.

10) 정립회관에서 한국여성장애인연합을 포함하여 정립회관, 한국장애인자립생활센터연합회, 서울장애인자립생활센터 등의 단체가 공동주최하였다.

11) 미국의 장애인 자립생활 개념은 1970년대 초부터 형성되기 시작했으며 거주시설에서 탈(脫)시설과 어쩔 수 없이 거주시설에서 생활해야 할 경우에 관한 매뉴얼의 개발과 자립생활을 위해 탈시설을 할 경우 완전한 사회참여를 위한 프

로그램 개발 등과 다양한 선택을 보장할 것에 대한 활동을 전개하여 재활법이 제도화되면서 1973년부터 자리를 잡기 시작했다.

12) 우리나라는 1990년대 말부터 자립생활이 이슈로 대두하여, 2000년 초부터 자립생활센터가 개소되었고 그후 2005년에 자립생활센터 지원 시범사업이 시행되었으며 2007년에 장애인복지법이 개정되면서 비로소 장애인 자립생활운동이 본격적으로 이루어졌다.

13) 법률 제·개정운동은 장애계 전체가 함께 참여해서 활동하여 이루어낸 성과이다. 2007년 '장애인 등에 대한 특수교육법', 2010년 장애인연금법, 2011년 '장애인 활동지원에 관한 법률', 2014년 '발달장애인 권리보장 및 지원에 관한 법률' 등을 꼽을 수 있다. 여기서 말하는 두 가지 법률의 채택 및 제정은 국내외적으로 장애인 당사자들이 수년간 투쟁한 역사로 이루어낸 것임을 밝히며 기록하고자 한다.

14) 최초의 제안은 1987년 UN 총회에서 이탈리아 정부가 36개 조항으로 이루어진 장애인의 인권에 관한 국제조약의 제정을 요구한 것이다. 이 제안을 계기로 제정논의가 시작되었으나, 재정적인 부담과 유사한 국제인권조약이 존재한다는 이유로 논의가 진전되지 않다가 마침내 2001년 제56차 UN 총회에서 멕시코의 빈센트 폭스(Vincent Fox) 대통령의 제안으로 장애인권리협약 작성을 위한 특별위원회가 설립되면서 시작되었다.

15) 열린 네트워크를 중심으로 2001년 장애인차별금지법의 논의 및 공론화, 2002년 장애우권익문제연구소의 국회 입법청원, 2003년 장애인차별금지법제정추진연대 출범식으로 본격적으로 장추련 활동이 시작됨. 장애인차별금지법 제정을 위해 100만인 서명운동, 지역순회 공청회, 각종 토론회·간담회·집회·문화제 등을 통해서 이슈화하였으며 2005년 9월 20일 민주노동당 노회찬 의원의 입법발의를 시작으로 여러 과정을 거쳐서 2007년 3월 6일 '장애인차별 금지 및 권리구제 등에 관한 법률'이 제정됨.

16) 국가인권위원회 2015, 439쪽.

17) 여성연합과의 연대활동에 국한해서 기록했음을 밝힌다.

18) 모자보건법에서 임신중절의 허용 사유로 삼고 있는 우생학(eugenics)이란 용어는 1883년 영국의 과학자 골턴(Francis Galton)이 고안한 것이다. 우수한 남녀들의 선택적 결혼이 몇 세대만 이루어져도 뛰어난 능력의 인종을 얻는 것

이 가능하다는 골턴의 주장은 바람직한 종족을 퍼뜨리는 '적극적 우생학' (positive eugenics)과 반대로 질을 떨어뜨릴 종족의 번식을 감소시키는 '소극적 우생학'(negative eugenics)으로 양분된다. 인터넷, daum, 위키백과 참조.

19) 1907년부터 시작해서 1981년 단종법이 폐지될 때까지 공식적으로 7만 명에게 단종시술이 이루어졌다.

1999년 4월 17일
한국여성장애인연합 창립대회

2004년 9월 15일
제3회 한국여성장애인대회 "내 삶의
주인은 나: 당당한 자립생활"

2011년 7월 4일
제10회 한국여성장애인대회
"여성장애인 성폭력을 근절하고
사회적 지지체계를 강화하라"

2

이주여성, 우리의 이웃이다: 이주여성운동

한국염(한국이주여성인권센터 상임대표)

1)   머리말

신자유주의로 인한 '빈곤의 세계화'로 '빈곤의 여성화'는 '이주의 여성화'를 촉진시키고 있다. 2004년 유엔개발회의(유니펨)의 보고에 의하면 아시아의 경우 이주노동인구의 70퍼센트 이상을 여성들이 차지하고 있다.[1] 이주의 여성화 흐름을 타고 아시아 여성들이 이주를 하는데 대부분 전통적인 성 역할과 기능에 따라 배치되고 있어, 여성의 이주에서 젠더관계의 불평등한 구조가 드러나고 있다. 이주의 여성화는 이주를 통해 여성들이 새로운 기회를 얻을 수 있다는 순기능적인 측면도 있지만, "여성의 이주와 인신매매의 경계선이 모호하고 본국과 고용국 양측으로부터 인권침해를 받는다"는 점에서 역기능을 하기도 한다.

'이주의 여성화' 흐름을 타고 1980년대 후반부터 아시아 여성들이 한국에 이주를 시작했다. 1986년 아시안게임을 계기로 젊은 필리핀 여성들이 가사노동자로 입국했으나 1992년 한중수교 후에는 중국 동포여성으로 대체되었다. 이후 중국과 고려인 동포, 산업연수와 고용허가제로 들어와 공장이나 농축산업 현장에서 단순노동에 종사하는 이주여성, 관광협회를 통해 연예인 비자를 받고 들어와 유흥업소에서 일하는 이주여성, 한국인과 국제결혼으로 이주한 결혼이주여성 등 정부정책에 따라 다양한 비자로 여성들이 한국으로 이주하고 있다. 국제결혼 중 한국남성과 외국여성의 결혼은 75퍼센트이며, 한국여성과 외국남성의 결혼이 25퍼센트 정도이다. 한때 한국의 국제결혼은 전체 결혼의 13퍼센트, 즉 8쌍 중 한 쌍이 국제결혼일 정도로 비율이 높다가 지금은 11쌍 중의 한 쌍으로 줄어들고 있다. 한국남성과 아시아 여성의 결혼은 국제결혼 중개업소의 알선으로 이루어지는 경우의 비율이 높다.

한국에서 이주운동이나 이주여성운동은 이주민들의 삶의 자리, 즉 인권침해 현실에서 비롯된 것이었기 때문에 이주노동자의 인권운동에서부터 시작되었다. 유엔 인권선언은 제1조에서 "모든 사람은 태어날 때부터 평등하다"고 밝히며 제2조에서 "피부색, 성별, 종교, 언어, 국적, 갖고 있는 의견이나 신념 등이 다를지라도 우리는 모두 평등하다"고 선언하고 있다. 그러나 한국에서 이주여성은 인종차별, 성차별, 빈곤국 출신이라는 계급차별로 삼중차별을 받고 있다.

일반적으로 이주노동자들의 인권문제는 "법적 지위의 취약성, 열악하고 차별적인 근로환경(장시간노동, 저임금, 임금체불, 산업재해, 폭언, 폭행, 비하 등), 배타적인 문화로 인한 적응곤란, 사회복지 서비스의 부족, 비인도적인 단속과 추방" 등으로 요약할 수 있다.[2] 여성 이주노동자의 경우에는 이주노동자 일반보다 더 다중적인 차별을 받고 있었다. 남성노동자와의 임금격차는 물론이고 모성보호 장치가 전무할 뿐 아니라, 성희롱·강간 등 성폭력과 같은 이중의 인권침해를 당하고 인신매매성 유흥업소로의 유입이 빈발하고 있어 사회문제가 되었다. 그러나 이렇게 이주여성들이 인권침해를 받고 있었음에도 이주운동 초기에는 이주여성의 문제가 이주운동의 이슈로 부각되지 못했다. 초창기 이주노동자운동을 하던 활동가들은 대개 한국사회에서 인권과 민주화 운동을 벌이던 인권운동가들이어서 인권이나 인종주의에 대한 관심은 있었으나, 젠더 관점이 부족했기 때문이다.

여성의 이주는 인종차별주의와 성차별주의가 서로 맞물려 있어 '젠더화된 인종주의'[3]에 대항하는 게 필요했으나, 이주노동운동이 시작된 지 5년이 지나서야 이주여성노동자를 위한 활동이 시작되었다. 이주여성운동을 맨 처음 시작한 곳은 종교여성단체로서, 1996년 한국교회연합회의 외국인여성상담소, 1998년 여성교회가 남양주의 이주노동자여성센터 그리고 기지촌여성 인권운동을 벌이던 두레방이 2000년 기지촌[4]에 유입된 이주여성을 지원한 것이다.

여기에 2000년 한국이주여성인권센터의 전신인 '여성이주노동자의 집'이 설립되고, 2001년 이주노동자운동을 하던 단체의 여성 대표 3명이 시작한 '이주·여성인권연대'라는 연대의 틀이 형성되면서, 이주여성운동이 본격적으로 가동되기 시작하였다. 여성이주노동자의 집의 경우, 설립 초기에는 이주여성노동자를 지원하는 데 집중하였으나, 국제결혼이 증가하면서부터 결혼이주여성들의 인권문제가 노동이주여성들보다 더 심각하다고 판단하고 결혼이주여성의 인권보호운동 쪽으로 운동영역을 넓혀가게 되었다.

본격적인 이주여성 인권운동을 하기 위해서 한국의 선주민[5] 여성운동 판에 이주여성 문제를 부각시키고 선주민 여성단체들이 그동안 쌓아온 경험을 이주여성운동에 도입해 운동을 활성화함은 물론, 전국에 있는 지역 회원단체와 공동으로 이주여성 문제를 해결하고자 하는 뜻에서 2003년 '여성이주노동자의 집'의 이름을 '이주여성인권센터'로 바꾸고 한국여성단체연합(이하 '여성연합')에 회원단체로 가입했다. 이주여성의 인권문제가 선주민 여성단체와 접목된 것은 이때부터다. 이주여성운동을 하는 현장단체가 여성연합과 결합하면서 그동안 여성운동이 담아내지 못했던 이주여성 이슈들이 여성운동의 관심영역에 들어온다거나 여성연합을 통해 여성의제가 되었고, 이것은 이주여성운동을 활성화하는 데 기여하였다.

2) 이주여성 인권보호를 위한 정책과 제도화운동

한국에서 전개된 이주여성운동은 선주민 여성운동과 마찬가지로 여성인권의 현실을 개선해 보고자 하는 노력에서 비롯되었다. 초창기에는 노동이주여성들과 중국 동포여성들의 노동상담, 모성보호 지원활동 중심으로 전개되다가, 시간이 가면서 노동이주여성을 위한 활동은 줄어들고 대부분 결혼이주여성과 성매매업소로 유입된 유흥업 종사자의 인권을 위한 활동이 주를 이루고 있다. 그것은 이 두 영역의 인권문제가 노동이주 영역보다는 더 가시적이었기 때문이기도 하다. 한국의 이주여성 인권운동은 폭력피해 이주여성의 인권보호와 한국땅에서 살 권리를 보장받는 체류권 보장을 가장 핵심적인 의제로 설정하고 활동해 왔다.

(1) 이주여성 인권개선을 위한 법제화운동

한국으로 유입되는 이주여성은 크게 노동, 결혼, 동포, 엔터테이너 비자를 갖고 이주한 여성들이다. 이주여성노동자의 인권실태는 차별적 임금을 비롯해서 열악한 근로조건과 작업환경, 모성보호의 부재, 성폭력에의 노출, 열악한 주거환경과 건강[6] 등으로 요약할 수 있다. 특히 농축산부문 이주여성노동자들의 경우에는 농축산업 노동자들에게 예외조항을 두고 있는 근로기준법[7]이나 업종변경을 금지하고 있는 고용허가제로 인해 타업종 이주노동자에 비해 더 차별을 받는 것은 물론, 외국인에 대한 무시와 편견이 심한 농촌의 문화 속에서 강제노동, 불법파견노동, 폭언, 폭행, 성폭행, 사생활침해 등의 차별이 심해 사회적 문제가 되고 있다. 특히 미등록 이주여성노동자들의 경우에는 미등록 체류상황을 악용한 성폭력이나 성매매업소로 유인 등 범죄에 노출되어 있는 실정이다.

연예흥행비자(E62) 소지 이주여성의 경우 인신매매, 강요된 성매매 등을 비롯한 인권침해가 국제적인 문제로 확대되고 있다. 성산업으로 유입된 외국인여성들 대부분이 여권을 업주에게 압수당하고 나체쇼나 성매매를 강요당하고 화대를 착취당하며 위협이나 협박, 구타, 강간 등과 같은 폭력의 피해를 입고 있다. 성매매방지법 11조에 의해 외국인의 경우 피해를 신고하면 그 기간 동안 보호를 받을 수 있으나 귀국으로 사건이 종결되고, 또 신고할 경우 범죄조직의 협박에 노출되기 때문에 한국정부에 신고하는 것을 포기하는 게 현실이다.

결혼이주여성의 인권은 노동이주여성들보다 더 취약하다. 현재 한국인 남성과 결혼해 입국한 결혼이주여성의 경우 국제결혼 중개업체나 개인브로커의 알선에 의한 결혼의 비율이 높고, 인신매매의 성격이 강하다. 그리고 국제결혼의 높은 빈도에 비례해서 국제결혼 가정의 이혼율이 전체 이혼의 10퍼센트를 차지할 정도로 높은 편인데, 그중에서 한국남성과 외국인 여성의 이혼이 70퍼센트로 한국여성과 외국인 남성의 이혼보다 2.3배 높다. 이혼의 주된 사유 중에서는 가정폭력의 비율이 높다. 2010년 여성가족부가 가정폭력 정의에 의해 광의의 가정폭력 실태조사를 한 결과, 국제결혼 가정의 경우 폭력이 69.3퍼센트로 선주민 가정폭력의 비율보다 높으며, 선주민의 경우 정서적 폭력이 33.1퍼센트로 높은 데 비해 결혼이주여성의 경우에는 신체적 폭력이 39.1퍼센트로 높고 중중 폭력, 경제적 폭력도 선주민보다 3배가량 높다.[8] 폭력피해의 유형은 살해, 구타, 강제낙태, 아내강간, 언어폭력, 추방과 이혼의 위협, 취업갈취, 방기, 체류와 국적취득에 비협조, 시댁가족에 의한 성폭력 등 다양하다.

무엇보다도 결혼이주여성의 인권에서 문제가 되는 것은 법적 지위의 취약성이다. 1년마다 체류자격을 연장해야 하고, 2년 후 신청할 수 있는 국적신청의 경우에도 신원보증의 일차적 주체가 한국인 남편이기 때문에 한국에서 안정적으로 체류하는 데 문제가 있다. 또한 국적을 취득하기까지는 외국인의 신분이기 때문에 한국인 배우자 사이에서 태어난 자녀를 양육하고 있지 않을 경우에는 사회보장 혜택에서 배제된다. 사실상 인권이 유보되는 것이다.

이러한 이주여성의 인권상황을 개선하기 위한 법제화운동이 일어났다. 법제화운동의 시작은 선주민 여성운동의 결과로 만들어진 제도를 벤치마킹하는 방식으로 이루어졌다. 한국에서 여성인권과 관련한 법률로는 크게 가정폭력방지법, 성매매특별법, 성매매방지법이 있는데, 이 법들이 이주여성에게도 적용될 수 있도록 하는 일과 이주여성의 기본권이라고 할 수 있는 체류권과 국적법 등 법률의 개정과 '폭력피해 이주여성을 위한 인프라 갖추기'가 우선적으로 요구되었다. 가정폭력방지법은 2006년에, 성매매방지법은 2009년에, 성폭력특별법은 2014년에 적용되었다.

간이귀화제도에 결혼이주여성 포함하기

2005년까지만 해도 한국인과 결혼해 입국한 외국인 배우자는 이유 여하를 막론하고 혼인이 해소되면 한국에 체류할 수 없고 귀국해야 했다. 가정폭력 피해자라 해도 예외는 아니었다. 이러한 체류법이 반인권적임을 알리고 폭력피해 이주여성이 한국에 체류할 수 있게 하기 위해 법제도를 개선하는 활동을 벌였다. 그 결과 2004년 결혼이주자의 경우에는 2년이면 귀화를 신청할 수 있도록 하는 간이귀화제도가 만들어졌다. 그 이듬해인 2005년 9월 25일에는 간이귀화제도에 체류법을 연결시켜 가정폭력 피해 등 혼인파탄의 책임이 외국인 배우자에게 있지 않다는 점이 입증되면 한국에 체류할 수 있고, 남편이 사망하거나 시부모를 봉양하고 있는 경우 혹은 한국인 배우자 사이에서 태어난 자녀를 양육하고 있을 경우에는 체류할 수 있도록 체류법이 개정되었다.

그러나 혼인파탄 귀책사유가 본인에게 있지 않음을 입증하면 한국에 체류할 수 있도록 체류법이 바뀌었으나, 사실상 입증자료를 확보하지 못해 귀책사유 없음을 입증하지 못하는 이주여성들이 많았다. 이들을 위해 여성인권단체들이 이주여성들을 상담하고 혼인파탄의 귀책사유가 이주여성에게 없는 경우 상담확인서를 떼어주면 그 확인서를 입증자료의 하나로 인정해 줄 것을 건의하였고, 이 건의가 받아들여져 2006년 '공인된 여성단체 확인서' 제도가 만들어졌다.

폭력피해 이주여성을 위한 인프라 갖추기

결혼이주여성의 안정적인 체류를 위해 체류법을 개정토록 한 후 착수한 것은 결혼이주여성도 가정폭력방지법의 도움을 받을 수 있도록 가정폭력방지법을 개정하는 일이었다. 2004년부터 선주민 여성운동에서도 가정폭력방지법을 개정하려는 움직임이 있어 한국여성의전화나 한국여성단체연합의 활동가들과 함께 여성부 관계자들에게 결혼이주여성들의 폭력피해 실상을 알리고 법을 개정할 때 이주여성도 법의 보호를 받을 수 있는 장치를 마련해 달라고 요구하였다. 그 결과 2006년 가정폭력방지법에 '(외국인)'이라는 문구가 삽입되어 폭력피해 결혼이주여성들이 가정폭력방지법의 혜택을 받을 수 있게 되었다.

가정폭력방지법에 결혼이주여성을 포함하도록 하는 법개정과 동시에 추진한 것은 폭력피해 선주민 여성들을 위한 보호제도를 이주여성 시스템에 도입하는 일이었다. 당시에 폭력피해 이주여성들을 위한 쉼터로는 이주여성인권센터가 운영하는 쉼터 하나밖에 없었고 그나마도 미인가 시설이었다. 가정폭력방지법이 내국민들을 위한 것이었기 때문에 외국인들은 입소할 수 없는데다 언어나 체류법, 국적 등 법체제가 달라 이주여성을 위한 쉼터가 별도로 필요했다. 또 쉼터와 더불어 필요한 것은 이주여성들이 폭력피해를 당했을 때 신고할 수 있는 긴급전화 설치였다.

2006년 가정폭력방지법의 개정에 발맞추어서 여성부는 '이주여성 긴급전화'와 쉼터 설치를 법적으로 제도화하였다. 이주여성 긴급전화(1577-1366)는 2006년 11월 9일에, 폭력피해 이주여성 쉼터는 2007년부터 여성부 인가를 받고 운영비를 지원받게 되었다. 이렇게 폭력피해 이주여성을 위한 인프라가 구축될 수 있었던 것은 이미 선주민 여성인권운동을 통해서 마련된 폭력피해 여성들을 위한 인프라 시스템이 도입되었고 노무현정부가 '결혼이민자와 그 자녀의 사회통합 지원정책'이라는 국정과제를 수립할 때 이주여성단체 대표들이 참여해서 의견을 냈기 때문이다.

2006년 4월 26일 대통령 국정과제로 '국제결혼 이주여성'이라는 호칭을 '결혼이민자'로 확정해 '결혼이민자와 그 자녀의 사회통합 지원정책'이 발표되었다. 주요 정책과제는 탈법적인 결혼중개 방지 및 당사자 보호, 가정폭력 피해자 등에 대한 안정적인 체류 지원 강화, 한국사회 조기적응 및 정착 지원, 아동의 학교생활 적응 지원, 여성 결혼이민자 가족의 안정적인 생활환경 조성, 여성 결혼이민자에 대한 사회적 인식 개선 및 업무책임자 교육, 추진체계 구축 등 7개 과제로 이루어져 있었다.

결혼이민자를 위한 간이귀화제도를 비롯해서 취업권이나 폭력피해 이주여성을 위한 인프라 구축 등, 정부가 민간단체의 의견을 적극적으로 수렴할 수 있었던 가장 큰 요인은, 노무현정부가 공약에서부터 핵심 과제로 5대 차별 철폐, 즉 학력·여성·장애인·비정규직·이주노동자 차별 철폐를 내세워서 자연히 이주자 인권문제가 국정과제에 포함될 수 있었기 때문이다.[9]

이렇게 해서 구축된 폭력피해 이주여성을 위한 인프라 가운데 이주여성 긴급전화는 이주여성단체 중 유일한 법인체였던 한국이주여성인권센터가 여성부로부터 위탁을 받아, 상담을 맡을 결혼이주여성들을 훈련해 상담원으로 배치하는 등 기틀을 마련하고 자리를 잡았다. 그러나 2년 후 이명박정부에 들어와서는 '이주여성 긴급전화'를 '이주여성 긴급지원센터'로 이름을 바꾸어서 성매매여성을 위한 '여성인권지원센터'와 함께, 새로 만든 여성인권진흥원으로 이관시켰다.

(2) 이주여성 정부정책에 대한 대응과 여성연합의 역할

결혼이민자와 그 가족을 위한 정책은 '결혼이민자와 그 자녀의 사회통합 지원정책'을 기본 틀로 해서 운영되었다. 이 정책은 기본적으로 '가족'에 초점을 맞추고 있으면서 여러 가지 인권문제를 발생시켰기 때문에 한국이주여성인권센터를 비롯한 이주관련 단체가 여성단체와 함께 이에 대응하는 활동을 하였다. 제일 먼저 한 일이 2006년 대통령 국정과제로 발표된 '결혼이민자와 그 자녀의 사회통합 지원정책'의 문제점을 제기하는 토론회를 한국이주여성인권센터를 비롯한 이주여성단체와 공익변호사그룹 '공감' 등 5개 단체가 공동주최로 실시한 것이다. 이 토론회를 계기로 이주여성 네트워크가 형성되었다. 여성단체에서는 한국여성의전화가 공동주최 단체로 참여하였다. 여성의전화 경우 지역 여성의전화 몇 곳에서 결혼이주여성들의 상담을 해주고 있었고, 인천여성의전화는 2004년부터 폭력피해 이주여성 쉼터 '울랄라'를 운영하고 있었기 때문에 자연스럽게 연결되었다.

2007년에는 지방자치단체에서 전개하는 '농어촌총각 장가보내기 지원사업' 반대캠페인을 벌였다. 이 캠페인에는 이주여성 관련 단체 외에 민주노동당과 여성의전화가 결합하였으며, 그 결과 농어촌총각 장가보내기 지원사업이 중지되었다. 그러나 모든 지자체에서 이 사업을 중지한 것은 아니었거니와 선거 때만 되면 농어촌지역에서는 이 정책이 다시 살아나기도 한다.

이 연대 틀은 이어서 '국제결혼중개업관리법' 제정에 반대하는 활동도 전개하였다. 국제결혼 중개업체의 알선에 의한 국제결혼은 대부분 '인신매매'의 성격을 띠어서 유엔에서도 규제할 것을 권고하는 등 문제가 심각하였다. 2007년 '국제결혼중개업 관리에 관한 법률안'이 국회에 발의되었다. 이에 이주여성단체는 앞에 결성된

여성세력화, 곳곳으로 번지다

네트워크와 공동으로 이 법안이 관리법이 아니라 규제법이 되어야 하며, 발의된 안으로는 인신매매 성격의 국제결혼을 규제할 수 없고 오히려 국제결혼 중개업만 합법화시키는 결과를 가져올 것이라고 비판하였다. 그리고 매매혼적 국제결혼 중개행태 금지, 피해당사자 보호조치, 국제기구의 권고에 따른 입법을 제안하였다. 그러나 이 같은 네트워크의 의견은 반영되지 않았고, 다만 결혼이주여성 살해 등 사건이 발생할 때마다 법이 조금씩 개정되고 있을 뿐이다.

이렇게 이주여성단체와 다른 여성단체의 연대는 '사회통합 이수제' 반대운동에서 절정을 이루게 된다. 2008년 4월 법무부는 '사회통합 이수제'라는 정책을 발표하였다. 이 정책에 따르면, 귀화를 원하는 자에게 2009년 1월부터 '한국어와 한국사회 이해' 교육을 의무화하여 한국어 220시간과 '한국사회 이해'라는 과목을 40시간 이수하면 국적을 부여하겠다는 것이다. 하지만 결혼이민자의 경우 간이귀화제도에 의해 혼인생활이 2년 동안 유지되면 국적을 신청할 수 있고, 이에 근거하여 별일 없으면 귀화를 할 수 있게 되어 있는 현행법을 강화하여 사회통합 이수제를 의무화한다는 것은 결혼이민자의 귀화권리를 제한하는 반인권적인 정책이었다. 그래서 한국이주여성인권센터 주관으로 '사회통합 이수제 반대 기자회견과 캠페인'을 전개하였다. 이 캠페인에는 70여 개의 단체가 결합하였는데, 이주여성 관련단체를 비롯해서 이주노동자단체들과 여성연합의 회원단체들이 공동연명을 하고 참여하였다. 그 결과 '이수제'라는 의무제에서, 참여한 결혼이주여성에게 인센티브를 주는 '참여제'로 바뀌었다.

한편 여성연합은 사회통합 이수제 반대 캠페인을 시작으로 회원단체인 한국이주여성인권센터가 전개하는 캠페인에 공동참여하게 된다. 여성연합은 한국인 남편의 폭력으로 살해당한 이주여성 추모제, 가정폭력 때문에 남편을 죽인 이주여성 구명운동, 이주여성 체류권 보장을 위한 캠페인, 영주권 전치주의 반대운동 등을 함께 해 왔다. 이렇게 캠페인에 연대하는 활동 이외에도 여성연합은 3·8 세계여성의날이나 유엔활동, 베이징 행동강령 한국토론회 그리고 선거에서 이주여성 인권문제를 의제화하여 한국사회에 이주여성의 인권 상황과 과제를 알리는 등의 활동을 통해서 이주여성 인권보호에 기여해 왔다. 이 가운데 몇몇 활동의 구체적인 내용을 살펴보면 다음과 같다.

베이징 여성행동강령 이행평가를 통해 여성정책 의제에 이주여성부문 반영

한국에서는 2004년과 2014년 여성연합의 주도로 한국정부의 베이징 여성행동강령 이행평가를 위한 토론회를 실시하였다. 베이징 행동강령에는 이주여성과 관련된 빈곤, 교육, 폭력, 인권, 건강, 직업 등 6개 주제가 있다. 2004년과 2014년 두 차례에 걸쳐 노동이주여성, 성매매이주여성, 결혼이주여성에 대한 정부이행의 실태를 평가하여 과제로 제시하였다. 이뿐만 아니라 각종 여성정책 의제에 이주여성부문을 포함시켜 이주여성문제를 여성문제로 부각시키는 데 공헌을 하였다.

유엔 여성차별철폐위원회 활동

여성연합을 통해 이주여성 이슈가 국제사회에 제기되기 시작한 것은 2004년 유엔에서 열린 '밀레니엄과 여성' 회의이다. 이 회의에는 '밀레니엄과 이주'라는 의제가 있었는데, 한국여성단체연합과 한국여성단체협의회, 한국YWCA연합회가 함께 '한국 이주여성 현실과 과제'를 주제로 한국 민간단체 워크숍을 진행하여 아시아에서 이주여성화로 발생하는 문제에 관한 토론이 이루어졌다.

2007년에는 한국이주여성센터가 여성연합을 통해 여성차별철폐위원회에 대한 민간의견서를 제출해 유엔이 한국정부에 이주여성의 인권 친화적인 권고를 하게끔 했으며, 2011년 8월 19일부터 열린 제49차 유엔 여성차별철폐위원회에 한국이주여성인권센터 대표가 여성연합의 일원으로 참석해서 활동을 벌였다. 그 결과 이주여성 인권을 위해 유엔회의에 제기한 중요 요청사항들이 권고사항[10]으로 도출되었고, 이는 한국정부의 이주여성정책에 큰 영향을 끼쳤다.

이주여성 이슈의 사회적·정치적 의제화

여성연합이 이주여성 인권보호에 크게 기여한 것은 이주여성 인권문제를 선거와 3·8여성대회 등에서 여성운동 의제로 부각시킨 일이다. 지방자치단체 선거, 국회의원 총선거, 대통령 선거 때 한국이주여성인권센터가 제기한 과제, 즉 이주여성노동자의 성폭력 문제와 체류권 보호, 결혼이주여성의 가정폭력 피해문제와 체류권 및 국적 문제, 유흥업종사 이주여성의 인신매매성 이주와 성매매로의 유입에 의한 피해 방지와 보호 정책을 선거의제로 각 정당과 후보

자에게 제출하고 선거공약으로 채택하도록 하였다. 예를 들어 2016
년 총선의 의제로는 이주여성의 안정적 체류권과 국적취득권 보장,
폭력피해 이주여성의 자립대책 마련, 차별 없는 다문화사회 만들기
(인종차별금지법 제정)를 제안하고, '고용허가제의 독소조항' 개정도
건의했다. 그러나 2016년 총선에서 이주여성 관련의제를 각 당에서
유보하는 바람에 채택되지 못한 것은 아쉬운 일이다.

또한 3·8여성대회에서 핵심 의제 10가지 중 한 가지를 이주여
성 의제로 설정해 한국여성대회에 참석하는 이들과 언론에 던지는
일은 시민의 인식개선을 위해서 매우 중요한 과제이다. 2016년 이주
여성 3·8슬로건은 "이주여성이 안전하게 살 권리와 체류권 보호"로,
이주여성 인권의 기본권에 해당하는 슬로건이다.

3) 정책 모니터링과 제안 그리고 변화의 흐름들

한국정부에 이주여성에 관한 정책이 전무하던 시절에 이주여성 관
련단체들은 정부정책을 모니터링하고 시민운동·여성운동 단체들과
연대하여 정부의 이주여성 정책과 제도를 다음과 같이 견인했다.

2005년 여성부를 추동해서 국제결혼 이주여성을 위한 사업
을 하도록 했다. 또한 혼인이 해소되면 이유 여하를 불문하고 자기
나라로 돌아가야 했던 이주여성의 안정적 체류를 위한 간이귀화제
도 제정, 배우자 귀책사유로 이혼한 국제결혼 이주자의 체류권 및
취업할 수 없었던 결혼이주여성의 취업권 확보를 추동하였다.

2006년에는 다문화 열린 사회를 비전으로 하는 대통령 국정 과제 '결혼이민자와 그 자녀의 사회통합 지원대책'에서 결혼이주여성 인권보호를 위한 정책을 이끌어내었고, 여기서 발표된 정책들이 구체화되도록 하였다. 결혼이주여성의 가정폭력 피해에 대한 증빙자료로 민간단체의 상담확인서를 포함하는 '공인된 여성단체 확인서' 제도 도입, 가정폭력방지법에 '(외국인)'을 포함시키는 가정폭력방지법 개정, 이주여성들이 자기 언어로 상담할 수 있는 이주여성 긴급전화 개설, 폭력피해 이주여성 쉼터와 자립지원 쉼터 설치가 이루어져 결혼이주여성의 인권보호가 더 확대되었다.

2007년에는 결혼이주여성뿐만 아니라 노동이주여성, 유흥업소에 종사하면서 인권침해를 당한 외국인 여성에 대해 일정 기간 취업활동을 허용하는 제도를 이끌어내었다. 특히 성·인종 차별적 국제결혼 광고 금지캠페인을 통해 인종차별적 옥외광고 금지법 제정이 이루어졌다. 2008년에는 국제결혼을 희망하는 한국인 배우자가 국제결혼에 대해 올바른 인식을 할 수 있도록 하기 위한 국제결혼 안내 프로그램을 도입하고, 결혼이민자 대상의 사회통합 이수제를 의무화에서 참여제로 이끌어내었다. 2013년에는 유엔활동을 통해 권고안으로 체류연장, 국적신청시 한국인 배우자 신원보증제 폐지를 이끌어내었고 그 결과 한국에서 신원보증제 폐지가 법으로 제정되었다.

2014년에는 한국인의 무책임한 결혼과 외국인의 위장결혼을 방지하기 위해 정부가 도입한 결혼이민자 비자강화제도에 대응하는 활동을 벌였으나 법무부 안대로 추진되었다. 이중국제결혼 남용을 막기 위해 한국인의 경우 5년 이내에 국제결혼을 1회로 제한하고, 결혼이민자의 경우에는 한국인 배우자와 이혼 후 자국민 남자와 결혼해 자국민 남편을 초청하는 것을 방지하기 위해 결혼이민자 국적 취득 후 3년 이내에 다른 결혼이민자를 초청하지 못하도록 제한하는 항목이 있다. 이 항목과 관련해서, 한국인 귀책사유로 이혼한 경우에 이 제도를 적용하는 것은 반인권적이라고 건의하여 "한국인 배우자의 귀책사유로 혼인이 파탄된 혼인피해자의 경우는 예외"라는 예외조항이 설치되었다.

또한 2013년부터 실시된 정부의 다문화가족 지원정책에 대응하는 활동에서 이주여성운동은 여성연합, 한국성폭력상담소, 한국여성의전화, 성매매문제해결을위한전국연대(이하 '전국연대') 등과 함께 가족 중심의 이주여성 지원 시스템을 이주여성 개인의 인권을 보호하는 인권지원 시스템으로 변화시키는 일에 동참했다. 구체적으로 이주여성 인권전화인 '이주여성 긴급전화'를 없애고 다문화가족 종합정보 콜센터인 '다누리 콜센터'로 바꾸는 정부정책에 대한 항의, 이주여성 인권지원을 위한 상담소 설치의 필요성 제기, '아동 성폭력으로 인해 출산한 이주여성 혼인무효소송' 법정지원, 인신매매방지법 제정 등에 함께했다. 그러나 대법원이 아동 성폭력으로 인한 출산을 고지하지 않았다는 이유로 혼인취소 판결을 내린 것은 잘못되었다고 전주고등법원으로 파기환송한 혼인무효소송 사건 외에는 가시적인 성과를 거두지 못했다. 답보상태인 이 정책들은 다시 전개해야 할 과제로 남아 있다.

여성연합을 비롯한 여성단체와의 연대는 이주여성단체의 정부정책 대응활동에 힘을 실어주고 있다. 이주여성단체 뒤에 한국의 여성운동단체들이 있다는 것은 정부에 무언의 압력이 되고 있기 때문일 것이다.

4) 평가와 과제

(1) 이주여성 당사자들의 '말하기' 한계성과 당사자운동의 가능성

인권운동은 옆에서 더불어 함께하는 것도 중요하지만 당사자가 하는 것이 가장 큰 힘을 발휘할 수 있다. 그러나 이주여성운동의 경우 당사자성의 중요성을 알고 당사자의 역량강화에 힘을 쓰고 있지만 정작 당사자들이 나서서 자신들의 인권문제를 말하기에는 한계가 많다. 한국에 체류할 수 있는 권리가 이주여성 당사자에게 있지 않고 남편을 비롯한 한국인 가족에게 있는 상황이 초래할 수 있는 추방의 위협 앞에서, 이주여성들이 자기목소리를 내기란 어렵다. 인권침해를 당한 이주여성들이 자기목소리를 내기 위해서는 체류권과 귀화의 권리가 이주여성 당사자에게 있어야 한다. 이 점이 보장이 되지 않는 상황에서는 이주여성들의 목소리를 기대하기가 어렵다. 이주여성들에게 소리를 내라고 하는 것 자체가 그들에게 또 하나의 폭력일 수 있다는 사실이 이주여성의 삶의 현실이다.

이런 상황에서 이주여성 인권운동이란 이주여성이 소리를 낼 수 있는 그날까지 이주여성의 소리를 대변하는 것일 수밖에 없다. 바로 여기에 '대변의 한계성'이 이주여성 인권운동의 한계로 남게 된다. 그렇다고 모든 이주여성운동에서 당사자성이 부인되는 것은 아니다. 이주여성 당사자들이 자신들의 역량을 강화해서 지도력을 갖추어 인권침해를 받은 이주여성을 지원하는 이주여성 당사자 인권활동가가 이미 곳곳에서 배출되고 있다. 뿐만 아니라 자국민 여성들의 삶의 질 향상에 애쓰는 이주여성 공동체 리더들이 공동체에 자리잡고 있어, 이주여성 지도력의 성장 가능성이 나타나고 있다. 이미 실험적으로 이주여성 국회의원이 배출되어 이주민들의 인권향상에 기여하는 경험을 하였다. 문제는 이 이주여성의 지도력이 실험으로 끝나지 않도록 여성운동이 계속 여성세력화의 이슈로 추동하고 이주여성에게 권한부여(impowerment)를 하는 일에 개입하면서 자매애를 보여주어야 한다.

(2) 이주여성의 '변방성'

여성운동에서 '주류화' '역량강화'라는 말은 매우 중요하다. 그 귀착점은 '변방에서 중심으로'(margin to center)이다. 이주여성운동에서도 당연히 주변부에 있는 이주여성들을 중심부에 설 수 있도록 하는 것이 중요하다. 그러나 이주여성들이 변방에서 벗어나는 데 관심을 두었지 변혁 가능성으로서 이주여성이 선 자리인 '변방성'에는 관심을 두지 않았다. 앞으로 이주여성운동이 해야 할 일은 이주여성을 '변방에서 중심으로' 보내는 데 무게중심을 두기보다는 선주민들이 변방에 선 이주여성들과 함께할 수 있도록 선주민사회를 변화시키는 일에 더욱 힘을 싣는 것이다. 이주여성운동이 해야 할 일은 변방에 있는 이주여성들을 주체성을 갖도록 세우고, 중심부에 있는 선주민들에게 이주민이 갖고 있는 '변방성'을 일깨워줌으로써 한국사회를 변화시키는 것이다. 즉 선주민 중심을 주변화하고, 변방에 있는 이주여성 삶의 자리를 중심화하는 운동을 해야 제대로 된 여성운동이 될 수 있다.

(3) 여성운동에서 성과 인종주의, 이주의 여성화에 대한 응답들

이주여성운동에서는 성문제만이 아니라 인종차별 문제도 핵심 사항이다. 여성운동은 여성의 젠더문제뿐만 아니라 인종주의 문제를 여성운동의 의제로 포함시켜서 성·인종 차별을 종식시키는 일을 핵심 과제로 삼아야 이주여성의 인권문제가 해결될 수 있다.

이주문제는 시구화문제이며, 신자유주의와 빈곤의 세계화로 인한 빈곤의 여성화의 산물이다. 따라서 이후 한국의 여성운동이 젠더 차별을 유지시키는 불평등과 젠더를 기반으로 한 차별에 대응하기 위해 보편적인 권리에 근거한 변혁적 접근을 추구한다면, '이주의 여성화' 문제에도 더 적극적으로 응답해야 한다.

유엔 새천년 선언문 가운데 제20절의 빈곤, 기아, 질병에서 벗어나서 지속 가능한 발전을 위하여 양성평등과 여성의 권한 강화를 도모하는 것이나 제25절의 여성에 대한 모든 형태의 폭력을 근절하고 '여성차별철폐협약'(the Convention on the Elimination of All Forms of Discrimination against Women, CEDAW)을 이행하는 것은 모든 여성의 일상을 위해 중요한 과제다. 그중에서도 특히 "여성들 모두 개인과 국가 개발의 혜택을 받을 수 있는 기회로부터 차단당하지 않아야 한다"는 부분은 여성의 이주에서 매우 중요한 의미가 있다. 이주가 여성에게 개발의 장이 되기도 하지만 개발로부터 소외된 결과가 이주로 나타나기도 한다. 여성이주자들은 종종 자국의 개발에서 소외당한다. 아시아에서 이주자의 70퍼센트가 여성이라는 사실은 여성이 개발의 혜택을 입기보다는 오히려 이주로 내몰리는 실정을 말해 주는 것이기도 하다. '개발과 여성이주'에 관한 젠더 차원의 고찰과 응답이 필요하다.

　　이상에서 지난 15년 동안 한국의 여성운동과 함께한 이주여성 인권운동을 정리해 보았다. 한국 선주민 여성운동이 일구어낸 성과가 결과적으로 이주여성 인권운동의 밑받침이 되었다. 이주여성을 위한 법과 제도를 만드는 일이나 필요한 이슈를 해결하기 위한 캠페인을 전개하는 일 등도 여성운동에 기초된 것이 많다. 그러나 돌이켜보면 한계 역시 있었다. 한국이주여성인권센터가 여성연합의 회원단체가 되고자 했을 때, 첫번째로는 이주여성 의제를 여성운동의 의제로 가져갈 수 있도록 한다는 목적이 있었다. 두번째는 여성연합의 회원단체라는 위상을 통해서 한국사회의 인종차별적 인식을 개선시켜 이주여성을 우리의 이웃으로 인정하고 차이를 차별로 만들지 않고 다양성을 존중함으로써 이주여성과 더불어 사는 한국사회를 만들겠다는 다부진 꿈이 있었다. 그러나 선주민 여성운동의 과제에 몰입하다 보니 이주여성과 함께 사는 사회를 만드는 일에는 많은 노력을 기울이지 못했다. 과연 한국의 여성운동을 통해 인종차별 없는 한국사회를 만들 수 있을까? 이주여성과 선주민여성이 "우리는 자매입니다. 우리는 이웃입니다" 하고 노래하는 그날이 오기를!

주

1)   UNIFEM Knitt, *Feminization of Migration in Asia*, 2004.

2)   이 글은 박경태 교수가 "한국사회의 이주노동자 소수자 차별"이라는 제목으로 2001년 4월 11일 성공회대학교에서 실시한 이주노동자 자원활동가 교육의 자료에서 인용한 것이다. 2008년에 『소수자와 한국사회』에 수록되었다.

3)   스티븐 카슬은 자신의 책 "민족성, 계급, 젠더, 생애주기" 항목에서 여성의 이주에서 성차별주의와 인종차별주의가 서로 밀접하게 결합되어 있음을 학자들의 연구를 인용해 밝히면서, 한 예로 흑인여성에 대한 인종주의적 억압은 '젠더화된 인종주의'라는 표현이 유용하다고 말한다(스티븐 카슬 마크 J. 밀러, 『이주의 시대』, 2009, 85쪽).

4)   근대 이후 병영(兵營)을 중심으로 해서, 그 주변에 서비스업 중심의 생활권이 형성되는 군사취락을 말함. 광복 이전에는 일본군을 상대로 그 주둔지였던 신용산, 나남(羅南), 진해 등지에서 발달하였다. 한국전쟁 이후에는 미군을 대상으로 부산의 하야리아 및 텍사스, 경기도 운천·포천·문산·양주와 파주의 용주골, 평택의 쑥고개, 동두천 등을 중심으로 발달하였다. 한국학 중앙연구원, 『한국민족문화대백과』.

5)   인종차별을 이야기할 때 '원주민'이라는 용어를 보편적으로 사용한다. 한국의 경우는 97퍼센트가 한국인 원주민이기 때문에 이 개념에 맞지 않다. 한국의 이주운동에서는 한국인 대신에 '선주민'이라는 용어를 사용하는데, 한국인을 강조할 경우 한국인 대 외국인의 장벽이 생기기 때문에 선주민과 이주민이라는 용어를 쓴다. 선주민이란 한국인이 원래부터 한반도에 산 것이 아니라 중앙아시아로부터 또는 우랄산맥이나 중국을 거쳐 한국에 이주한 사람, 먼저 이주해서 살고 있는 사람이라는 뜻을 내포하고 있다.

6)   외국인이주노동자대책협의회의 2002년 외국인여성노동자 실태조사; 국가인권위원회 외국인여성노동자 실태조사 2002년 자료.

7)   근로기준법 제63조(적용의 제외).

8)   여성가족부, 『가정폭력 실태조사』, 2010.

9)   2007년 한국여성단체연합은 참여정부 여성정책을 평가하는 토론회를 개최하였다. 이 토론회에서 이주여성과 관련한 노무현정부 정책을 평가하고 과제를

제시하였다. 문제점을 중심으로 비판적으로 평가는 했으나 이주여성 인권을 위한 기본정책이 만들어진 것은 노무현정부의 공헌이 크다. 노무현정부의 이주여성 인권관련 정책은 4년 후 역시 한국여성단체연합 주관 아래 실시된 이명박정부의 여성정책 평가에 나타난 이주여성정책과 비교해 보면 알 수 있다.

10) 인신매매처벌법 제정, 이주여성에 대한 가정폭력 방지대책 마련.

2011년 6월 3일
"더 이상 억울한 죽음이 없기를"
(추모제)

정부정책 다시 보기 토론회

성·인종 차별적 국제결혼
광고 반대

여성 정치세력화운동 30년:
삭제된 젠더의 가시화와 갈등적 분투

김은희 (젠더정치연구소 여.세.연 연구위원)

1)   87년 민주화 이후 여성들의 정치 발화 그리고 세력화

역사적으로 오랜 동안 여성들은 정치의 장소에서 배제되어 왔고, 목소리조차 삭제되었다. 말은 정치적이다. 아리스토텔레스는 『정치학』에서 오직 인간만이 말을 가지고 있으며, 이것이 인간의 고유한 특징이라고 설명한다. 그렇다면 인간은 누구나 말을 가졌을까? 불행히도 철학자의 관념 속에 존재하는 인간은 자유인 '남성'뿐이었다. 그들만이 로고스(logos)의 소유자이자 정치적 인간이었다. 여성은 말의 소유자가 아니었다. 여성들은 인간이기 위해 입을 열어야 했고, 그 말들이 공중에 흩어져 사라지지 않도록 함께 모여야만 했다. 여성참정권운동이 그러하였듯, 여성 (정치)세력화운동은 여성운동의 시작이자 여성운동 그 자체이기도 하다. '공적 공간'인 정치에의 접근은 여성들에게 언제나 중요한 도전이고, 한국 여성운동의 경험도 다르지 않았다.

한국에서 여성의 정치적 참여에 대한 인식이 본격적으로 싹트기 시작한 것은 1987년 이후 시민운동이 합법적인 영역 내에서 활성화된 것과 맥을 같이한다. 1990년대 들어서는 여성 정치참여 확대와 대표성 증진을 주요 목표로 활동하는 여성단체들도 설립되기 시작했다. 87년 민주화와 함께 태동한 '진보적 여성운동 연합체'인 한국여성단체연합(이하 '여성연합')도 여성 정치세력화는 초기부터 중요한 과제였다.[1] 창립 당시인 1987년 "여성이 바라는 민주헌법에 대한 우리의 견해"[2]를 제출하고, 1988년 총선을 앞두고는 "제13대 국회의원 총선거에 즈음한 여성유권자선언"을 발표하는 등 여성운동단체로서의 정치적 의견을 표명하였다.

여성들의 '발화'는 직접 정치영역에 주체로 등장하고자 하는 참가의 정치로 이어졌다. 여성 정치세력화는 정치영역으로부터 배제되어 온 여성들의 참여를 수적으로 확대하는 '끼어들기'에서부터 시작되지만, 부분적인 '끼어들기'를 넘어 '새판짜기' 그리고 그 과정에서의 젠더정치[3] 동학(dynamics of gender politics)까지를 포함한다. 여성연합은 남성 중심적인 정치구조의 문제점을 해결하는 것은 단순히 여성의 정치참여만이 아니라 기존 정치문화의 변화를 통해서 가능하다는 입장에서 '영향의 정치'를 표방하였고, 성평등의 정치를 실현하기 위한 정치개혁과 제도개선을 추진해 왔다. 특히 1995년 베이징 제4차 세계여성대회를 전후하여 성주류화(gender mainstreaming) 전략이 도입되고, 정치·의사결정과정에의 여성참여가 강조되면서 여성의 정치세력화에 더 적극적으로 대응하는 과정을 거치게 된다.

2) 1990년 지방자치 부활 이후 여성후보 전략의 실험

1990년대 여성운동은 불평등한 권리와 지위를 찾는 데 주력하였고, 특히 1991년 지방자치제의 부활을 계기로 정치참여를 위한 범여성 모임을 결성하여 지방의회에 여성들의 참여를 제도적으로 보장받고자 하였다.[4] 여성연합은 1991년 지방자치제 특별위원회를 구성하고 비례대표제 도입을 촉구하는 등의 활동을 통해 지방자치 참여가 대중운동으로서 여성운동의 지평을 열어줄 수 있으리라는 확신을 가지게 되었다.[5] 이에 1994년과 1995년 '지방자치와 여성의 정치참여 확대'를 중점 사업으로 선포하고 집중적인 활동을 벌이게 된다. 1994년 제10회 한국여성대회에서 "지역살림의 참일꾼, 여성대표를 지방의회로!"를 내걸고 여성의석 20퍼센트 확보를 주장하였으며, 올해의 여성운동상에 홍미영 지방의회 의원을 선정하기도 했다. 20퍼센트 지방의회 여성참여 특별사업본부(본부장 이미경)를 결성해 '지방의회 여성의원 3년활동 평가토론회'를 개최하고, '지방의회 여성의원 선거실전 워크숍'도 진행하였다. '지방자치특별위원회'를 구성하는 한편, '할당제도입을 위한 여성연대'를 통해 공천할당제와 비례대표제 도입을 촉구했다. 그리고 소속단체들에 후보발굴 지원을 결의하도록 권고하고, 후보지원을 위해 여성의 정치참여 확대기금을 마련하기 위한 노력도 기울였다. 1995년 지방의회 선거에서 여성 의원을 당선시키기 위해 전력투구했고, 이런 노력의 결과로 17명 후 보 중 14명의 여성의원을 당선시키는 성과를 얻었다. 1998년 선거에 서는 여성후보를 내지 못하는 지역의 경우 '지방자치체 여성정책 10 대 과제'를 선정하여 단체장과 지방의회 후보들에게 공약으로 요구 하는 활동을 전개하였고, 돈 드는 정치와 부패정치를 청산하기 위 한 정당법 및 선거법 개정 등에도 여성운동이 적극 참여하였다.[6]

일례로 서울 노원·도봉·강북구를 중심으로 한 풀뿌리 여성조 직인 서울동북여성민우회의 경우 1995년, 1998년, 2002년 3번에 걸 쳐 지방의회 선거에 직접 후보를 내고 당선을 시키는 직접 참여방식 으로 지방지치운동을 진개했다. 많은 논의 끝에 출마후보와 출마지 역을 선정하고 조직활동, 홍보활동, 재정마련 등 온갖 노력을 기울였 다. 시민사회세력이 그다지 성장하지도 않았고, 여성단체의 이름만 가지고 출마하는 것은 당선 가능성이 낮았기에 야당의 내천을 받아 출마하게 되었다. 총 3명의 회원이 출마했는데 선거경험이 전무한 지역여성운동단체로서는 너무도 많은 어려움을 겪었으나 이를 극복 하고 모두 당선시킬 수 있었다. 그러나 단체의 요구 혹은 전면적 도 움으로 출마했음에도 이후 함께할 논의의 장이 충분히 마련되어 있 지 못해서 당선된 여성 지방의원도 그리고 단체의 입장에서도 혼란 을 겪었다. 조직이 온 힘을 기울여 그 어려운 선거과정을 거쳐 후보 를 당선시켰다 하더라도, 그 이후 전개되는 활동을 공유하지 못하게 되면서 일면 후보전략에 회의적인 입장을 갖기도 했다.[7]

이 경험은 후보출마 전략을 통해 선거에 적극적으로 참여한 단체들에 적지 않은 후유증을 안겼다. 이후 여성단체들은 더 이상 개인 몇 명을 정치계에 진출시키기 위해 단체 전체가 총력을 기울이는 식의 활동은 하지 않겠다는 방침을 정하게 되었으며, 정치세력화는 '새판짜기'에 모아져야 한다는 활동방침이 1999년 여성연합 정책수련회에서 다시 한번 확인되었다.[8]

3) 여성의 정치적 주류화 및 선거시기 범여성계 연대운동

1995년 베이징 제4차 세계여성대회 참가 이후 여성연합은 1996년 정책수련회에서 여성의 정치적·경제적 주류화를 위한 활동강화를 논의하고, 1997년을 여성의 정치적·경제적 주류화를 위한 도약의 해로 설정한다. 여성의 정치'세력화'를 넘어 정치적 '주류화'를 채택한 것이다. 이는 여성의 정치적 주류화를 위해 지역여성조직 강화와 지자체에 대한 정치적 대응력을 높이기 위한 광역시·도별 지역 여성연합 건설이 그 축을 이루는 조직화 방안이었다.[9]

여성의 정치적 주류화는 과거 타도대상으로서의 국가관에서 여성이 적극적으로 참여해 변화를 유도할 수 있는 국가관으로의 변화를 반영하고 있다.[10] 다양한 여성들의 차이를 획일화하지 않으면서 '여성'이라는 이름으로 새로운 정치학이 등장하는 1990년대에, '진보적' 여성운동이 정부비판세력으로서의 정체성을 강고히 갖고 있던 1980년대와는 다르게 '여성'의 이름으로 정치세력화를 시도하면서 정치권에 대한 여성주의적 개입의 대변자 역할로 방향을 전환한 것이다. 1999년 이래 자신의 정체성을 '틀바꾸기'에 두고, "정치를 재개념화하는 것에서부터 시작하여 공사영역을 재정치화하고 일상생활을 정치의 장으로 만드는 비엘리트적·비국가적 지역정치, 사회운동의 정치"를 표방하였다.[11]

　　2000년대를 전후로 여성정치할당제의 제도화와 제도정치에의 참여가 강조되면서, '범여성계'라는 이름으로 여성 정치참여 확대를 위한 연대활동이 적극적으로 전개되었는데,[12] 1994년에 조직된 '할당제도입을 위한 여성연대'(이하 '할당제여성연대')가 그 본격적인 시작점이다. 할당제여성연대는 여성연합, 한국여성단체협의회(이하 '여협'), 한국여성유권자연맹, 한국여성정치연맹, 한국여성정치연구소, YWCA 등 56개 여성단체가 참여해 구성되었고, 제15, 16대 총선과 1995, 1998, 2002년 지방선거에서 지속적으로 여성정치할당제 도입을 주장하였다. 할당제여성연대 활동의 제도적 성과로 2000년 2월 제16대 총선 직전에 이루어진 정당법 개정에서 국회의원 비례대표 후보의 30퍼센트 여성할당 조항이 처음으로 만들어졌고, 2002년 지방선거 전에 광역의회 비례대표 후보의 50퍼센트 여성할당 조항이 신설되는 정당법 개정이 이루어졌다.

　　17대 총선을 앞둔 2003년, 여성운동은 그 어느 때보다 여성정치세력화에 대한 열망이 크게 분출되었고 이 성과로 여성연합, 여협, 여성정치세력민주연대(이하 '여세연'), 한국여성유권자연맹, 한국여성정치연구소 등 321개 여성단체들이 연대하여 정치개혁과 획기적인 여성의 정치참여 확대를 달성하기 위한 목적으로 '17대 총선을 위한 여성연대'(이하 '총선여성연대')를 발족하였다. 총선여성연대는 정치관계법 개정안을 제출하고 비례대표 의석 감소에 반대하는 활동 및 의석 증가운동을 펼치는 등 제도개선운동과 유권자운동을 전개하였고, 그 결과 의원정수가 273석에서 299석으로 늘어남에 따라 비례의원직이 10석 증석이 되어 56석으로 늘어나면서 그중 50퍼센트를 여성에게 할당하는 정치관계법 개정안이 통과되는 성과를 거둘 수 있었다. 여성의 정치참여 필요성이 양적인 측면에서 강조되었는데 여성이 정치에 참여하면 무엇이 달라도 다르다는 것이었다.[13]

그럼에도 "향후 여성의 정치참여 확대를 위한 연대방식에 대한 고민이 필요"하며 "달라질 수 있는지에 대한 질적인 측면을 확보하기 위한 고민이 필요"하다는 한계와 과제가 제기되기도 했다.[14] 할당제여성연대와 총선여성연대가 보여주듯, 여성운동은 보수적 여성단체인 여협과 진보적 여성단체인 여성연합이 '여성'이라는 큰 틀에서 연대하는 모습을 보여왔고, 이는 미약한 여성 정치세력화를 보완하는 힘으로 작용하였다. 이런 연대를 통해 우리는 지금 '어떠한 여성주의를 추구할 것인가'를 물을 수 있게 된 것이다.[15]

여성 정치참여의 수적 확대를 위해 '보수'와 '진보'를 넘어 하나 되는 범여성계 연대운동에 대한 비판으로,[16] 2004년 17대 총선 이후로는 선거시기 연대운동의 양상이 달라졌다. 2006년 지방선거 당시에는 여성연합 회원단체를 중심으로 '생활자치 맑은정치 여성행동'이 꾸려져 지방선거 여성참여 확대를 위한 활동을 전개했으며, 2008년 18대 총선을 앞두고는 연대체 방식의 적극적인 운동보다는 사안별로 단체들이 연대하는 방법을 선택하였다.[17] 2007년 12월 대선을 치른 후 보수정부의 집권으로 진보적 여성운동이 어려움을 겪게 되면서 운동의 동력을 일정 부분 상실하였고, 비례대표 의석의 50퍼센트 할당과 같이 그동안 제도적인 측면에서 요구하던 사항들이 일정 부분 갖추어졌기 때문에[18] 보수적 여성운동과의 선거시기 연대운동 양상이 약화된 측면도 없지 않다. 이러한 상황에서 맞이한 2008년 총선 결과는 여성의원 당선인이 41명으로 17대와 비슷한 여성의원 비율을 보였고 "여성참여는 전혀 이슈화되지 못한, 후보 선출과정 등에서 문제를 노정하여 여성당선자의 질에 대해 많은 고민을 하게 한 선거" 정도로 평가되었다.[19]

2009년에는 2010년 지방선거를 앞두고 여성연합, 여협, 여세연, 한국여성유권자연맹, 한국여성정치연구소 등이 참여하는 '2010 지방선거 남녀동수 범여성연대'(이하 '남녀동수연대')가 출범하였다. 남녀동수연대는 포괄적인 연대체이기보다 제도개선 압박활동에 한정해서 보수와 진보를 아우르는 연대체로 꾸려졌으며, 제도개선운동의 성과로 여성 지방의원 지역구 의무공천제를 공직선거법에 관철하는 성과를 거두었다. 선거 이후 여협은 범여성계 연대의 필요성을 강조하며 남녀동수연대의 지속을 제안하기도 했으나, 여성연합은 보수정부 시기 여성 정치세력화운동이 누구와 연대할 것인가 하는 고민 속에서 필요한 시기 제도개선운동을 위한 연대는 별개로 진행하더라도 상시적 선거·정치 연대틀 유지에는 반대하면서 남녀동수연대는 해소되었다. 2012년 19대 총선을 앞두고는 '살~림정치 여성행동'(이하 '살림정치')이 진보적 여성 '시민정치운동'[20]의 조직화를 목표로 출범해 활동하였고, 여성연합과 여세연이 초기 살림정치의 인큐베이팅 역할을 맡기도 했다.

2014년 지방선거에서는 기초선거 정당공천제 폐지 문제가 다시 논쟁점이 되었고, 이 과정에서 여성후보자 공천 문제는 자연스레 뒤로 밀려나게 되었다. 여성연합에서도 '2014년 지방선거 대응 TFT'를 꾸렸으나 그 활동방향은 정치제도 관련 여성계의 입장표명과 제도개선방안 제안에 한정하였으며,[21] 기초의회 정당공천제에 관한 토론을 계속하였으나 다양한 견해차가 드러나면서[22] 지방의회 여성 참여 확대를 위해 기초의회 정당공천제와 여성정치할당제가 필요하다는 원론적 입장에 합의하였다.[23] 기초선거 정당공천제 폐지논란을 둘러싸고 여성계 내에서 최선의 대응방안을 고민하는 과정에서 일부 단체가 기초의회 정당공천제 폐지를 주장함에 따라 적극적인 여성참여 확대를 위한 연대체 활동은 이루어지지 못하고, 결국 성명서 발표 등 여성의 공천을 위한 제도개선 노력을 중심으로 진행되었다. 이 시기에는 시민사회 차원에서 국정원 대선개입의 책임자 처벌, 세월호 참사 진상규명 요구활동 등이 집중된 상황에서, 여성계 독자적인 활동을 모색하기 위해 수차례 시도했지만 결과적으로 별도의 지속적인 여성행동을 추진하지는 못했다.[24]

2016년 총선을 앞두고 2015년에 '20대 총선 여성계 공동대응 논의모임'[25]이 열리고, '제20대 총선 여성 국회의원 30퍼센트 실현을 위한 여성공동행동'[26]을 중심으로 제도개선 활동이 전개되기는 했지만 적극적 방식의 연대활동이 이루어지지는 못했다. 이와 관련하여 여성연합은 그동안 여성 정치참여 확대와 제도개선운동을 함께하며 성과를 거두었던 여협과 한국여성유권자연맹이 국회 의원

정수 확대와 비례대표 확대에 대해 이견(異見)을 드러내면서 함께하지 못해 여성유권자의 큰 힘을 발휘하지 못했다고 진단하였다. 여성의 정치참여 확대를 위한 선거제도 개혁과 관련한 지속적인 활동이 필요하고 특히 비례대표 축소시도 저지와 비례대표 및 지역구 여성정치할당제 강제이행조치 마련을 위한 정치권 압박이 필요하다[27]는 입장을 정리한 바 있다.

4)   여성정치할당제 제도화의 성과

여성정치할당제가 세계적으로 크게 확산된 것은 1990년대이다. 1990년대 들어 50여 개국에서 채택되었고 2000년대 들어와서는 다시 40개국이 이에 합류하여 2009년 현재 세계 100개국 이상에서 여성정치할당제가 실시되고 있다. 할당제 채택요인에 대한 연구에서 공통적으로 주목하는 요인으로는 여성운동의 동원과 압력, 국제규범과 국제조직의 압력, 할당제와 정치규범의 정합성, 정치엘리트들의 전략적 선택 등 크게 네 가지를 꼽을 수 있다.[28]

한국의 경우, 특히 여성운동의 압력이 중요한 역할을 했다는 평가이다. 그외에 2004년 정치권을 휩쓸었던 정치개혁의 기조 속에서 정치엘리트들의 전략적 선택이 작용했다는 분석도 있다. 정치개혁이라는 모습을 보여주면서도 국회의원 정수를 늘리는 데 대한 국민들의 반대를 무마하는 수단으로 여성정치할당제를 활용했다는 것이다.[29] 2000년에 정치관계법을 개정하면서 여성후보 공천할당을 정당법에 명시한 이래 현재 공직선거법상 비례대표 50퍼센트 여성할당 및 남녀교호순번제 그리고 지역구 선출직 30퍼센트 여성할당 권고를 명시하고 있으며, 2010년 3월에는 지방의원에 한해 제한적으로 선출직 할당을 구체적인 방식으로 강제하는 내용을 공직선거법에 규정했다.

2010년 지방선거를 앞두고 여성운동은 2006년에 비해 더 적극적으로 여성할당제 제도개선과 여성공천 확대를 위한 연대활동을 전개하였다. 국회 정치개혁특별위원회는 지방의원 공천에서 제한적이나마 '여성의무공천제'를 도입했다. 국회 정치개혁특별위원회가 마련한 공직선거법 개정안은 "지역구 시·도 의원선거 또는 지역구 자치구·시·군 의원선거 중 어느 하나의 선거에 국회의원 지역구(군지역은 제외하며, 하나의 지역구가 2 이상 자치구·시·군으로 된 경우에는 자치구 또는 시를 말함)마다 1명 이상을 여성으로 추천하도록 의무화"하는 것을 내용으로 하였다. 그러나 여야가 합의하여 마련한 개정안에 대해 법제사법위원회가 유례 없이 개정안 중 제52조 제2항의 등록무효 관련조항을 제외한 채 의결함으로써 여성의무공천제가 번복되는 우여곡절을 겪었다. 그후 다시 정치개혁특별위원회의 재논의를 거쳐 2010년 3월에 통과된 공직선거법 개정안의 내용을 보면, 국회의원 선거구별로 광역 또는 기초 선출직에 여성을 1인 이상 공천하도록 하고(군지역 제외), 이를 위반할 경우 등록무효로 하는 이행강제조치(각 시도별로 지역구 의원정수의 50퍼센트 이상을 공천하지 못한 경우는 제외)를 규정하고 있다. 이런 과정을 통해 처음으로 지역구 선출직에 여성공천할당을 강제하는 여성의무공천제가 명문화되

정치관계법 여성정치할당제 관련조항과 강제 정도

시기	관련조항	핵심 내용	강제 정도	적용선거
2000. 2. 16	정당법 제31조 공직선거후보자의 추천	국회 및 광역의회 비례대표 30퍼센트 추천 권고	선언적 규정	2000년 총선
2002. 3. 7	정당법 제31조 공직선거후보자의 추천 공직선거법 제47조 정당의 후보자 추천 정치자금에관한법률 제17조의 2 공직후보자 여성추천보조금 공직선거법 제52조 등록무효	국회 비례대표 30퍼센트 추천 권고, 광역의회 비례대표 50퍼센트 남녀교호순번제 추천 권고, 광역의회 지역구 30퍼센트 추천 권고	광역의회 비례대표 위반시 등록무효, 광역의회 지역구 30퍼센트 공천시 여성추천보조금 지급	2002년 지방선거
2004. 3. 12	정당법 제31조 공직선거후보자의 추천 정치자금에관한법률 제17조의 2 공직후보자 여성추천보조금 제20조 보조금의 감액	국회의원 비례대표 50퍼센트 여성할당, 국회 및 광역의회 선출직 30퍼센트 여성추천 권고 및 여성후보추천보조금 지급	국회 비례대표 할당비율 확대 여성후보추천보조금의 대상 확대 및 용도제한	2004년 총선
2005. 8. 4	공직선거법 제47조 정당의 후보자추천 제49조 제52조 등록무효 정치자금법 제26조 공직후보자 여성추천보조금	기초의회 비례대표 50퍼센트 여성할당 확대와 남녀교호순번제 권고 선출직 30퍼센트 여성추천 노력 기초의회 중선거구제 도입 여성후보추천보조금 배분 및 지급기준 단계화	등록무효 및 수리불허 대상선거는 광역의회 비례대표에 한함	2006년 지방선거
2006. 4. 28	정치자금법 제26조 공직후보자 여성추천보조금 제29조 보조금의 감액	여성추천보조금 적용대상을 지역구 국회의원선거, 지역구 시도의회의원선거 및 지역구 자치구·시·군의회의원선거로 확대	여성후보추천보조금의 용도제한	
2006. 10. 4	공직선거법 제49조 후보자등록 등 제52조 등록무효	비례대표 50퍼센트 여성할당 및 남녀교호순번제 위반시 수리불허 및 등록무효 대상을 광역의회 및 기초의회로 해당선거 확대	대상선거 확대	2006년 지방선거 미적용

| 2009.
12. 30.
2010.
3. 2 | 공직선거법
제49조 후보자등록 등
제52조 등록무효 | 국회의원 지역구마다 1명은
여성으로 추천해야 하며
이를 어길 시 등록무효로
한다(군지역 제외). 단
후보총수가 의원정수 50퍼센트
미만인 경우는 제외 | 선출직 할당강제 | 2010년
지방선거
적용 |

* 자료: 조현옥·김은희 2010, 120쪽. 일부 수정

었다.[30]

　여성 정치참여 확대운동의 성과와 여성정치할당제의 제도화 등과 같은 기여가 인정되어 여성정치할당제 제도화 10년을 맞이한 2010년에는 여성정치세력민주연대가 3·8한국여성대회에서 '성평등 디딤돌'로 선정되기도 했다.

　현재 UN 차원의 국제적 흐름은 적극적 조치로서의 할당제를 넘어 50 대 50 전략으로 가고 있다.[31] 국내에서도 2010년 지방선거 당시 한시적으로나마 남녀동수연대가 꾸려졌고, 2014년에는 한국여성정치연구소를 중심으로 '동수정치연구회'[32]가 조직되기도 했다. 여성연합은 정치적 보수화가 확대된 시점에 '동수제'가 강조될 경우 소수자 배제 가능성 등에 대한 우려 때문에 내부논의를 거쳐 이 기구에 참여하지 않았다. 남녀동수법을 포함해서 여성정치할당제는 제도도입 자체가 최종 목표가 아니다. 사회 전반의 여성 불평등 해소와 불이익 개선까지는 아니더라도 적어도 제도화 자체가 아닌 이를 통한 '실질적인 여성의 정치세력화'로 나아가기 위한 것이다.[33]

5)   맑은넷 여성후보 추천운동의 단기적 성과와 비판지점

'맑은정치여성네트워크'(이하 '맑은넷')는 2004년 총선 당시 여성의 정치세력화에 동의하는 개인회원으로 구성된 모임으로, "여성 100인 국회 보내기"를 기치로 해서 여성후보 추천운동을 벌였다. 실무적으로는 여성연합과 여세연이 중심이 되어 여성후보추천위원회를 구성하여 102인의 여성후보 명단을 발표하였고, 각 정당에 이 여성후보들에 대한 공천을 요구하고 이들의 당선운동을 펼칠 것을 결의하였다. 맑은넷은 당선 가능성이 있는 여성이 없다며 여성후보 공천을 기피해 오던 정당들에 실질적인 대안을 제시하는 것이 목적이었다. 한 축으로는 총선여성연대를 통해 제도개혁운동을, 또 한 축으로는 맑은넷을 통해 후보추천운동을 전개한 것이다.[34]

맑은넷은 현역의원을 제외하고 신인 여성후보를 각 당에 추천하고 지원하는 작업을 하였다. 이는 이전까지 여성들의 정치권 진입이 개인적인 활동을 기반으로 했던 것에 비해 17대에는 여성운동의 지원으로 이루어졌다는 점에서 여성의 정치세력화를 보여주었으며 여성의 정치분야 참여나 여성의 대표성 향상에서 여성운동의 역할이 중요함을 입증하는 것이었다. 또 여성후보 추천은 신인의 경우로 제한했음에도 전체 여성후보 당선율보다 높은 당선율을 보였고, 이는 당시 맑은넷 후보추천운동과 총선여성연대의 활동이 여성후보의 당선에 큰 영향을 끼쳤음을 보여주는 결과이다.[35]

이러한 후보추천운동은 당시 여성주의 저널 『일다』(www.ildaro.com) 등으로부터 정치세력화 방식에 대해 신랄한 비판을 받

2004년 17대 총선 맑은넷 후보자 당선현황

구분	전체 여성후보	맑은넷 추천후보	여성후보 당선	맑은넷 추천후보 당선
지역구	66	15	10	3
비례대표	91	31	29	19
전체	157	46	39	22

았다. 비판의 요지는 엄격한 기준도 없이 여성 국회의원의 수적 확대를 추구하는 점, 권력감시 기능이라는 특성상 여성운동의 순수성을 훼손시킬 뿐 아니라 운동단체의 조직력과 활동력이 약화될 수 있다는 점이었다. 17대 총선 이후 마련했던 평가간담회에서 정현백은 "후보추천에 문제가 없지 않았다는 점을 우리 모두가 인정하는 바이지만, 솔직히 바깥에서 하는 비판에는 섭섭했어요. 우선은 많은 비판이 운동의 맥락(context)을 고려하지 않은 것이었고, 최소한의 자매애를 보이는 애정 어린 비판도 아니었거든요. 운동하는 과정에서 너무 힘들게 부대끼면서, 여성들이 지닌 자매애에 대해 회의를 느끼기도 하였습니다"[36]고 밝혔다. 그러다 시간이 지난 후 박이은경은 18대 총선을 평가하는 자리에서 "여성신문에서 일하면서 17대 총선 당시의 활동을 직간접으로 보았습니다. 여성단체장의 정계진출이나 맑은넷이 가진 한계에 대한 비판적 시선이 적지 않았는데, 지금 보면 얼마나 사치한 글을 썼는가에 대해서도 절실하게 느꼈습니다. 할당제여성연대부터 해서 맑은넷까지 그래도 여성정치운동의 성과는 굉장히 긍정적이라고 판단되고, 이제 제2의 여성참정권운동

수준의 활동을 해야 하지 않을까 생각합니다. 한계는 있지만 맑은넷 활동도 정당이나 유력 남성정치인을 찾아다니면서 개별적으로 애걸복걸하는 것이 아니라 리스트를 만들어 먼저 카드를 던졌다는 점에서 굉장한 의미가 있지 않았을까요?"[37]라는 의견을 건네기도 했다.

맑은넷의 활동에 대한 비판을 계기로 여성연합 내에서도 여성후보 추천 '리스트운동'을 포함해 이후 여성 정치세력화운동의 방식과 연대범위 등에 대한 고민과 성찰이 이어졌다. 2004년 이후로는 맑은넷과 같은 후보추천운동은 채택되지 않았다. 2010년 지방선거 당시 남녀동수연대 등 보수여성운동의 제안이 없지 않았으나, 여성연합은 이를 받아들이지 않았다.

단지 맑은넷 운동의 평가로 인한 것은 아니지만, 여성연합은 2006년 창립 20주년을 맞이하여 비전수립 논의를 통해서 여성운동의 새로운 모색을 위해 풀뿌리 지역여성운동을 강조하면서,[38] '제도정치권 진출통로'라는 이미지의 변화를 시도하였다.[39] 2005년에 여성연합 부설기구로 만들어진 지역여성운동센터는 2010년 다시 논의를 통해 독자기구로 분리독립하였다.[40] 지역여성운동센터 설립 당시 첫번째 활동목표였던 '풀뿌리 여성정치세력화 사업'은 여성연합 내에서 '성평등 지역정치위원회'로 이어지고 있다. 이와 관련하여 당시 여성연합 상임대표이던 남윤인순은 "2004년 총선 이후 여성 정치참여 확대운동이… 뭔가 질적 전환이 필요한 시기였는데 그러지 못했고, 그러면서 우리가 무임승차한 여성 그리고 여성이면서 반여성적인 여성의원들의 모습이 언론에 부각되는 점 등을 방어해 내지 못했다"고 언급하면서, "2004년 총선평가 이후 여성연합에서도

2006년부터 아예 풀뿌리로부터 여성후보자 발굴과 이를 위한 지역운동을 강조하고 지역운동센터를 가동했는데, 몇 년이 지난 지금 보면 풀뿌리 여성정치세력화라는 것과 잘 이어지지 못했다"[41]고 평가하기도 했다.[42]

2004년 이후 10년이 훌쩍 지난 지금 맑은넷 후보추천운동을 다시 돌아본다면 과연 어떤 측면에서 다른 평가가 가능할까. 여성 정치참여의 수적 확대와 질적 전환은 도식적 양자택일의 관계로 보기 어렵고 지금 우리가 서 있는 위치는 질적 전환만 우선하기에는 때 이른 감이 없지 않다. 또한 선거시기를 중심으로 진행되는 법·제도 개선운동이나 여성후보 공천확대만으로는 여전히 제한적일 수밖에 없다. 이제 제도화의 필요성과 효과의 강조 그리고 이에 대한 비판적 평가에서 한 걸음 더 나아가 여성들이 어떻게 '권력'을 탈환할 것인가에 관한 진전된 논의와 페미니스트 장치가 고민되어야 할 것이다.

6) 여성운동 리더십의 제도정치 진출

여성연합 10년사를 정리한 『열린 희망』은 1부에서 여성운동과 민주화운동, 2부는 영역별 운동사로 사무직여성노동자운동, 생산직여성노동자운동, 여성농민운동, 주부운동, 여성인권운동, 보육운동, 통일평화운동, 환경운동, 교회여성운동을 다루고 있다.[43] 정치세력화운동은 1부 총론에서 부분적으로 다루고 있을 뿐, 별도의 영역별 운동에 포함되지 않았다. 여성연합 내에 다양한 의제를 다루는 전문 운동단체들이 회원단체로 참여하고 있지만, 정치세력화 의제는 주로 독자적인 운동단체가 아닌 연합체로서의 여성연합과 연대운동이 중심이 되어 다루는 과제였다.[44] 조직기구상으로도 보면 선거시기에 임시기구를 구성하되, 여성연합 '위원회' 구조에서 논의되는 방식이었다고 할 수 있다. 2002년 1월 제16차 여성연합 정기총회에서 처음 부설기구로 '여성정치발전센터'가 만들어졌지만 2004년 총선 이후 20주년 비전논의와 맞물려 여성정치발전센터는 폐지되었고 대신 '지역여성운동센터'가 설치되었다.

조직과 독자 운동단위가 비가시적이라는 양상과는 달리, 여성연합이 '진보적' 여성운동의 대표성을 행사하는 역할을 수행하면서 직면한 여성운동의 제도화·권력화, 여성연합 위상과 연대방식에 대한 인식격차에 따른 비판의 중심에는 정치세력화운동이 있어왔다. 특히 여성연합 대표 등 주요 인사들의 제도정치 진입을 둘러싼 논쟁은 여성연합 안팎에서 끊이지 않았다. 이와 관련하여 정현백은 "20세기 한국 여성운동의 중요한 문제점은 여성의 정치세력화 실패이다. 이는 21세기 여성운동에서도 중요한 과제이지만, 이를 둘러싸고 진보적 여성운동 내부에 여전히 논란이 있다. …기존 정당에의 '끼어들기'는 여성운동의 제도화와 자율성에 손상을 입히고, 특히 여성지도력의 정치진출은 이들의 활동이 정치권 진출의 발판을 만들기 위한 것이었다는 오해를 불러일으킴으로써 여성운동 자체에 대한 도덕성 시비를 낳을 가능성이 있다"[45]고 우려하기도 했다. 여성연합 대표급[46]으로 한정해 보아도, 몇 명을 제외하고는 많은 수가

여성연합 지도부의 국회진출

구분	여성의원 통계			여성연합 출신 국회의원	
	대별 인원(명)			이름	경력
	계	지역구	비례		
13대 1988	6	-	6	박영숙(평화민주당, 전국구)	여성연합 수석부회장
14대 1992	8	1	7	이우정(민주당, 전국구)	여성연합 초대대표
15대 1996	12	3	9	이미경(통합민주당, 전국구) (통합민주당→한나라당→무소속)	여성연합 상임대표, 한국여성민우회 부회장
16대 2000	21	5	16	김희선(새천년민주당, 동대문갑) 이미경(새천년민주당, 비례대표) 한명숙(새천년민주당, 비례대표)	여성연합 부회장, 한국여성의전화 대표 여성연합 상임대표, 한국여성민우회 부회장/재선 여성연합 상임대표, 한국여성민우회 대표
17대 2004	43	10	33	강혜숙(열린우리당, 비례대표) 김희선(열린우리당, 동대문갑) 이경숙(열린우리당, 비례대표) 이미경(열린우리당, 은평갑) 이영순(민주노동당, 비례대표) 장향숙(열린우리당, 비례대표) 한명숙(열린우리당, 고양일산갑)	충북여민회 상임대표 여성연합 부회장, 한국여성의전화 대표/재선 여성연합 상임대표, 한국여성민우회 상임대표 여성연합 상임대표, 한국여성민우회 부회장/3선 울산여성회 이사 한국여성장애인연합 상임대표 여성연합 상임대표, 한국여성민우회 대표/재선
18대 2008	46	14	32	곽정숙(민주노동당, 비례대표) 김상희(통합민주당, 비례대표) 이미경(통합민주당, 은평갑)	한국여성장애인연합 상임대표 한국여성민우회 상임대표 여성연합 상임대표, 한국여성민우회 부회장/4선
19대 2012	53	22	31	김상희(민주통합당, 부천소사) 남인순(민주통합당, 비례대표) 이미경(민주통합당, 은평갑) 한명숙(민주통합당, 비례대표)	한국여성민우회 상임대표/재선 여성연합 상임대표 여성연합 상임대표, 한국여성민우회 부회장/5선 여성연합 상임대표, 한국여성민우회 대표/3선
20대 2016	51	26	25	권미혁(더불어민주당, 비례대표) 김상희(더불어민주당, 부천소사) 남인순(더불어민주당, 송파병) 정춘숙(더불어민주당, 비례대표)	여성연합 상임대표 한국여성민우회 상임대표/3선 여성연합 상임대표/재선 한국여성의전화 상임대표, 여성연합 인권위원장

여성연합 지도부의 정부고위직 진출현황

시기		이름	보직	경력
국민의정부	2002	박영숙	지속가능발전위원장	여성연합 수석부회장
국민의정부	2001	한명숙	여성부장관(1대)	여성연합 상임대표
참여정부	2003		환경부장관	
참여정부	2006		국무총리	
참여정부	2003~2005	지은희	여성부장관(2대)	여성연합 상임대표
참여정부	2005	장하진	여성부장관(3대)	대전충남여민회 공동대표, 젠더정치연구소 여.세.연 상임대표
참여정부	2006	김상희	지속가능발전위원장	한국여성민우회 상임대표

정계에 진출했음을 알 수 있다.

2003년 당시 여성연합 상임대표의 전격적인 열린우리당 행은 적지 않는 논쟁을 불러일으켰는데, 특히 "단체장의 정계진출을 앞두고 있는 해당 여성단체 내부에선 젊은 실무자들과 지도자급 선배들 사이에서, 여성단체 밖에선 선배세대의 여성운동가그룹과 영페미니스트들 사이에서 인식의 차이가 너무 커 때론 양자 사이에 '건널 수 없는 강'이 놓여 있는 게 아닌가 보이기도 한다"[47]는 언급이 나오기도 했다. 거슬러 올라가보면 여성연합 지도력의 정치권 진출의 경우 여성연합 창립 초기에는 여성연합이 의식적으로 제도정치권에 진입하는 걸 시도했다. 하지만 이후 계속되는 제도정치 진입사례는 결과적으로는 여성연합의 조직적 판단이라기보다 '개인적 결단'이라는 측면이 강하다.[48]

메이어(D. S. Mayer)와 태로(S. Tarrow) 등 정치학자들은 운동의 제도화과정을 '흡수-포섭-일상화' 세 단계로 설명하는데, '흡수'가 개인적 차원의 단계라면 '포섭'은 운동조직의 차원에서, '일상화'는 사회적 차원에서 이루어지게 된다. 대표적인 여성운동가들의 제도정치권 진입은 비단 여성연합에서만 발생하는 사안은 아닌바, 다른 나라들에서도 여성정치인들에게서 찾아볼 수 있는 일반적인 특징이기도 하고 운동적 성취로 평가되기도 한다. 운동의 '권력화'라는 평가와 관련해서, 이 같은 결과를 두고 여성운동단체와 해당 여성운동가를 동일시해서 비난할 필요도, 또 해당 여성운동가의 독립적 정치주체로서의 결정을 삭제할 필요도 없다. 다만 이러한 과정이 개인적 '흡수'에서 나아가 기득권 제도정치의 지형에 균열을 내고 변화를 촉진하는 방식이 어떤 것인가 하는 차원에서 고민이 더 깊어져야 한다. 보다 공식적·공개적·민주적 방식으로 조직 차원에서 제도정치권 진입을 결정하고, 그 결정과 맞물려 책임을 구성하는 전략의 채택은 불가능한 것일까.

7)   여성정책에서 젠더정책으로 전환과 '차이'에 대한 고려

앞서 살펴본 바와 같이 여성연합은 여성 정치세력화를 위해서 여성 정치참여 확대를 위한 정치관계법 제도화, 후보전술을 포함한 직접 참여전략 등의 활동을 펼쳐왔다. 이와 함께 공명선거실천운동에서부터 시민사회 차원의 정치개혁운동, 다양한 방식의 유권자 캠페인을 펼쳤고, 특히 대선과 총선·지방선거마다 여성·젠더 정책 공약제시 등 정책이슈에도 적극적으로 대응해 왔다.

　　1995년에는 연속사업으로 진행된 '지방자치와 여성의 정치참여 확대사업'의 일환으로 지방의회 10대 여성정책 과제를 발표하였고, 2002년 지방선거 당시 발표한 '여성이 행복한 생활자치 10대 과제' 공약에서는 '남녀동등공천제'와 기초의회 선거구를 조정하여 '남녀동수선출제'를 제안하기도 했다.[49] 2006년 지방선거 시기에는 '생활자치 맑은정치 여성행동'을 중심으로 11대 여성정책 가이드라인을 발표하고, 서울시 여성정책을 각 정당후보에게 전달하는 한편, 서울시장 후보 초청 여성정책토론회[50]를 개최하기도 하였다. 2010년 지방선거에서도 기자간담회를 통해 '서울시 여성정책 평가발표'가 이루어졌으며, 2011년 10·26 서울시장 보궐선거 당시에도 서울시 여성정책 마련 집중회의를 진행하고, 각 후보에게 여성공약을 제안하였다.

　　1997년 대통령선거를 앞두고는 '김영삼정부의 여성정책 평가 및 여성정책 발전방향 토론회'를 개최하여 베이징 행동강령 12개 주요 관심분야를 중심으로 여성정책에 대한 평가를 실시하였고, 여성정책에 대한 약속이행을 촉구하고 차기 대통령후보에게 요구할 공약을 정리하였다. 여성연합과 여협, 여성신문사 공동주최로 '대선후보 초청 여성정책토론회'를 실시하여 각 정당의 후보들로부터 여성정책 전담기구의 설치와 국회의원·지방의원 공천시 30퍼센트, 비례대표 중 50퍼센트의 여성할당 등과 같은 공약을 받아냈다. 이러한 선거기간 동안의 여성정책 공론화는 당장은 실천되지 않는 부분도 있으나 차후 여성정책의 입안에서 당연히 수용될 수 있는 바탕을

마련하게 되었다.[51]

　이후로도 2001년에는 김대중정부 3년 여성정책 평가를 진행하고, 『2002년 대선 여성공약자료집』을 발간하였다. 또한 110개 여성단체가 참여한 '2002대선여성연대'를 결성하여 각 후보에게 3대 핵심 과제를 전달하고, '후보초청 여성정책토론회'를 개최하는 등 다양한 활동을 전개했다. 2007년에는 '참여정부 4년 여성정책 평가토론회'를 개최하고, 기자간담회를 통해 60대 대선정책과제를 발표하는 한편 각 정당 대선후보들에게 전달했다. 그외에도 여성단체 공동으로 TV로 중계되는 〈2007 대선후보 초청 여성정책토론회〉를 개최하여 각 후보에 대한 정책검증을 시도하기도 했다. 2012년 대선에서는 각 당 대선후보와의 비공개간담회와 토크 콘서트 프로그램이 마련되었고, '차기대통령이 반드시 해결해야 할 성평등 8대 과제' 등의 기획이 실행되었으나, 2002년과 2007년에 각 여성단체와 여성언론사 공동으로 진행했던 선거시기 '대선후보 초청 여성정책토론회'는 추진이 무산되었다.

　특히 2012년 총선과 대선을 앞두고 여성연합은 '당신의 삶을 바꾸는 100가지 젠더정책'을 제시하면서 '젠더정책 리뉴얼'을 시도했는데, 이는 "'여성'만의 문제가 아닌 우리 사회 전체의 문제로 제기하고 그 관계 속에서 해결의 답을 찾음으로써 진정한 변화를 모색하려는" 노력이었다. 2016년 총선에서도 '지속 가능한 성평등사회를 위한 100가지 젠더정책 자료집'을 제안하면서, 각 정당에 젠더정책 질의서[52]를 발송하고 응답결과를 분석해 발표한 바 있다.

　이와 관련해서, 신자유주의적 젠더 주류화 담론에서 '젠더'는 단일한 여성범주 대 남성범주라는 이분법에 근거하고 있어서 여성들 사이의 차이를 보는 데 유용한 범주가 아니라는 지적[53]도 없지 않았다. 서구근대의 사회적 맥락에서 고안된 근대적 보편 범주로서의 젠더는 탈식민주의 사회적 맥락을 고려할 때 무력해지고, 탈식민주의 상황을 고려한 젠더는 계급·인종·종교·지역과 같은 다른 사회적 분단선들이 복잡하게 얽힌 상호교차 체계이기 때문이다.[54] 여성연합도 어떻게 여성들 사이의 차이를 고려하는 운동을 펼쳐나갈 수 있는지 고심하였다.[55]

창립 20주년을 기점으로 2008년 1월 제22차 여성연합 정기총회에서 채택된 '대안사회를 향한 여성연합 비전 선언문'은 첫번째로 "1. 차이를 존중하며 소통과 연대를 통해 더불어 함께 창조적인 여성운동을 전개해 나간다"고 선언하고 있다. 2015년 대전시와 여성가족부가 '양성평등기본조례' 개정과정에서 보여준 행태를 비판하는 여성 성소수자 궐기대회 "나는 여성이 아닙니까"에 적극적으로 연대하고, 2014년 겨울 서울시의 '서울시민 인권헌장' 제정과정에서 나타난 성소수자 차별과 혐오에 맞선 '무지개농성단'을 지지한 여성연합의 활동은 그 연장선에 선 연대의 정치전략 변화를 구체적으로 확인할 수 있는 사례라 할 수 있다.

과거 "레즈비언을 동성애자로만 인식하는 여성계나 같은 동성애자지만 여전히 가부장적 권력을 행사하고 있는 게이단체들과 연대하기 어렵다"는 비판이 존재했으나, 무지개농성단을 통해 성소수자 인권과 농성에 대한 지지를 표명하기 위해 여성연합과 대표자가 움직였다는 것은 상징적 장면이기도 했고, 무엇보다 2015년 3·8

여성의날을 맞아 여성연합이 '성평등디딤돌상'으로 무지개농성단을 선정한 것은 성소수자의 목소리를 '성평등'으로 엮어 불러낸 현장이었다[56]고 평가되기도 했다.

8)   변화를 만들어가는 여성 정치세력화운동의 지형

이명박·박근혜 보수정부의 끝자락에서 한국사회는 격동의 시기를 보냈다. 2016년 하반기 광장에는 200만이 넘는 시민이 모여 "대통령 퇴진"을 외쳤고, 광장의 역동은 국회를 압박해 박근혜 대통령 탄핵안이 가결되도록 했다. 이런 와중에 다시 '박근혜 대통령'을 '여성' '여성'정치인, '여성'대통령으로 환원하는 여성혐오의 언어가 쏟아져 나오기도 했다. 여성연합은 '박근혜정권퇴진비상국민행동'(이하 '퇴진행동')과 적극 결합해서 활동하는 한편, 여성혐오를 막기 위한 노력에도 함께했다.

2012년 제18대 대통령선거 당시 새누리당 박근혜 후보는 "준비된 여성대통령"을 슬로건으로 내세웠다. 당시 '진보적' 여성운동조직으로서 여성연합은 "박근혜 후보를 지지하지 않기로 결정했다. 다만 선거운동과정에서 박근혜 후보가 여성이기 때문에 받는 공격에 대해서는 대응하되, 정치적으로 이용될 우려가 있는 경우 조건부 대응한다"는 입장을 정리했다. 그리고 '최초 여성대통령' 담론을 키우는 역할을 할 소지가 있다는 우려, 대중들이 생물학적 여성과 젠더적 여성의 차이를 논쟁할 만큼 준비되어 있지 않기 때문에 여성대통령 담론을 키울수록 박근혜 후보에게 유리할 수 있어 무대응 전략이 필요하다고 판단했다. 따라서 "'준비된 여성대통령'을 비판하는 여성인사 100인 선언" 지원활동 등을 통해 간접적으로 반대입장을 피력했다.[57] 불가피한 선택이었던 '무대응 전략'에 대한 평가는 숙제로 남는다.

이러한 여성대통령 논쟁은 여성정치인의 수적 확대에 방점을 둔 여성대표성 담론과 운동의 전개가 여성주의 내부의 차이와 다양성에 관한 논쟁을 충분히 담아내지 못한 간극이 드러난 모습이기도 하다. 결국 '헌정사상 최초 여성대통령'의 등장은 한국사회에서 여성이 정치한다는 것은 무엇인가라는 근본적인 질문을 끄집어냈고, 여성 정치세력화운동이 '어떤 여성과 연대할 것인가'를 직접적으로 마주하게 했다. 또한 젠더 관점에서 민주주의를 보다 진지하게 고민하는 계기가 되기도 했다.[58]

지난 기간 여성주의 정치는 공식적·제도적 정치의 차원과 공사의 경계를 허무는 정치와 시민성의 두 차원을 아우르는 실천과 논의를 벌여왔다. 전자의 여성 정치세력화운동이 과도하게 공식적 제도정치에서의 여성대표성 증진을 강조한 한계가 있다면, 후자의 여성주의 정치는 게토화의 우려를 동반한다. 젠더정치는 이 양자의 결합을 통해 '정치적인 것'(the political)의 공간을 확장하는 여성주의 정치를 모색해야 하고, 보편성의 경계를 허물면서 배제되는 이들이 없도록 확장해 가면서 정치공간의 주체로서 스스로를 조직화해나가야 한다. 새로운 시민적 정치주체와 시민정치운동에 대한 막연한 긍정도 과도한 부정도 미뤄두고 여성주의 정치의 예민한 촉수를

세운 채 더디지만 온전한 젠더정치 실천이 모두에게 던져진 질문이자 과제일 것이다.[59]

87년 민주화 이후 30년이 지난 지금, 우리 사회는 적지 않은 성과에도 불구하고 여성 정치세력화운동의 한계 역시 고스란히 드러나고 있는 젠더정치 각축장이다. 여성연합은 창립 당시 "여성운동세력의 조직적 연대를 이루어나가며 사회의 민중들의 결집된 힘으로 사회 민주화와 자주화, 여성해방을 쟁취함"을 목적으로 내세웠으나, 현재는 정관 제3조에서 "여성운동단체 간의 연대와 소통을 도모하고 성평등, 민주·복지, 평화·통일의 지속 가능한 사회실현을 그 목적으로 한다"고 밝히고 있다. 시대의 흐름에 따라 '여성운동세력' '민중' '민주화와 자주화' '여성해방'이라는 단어들이 빠진 대신 '여성운동단체'로 변화되었고 '성평등'을 최우선 목표로 설정하게 된 만큼 여성세력화 전략도 변화를 모색하고 있다. 수동혁명 성격의 87년체제가 담아내지 못한 부분들이 여러 대목이겠지만, 빼놓을 수 없는 과제 중 하나가 '성평등 민주주의'이다. 젠더가 삭제된 민주주의를 해체하고 성평등 민주주의로 나아가기 위한 노력은 앞으로도 여성연합이 지향하는 여성 정치세력화의 과제이고, 이를 위해 여성주의 관점의 정치세력화는 지속되어야 할 것이다.

참고문헌

권김현영 (2006), 「차이를 어떻게 생각하고, 누구와 어떻게 소통할 것인가」, 『한국사회
포럼 2006자료집』.

김기선미 (2006), 「여성연합, 고민의 한가운데 서 있다」, 『한국사회포럼 2006자료집』.

김미덕 (2016), 『페미니즘의 검은 오해들』, 현실문화.

김연순 (2005), 「여성의 지자체선거 참여 10년을 돌아보며 한발 더 나아가기」, 여성환경
연대 편, 『여성, 녹색세상을 말하다』 창간준비호.

김은경 (2010), 「여성대표성 확보의 기제로서 할당제 효과」, 『의정연구』 제16권/제2호.

김은희 (2011), 「실질적 여성 정치세력화를 향한 전망」, 김민정 외, 『여성정치할당제: 보
이지 않는 벽에 문을 내다』, 인간사랑.

_____ (2012), 「2012년 총대선시기 시민정치운동의 부상과 젠더갈등」 여성분과 패널
발제, 『한국정치학회 연례학술회의 자료집』.

_____ (2013a), 「2014 지방선거제도 개선방안 검토와 여성 정치세력화운동의 모색」,
『'여성정치세력화와 정당공천제' 토론회자료집』, 한국여성단체연합.

_____ (2013b), 「'시민정치운동'의 부상과 젠더갈등」, 김은희 외, 『정치의 한복판, 여
성: 젠더정치의 그늘』, 도서출판 신명기획.

_____ (2016), 「20대총선 그후: 다시, 페미니스트 정치」, 중앙대학교 여성주의교지,
『녹지』 여름호.

_____ (2017), 「그럼에도, 페미니스트 정치」, 「그럼에도 페미니즘」, 은행나무출판사.

김은희 외 (2013a), 『지방선거 여성정치참여 확대방안 연구』, 국회여성가족위원회.

_____ (2013b), 『정치의 한복판, 여성: 젠더정치의 그늘』, 도서출판 신명기획.

김현미 (2016), 「시간을 달리는 페미니스틀, 새판짜기에서 미러링으로」, 『릿터』 10/11월
호.

김현아 엮음 (2008), 『박영숙을 만나다: 생을 마칠 때까지 현역으로 살고 싶다』, 도서출
판 또하나의문화.

남윤인순 (2006), 「여성운동, 새로운 모색을 위하여」, 한국여성단체연합, 『성평등사회를
위한 진단과 좌표찾기: 여성운동의 방향과 전망을 찾기 위한 비전보고서』.

박이은경 (2004), 「여성운동계의 갈등은 필연인가 위기인가: 17대총선에 나타난 여성계의 논쟁을 중심으로」, 한국여성연구소, 『여성과사회』 제15호, 창비.

석인선 (2006), 「헌법상 여성 관련조항의 개정방향에 관한 소고」, 『헌법학연구』 제12권/제4호.

심정인 (1985), 「여성운동의 방향정립을 위한 이론적 고찰」, 『여성 I』, 창비.

여성정치세력민주연대 (2010), 『여세연, 여성정치운동 10년을 말하다』 여세연 창립10주년 기념백서.

오유석·김은희 (2010), 「여성운동의 변화와 분화: 여성정치세력화를 중심으로」, 조희연·김동춘·김정훈, 『거대한 운동에서 차이의 운동들로: 한국 민주화와 분화하는 사회운동들』, 한울아카데미.

오장미경 (2004), 「여성의 정치세력화: 지금 우리에게 요구되는 선택은 무엇인가?」, 한국여성연구소, 『여성과사회』 제15호, 창비.

이미경 (1998), 「여성운동과 민주화운동: 여연 10년사」, 한국여성단체연합, 『열린 희망』, 동덕여자대학교 한국여성연구소.

이오경숙 (2000), 「여성의 정치적 주류화에 대한 입장」, 한국여성단체연합, 『제14차 정기총회 자료집』.

전진영 (2013), 「국회의원 여성할당제 채택의 정치적 동인 분석」, 『한국정치연구』 제22집/제1호.

정미경 (2001), 「'변혁'의 시대가 목도한 또 다른 물결」, 여성사연구모임 길밖세상, 『20세기여성사건사』, 여성신문사.

정현백 (2003), 「21세기 한국 여성운동의 쟁점과 과제」, 『민족과 페미니즘』, 당대.

정현희 (2015), 「여성성소수자궐기대회 '나는 여성이 아닙니까' 의미와 과제: LBTI 여성의 정치적 주체화와 의제」, 『성평등 정책, 이론, 운동의 방향과 미래』 대토론회 자료집.

조현옥 외 (2005), 『한국의 여성정치세력화 운동』 여성정치세력민주연대 기획총서 II, 도서출판 사회와 연대.

지은희 (1998), 「열린 희망을 향하여」, 한국여성단체연합, 『열린 희망』, 동덕여자대학교 한국여성연구소.

한국여성단체연합 (1998), 『열린 희망』, 동덕여자대학교 한국여성연구소.

_____ (2001),『한국의 여성정책 10년: 돌아보며 내다보며』자료집.

_____ (연차별),『정기총회 자료집』.

한국여성연구소 여성사연구실 (1999),『우리 여성의 역사』, 청년사.

허성우 (2006),「지구화와 지역 여성운동 정치학의 재구성」,『한국여성학』22권/3호.

_____ (2007),「한국 민주주의 20년, 개혁주의 젠더정치학의 성과와 한계」, 민주화운
　　　　동기념사업회·민주화를위한전국교수협의회·학술단체협의회,『한국 민주주의의
　　　　현실과 도전: 1987년, 1997년 그리고 2007년』.

Baldez, Lisa (2004), "Elected Bodies: The Adoption of Gender Quota Laws for
　　　Legislative Candidates in Mexico," *Legislative Studies Quarterly* vol. 29/
　　　no. 2.

Krook, Mona Lena (2009), *Quotas for Women in Politics: Gender and
　　　Candidate Selection Reform World*, Oxford: Oxford Univ. Press.

Meyer, D. S. and Sidney Tarrow (1998), "The Social Movement Society:
　　　Contentious Politics for a New Century," David S. Meyer and Sidney
　　　Tarrow eds., *The Social Movement Society: Contentious Politics for a New
　　　Century*, Lanham: Rowman and Lttlefield Publishers, Inc.

Mohanty, Chandra T. (2003), *Feminism without Borders: Decolonising Theory,
　　　Practicing Solidarity*, Durham and London: Duke Univ. Press. (찬드라 탈
　　　파드 모한티,『경계 없는 페미니즘』, 문현아 옮김, 2005, 여성문화이론연구소.)

UN Women (2015), *The Equal Representation of Women and the United Nations
　　　System 1995~2030*.

주

1) 87년 민주화 이후에도 한국 시민사회는 '정치적 중립성' 내지는 '정당과의 거리두기'라는 내·외부적 입장을 견지하는 데 익숙했다. 그러나 여성운동의 경우 조금은 다른 양상을 보이기도 한다. 여성운동은 여성정책의 제도화를 위해 의회 내 교두보 마련과 정치에서의 남성 지배구조를 변화시키기 위한 정치참여운동이 기본 과제였기 때문에, 정치적 중립성 테제에서 비교적 자유로웠다고 평가하고 있다. 그럼에도 외부적·제도적으로 요구되는 '정치적 중립성'에서 온전히 자유로웠던 것은 아니다.

2) 석인선 2006 참조.

3) 젠더정치는 여성을 정치행위자로 등장시키거나 제도적 수준의 정치영역에서 성차에 기반을 두고 여성의 지위와 특성을 살피는 것으로 이해된다. 그러나 성차 자체에 주목하는 데 그치지 않고 젠더를 사회분석의 범주로서 활용하여 분석하는 과정으로 접근해야 한다. 다시 말해 젠더정치는 성별 간의 관계, 제도, 사회구조인 젠더가 어떻게 정치과정에서 가시적·비가시적으로 작동하는가를 살피는 것이다. 김미덕 2016, 128, 129쪽 참조.

4) 한국여성연구소 여성사연구실 1999, 416쪽.

5) 이미경 1998, 32쪽.

6) 한국여성단체연합 2001, 177~79쪽.

7) 김연순 2005.

8) 이러한 결의는 이후에도 여성연합을 비롯한 여성단체들이 정치진출 문제에 소극적으로 대처하도록 만든 요인이 되었다는 분석이다(오장미경 2004). 반면 허성우는 90년대 지방선거 후보전략 채택 자체에 대해 다른 해석을 하는데 "여성연합의 여성 정치세력화 전략은 처음에는 보수대연합으로 이뤄진 민자당의 장기집권 구도를 저지하기 위해 여성대중들을 결집하여 싸워나가고자 한 필요성에서 제기된 것이었다(『민주여성』 6호, 1991, 5쪽). 그러나 이후 지방의회 선거를 비롯한 제반 선거시기에서 후보전술을 채택하고 활동이 이에 집중됨으로써 정치세력화 전략은 여성 의회정치 참여를 위한 여성대중조직화 전략이라는 의미로 축소되어 나타난다"고 진단한다(허성우 2007).

9) 지은희 1998, 287쪽.

10)   정미경 2001, 249쪽.

11)   이오경숙 2000, 16~17쪽.

12)   김은희 외 2013b, 15쪽.

13)   총선여성연대의 경우 비례대표 50퍼센트 남녀교호순번제 관철 외에도, 우리
      정치사에서 여성운동이 다른 시민단체들에 비해서 훨씬 적극적으로 정치개혁
      운동을 주도하여 성과를 거두었다는 점도 유의미하다.

14)   자세한 내용은 『제19차 여성연합 정기총회 자료집』 참조.

15)   오장미경 2004.

16)   여성연합은 '진보' 여성운동을 표방해 왔다. 그러나 한국의 남성 중심 사회운
      동에서 정의하는 바와 여성운동이 정의하는 '진보'는 동일할 수 없었고, '진보'
      여성운동을 정의하는 해석도 달라져 왔다. 이와 관련하여 김기선미는 "여성연
      합 운동의 변화과정은 바로 '진보적 여성운동은 무엇인가'라는 질문에 시대별
      해답을 찾는 과정이었다고 평가한다. 1987년 창립 당시, 여성연합이 진보성을
      성(性)과 계급의 이중억압을 해결하기 위한 운동으로 규정하고 민중 이슈를 중
      심으로 운동을 펼쳤다면, 1990년대 들어 여성연합은 성·가정 폭력, 육아문제,
      환경, 평화 등 단지 기층민중 이슈만이 아닌, 일반여성의 억압문제를 진보적 여
      성운동의 과제로 설정하여 '진보'의 개념을 확장시켜 왔다"고 진단한다(김기선
      미 2006). 반면 권김현영은 "진보-보수라는 경계 자체가 남성 중심적이며 결국
      여성들 내부의 차이를 숨기는 것으로 작용한다"고 지적하면서 "과거에 분명했
      던 진보와 보수 여성운동과의 경계도 허물어졌고 양자는 유사하게 '주류화'된
      여성운동으로 분류될 수 있다"고 진단하기도 한다(권김현영 2006).

17)   여성정치세력민주연대 2010.

18)   조현옥·김은희 2011.

19)   여성정치세력민주연대 2010, 64쪽. 여성연합 자체평가를 보면, 2008년 상반기
      보수정권 등장으로 진행된 여성정책의 후퇴 및 축소, 광우병쇠고기 파동에 대
      한 대응활동 등으로 인해 18대 총선에 적극적으로 대응하지 못했고, 그 결과
      여성주의 의식이나 전문성이 검증되지 않은 여성의원들이 국회에 진출하는 결
      과를 가져왔다고 언급하고 있다. 좀더 자세한 내용은 『제23차 여성연합 정기총
      회 자료집』 참조.

20)   '시민정치운동'에 대해서는 다양한 정의가 있다. 당시 김민영은 "시민정치운동

을 정당 바깥의 시민조직이 정치변화를 도모하기 위해 벌이는 운동"으로 정의하면서 "조직주체가 정당 외부에 있다는 점에서 정당의 정치운동이나 정치세력화운동과 다르고, 운동의 핵심 목표가 정치의 변화를 추구한다는 점에서 일반적인 시민운동과 구별된다"고 보았다. 그러나 박인혜는 시민정치운동을 "시민사회의 정치적 활성화라기보다 시민사회운동의 가치를 정치적으로 관철시키고자 집단적으로 정당정치에 개입하려는 시도"로 정의하면서 이러한 시민정치운동이 젠더화되었다는 문제를 지적하기도 했다. 이에 관해서는 김은희(2012) 참조.

21) 자세한 내용은 『제28차 여성연합 정기총회 자료집』 "정치적 민주주의 회복을 위한 활동전개" 부분 참조.

22) 기초의회 정당공천제가 도입되기 전인 2000년 당시 여성연합은 '정치관계법에 대한 여성연합 입장 논의를 위한 임시회의'에서 기초의회 선거구제와 관련해서 '정당공천 배제'와 기초 2개동을 한 선거구로 하여 2명(여성 1명, 남성 1명)을 선출하되 유권자는 1인2표제를 통해 여성후보와 남성후보에게 각각 투표하는 방안을 채택한 바 있었다(『제16차 여성연합 정기총회 자료집』 참조). 이후 2006년 지방선거를 앞두고 정치개혁 차원에서 공직선거법 개정을 통해 기초의회 정당공천제가 도입되었고, 여성운동은 기초의회 정당공천제 및 비례대표제가 도입된 만큼 여기에도 여성정치할당제 관철을 요구했다. 이를 계기로 기초의회 여성참여 비율이 다소 늘어날 수 있게 되었다. 그러나 기득권 정당의 공천폐해 등으로 인해 기초의회 정당공천제 폐지 요구가 반복적으로 제기되었고, 여성연합 회원단체 일부에서도 풀뿌리 생활정치 토대인 기초의회에서는 기득권 거대정당의 공천전횡이 배제되도록 해야 하는 것 아닌가 하는 의견이 제기되기도 했다.

23) 좀더 자세한 내용은 김은희(2013a) 참조.

24) 자세한 내용은 『제29차 여성연합 정기총회 자료집』 참조.

25) 2015년 11월 20일 개최된 이 모임에서는 20대 총선 대비를 위한 여성연대 방안과 한국여성의정에서 제안한 여성후보자 추천운동에 대해 논의하였는데, 여성후보자 추천은 개별단체 차원에서 진행하기로 결정했다.

26) 이 여성공동행동에는 여성연합, 젠더정치연구소 여세연, 한국YWCA연합회, 한국여성민우회, 한국여성의전화, 한국여성정치연구소, 한국여성정치연맹이 참

여했다.

27) 자세한 내용은 『제30차 여성연합 정기총회 자료집』 참조.

28) Krook 2009; Baldez 2004.

29) 전진영 2013.

30) 김은희 외 2013a, 5, 6쪽.

31) UN Women 2015.

32) 2014년 3월 25일 발족한 '동수정치연구회'는 '동수민주주의'라는 새로운 담론을 만들고 실천하는 이론실천운동 공동체로서 남성과 여성이라는 인간종의 이원성에 근거한 '남녀동수'로서의 패러다임 전환을 표방했다. 동수정치연구회는 "남녀동수가 요구하는 50퍼센트는 할당이 아니라 모든 인간은 항상 여성이거나 남성이라는 사실을 반영한 천부인권을 의미한다"며 "인간에 대한 사유방식의 전환을 통해 정치공동체의 주체로서 절반의 권리와 절반의 책임을 명확히 하고 남성의 과잉대표성으로 야기된 정치·경제·사회 전반에 걸친 불평등과 차별의 문제를 해결하고자 한다"고 창립취지를 밝히고 있다.

33) 김은희 2011, 287쪽.

34) 조현옥 외 2005.

35) 김은경 2010.

36) 조현옥 외 2005, 311쪽.

37) 김은희 외 2013b, 75쪽.

38) 여성연합 비전 선언문(2008년 1월 9일 제22차 여성연합 정기총회 채택)
"2. 여성운동의 지역화와 생활화를 위해, 풀뿌리 방식과 자발적 시민참여를 확대해 나간다.
지역사회와 다양한 생활세계는 성평등 가치를 실질화할 수 있는 최초의 지점이자 최종 목표점이다. 또한 여성세력화의 기본 단위로서 성차별과 신자유주의 세계화에 대응하는 현장이자 대안을 창조할 수 있는 희망이다. 우리는 풀뿌리 여성들을 주체로 그들과 소통하고, 지원하는 일에 힘을 쏟으며 실천하는 생활운동을 시작할 것이다."

39) 남윤인순 2006.

40) 지역여성운동센터가 분리되어 별도의 운동단체로 만들어진 조직이 '풀뿌리여

성센터 바람'이다.

41) 민주화 이전 민중운동 내 여성운동 그룹들은 '민중운동으로서의 여성운동'으로 자기정의(심정인 1985)를 하고 있었고, 민주화와 함께 출범한 여성연합은 이러한 민중여성운동 그룹들의 연합체로 파악할 수 있다. 그러나 현재로는 '수도권에 거주하는 중산층 고학력 여성'으로 과잉대표되고 있는 한계를 온전히 극복하지는 못하고 있다. '풀뿌리여성 정치세력화'를 어떻게 정의할 것인가도 쉽지 않지만, 여성연합은 민주화 이후 제도 내 정치참여 전략을 구사하면서 기초단위에까지 형성된 지역의 오래된 '풀뿌리 여성조직'과의 거리를 극복하지는 못했다.

42) 여성정치세력민주연대 2010.

43) 대신 책의 앞날개에는 "여성의 정치참여 확대를 위해 95년 지방의회 선거에서 여성의원들을 다수 배출시키는 성과"를 냈음을 밝히고 있다(한국여성단체연합 1998).

44) 여성정치세력민주연대가 여성연합 준회원단체로 참여한 것이 2012년 1월 9일 제26차 여성연합 정기총회였고, 그다음 제27차 여성연합 정기총회에서 정회원 단체가 되었다.

45) 정현백 2003, 65쪽.

46) 정기총회를 통해 선출된 여성연합의 전직 상임대표/회장을 열거하면 1대 이우정, 2대 이효재, 3대 조화순, 4대 한명숙, 5대 이미경, 6대 지은희, 7대 이오경숙, 8대 정현백, 9대 남윤인순, 10대 권미혁 순이다.

47) 박이은경 2004.

48) 이와 관련하여 2010년 지방선거 평가워크숍 과정에서는 "최근 들어서는 단체 임원이 개인의 결심이 아닌 조직적 결정인 경우 정당의 후보가 되는 것에 대해서 조직적 합의가 된 곳도 있다는 점 등을 들어 '정치적 중립성'의 경계를 넘어선 것이 아닌가"라는 입장과 "일부 지역에서는 진보정당이나 여성 당이 존재한다면 '정당과의 거리두기'가 무의미하다는 논의가 있었고 이에 대해서는 향후 논의가 필요하다" 등이 언급되었다. 좀더 자세한 내용은 2011년 1월의 『제25차 여성연합 정기총회 자료집』 참조.

49) 이에 관한 내용은 『제17차 여성연합 정기총회 자료집』 참조.

50) 이 토론회에는 당시 서울시장 후보 중 열린우리당 강금실 후보, 한나라당 오세

훈 후보, 민주당 박주선 후보, 민주노동당 김종철 후보가 참석했다.

51)   한국여성연구소 여성사연구실 1999, 416, 417쪽 참조.

52)   젠더정책 질의서에는 23개 젠더과제와 함께 역사교과서 국정화 철회, 정부의
      노동시장 구조개악 철회, 일본군'위안부' 한일합의 철회가 선결과제로 제시되었
      으며, 젠더과제 내에 이전에는 포함되지 않았던 여성·청년 의제가 포함되기도
      했다.

53)   허성우 2006.

54)   Mohanty 2003.

55)   남윤인순 2006.

56)   정현희 2015, 71쪽.

57)   이와 관련해서는 2013년 1월의 『제27차 여성연합 정기총회 자료집』 참조.

58)   김은희 2017.

59)   김은희 2013b, 200, 201쪽.

2005년 11월 29일
생활자치 맑은정치 발족식

2010년 4월
여성유권자희망연대 발족

2015년 7월 16일
제20대 총선 여성 국회의원 30퍼센트
실현을 위한 여성공동행동 기자회견

제5부

지역으로, 통일평화로
국제연대로

1
지역여성운동의 발자취[*]

김경희(대전여성단체연합 공동대표)
박차옥경(한국여성단체연합 사무처장)

1)   머리말

1984년부터 사안별 전국적인 연대활동의 경험을 바탕으로 출발한
한국여성단체연합(이하 '여성연합')은 1987년 2월 18일 개편총회를
할 당시, 전국 20개 여성단체로 출발했다. 이미 지역에서 여성운동
을 하고 있는 조직들과 함께 출발한 여성연합은 1987년 6월 민주화
항쟁 이후, 사회민주화 분위기 속에서 여성의 생존권 보장, 여성문제
확산, 여성권익 실현을 위한 활동력을 강화해 왔다. 이러한 활동은
지역에서 여성권익을 높이고 지역사회의 생활문제 해결에 영향력을

---

*   지역여성운동은 지역 기반의 여성단체들이 여성연합 회원단체가 되고, 지역의
여성문제를 실천하는 조직으로 활동하면서 전문화되고 세분화되는 역동적인
변화를 거듭하고 있다. 이 가운데 1997년부터 최근까지의 활동을 중심으로 여
성연합의 『총회 자료집』(1996~2016)을 참고해서 정리했다.

429

발휘하면서 대중성과 신뢰성을 확보하게 되었고, 여성연합이 명실상부하게 전국을 아우르는 여성단체로 성장하는 원동력이 되었다.

'여성운동의 지역화'는 여성연합 창립 이후 줄곧 제기되어 온 과제이다. 여성연합 소속 회원단체도 이를 위해 과제별 단체가 전국 조직으로 확대되고, 과제별 회원단체의 전국적인 조직이 지역을 중심으로 7개 권역에서 지역 여성연합을 결성하여 활동하고 있다. 현재 지역 회원단체와 지역 여성연합은 여성권익을 대변하는 활동에서 나아가 여성의 실질적인 생활을 변화시키기 위해 지역정치에 직접 참여하기도 하고, 젠더 거버넌스 차원에서 지역정책에 개입하면서 지역 차원에서 성평등을 이루기 위한 운동 방향과 방안을 모색하고 실천하고 있는 중이다.

2) 지역여성운동의 주체화 및 역량강화

젠더 시각에서 사회를 바라보는 지역여성들은 우리 사회의 민주화를 위한 저항운동을 하면서도 지역사회에서 성평등 이슈를 제기하는 등 주체적으로 진보적인 여성운동을 확산시키는 사회개혁 세력으로 성장해 왔다.

여성연합은 1996년 여성운동의 새로운 과제를 포괄하기 위해 과제별 위원회를 설치하는 조직방향에 따라서 '조직위원회'를 신설하여 그동안 수도권을 제외한 지역 소재의 회원단체가 참여하는 '지역위원회'의 기능 중 지역단체들 간 정보교류와 지역 공통과제에 대한 논의를 시작했다. 조직위원회는 지역 여성연합 구성 및 여성 네트워크 활성화를 위한 지역순회 간담회를 개최하면서 지역여성 조직을 강화하기 위해 1996년에 '생활자치 지역지도력 훈련'을 처음 으로 실시했다. 지역 내 생활과제 발굴의 필요성을 부각시키고 이후 지방자치제도를 활용한 여성조직들의 논의가 활발하게 전개되어야 하며, 여성연합 내에 이러한 훈련이 재차 필요하다는 합의를 이끌어 내기도 했다. 또한 지역 내 여성연대의 필요성과 의의를 알려나가는 작업을 진행하면서 지역 여성연합 건설을 추동하게 된다.

2000년대 들어서면서 여성연합은 보다 조직적으로 대표자 연수, 사무국장 수련회, 신입활동가 수련회, 지방자치 발전을 위한 권역별 수련회 등 지역조직 강화를 위한 활동을 전개하였다. 이슈에 따라 회원단체들의 역할을 분담하고, 대표성을 나누어 갖는 다양한 여성운동 연대방식을 고민하였고, 회원단체가 성장하면서 연합운동에 대한 개방적 참여와 의사결정 조정 등 공유 수준을 높이고 협의와 실천의 규칙을 만들어갔다.

(1) 조직확대

지부와 회원단체

여성연합의 전국 지부는 전북여성단체연합(1993년 3월 발족), 대구경북여성단체연합(1996년 10월 발족), 경기여성단체연합(1998년 2월 발족), 광주전남여성단체연합(1999년 2월 발족), 부산여성단체연합(1999년 3월 발족), 경남여성단체연합(2002년 2월 발족), 대전여성단체연합(2012년 5월 발족)으로 총 7개 지부가 활동하고 있다. 회원단체의 경우, 다양한 여성의제를 다루는 회원단체가 참여하면서 여성연합이 포괄하는 이슈는 확장되어 왔다. '한국여성장애인연합'은 1999년부터, '한국이주여성인권센터'는 2003년부터, '성매매문제해결을 위한전국연대'는 2006년부터, '여성정치세력민주연대'(현 젠더정치연구소 여.세.연)와 '천안여성회'는 2012년부터, '한국한부모연합'은 2015년부터 회원단체로 활동하고 있다. 여성연합 창립 당시부터 회원단체로 활동하면서 보육의 공공성 확대를 위해 활동한 '한국보육교사회'는 단체가 해산하면서 2007년에 자동 탈퇴했으며, '부산여성사회교육원'과 '새세상을 여는 천주교여성공동체'는 2017년에 각자 총회 결의를 통해 여성연합을 탈퇴했다. '전국여성농민회총연합'도 2008년에 여성연합을 탈퇴했으나 남북여성 교류, 사드배치 반대 등 사안별로 연대활동을 함께하고 있다.

한편 2003년에 여성연합 '성인지예산 정책수립을 위한 특별위원회'로 출발한 후 개별단체로 활동하던 '한국성인지예산 네트워크'가 2016년에 회원단체로 가입하면서, 2017년 현재 7개 지부 28개 회원단체가 전국에서 활동하고 있다.

조직 내 소통과 리더십 강화

지부와 회원단체 대표자가 참여하는 가운데 매년 분기별로 열리는 이사회는 여성연합의 주요한 의사결정기구로, 이 자리에서는 정책토론을 통해 여성운동의 현안에 대해 논의하는 등 여성연합의 현안과 과제를 확인하고 있다.

1996년, 지부와 회원단체 실무집행을 총괄하는 사무국장 등 실무책임자의 여성연합 사업에 대한 이해와 결합력을 높이기 위해 시작한 '전국사무국장연석회의'는 현재까지 여성운동 현안을 중심으로 하는 회의, 중간리더십의 역량강화를 위한 다양한 지원 프로그램으로 추진되고 있다. 활동가 교육 프로그램인 '여성운동 아카데미'는 해마다 대상과 내용을 달리하면서 활동가의 역량강화를 위한 다양한 프로그램으로 운영되고 있다. 지역에 따라서는 제도화에 대한 고민을 비롯해서 여성운동 리더십을 토론주제로 다룬 2014년의 6개 지역 회원단체 간담회는 지부를 중심으로 지역여성단체와 여성연합이 직접 소통하면서 지역의 여성문제를 토론하는 자리로, 참가자들의 만족도가 높았다.

(2) 지역여성운동을 통한 풀뿌리 여성운동 확대

여성연합은 여성연합 운동의 향후 방향을 논의한 결과를 반영하여, 2005년부터 기존 8개 과제별 위원회를 3개 위원회와 4개 부설기구로 조정하면서 그동안 지역여성운동의 활성화를 위해 노력해 온 '조직위원회'를 '지역여성운동센터'와 '여성운동지원센터'로 전환했다. 지역여성운동센터는 지역여성운동이 지방정부의 정책과 예산 결정 과정에 개입할 수 있도록 관련 교육과 지역여성운동 조직가 훈련 등 지역의 풀뿌리 여성운동이 활성화되도록 지원하기 위해 신설된 부설기구이다.

지역여성운동센터는 지역여성운동의 자생력을 높이고, 풀뿌리 방식으로 지역여성운동을 추진하기 위해서 2010년까지 지역여성운동의 의제개발, 사례발굴 및 정보공유 등 소통, 네트워크 지원활동을 하면서 지역여성운동을 하고 있는 회원단체들과 함께 활발한 활동을 전개했다. 신설된 첫해에만 전국 10개 단체와 순회간담회를 진행하고, 여성의 지방정치 참여를 위한 로드맵을 전국 10개 단체가 함께 마련했으며, 11개 지역주민 운동단체를 방문하여 사례를 공유하는 등 향후 지역여성운동의 방향에 대해 논의하기도 했다.

특히 지역여성운동센터는 회원단체와 다른 여성단체 활동가로 구성된 운영위원이 주체가 되어서 2006년부터 2010년까지 매년 '풀뿌리여성조직가대회'를 개최하여 풀뿌리 여성운동의 전국적인 사례를 모아서 공유하고 다시 확산시키기 위한 다양한 노력을 기울였다. 이러한 과정에서 풀뿌리 여성운동을 보다 활성화하고 다양한 풀뿌리조직과 함께하기 위해서는 여성연합 지역여성운동센터를 독립(분화)시켜야 한다는 의견이 모아지기 시작했다. 여러 논의의 끝에, 그동안 지역여성운동센터가 중심이 되어 진행한 조직가 및 주민 리더 교육·훈련 사업과 조직가대회를 통한 연대사업은 전문 지원조직인 풀뿌리 여성운동 지원센터 '바람'으로 분화하여 2011년 2월에 창립했다. 그러나 풀뿌리 여성정치세력화 사업은 여전히 여성연합의 주요 사업으로 추진되고 있다. 또한 지역여성운동센터가 담당했던 회원단체 간담회 등 조직 지원사업은 여성연합 내 '조직·교육위원회'가 그 역할을 이어서 관련사업을 추진하고 있다.

한편 여성운동지원센터는 활동가 복지, 재교육, 리더십 교육, 단체 및 활동가의 소통 및 교류를 활성화하기 위한 노력을 기울였으며, '여성운동 아카데미' 프로그램을 개발하여 2005년부터 현재까지 연차별 교육 프로그램을 실시하고 있으며, 성공회대학교에 '미래

여성NGO리더십과정'(실천여성학 석사과정)을 개설하여 여성운동 현장과 여성학이 상호 소통하면서 여성운동 리더십의 역량을 강화하고 여성운동의 성과를 학문적으로 정리할 수 있는 기회를 만들었다. 이 사업은 여성연합의 조직을 강화하기 위한 사업이면서 동시에 지역여성운동을 활성화하기 위한 주요 전략이기도 했다. 2007년부터 매년 10명의 장학생을 선발하고 있으며, 졸업생은 여성운동단체와 사회단체에서 활발하게 활동하고 있다.

(3) '성평등지역정치위원회' 탄생과 활동

2000년대 중후반, 성 평등한 지방자치 실현을 위한 지역여성운동의 역량강화 활동은 주로 '지역여성운동센터'를 통해서, 지방선거에서 여성의 참여를 확대하기 위한 제도개선 및 대응활동은 '정책기획위원회 정치분과'에서 전개하고 있었다. 그러나 지방정치와 여성의 정치참여가 중요한 과제로 대두되면서, 2011년부터 '정책기획위원회 성평등지방정치소위원회'로 출발한 '성평등지역정치위원회'는 지난 2012년부터 현재의 명칭으로 활동하고 있다. 성평등지역정치위원회는 지방정치운동에 대한 고민과 지역과 단체들 간의 정보공유 등 소통이 활발하게 이루어지고 있으며, 여성주의 지방정치운동을 함께 기획하고 추진하는 과정을 통해 '성 평등한 지방정치 실현'이라는 목표를 향한 연대감과 결속력이 강해졌으며, 지역여성단체가 지자체 정책에 개입하면서 지역의 독자적인 의제 등을 발굴하고자 노력하고 있다.

2012년 총선을 앞두고, 전국 12개 지역에서 총 4600여 명의 여성이 참여한 '지역여성정책 과제선정을 위한 욕구조사'를 실시하여 지역여성들의 구체적인 욕구를 파악하였는데, 이는 지역여성정책 방향을 설정하고 과제를 발굴하는 데 중요한 기초자료가 되었다. 지역의 회원단체가 주체가 되어 전국적으로 지역여성들의 욕구를 조사하고 이를 토대로 지역여성정책을 직접 생산한 '100가지 지역여성정책 만들기'는 중앙정부의 여성정책에 종속되어 있던 지역여성정책 가운데 지자체가 독립적으로 집행할 수 있는 것을 분리해서 각 지역의 현황에 맞게 재구성하는 과정이었다는 점에서 그 의미가 크다. 이 과정을 통해 지역여성운동의 정책역량은 한층 더 높아질 수 있었다.

또한 제20대 총선 대응을 위한 논의를 적극적으로 추진, 전국적인 상황을 공유하면서 총선방침을 논의하고 워크숍을 통해 논의한 지역과제를 제20대 총선의제 자료집에 반영하였으며, 총선의제에 지역의제를 결합시켜 지역 국회의원 후보에게 제안, 공약으로 채택하도록 하는 활동 등을 적극적으로 추진했다.

(4) 지역여성운동 주체의 역량강화

여성연합은 여성운동 주체의 역량강화를 위한 다양한 프로그램을 기획·추진해 왔다. 신입활동가, 중간지도력, 대표자를 대상으로 한 '여성지도력 훈련'과 '권역별 수련회'는 활동가 간 연대와 여성연합 회원단체 간 상호이해와 결합력을 높이는 데 기여하였다. 이 가운데 2001년에 여성연합 조직위원회가 진행한 '지역여성운동 워크숍'은 지역여성운동의 활성화를 모색하는 계기가 되었다고 평가받고 있다. 이 워크숍을 통해 지역사회 생활과제 이슈화 사례 및 주민참여형 운동사례를 공유하고 여성조직화 방안을 모색하면서 지역여성운동에 대한 성찰과 진단을 할 수 있었다.

필리핀의 전문가와 국내 전문가를 초청하여 여성주의적인 지역사회 공동체조직운동(community organization)의 철학과 방법론에 대한 경험을 훈련하는 기회도 가졌다. 그리고 여성연합의 사업수행과 자원을 지역여성연합에 우선 배분하면서 지역여성운동에 대한 지원을 강화할 수 있었다. 한편 서울로 집중하는 회의방식을 변경하여 각종 회의와 수련회 등을 지역을 순회하면서 진행한 것은 지역 상호간의 이해를 높이고 위원 간 결합력과 친화력을 높였다.

지역여성운동의 역량강화를 위해서는 '지역여성운동센터'가 많은 노력을 기울이면서 풀뿌리 여성조직가 훈련을 단체별·지역별로 본격적으로 확산시키는 데 주력했다. 2006년부터 진행된 풀뿌리 조직가 훈련에는 총 4기까지 약 45명의 활동가가 주민지도력 개발과 민주적 소통방식에 대한 교육에 참여하였으며, 권역별 교육도 진행했다.

또 조직가 훈련 및 트레이너 훈련 같은 풀뿌리 여성운동 전문가 양성시스템을 구축했다. 자체적으로 구성된 트레이너 인력 풀을 기반으로 리더그룹 교육에서 활용될 교재와 교육안을 직접 만들고, 이를 바탕으로 전국 10개 권역에서 풀뿌리 리더그룹 교육훈련을 실시하면서 풀뿌리 여성운동의 리더-조직가 교육훈련의 체계적인 시스템을 구축했고, '지역여성정치교육'을 전국 10곳에서 실시하고 교육자료는 매뉴얼로 제작해서 보급하기도 했다.

한편 분야별·지역별 풀뿌리 여성운동의 경험과 활동이 모이는 '풀뿌리여성조직가대회'를 4회 진행하였고, 전국의 크고 작은 활동에 상담과 지원 활동을 열심히 해왔다. 풀뿌리여성조직가대회는 풀뿌리 지역여성운동에 대한 필요성과 실험을 넘어서 지역여성운동이 일상 속에 자리매김하고 있음을 보여주는 계기가 되었다. '참가자가 직접 준비하는 대회'라는 원칙 아래 회를 거듭할수록 더 많은 지역에서 다양한 활동가들이 폭넓게 참여하면서 풀뿌리 여성조직 활동가들의 결집과 네트워크의 장이자 상호 배움과 소통, 성장의 계기로 명실상부하게 자리매김했다.

이어 국내에서는 최초로 풀뿌리 여성운동에 대한 정의 및 여성운동 조직론을 정리하는 등 이론화작업을 하였고, 돌봄과 교육공동체 모델사업 시도 및 유럽탐방 등을 통해 풀뿌리 여성운동의 모델을 마련하고자 노력했다. 2007년 5월의 유럽지역 '돌봄과 교육 공동체' 탐방과 보고회, 사례소개, 보고서 제작 및 배포는 풀뿌리 여성운동의 비전을 풍부하게 해준 의미 있는 성과였다. 이후에도 분야별 풀뿌리 여성운동 네트워크를 강화하고 유럽탐방 사례를 한국의 지역여성운동에 접목시키기 위한 활동은 계속되었다.

한편 여성연합은 비정기적으로 '전국여성활동가대회'를 진행하고 있다. 전국 지부와 회원단체 관계자가 참여하는 프로그램으로 2007년에 열린 전국여성활동가대회 '달자의 여름'에서는 여성연합 20년 활동성과와 비전을 공유하고, 서로 힘을 주고받으면서 여성운동이 희망과 연대의 공동체임을 확인하기도 했다.

3) 지역여성운동의 주요 실천

지역여성운동 단체는 여성운동의 지역적·대중적 토대를 강화하기 위해서 여성연합의 다양한 과제를 지역에서 수행하고 이슈를 지역화하기 위해 노력했다. 여성연합 30년사에서 언급하고 있는 다양한 사업과 성과에는 지역여성운동 주체들의 땀과 노력이 고스란히 녹아들어 있다. 지난 30년 동안 이룬 여성연합 운동의 역사와 성과는 지역 지부와 회원단체의 성과이기도 하다.

(1) 성평등 이슈제기 및 대응활동

호주제 폐지 캠페인, 성매매방지법 제정(2002), 북한 산모와 아동 돕기 캠페인(2001), 반전평화활동(2003), 성인지예산 분석(2003~2004), 빈곤의 여성화 방지활동, 성폭력, 가정폭력, 성매매, 한부모, 장애, 빈곤, 이주여성 등 다양한 삶의 문제를 중심으로 지역에서 여성운동이 조직화되었다. 지역별로 호주제폐지운동본부를 구성하여 호주제 폐지를 위한 지역여론을 조성하고, 지역구 국회의원이 호주제 폐지에 동의하도록 압박하는 활동을 통해 호주제 폐지에 대한 전국적인 관심을 불러일으켰다. 여성연합이 3·8세계여성의 날 제13회 한국여성대회(1997)에서 부모성 함께쓰기 운동을 선포하면서 본격적으로 문제점을 알려낸 호주제는 2005년에 폐지되었다.

반(反)성매매운동은 2000년 군산 대명동, 2001년 부산 완월동, 2002년 군산 개복동 성매매업소에서 발생한 화재로 감금상태에 있던 여성들이 탈출하지 못하고 사망한 사건이 알려지면서 본격화되었다. 특히 2002년 군산 개복동 화재참사 이후 지역여성단체들은 사망한 여성을 추모하면서 사건의 진상을 규명하는 활동을 통해 지역사회만이 아니라 전북지역 나아가 전국적인 의제로 이슈화했다. 이러한 노력은 2004년 성매매방지법 제정을 이루는 데 커다란 밑거름이 되었으며, 법제정 이후 여성연합 차원의 특위는 해소되었지만 현장단체를 중심으로 '반성매매' 이슈에 대한 활동력을 높여갔다. 한편 성인지예산 운동에서는 회원단체들이 네트워크를 결성하고 독자적인 활동을 모색하기도 했다.

각 지역에서 회원단체들의 지역 내 활동을 통해 여성단체의 역할이 높아지면서, 성평등 실현을 위한 지역정책에의 개입이 본격화되었다. 다양한 지역행사를 기획하고 진행하면서 여성문제를 이슈화하고 확산시켰으며, 여성이 처한 돌봄노동의 문제를 가시화하고, 좋은 일자리 확대를 위한 활동으로 실태조사와 다양한 여성의 욕구를 담은 워크숍을 진행함으로써 여성 당사자의 욕구를 명확히 드러내고 그 욕구가 정책으로 실현될 수 있는 토대를 만들었다. 또한 지역사회 안에서 지속적으로 발생하고 있는 여성인권 사안에 적극적으로 대응하고, 여성인권 문제를 꾸준히 제기하면서 지역사회 내 성평등의식을 높여나갔다. 성평등문화를 확산시키기 위한 대상별 특성화된 교육활동, 지역사회에 여성의 시각으로 여성문제를 드러내는 대중강좌를 실시하면서 시민들과 가깝게 소통할 수 있는 장을 마련하였다.

(2) 성평등 지역정치운동

지부와 회원단체는 각 선거시기마다 지역의제와 여성연합이 전국적으로 제기하는 의제를 취합하여 정책을 제안하거나 후보로 직접 선거에 참여하기도 했으며, 유권자 캠페인 등을 통해 여성의 정치참여 확대를 위한 다양한 활동을 전개하고 있다. 2002년에는 처음으로 16개 광역시·도 여성정책을 비교평가해서 '생활자치 10대 여성과제'를 도출하여 지방선거과정에 후보들에게 공약으로 요구했으며, 지역의 생활과제를 가지고 시민운동과 여성운동의 사례를 공유하고 그 성과를 나누기도 했다. 또한 전국 지부와 회원단체를 포함하여 전국 110여 개 여성단체는 '2002대선여성연대'에 결합하거나 전국적인 낙선낙천운동의 지역 중심단체로서 주요한 역할을 했다.

2012년 총선시기에는 여성연합 차원의 전국적인 총선 대응기구인 '퍼플파티'에 참여, 지역유권자를 직접 만나서 후보의 공약을 비교하고 지역정치를 말하는 '커피당' 활동, 유권자 캠페인 등을 진행했으며, 제18대 대선시기에는 여성이 느끼는 불안요인을 모아서 분석·발표하여 한국사회에 거주하는 여성들의 불안에 대한 공감과 대책마련을 요구하는 '불안해소 프로젝트'를 진행하기도 했다.

4) 지역여성운동의 성과와 과제

젠더 관점에서 성평등 이슈를 지역사회에 부각시키고, 비판적 시각으로 정책에 개입하여 법과 제도를 바꾸는 데 주도적으로 참여하는 지역여성단체 활동은 전국적으로 정보를 공유하고 상호 소통하는 가운데 연계활동을 계속했다. 일상에서 겪는 여성문제를 지역사회에 여론화하고, 여성관련 법·제도를 개정하는 과정에서 전국적인 네트워크의 지역부문을 담당하면서 활동하는 여성활동가들의 헌신적인 실천력은 물적·인적 자원이 열악한 상황에서도 지역여성단체들을 조직적으로 성장시켰다.

여성문제에 대한 사회적 인식수준이 높아지고, 여성들의 역량강화와 사회참여가 당연시되고, 지역사회에서 여성들이 사회의 변화를 이끌어내는 주도세력으로 자리매김하기 시작한 것은 분명 지역여성운동의 성과이다. 그러나 여전히 여성단체 활동가의 지속 가능성, 즉 전문성을 담보하는 역량강화나 안정적인 생활과 조직운영을 위한 재정문제는 쉽사리 넘을 수 없는 벽으로 남아 있다. 우선, 단체나 지역 간 연대와 협력을 통해 역량을 높여나가는 것이 필요하다.

이제 지역정책을 성평등 관점에서 모니터링하고, 정책대안을 만들어가는 적극적인 주체로서 지역여성단체들은 우리 사회 전체에 대한 현실진단과 비전모색에 더욱 관심을 기울여야 한다. 여성권익만 높이고 각자가 놓여 있는 여성문제를 해결하는 것만으로는 삶의 질이 나아지지 않기 때문이다.

갈수록 심화되는 기회의 불평등, 점점 고착되고 있는 권력과 연계된 불공정사례들, 국가가 책임지지 않으려고 하는 우리 사회의 다양한 불안요소들을 극복해 나가기 위해서는 일상의 민주주의를 회복하고, 평등의 정치를 확산시켜 나가야 한다.

분권과 자치, 참여와 협치가 요구되는 시대는 지방정부의 역량강화와 함께 민생, 복지, 일자리, 성평등, 환경, 문화 등 모든 분야의 정책 수립과 실행, 평가의 과정에 시민 다수의 참여가 보장되어야 한다. 바로 이 과정에서 여성운동의 역할은 중요하다. 이미 지역 여성단체들은 아래로부터 사회변화를 추동하는 여성들의 힘을 일궈왔다. 또한 지역여성운동의 성장 속에서 참여를 통해 현실을 개선할 수 있는 능력을 가지고 있기 때문에 지역정치에서 보다 적극적인 주체가 되어야 한다.

　　이 과정에서 풀뿌리 차원의 여성운동 역량강화는 매우 중요하다. 빈곤의 여성화 해소, 돌봄의 사회화가 지역 수준에서 삶의 질을 결정하는 중심 의제가 되고 있기에 풀뿌리 지역여성운동은 지역정치의 튼튼한 기초가 되어야 한다.

2008년 9월 27일
풀뿌리여성조직가대회

2008년 10월 16일
풀뿌리교육 심화과정 평가

2009년 10월 24일
제3회 풀뿌리조직가대회

2
여성연합 통일평화운동 30년의 기록

김정수(평화를만드는여성회 부설 한국여성평화연구원 원장)

1)　통일평화운동의 시작(1987~96)

한국여성단체연합(이하 '여성연합')의 통일평화운동 30년의 역사는
한국의 진보적 여성운동이 남북관계와 한미관계, 북미관계의 변화
의 흐름 속에서 한반도 분단극복과 평화적 통일을 위해 어떻게 성
인지적 관점을 가지고 주체적으로 참여했는지 보여준다.

　　여성연합은 1987년 2월 창립 초기부터 통일문제를 여성운동
의 주요 과제 중 하나로 수용하여 여성의 관점에서 통일운동을 전
개해 왔다. 동시에 통일운동의 당면 과제는 무엇인가라는 원칙적 물
음을 가지고 전세계에서 전개되는 평화운동과 한국의 통일운동은
어떤 관계에 있는지 규명하기 위해 노력해 왔다.[1] 이 시기 여성연합
은 서구여성들의 반핵평화운동과 다른 한국여성들의 통일평화운동

의 정체성을 한반도 분단과 통일의 과제라는 특수성을 통해 찾아냈다. 동시에 여성들이 원하는 남녀 평등한 민주적 통일사회를 이룩하기 위해서는 여성 스스로의 주체적인 참여가 필수적이라 보았다. 여성연합의 통일평화운동에서 이해한 평화 개념은 '소극적 평화' 개념을 넘어 한 사회의 긴장과 갈등을 낳는 사회제도와 문화 전반의 개혁이 이루어질 때 비로소 진정한 의미의 평화가 이루어질 수 있다는 '적극적 평화'의 관점이라 할 수 있다.

여성연합의 통일평화운동 조직은 1989년 '반핵평화위원회'를 시작으로 '조국통일위원회'로 발전되어 1991년에 상임위원회가 되었고, 1993년 '통일평화위원회'로 개칭한 이래 반핵운동(핵발전소 11, 12호기 저지운동), 평화군축운동(방위비 삭감운동), 일상에서 평화 만들기 운동(무기장난감 바꾸기 캠페인), 남북여성교류(아세아의 평화와 여성의 역할 토론회) 그리고 반전평화운동(걸프전쟁 반대운동) 등을 여성연합 회원단체 및 교회여성단체 등과 연대해 전개하였다. 여성연합 조국통일위원회 위원들과 회원단체들이 적극적으로 참여한 '아세아의 평화와 역할 토론회'(1991년 서울, 1992년 평양)는 분단 이후 최초로 민간 차원의 남북교류 물꼬를 트는 데 크게 기여하였다. 평양토론회는 민간인으로서는 처음으로 남한의 여성들이 판문점을 거쳐 북한을 방문, 평양에서 성사시킨 역사적 사건이었고, 북한에 계시는 일본군'위안부' 할머니들의 증언을 직접적으로 듣게 된 의미 있는 토론회였다. 남북여성교류는 민주화운동과 통일평화운동을 수행해 온 진보적 여성운동의 존재와 그 역량을 전국적·범민족적으로 확인하고 객관적으로 인정받는 성과를 내기도 하였다.

초기 10년간의 여성연합 통일평화운동은 여성의 관점에서 통일평화 문제에 대한 정책제시와 대중적 기반 확보를 위해 여성이 주체적으로 참여할 수 있는 실천적 운동과 한반도 평화통일을 위한 국제연대 등을 다음 20년 동안 풀어내야 할 통일평화운동의 과제로 부각시켰다.

2) 통일평화운동의 다양화(1997~2016)

1997~2016년의 20년 동안 한반도에서 남북관계, 한미관계, 북미관계는 말 그대로 요동치며 흘러왔다. 1994년 1차 북핵위기와 이어진 김일성 주석 사망 그리고 남한사회의 조문파동은 남북관계를 극도의 경색관계로 치닫게 했다. 그러나 1990년대 중반 홍수피해로 북한의 식량난이 심각하다는 소식이 전해지면서, 남한의 시민사회는 경색된 남북관계로 인해 사회적 분위기가 북한지원에 대해 우호적이지 않았음에도 불구하고 식량이 필요한 북한주민들을 돕기 위한 인도적 지원을 시작하게 되었다. 여성연합과 평화여성회를 비롯한 여성계 역시 '밥 나누기 사랑 나누기' 캠페인을 진행하여 북한 여성과 어린이들을 도울 수 있었다. 고통받는 민족에게 따스한 연대의 정신을 발휘한 것이라 할 수 있다.

　　1998년 김대중정부가 들어서면서 대북화해협력 정책을 새롭게 펼치고 2000년 6월 15일 역사적 남북정상회담을 통해 6·15남북공동선언을 발표하자, 시민사회는 남북 사이의 사회·문화 교류에 적극적으로 참여하게 된다. 여성들도 1994년 '아세아의 평화와 역할 토론회'를 끝으로 중단된 남북여성교류의 재개를 성사시키면서 김대중·노무현 정부기간 동안 독자적인 남북여성교류 행사와 3·1, 6·15, 8·15 민족공동행사에서의 남북여성 상봉과 만남 등을 통한 교류를 지속하는 새로운 장을 열게 되었다. 남북여성교류의 경험은 남북정상회담 후속으로 이루어진 사회·문화 분야의 교류에서 여성들의 참여를 확대하고 성인지적 정책을 확대할 것을 요구하는 의제의 개발로 이어졌다.

활발한 남북관계의 흐름과는 반대로 2002년 두 여중생이 주한미군의 장갑차에 의해 무참하게 사망하는 사건이 발생했다. 또 부시행정부에 의해 북한 핵위기가 새로이 조성되고 부시 대통령이 북한을 '악의 축'이라고 발언하여 한반도에 전쟁발발의 위기가 고조되었다. 이에 시민사회는 불공정한 한미관계, 특히 주한미군의 주둔 군지위협정(SOFA) 개선에 대한 목소리를 높이는 동시에 한반도 전쟁위기 극복을 위한 반전평화운동에 돌입하게 된다.

2003~2006년 시기는 남북화해협력 정책을 펼친 노무현정부가 한미동맹에 의거하여 이라크전과 아프간전에 가담하고 한국군을 파병하는 현실에서, 시민사회는 한편으로는 남북의 화해와 협력을 위한 민간교류를 활성화하기 위해 정부의 대북정책에 지지를 보내면서도 또 한편으로는 정당하지 못한 대(對)테러전쟁에 동참하는 정부의 대외정책을 비판하는 반전평화운동을 전개하는 아이러니한 상황이 전개되었다. 특히 불평등한 한미관계에 대한 비판적 인식은 9·11 이후 부시행정부가 이라크전쟁과 아프가니스탄전쟁을 시작하

고 아울러 한미동맹을 명분으로 한국군 파병을 요청하여 한국정부가 동참하면서 더욱 분명해진다. 이에 한국의 시민사회는 전세계 반전평화운동의 흐름에 참여하는 동시에 한반도 분단체제의 극복, 북핵위기를 근본적으로 해결하기 위해 한반도 평화체제 문제에 본격적으로 관심을 기울이게 된다.

1997~2016년의 20년 역사를 돌이켜보면, 두 차례의 남북정상회담을 성사시키면서 대북화해협력 정책을 펼쳤던 김대중·노무현 정부 10년과 금강산 관광객 사망으로 남북관계가 악화되고 천안함 사건, 연평도 포격, 개성공단 폐쇄 등으로 이어지면서 파국과 전쟁의 위기로까지 치닫게 된 이명박·박근혜 정부 10년은 극명한 대조를 이룬다. 그런데 지난 20년 동안 변치 않은 것은 점점 심화된 북한 핵문제다. 1990년대 초반에 시작된 북한 핵위기는 1994년 북미제네바 합의나 2005년 9·19공동성명의 성과를 뒤로하고 점점 더 고조되어 2006년 10월 1차 핵실험을 시작으로 2016년 5차 핵실험까지 이르렀다. 그 결과 북한에 대한 국제사회의 제재는 점점 더 강화된 동시에 남북관계는 개성공단 폐쇄조치 이후 회복의 기미를 거의 보이지 않는 형국이다. 남북관계의 악화는 곧 한미일 군사동맹의 강화라는 현실로 다가와서 2008~2009년 제주 강정 해군기지 건설에서부터 한일군사정보교류협정, 2016년 초 사드배치 구상과 이에 대한 중국과 러시아의 반발로 동북아시아에 새로운 냉전기류가 흐르는 현실이 도래하고 있다.

여성들은 이렇게 한반도에서 긴장이 완화되거나 고조되는 상황에서 분단극복과 평화체제 실현 그리고 동북아 평화를 위한 국제적 연대활동에 적극적으로 참여해 왔다. 숨 가쁘게 흘러온 20년의 역사 속에서 여성들은 성인지적 통일운동과 여성주의적 평화운동의 내용을 만들기 위해 노력해 왔다고 할 수 있다.

(1) 통일평화운동 조직과 성인지적 통일평화의제 만들기
통일평화위원회 조직과 연대활동

1993년 통일평화위원회(이하 '통평위')로 여성연합의 통일평화운동 조직체계가 개편된 이래 여성연합은 통평위에 참여한 회원단체들을 중심으로 다양한 운동을 전개해 왔다. 1997년부터 2016년까지 통평위에 참여한 단체들의 면면을 살펴보면 경기여성단체연합, 경남여성단체연합, 기독여민회, 대구여성회, 대전여민회, 부산여성단체연합, 부산여성회, 새세상을 여는 천주교여성공동체, 수원여성회, 여성사회교육원, 울산여성회, 인천여성노동자회, 전북여성단체연합, 평화를만드는여성회, 한국여성연구소, 한국여신학자협의회 등이다.

이 단체들은 여성연합 통평위에서 다뤄진 통일평화운동 이슈들을 지역에서 여성의 통일의식을 일깨울 수 있는 대중적 통일운동으로 발전시켰고 통일교육과 갈등해결 훈련을 통해 여성들에게 통일과 평화 의식을 확산시켰다. 특히 '아세아의 평화와 여성의 역할 토론회' 한국실행위원회를 전신으로 한 평화를만드는여성회(이하 '평화여성회')는 1997년 3월 창립하여 여성연합 회원단체로 가입한 이래 지난 20년 동안 남북여성교류, 반전평화운동, 갈등해결 훈련, 한반도 핵문제 해결을 위한 동북아여성평화회의, 여성과 평화에 관한 유엔 안보리 결의안 1325호 국가행동계획 수립과 이행 촉구활동 등 여러 가지 이슈에서 전문적 여성평화운동 단체로서 주요한 역할을 담당해 왔다.

여성연합 통평위는 매년 총회에서 그해의 운동 목표와 과제를 설정하는데, 지속적으로 설정된 통평위의 목표는 첫째 통일평화위원회 정착 및 정책 논의력 강화, 둘째 여성연합 통일평화운동의 방향성 제시, 셋째 회원단체들에 통일평화운동 참여를 제공할 수 있도록 통일평화교육 강화, 셋째 통일평화운동의 대중화사업 전개, 넷째 여성운동 내 통일평화운동 활성화와 한반도 평화정착을 위한 국내외 연대활동 전개 등이다. 이렇게 성인지적 통일평화운동의 정책적 전문성 강화, 대중사업 전개, 통일교육 확산 그리고 조직적 네트워킹 등의 목표를 달성하기 위해 통평위 참여단체들은 꾸준히 노력해 왔다. 통평위에 소속된 단체들의 지속적인 참여를 바탕으로 해서 남북여성교류나 북한 어린이와 여성 지원, 아프간 전쟁과 파병 반대운동, SOFA 개정운동 등 범여성·범국민적 이슈에는 여성연합 단체들이 전체적으로 결합함으로써 여성운동 내에서 통일평화운동의 확장을 시도하였다.

여성연합은 시민사회 통일평화운동에도 적극적으로 참여하였는데 민족화해협력범국민협의회(1998~), 6·15민족공동선언실천 남측위원회와 6·15민족공동선언실천 남측여성본부(2005~), 시민평화포럼(2005~)과 같은 상설연대체에서의 여성대표성 확보와 성인지적 관점의 도입이라는 고유의 역할을 충실히 수행했다. 지난 20년 동안 남북관계의 발전과 반전평화운동의 활성화 속에서 다양한 이슈들이 제기될 때, 예를 들어 조직된 연대체 및 3·1, 6·15, 8·15 민족공동행사 준비위원회, 군예산 낭비방지를 위한 의정감시단활동 (1999), 국정감사모니터시민연대 국방위모니터단(1999), 매향리 미군 폭격장 폐쇄 범국민대책위(2000), NMD·TMD^2 저지와 평화실현 공동대책위원회(2001), 부시방한 관련 대책활동(2002), 미군장갑차에 의한 여중생 고(故) 신효순·심미선 살인사건 범국민대책위(2002), 북핵문제 해결을 위한 한반도평화국민협의회(2002), 이라크파병 반대 비상국민행동(2005), 제주 강정 해군기지 저지를 위한 전국대책회의 (2011), 핵 없는 사회를 위한 공동행동(2012) 등에도 적극적으로 참여하여 폭넓은 연대활동을 하면서 분단극복과 반전평화를 위한 전체 시민사회의 활동에 여성들의 목소리를 보태는 역할을 담당하였다. 이를 통해 시민사회의 평화통일운동에 성인지적 관점을 삽입하면서 평화형성 과정에서 여성주체를 만들어가는 노력을 지속적으로 기울였다.

성인지적 통일평화운동의 관점과 정책의제

여성연합은 정부 통일·외교·안보 분야의 정책결정과 이행 과정에 여성들의 참여를 높이고, 정책에 대한 성별영향평가를 요구하며, 남북민간교류에서도 과소대표성을 가진 여성들의 대표성을 확보하거나 독자적 남북여성대회를 개최하는 일련의 노력을 통해 여성의 주체적·독자적 역할을 높여가는 성인지적 통일운동을 경주해 왔다. 남북정상회담 후속조치의 하나인 남북당국 간 사회문화분과 구성에서 여성분야 설치를 요구하거나 남북여성교류와 관련해서 정부부처(통일부, 여성부)의 법적·제도적 지원을 지속적으로 요청한 것이 대표적 사례라 할 수 있다. 또 정부의 통일·외교·안보 분야 정책에 대한 평가 그리고 대선시기 성인지적 정책의 제안 등 의제를 개발함으로써 남북여성교류를 지속·강화하기 위한 제도적 발판을 마련하고자 했다. 성인지적 통일운동의 가시적 성과로는 2000년 1차 남북정상회담에 비해 2007년 2차 남북정상회담에 참가한 일반수행원에서 여성대표성이 1명에서 3명으로 늘어난 것을 들 수 있는데, 이는 여성연합과 평화여성회가 주도적인 역할을 한 결과이다.

아울러 정부의 대북정책이나 외교·국방 정책에 대해 평화주의적인 관점을 제시하고자 노력해 왔다. 여성들의 평화주의적 관점은 전쟁을 반대하는 동시에 무력분쟁과 갈등으로 고통받는 전세계 시민에 대한 연대의 정신을 발휘하는 것이라 할 수 있다. 특히 한반도 비핵화와 반전평화는 여성주의적 평화운동의 가장 중심적 의제라고 볼 수 있었다. 여성들은 생명과 평화의 관점에서 한반도의 핵무기, 핵실험, 핵발전소를 반대하는 입장을 분명히 했다. 이와 같은 입장에서 6자회담 당사국들이 대북 제재와 굴복을 요구하는 방식이 아니라 대화와 협상으로 북핵문제 해결과 북미관계 개선 그리고 한반도 평화체제의 수립을 실현해야 한다고 주장하였고, 다양한 경로의 국제연대활동과 '동북아여성평화회의'를 통해 여성들의 입장을 알려왔다. 동시에 반전평화운동에서 기존 시위문화의 대안으로서 평화적 시위문화 형식을 개발함으로써 시민사회에 평화감수성을 전파하고자 노력했다. 이러한 노력들을 통해 성인지적·평화주의적 관점을 지닌 여성 통일평화교육의 필요성을 깨닫게 되었고 평화여성회나 지역의 회원단체들에서 다양한 방식으로 회원들을 대상으로 통일평화교육, 갈등해결 훈련 등이 진행되었다.

통평위는 이렇게 성인지적 통일운동과 여성주의적 평화운동을 관철하기 위해 정책 논의력 강화를 목표로 설정하였고, 평화여성회는 여성연합의 성인지적 통일평화운동 정책역량 형성과정에서 주요한 역할을 담당하였다. 특별히 2000년 5월의 "남북정상회담: 여성, 무엇을 할 것인가" 여성평화통일포럼은 2000년대 여성연합이 전개한 성인지적 통일평화운동의 관점과 방향을 수립하는 중요한 계기가 되었다.

2000년 6월 15일 김대중 대통령과 김정일 국방위원장의 6·15 공동선언은 남북 화해와 협력의 물꼬를 튼 역사적 계기였다. 여성들은 급변하는 통일정세와 통일운동의 흐름에 주체적으로 참여하려는 노력의 일환으로, 분단 이후 최초로 성사된 남북정상회담에 대한 여성계의 입장과 건의문[3]을 발표하였다. 여성들은 분단으로 고통받는 이들을 우선으로 하는 인도주의적 원칙, 인간 안보적 접근 및 남북의 적대감 극복, 차이를 인정하는 공존의 평화주의 원칙, 여성의 주체적 참여를 위한 법·제도의 마련과 같은 성인지적 양성평등의 원칙을 견지하였다. 무엇보다도 첫째 남북정상회담과 후속과정 등 통일과정에 시민사회의 대표성 제고, 특히 여성대표성을 30퍼센트까지 늘릴 수 있는 제도적 장치 마련, 둘째 여성 관련의제를 남북정상회담과 후속협상에 포함, 셋째 인도주의적 원칙에 의거하여 북한 여성(모성)과 어린이의 건강상태 개선에 역점, 넷째 남북 화해와 협력의 시대를 열기 위한 평화교육의 제도화와 공교육에 갈등해결과 평화교육 반영 등을 요구하였다. 구체적으로 여성연합은 남북관계발전법·남북교류협력법·남북협력기금법의 개정에서 젠더 관점의 도입과 여성참여를 보장하는 법조항을 포함시킬 것을 요구하였다. 또한 정부의 여성정책기본계획에 통일평화 의제를 반영함으로써 통일·외교·안보 영역에 여성의 참여 확대를 요구하였다.[4] 이러한 요구사항은 2007년과 2012년의 성인지적인 평화·통일·외교·국방 정책수립을 촉구하는 대선의제로 수렴되어 지속적으로 정책의제로 제시되었다. 분단극복과 평화형성 과정에 여성들이 주체적으로 참여하려는 노력과 의지는 2010년대 이후 '여성·평화·안보에 관한 유엔안보리 결의안 1325호'에 대한 국가행동계획 수립과 이행을 정부에 요구하고 좋은 거버넌스를 형성하기 위한 다양한 의제개발 활동으로 발전되었다.

(2) 통일평화운동의 주요 활동

남북여성교류와 인도적 대북지원

남북여성교류는 1994년 일본 도쿄에서 열린 '아세아의 평화와 여성의 역할 토론회'(4차)를 마치고 1차 북핵위기, 김일성 주석의 사망과 조문파동 등으로 중단된 이후 2000년 6·15정상회담이 성사되기까지 거의 7년 동안 이루어지지 못했다. 남북여성교류가 분단 이후 최초로 민간교류를 이뤄낸 성과이고 남북여성들이 일본군 '위안부' 문제라는 공동의 해결과제를 발굴했음에도 불구하고, 악화되는 남북관계 속에서 지속되기에는 한계가 있었다. 남북관계가 2000년 6·15정상회담을 계기로 회복되면서 비로소 남과 북의 여성들은 그간 중단되었던 여성교류를 재개하게 되었다.

6·15공동선언 이후 남쪽의 여성들은 북한의 여성들을 다시 만날 기회를 얻게 되었다. 2000년 10월 북한노동당 창당 55주년 기념초청 북한방문의 길에 오른 여성연합 대표단은 조선여성협회 홍선옥 대표 등과 가진 간담회에서 중단된 남북여성교류의 가능성을 타진하였다. 이후 남북여성교류는 3·1, 6·15, 8·15 기념 남과 북 그리고 해외가 함께 만나는 민족공동행사에서 부문별 여성 상봉과 간담회를 통해 지속되었고, 마침내 2002년 10월 17일 금강산에서 남북여성 700여 명이 만나 역사적인 '6·15공동선언 실천과 평화를 위한 남북여성통일대회'를 성사시킬 수 있었다.

이 대회는 남쪽의 7개 여성단위[5]와 북측의 조선여성민주동맹, 조선여성협회, 민족화해협의회 여성위원회 등이 파트너가 되어 남에서 357명, 북에서 300명, 해외 20여 명의 여성들이 참여한 분단 이후 최대 규모의 남북여성의 만남이었다. 폐막대회에서 남북여성들은 ① 조국통일의 새로운 희망과 믿음을 가지고 6·15공동선언 실천을 통한 통일운동에 적극 나선다 ② 이 땅에서 전쟁을 방지하고 평화와 안전을 이룩하기 위하여 모든 노력을 기울인다 ③ 이 땅에 평화와 통일을 앞당기기 위하여 여성들 사이의 연대와 단합을 적극 도모해 간다 ④ 남녀가 평등한 통일사회의 기틀을 마련하기 위해 공동의 노력을 기울인다 등의 실천의지를 담은 공동결의문을 발표하였다.

남북여성교류는 김대중·노무현 정부시기에 북한 핵문제와 미사일 발사 등으로 간헐적으로 중단되기도 했으나 민족공동행사에

서의 여성 상봉모임과 간담회, 2005년 6·15공동선언실천 남측여성
본부 결성 그리고 북측 민족화해위원회 여성위원회와의 파트너십을
통해 지속될 수 있었다. 특히 6·15남측여성본부[6]의 결성은 ① 남북
여성교류 지속 강화와 소통구조 확보 ② 전체 6·15본부 안에서 여
성부문의 독자적 구조화를 통해 성인지적 통일운동을 관철시킬 수
있는 기틀 마련 ③ 다양한 입장의 여성통일운동 세력이 결집해 새
로운 연대를 마련을 했다는 점은 남북 대화와 교류의 측면에서 큰
의미가 있다. 여성연합은 6·15여성본부 안에서 상임대표, 공동대표,
집행위원장, 사무국 등의 역할을 적극적으로 수행하였다. 여성연합
이 상임대표와 집행위원장으로 활동하던 시기에 남북여성교류는
2005년 남북여성통일행사(남북 200명, 평양·묘향산), 2006년 3·8세계
여성의날기념 남북여성대표자회의(남북 60명, 금강산)로 이어졌다.

　　남북여성교류가 재개되기 이전인 1997년, 여성들은 북한의
식량난 소식을 접하고 여성과 어린이를 위한 '밥 나누기 사랑 나누
기' 캠페인을 범여성계 차원에서 전개하여 북한의 어린이들에게 밀
가루 26톤을 전달하였다. 이후 북한의 룡천역 폭발사건(2004)과 수
해(2001, 2006, 2007, 2011)가 발생했을 때 북한 어린이와 여성들을 돕
기 위한 모금활동을 해서 산모 지원, 소학교 지원, 밀가루 지원 등
다양한 인도주의적 활동을 펼쳤다. 대북지원 모금활동은 특별히 수
해나 예기치 않은 사고로 북한 여성과 어린이들이 위기상황에 놓여
있을 때 전개되었고, 남북관계가 미사일 발사 등으로 위기에 놓이거
나(2006. 7)[7] 장기적인 경색국면으로 들어간 시기(2011)에도 불구하
고 여성들이 인도적 차원의 모금활동을 전개하여 지원을 함으로써

남북여성 사이에 생명과 평화의 연대를 이어갔다는 점은 높이 평가되어야 할 것이다.

　남북여성교류의 의미는 무엇보다 남과 북의 여성들이 통일과정에서 화해와 협력의 주체로 나서서 6·15공동선언의 실천과 전쟁방지를 위해 공동의 과제를 가지고 연대와 협력의 노력을 기울였다는 데 있다. 또 정례적인 만남을 통해 서로 다른 체제에서 오랜 기간 떨어져 살아온 남과 북의 여성들이 서로를 이해하고 공감대를 넓혀 나가면서, 통일된 미래를 준비하는 상호학습의 경험을 쌓을 수 있었다는 점도 커다란 성과라 할 수 있다.

　그러나 2008년 이명박정부 이래 남북관계가 악화되면서 정례적으로 이루어지던 여성상봉모임과 독자적인 여성교류는 축소되었지만, 2014년 3월 선양(瀋陽)에서 열린 '일본군성노예 문제해결을 위한 남북해외여성 토론회'처럼 일본군위안부 이슈 같은 특정 주제를 중심으로 제3국에서 교류를 이어갔다. 2015년 12월에는 개성에서 '민족의 화해와 단합, 평화와 통일을 위한 남북여성들의 모임'을 성사시켜 당국간 대화가 단절된 상황에서 남북관계 개선을 위한 민간의 역할을 수행했다. 비록 하루 동안의 짧은 만남이었지만 새롭게 문화형식으로 프로그램을 진행하는 등 남북여성들의 교류를 이어갔다. 남북여성교류를 불허하는 정부정책 아래서도 팩스나 언론을 통해 소통하는 노력을 멈추지 않았다.

미군장갑차에 의한 여중생 죽음과 SOFA 개정운동

2002년 6월 13일 한일월드컵의 열기에 온 국민이 열광하고 있을 때 파주의 두 여중생(고 신효순·심미선)이 훈련중이던 미군장갑차에 처참하게 압사당한 사건은 처음에는 시민들의 관심을 받지 못하다가, 시민단체와 평화단체들이 동두천 미군부대 앞에서 집회시위, 학생집회, 49제 등을 열면서 점차 관심을 끌게 되었다. 그 결과 '미군장갑차 고(故) 신효순·심미선양 살인사건 범국민대책위원회'(이하 '여중생범대위')가 결성되어 미국측의 재판권 반환, 부시 미대통령의 공개사과, 불평등한 한미SOFA 개정, 공동조사단 구성, 사고책임 부대 폐쇄 등을 요구하는 운동을 전개하였다. 여중생범대위의 운동은 11월 미군병사들이 무죄평결을 받자 전국민의 분노를 촉발하는 촛불시위[8]로 이어지면서 국민적 차원의 SOFA 개정운동으로 확산되었다. 여성운동단체들 역시 여중생범대위 활동과 더불어 여성 독자적인 집회와 사건을 국제사회에 알리는 활동에 적극적으로 참여하였다.

여성연합과 회원단체들은 7월 25일 열린 '미군장갑차에 의해 살해된 여중생 고(故) 신효순·심미선을 위한 여성추모제'에서 ① 미국측의 재판권 반환 ② 부시 미대통령의 공개사과 ③ 불평등한 한미SOFA 개정 ④ 공동조사단 구성 ⑤ 사고책임 부대 폐쇄 등을 요구하였다. 이와 같은 추모제 형식의 집회방식(추모사, 추모시, 진혼춤 등)은 '새로운 형식의 시위문화와 평화문화 형성'이라는 차원에서 대중과 언론의 관심을 모으면서 사회적으로도 큰 반향을 일으켰다.

또 여성연합과 회원단체들은 SOFA 개정에서 특히 여성인권조항[9]에 관심을 집중했다. 이러한 요구활동은 2000년 여성인권 조항 신설 SOFA 개정 촉구활동(간담회, 국회청원서 제출, SOFA 협상결과에 대한 논평서 발표 등), 2005년 평택미군기지 확장반대와 강제토지 수용 중단요구 활동과정, 2011년 동두천에서 주한미군의 10대 여학생 성폭행사건 이후 다시 제기되었다. 그리고 이 운동이 지속되지는 못했지만, 여성들은 시민단체와의 연대 혹은 독자적 활동으로 평화운동의 실질적 주체가 되고, 이를 통해 지역 여성연합 회원단체들의 통일평화운동이 활성화되는 계기를 마련하였다.

이라크전·아프간전 파병반대와 반전평화운동

2001년 9·11 이후 미국을 주도로 한 테러와의 전쟁은 한국여성들을 반전평화운동의 장으로 이끌어냈다. 초기에는 반전평화운동이 테러와의 전쟁을 반대하는 범시민운동 차원에서 전개되었으나, 이후 보다 구체적으로 미국의 한국군 참전요구 거부운동(2003), 비전투요원에서 전투요원으로 파병이 확대되면서 일어난 파병철회운동, 이라크에서 피랍되어 살해된 고(故) 김선일씨 추모활동(2004), 파병연장 반대운동과 아프간 피랍자 무사귀환 촉구활동(2007) 등으로 이어졌다.

여성연합은 9·11 이후 22개의 여성단체들로 구성된 '전쟁반대여성행동'의 중심 단체로서 2001년 9월 20일의 '전쟁중지와 평화적 해결을 촉구하는 여성평화침묵시위', 1인시위, 전쟁반대여성행동회의, 토론회[10] 등을 공동개최하였다. 2003년에는 미국의 대이라크전쟁 중단 및 한국군 파병반대 여성 국회의원 및 여성단체 기자회견, 여성이 만드는 평화캠페인, 평화감수성 체크리스트 개발과 확산, 전쟁과 여성, 어린이 사진패널 제작과 회원단체 대여전시, '전쟁을 평화로' 여성평화 퍼레이드행사 그리고 1인시위 등을 통해 여성들의 반전평화운동을 평화감수성 개발운동으로 확대해 갔다. 2004년에는 이라크전 파병철회운동을 여성국회의원과 함께 전개하였고,[11] '파병철회운동을 위한 여성평화운동의 과제 토론회'를 개최하기도 하였다.

이러한 반전평화 여성행동은 여성의 평화감수성에 기초하여 시위문화와 운동방식의 변화를 시도하였고, 이를 통해 여성평화운동의 여성주의적 지향성이 가시화되는 성과를 거둘 수 있었다.[12] 여성들의 반전평화운동은 한미동맹으로 인해 한국군이 자동적으로 미국의 대테러전쟁에 개입하는 것을 반대하는 동시에 이라크 파병으로 한반도의 안전을 도모한다는 참전의 명분을 비판하는 평화주의 관점을 반영하고 있음을 확인할 수 있다. 이를 통해 여성들은 이라크와 아프간에서 전쟁의 희생자가 되고 있는 여성·시민·어린이와 같은 약자에 대한 생명과 평화의 연대의식을 만들어갔다.

북핵문제 해결과 한반도 평화체제를 위한 '동북아여성평화회의'

여성들은 북핵문제와 한반도 비핵화 문제는 북미관계 개선이나 한반도 정전체제의 종식과 평화체제로의 전환 그리고 동북아평화로 선순환하면서 해결되어야 하는 포괄적 주제라는 관점을 가지고 접근했다. 2006년 10월의 북한 1차 핵실험은 여성들에게 커다란 충격을 주었다. 통평위에 소속된 평화여성회는 성명서[13]를 통해 한국인들 역시 히로시마·나가사키 핵폭탄에 희생된 피폭자이며, 북한의 핵실험은 한반도의 평화와 통일을 위해 노력해 온 여성들의 희망을 깨뜨리는 행위라는 점 그리고 생명과 평화에 근본적으로 반하는 어떠한 핵실험도 인정할 수 없다는 점을 밝혔다. 이어 여성연합은 시민사회와 함께 북한의 핵실험이 가져올 동북아의 핵도미노에 대한 우려를 표명하고, 북핵문제는 평화적 대화를 통해서 그리고 한반도 평화체제 형성의 과정에서 해결되어야 함을 천명하였다. 북핵문제 해결을 위한 6자회담이 본격적으로 진행된 2006~2007년 이후에는 여성들은 독자적으로 그리고 시민사회와의 연대 속에서 그리고 '동북아여성평화회의'를 국제연대 차원에서 개최하면서, 한반도 평화체제 형성을 위한 여성들의 주체적 역량을 결집시켰다.

북한의 핵실험 전부터 여성연합은 시민사회단체들과 함께 '북핵문제 해결을 위한 3원칙 5개 제안사항'[14]을 2002년 11월 3일에 발표했고, 2004년에는 북핵문제 해결을 위한 '한반도평화국민협의회' 미국방문단 활동을 통해서 국회의원과 시민단체의 공동활동에 참여하였다. 여성연합 공동대표의 방미단 참여를 비롯해서 미국의 의원들이나 미국 내 한반도 전문가와의 네트워크 구축 등으로, 한반도 문제의 평화적 해결을 위한 로비활동을 펼쳤다. 2005년 9·19공동선언(북핵문제 해결과 북미관계 개선, 한반도 평화체제 논의 등 일괄타결 합의)의 환영논평 이후 여성연합은 여성운동 과제토론회 '한반도 평화체제 실현과 6자회담 공동성명 실천방안'을 10월 17일 평화여성회와 공동으로 개최하여 한반도와 동북아의 영구적 평화체제 실현을 위한 여성의 역할과 과제를 모색하였다. 이러한 운동의 성과는 2007년 이후 북핵문제 해결과 한반도 평화체제 형성을 위해서 6자회담 당사국 여성들의 연대와 지지를 이끌어내고자 하는 동북아여성평화회의로 이어졌다.

　　동북아여성평화회의의 초기 아이디어는 북핵문제의 평화적 해결을 위한 여성 6자회담 개최에 있었는데, 평화여성회가 주요 실무를 담당하고 여성연합·민화협여성위·교회여성연합 등이 공동으로 진행하였다. 북한을 포함하여 중국·일본·러시아·미국 등 6자회담 참여국 여성들과의 네트워크를 통해 한반도 평화와 동북아 평화공동체에 대한 관심과 지원을 촉구하고자 2007년 북한을 제외한 4개국(일본·중국·러시아·미국)을 방문하는 준비모임으로 시작되었다. 여성 국회의원과 여성단체 활동가들로 구성된 여성단체의 4개국 방문은 한반도 문제에 대한 정보가 부족했던 외국의 여성단체나 정치인들에게 동북아와 한반도 평화의 중요성을 인식시키는 데 큰 역할을 하였다. 이러한 네트워크를 바탕으로 하여, 북한이 이 회의에 참여할 수 없게 되자 명칭을 동북아여성평화회의(Northeast Asian Women's Peace Conference)로 바꿔 2008년에 회의를 개최한 뒤로, 연속해서 2009년(미국 워싱턴에서 조지워싱턴대학 시거 센터와 공동주최), 2010년, 2012년에도 개최하였다.[15]

　　서울에서 세 차례 열린 동북아여성평화회의는 사전회의와 준비워크숍에서 의제를 발굴하여 행사 당일 서울에서 열린 대중적 컨퍼런스뿐 아니라 개성과 DMZ 방문을 통해서 해외참가자들에게 한반도 분단현실을 체험하게 했다. 또 각국 참가자들과 함께 전략회의, 주한외국대사관 및 국회·정당 방문 등을 통해 동북아평화에 대한 여성들의 목소리를 전달하였고, 동시에 6자회담과 같은 한반도 평화 과정과 협상에 여성참여를 요구하였다. 4개국 여성참여자들도

463

지역으로, 통일평화로, 국제연대로

평화운동가, 학자, 정치인 등 다양하게 구성되었다. 특히 2009년에는 한국의 여성단체가 여성 정치인·학자와 함께 직접 미국 워싱턴을 방문해서 한반도 평화 이슈를 제기하고 해결을 촉구하는 행사를 개최함으로써, 미국정계와 미국·한국 언론에 동북아평화를 위한 6자회담에 여성의 시각이 반영되고 여성의 참여를 높여야 한다는 인식을 심어주었다. 뿐만 아니라 워싱턴의 여성평화단체, 해외동포단체 등과 연대의 계기를 마련하고 글로벌 리더십 향상에 기여했다.[16]

또한 2015 WCD(Women Cross DMZ) 국제여성행진을 위한 초기 자문활동과 뉴욕 유엔빌딩에서 열린 국제 여성평화운동가들의 '한반도 평화 걷기 선포 기자회견'에 참석하여 연대와 지지를 표함으로써 국내 여성평화운동과의 연대의 계기를 마련하였다. 이후 평화를만드는여성회, 젠더정치연구소 여.세.연, 경기여성단체연합 등이 적극적으로 결합하고 있다.

유엔 안보리결의안 1325호 국가행동계획 수립과 이행 촉구활동

한국여성들이 6자회담 당사국인 미국·일본·중국·러시아 여성들에게 한반도와 동북아 평화를 위한 여성들의 국제적 연대에 동참하도록 요청할 수 있었던 것은 바로 2001년 10월 31일 유엔 안전보장이사회에서 채택한 '여성·평화·안보에 관한 유엔 안보리결의안 1325호'(이하 UNSCR 1325호)[17]에 대한 공감대가 있었기 때문이다. UNSCR 1325호는 여성과 평화에 관한 유엔 최초의 결의안으로, 갈등해결과 평화과정에 여성의 동등한 참여와 완전한 개입의 중요성을 강조하고 있다. 2004년이 되자 코피 아난 당시 유엔 사무총장은 유엔 회원국들에 1325호 이행을 위한 국가행동계획(national action plan)을 수립할 것을 촉구하였다. 한국에서 여성단체들이 UNSCR 1325호 국가행동계획 수립을 촉구하며 여성평화운동의 의제로 선정하기 시작한 2010년 당시, 한국정부는 유엔 회원국으로서 Friends of 1325에 소속되어 UNSCR 1325호를 지지하면서도 정작 국가행동계획은 수립하지 않은 상태였다.

여성연합의 회원단체인 평화여성회는 동북아여성평화회의의 주요 진행단체로서 2008년부터 개최된 이 회의의 주요 의제로 UNSCR 1325호의 실행을 채택하였고, 6자회담 참가국에 보내는 의견서에 한반도 평화체제 형성과정에 여성참여의 확대를 계속 요구하였다. 두 단체는 2010년 '한국정부의 UNSCR 1325호 이행에 관한 질의서'에서 한국정부가 국가행동계획을 수립할 것을 촉구하였고, 이를 실행에 옮기도록 압박하는 활동을 활발하게 전개하였다.

2012년 6월 UNSCR 1325호 국가행동계획 수립촉구 결의안이 국회를 통과하자, 여성운동계는 이 결의안의 국가행동계획 수립이 여성가족부나 외교부·국방부 등의 정부부처뿐 아니라 여성시민사회와의 거버넌스를 통해 이루어지고, 이행과정에서 여성시민사회의 모니터링이 수반되어야 함을 주장하였다. 이와 같은 주장을 관철하기 위하여 여성단체들은 2013년에 '1325네트워크'[18]를 구성해서 민관협의체 회의 참여, 여성단체들의 역량강화 워크숍, 공개토론회, 정부부처 만남 등 다양한 활동을 펼쳐나갔다.

2014년 5월 13일 한국정부는 UNSCR 1325호가 채택된 지 14년 만에 유엔회원국 중 45번째로 국가행동계획을 발표했다. 그런데 정부가 발표한 국가행동계획안에는 여성단체들이 민관협의체를 통해 꾸준히 요구한 '국가행동계획 이행을 위한 민간협의체 구성, 주한미군 주둔과 미군범죄의 피해자 지원' 등의 내용이 누락되어 있었다. 1325네트워크는 "지속 가능한 평화와 성평등을 촉진하기 위해 1325호 국가행동계획의 적극적 이행과 좋은 민관 거버넌스 구축을 요구한다"는 성명서를 통해 ① 1325호 국가행동계획 이행을 위한 법률적·제도적 정비 ② 국가행동계획 이행과정에 정부와 시민사회의 새로운 거버넌스 구축 ③ 국가행동계획을 이행할 수 있는 객관적 환경 조성 등을 요구하였다.

이제 여성들이 한반도의 위기상황을 극복하기 위한 갈등해결과 평화형성 과정에 참여하고 여성인권을 보호하며 회복할 수 있는 길을 열어놓은 국가행동계획이 수립되었다. 여성단체들은 현재의 민관협의체와 같은 거버넌스를 구축해서 국가행동계획이 충실히 이행되고 있는지 모니터링을 하고 법과 제도를 정비하도록 요구할 과제를 안고 있다.

통일평화교육과 갈등해결 훈련

통일교육과 평화교육은 여성들의 통일과 평화에 대한 감수성을 계발하고 인식을 확장시키는 통일평화운동의 주요한 대중적 활동영역이라 할 수 있다. 여성연합은 1997년 '여성·평화·화해' 국제심포지엄에서 평화교육의 중요성을 확인하였다. 여성연합 통평위의 주요 과제 중 하나도 회원단체들에 통일평화교육을 확산시키는 동시에 통일평화 이슈를 대중적으로 활성화하는 것이었다.

통평위의 통일평화교육은 ① 통평위가 중심이 된 통일평화교재 제작과 권역별 통일평화교육 활성화를 위한 워크숍 ② 통평위 소속단체[19] 회원들을 대상으로 한 자체 통일평화교육 ③ 미국종교친우봉사회(AFSC)의 후원을 받아 여성연합·평화여성회 등 단체들이 공동으로 진행한 갈등해결 훈련 프로그램의 확산 등을 들 수 있다. 2003년에 발간된 통일평화 교육자료집과 교재는 회원단체의 권역별 강사교육 등에서 활용되었고, 이러한 평화감수성을 높이는 지역별·권역별 통일평화교육을 통해 형성된 역량을 토대로 2006~2007년에는 통평위 소속 울산여성회의 '통일골든벨행사', 수원여성회의 '기차타고 통일여행' 등 지역단체의 대중적 통일평화교육과 대중사업이 활발하게 진행되었다.

갈등해결(conflict resolution) 훈련은 갈등당사자(개인과 집단)가 대화와 중재·협상으로 상호 합의하도록 하는 것인데, 양립 가능한 문제해결을 통해 관계회복을 지향하는 새로운 문제해결 방식이라 할 수 있다. 2000년부터 2년 동안 여성연합·평화여성회·민족회의 등의 시민단체 활동가들이 집중적으로 훈련을 받았다. 이후에는 여성연합의 지역단체들에서 갈등해결과 평화교육 프로그램으로 발전되었다. 특히 평화여성회의 갈등해결센터는 학교의 또래조정 훈련, 지역의 평화커뮤니티 프로그램, 사법영역의 회복적 정의 프로그램 개발에 이르기까지 전문적 평화교육기관 프로그램으로 성장하여 여성연합 회원단체의 갈등해결 훈련과 평화교육 활성화는 물론 시민사회 전체의 평화교육 확대에도 적극적으로 기여하였다.

3)   맺음말: 여성 통일평화운동의 성과와 과제

이상에서 여성연합 초기 10년의 성과를 이어받아 1997~2016년의 20년 동안 활발하게 진행된 통일평화운동의 흐름을 개괄적으로 살펴보았다. 여성연합의 통일평화운동은 남북관계, 북미관계, 한미관계 등의 정세흐름이 일관성 있게 이어지기보다는 서로 뒤엉키고 전진과 후퇴가 반복되는 상황 속에서 발생한 중대하고 심각한 여러 이슈들에 대해 진보적 여성 통일평화운동의 정체성과 주체적 역량을 발휘해서 대응하고자 노력해 왔다. 그동안의 성과를 정리해 봄으로써 향후의 과제를 찾아보고자 한다.

지난 20년의 성과를 정리하자면 먼저, 여성연합의 통일평화운동이 여느 통일단체보다도 '적극적 평화'의 개념에 입각해서 평화운동의 필요성을 제시한 것이다. 앞에서 언급한 갈등해결 훈련은 여성들이 먼저 시작해서 한국사회에 확산시키는 주체적 역할을 하였다. 마찬가지로 평화여성회를 통해서 '일상 속의 평화실현'[20]을 위한 여러 가지 사업을 전개한 것도 주목할 필요가 있다. 바로 이런 점들이 한국사회에서 여성주의적 통일평화운동의 실천을 드러내는 행위들이었다.

둘째, 여성연합의 통일평화운동은 통일평화위원회에 소속된 단체들과 함께 성인지적인 통일운동과 여성주의적 평화운동의 관점을 견지하기 위해 노력해 왔다. 2000년 남북정상회담 이후 남북사회문화분과 설치에서 여성의제 개발과 여성지원 확대 등의 제안을 비롯하여 2007년과 2012년 대통령선거 당시 통일·외교·안보 분야의 성인지적 정책의제 발표 그리고 UNSCR 1325호 국가행동계획 수립과 이행을 위해 1325네트워크와 함께 주도적으로 정부부처에 정책의제를 제안하고 거버넌스를 형성하기 위한 리더십을 발휘하였다. 뿐만 아니라 시민사회의 통일평화운동에서 여성대표성 확보를 위한 노력과 함께 반전평화운동에서 평화감수성을 반영한 새로운 시위방식을 발굴하여 여성주의적 평화문화의 내용을 만들어내는 데 기여하였다.

셋째, 여성연합의 통일평화운동은 중단된 남북여성교류가 재개되어 금강산과 평양에서 열린 대규모 남북여성 통일행사와 민족공동행사의 여성상봉을 위한 준비협상과 진행에서 주도적인 역할을 담당하였다. 특히 6·15여성본부와 민화협 여성위원회에서 진보적 여성 통일평화운동의 입장에서 통일과정에서의 여성의 역할을 모색하고, 서로 다른 체제에서 살아온 남북여성들이 만남을 통해 소통과 이해의 기회를 높였다. 이 과정에서 한반도에서 전쟁은 반드시 막아야 한다는 데 의견일치를 보았으며, 이를 위한 공동의 노력을 모색하였다. 또한 남측여성들 사이에서 이념의 차이를 넘어서 남남대화의 장을 마련하는 등 민족 화해와 평화를 위해 적극적인 노력을 기울였다.

넷째, 여성연합의 통일평화운동은 북핵위기 극복과 한반도 평화체제 형성을 위한 국제여성연대를 활성화하는 데 적극적 역할을 담당했다. 평화여성회가 주도적으로 진행한 동북아여성평화회의를 통해 북한핵 문제와 북미관계 개선, 한반도 평화체제와 같은 의제를 6자회담 참가국 여성들에게 알림으로써 한반도 평화를 위한 국제여성평화운동의 연대와 지지를 이끌어내는 활동으로 글로벌 네트워크와 리더십이 형성되었다. 이는 향후 한반도 핵문제 해결과 평화체제 형성, 동북아평화 형성에 필요한 지속적인 국제연대의 기반을 마련한 것이라 할 수 있다.

이어 여성연합의 통일평화운동에 남은 과제를 정리해 보면 다음과 같다.

첫째, 여성연합의 통일평화운동은 통일평화위원회의 제한된 역량을 최대한 집중해서 얻은 성과라고 할 수 있다. 특히 여성평화운동 전문단체인 평화여성회의 기여와 헌신은 지난 20년간 여성연합의 통일평화운동에서 매우 중요한 것이었다고 할 수 있다. 그럼에도 불구하고 통일평화분야의 여성 전문인력이 절대적으로 부족한 실정이며 여성활동가의 충원도 쉽지 않다. 이런 현실은 개별 단체와 활동가의 역량만으로는 대응할 수 없는 한계를 지니고 있다. 따라서 통일·평화분야의 정책역량을 키울 수 있는 체계적인 준비가 필요하다.

둘째, 여성연합의 통일평화운동은 성인지적 통일운동과 여성주의적 평화운동을 표방하며 지난 20년 동안 한반도 평화형성 과정에 참여해 왔으나 여전히 여성평화운동의 정체성 그리고 평화주의·인간안보 담론에 대한 지속적인 성찰과 이론화, 정책의제 개발 등에서 많은 어려움을 겪고 있다. 아울러 평화통일 사회와 미래에 대한 여성주의적 비전과 과제를 만들어내야 할 과제를 안고 있다.

셋째, 여성연합의 통일평화운동은 그동안의 다양한 노력에도 불구하고 정책의제 중심, 전문가 단체나 활동가 중심이라는 한계를 극복하지 못하고 있다. 여전히 통일평화 이슈는 여성대중들에게 다가가기 매우 어려운 것이다. 이러한 한계를 극복하기 위해서는 성인지적 통일교육과 평화교육을 위한 보다 체계적이고 지속적인 노력이 필요하다. 특히 교재개발, 강사양성, 훈련 프로그램 개발 등을 통해 여성대중의 삶 속에 좀더 쉽게 다가갈 수 있는 다양한 노력이 절실하다.

참고자료

동북아여성평화회의 (2008, 2009, 2011, 2012), 자료.

평화여성회 (1997~2016), 『평화여성회 총회자료』.

한국여성단체연합 (1997~2016), 『총회 자료집』.

한명숙 (1997), 「통일평화운동」, 한국여성단체연합 엮음, 『열린 희망: 한국여성단체연합
        10년사』, 동덕여자대학교 한국여성연구소.

한국여성단체연합 홈페이지, 통일평화 이슈 관련 성명서 등 자료.

주

1)   한명숙 1997, 208쪽.

2)   NMD(national missile defence): 미국이 추진한 탄도미사일 방위계획으로 미국 본토를 방어하는 국가미사일 방위체제를 말함. TMD(theater missile defence): 미국 전역 미사일방위 구상으로, 동서냉전의 상징이었던 SDI(strategic defense initiative, 전략적 방위구상)에서 비롯됐으나, 소련붕괴 후 구소련 대신 제3세계의 탄도미사일 공격에 대해 동맹국을 방어한다는 축소형 방위구상.

3)   2000년 5월 29일 여성연합·평화여성회 주최 "남북정상회담: 여성, 무엇을 할 것인가" 여성평화통일포럼에서 발표.

4)   '제4차 여성정책기본계획(안)에 대한 평화를만드는여성회 입장' 참조.

5)   민족화해협력범국민협의회 여성위원회, 한국여성단체연합, 한국여성단체협의회, 우리민족서로돕기운동본부 여성위원회, 6·15공동선언 실현과 한반도평화를 위한 통일연대여성위원회, 평화를만드는여성회, 7대종단 여성위원회가 '2002남북여성통일대회 추진본부' 결성.

6)   여성본부 참여단위는 한국여성단체연합, 한국여성단체협의회, 민화협 여성위원회, 통일연대여성위원회(현 전국여성연대), 7대종단 여성위원회, 평화를만드는여성회로 구성되어 있다.

7)   2006년 여성연합 통평위 활동 평가자료 참조.

8)   이때 시작된 촛불시위는 2008년 미국산 쇠고기 수입반대 촛불시위, 2016년 박근혜 대통령 퇴진을 요구하는 촛불시위의 시초라 할 수 있다.

9)   ① 여성과 아동의 인권보호조항 신설 ② 미군기지 주변의 인신매매와 성매매를 방지하고 피해자를 보호하는 조치 신설 ③ 혼혈아동의 친부확인 적극 주선하고 친부에게 양육비 부담하게 하는 조치 신설: 미군이 친부임이 확인된 아동들의 교육과 직업훈련, 미국입국시의 지원책 규정 ④ 미군의 주둔국배치 직전과 직후에 주둔지역의 관습과 법(특히 성폭력특별법), 남녀관계, 지역 정서와 문화 등에 대한 교육 의무화하는 조항 신설 ⑤ 미군기지 내에서 일하는 여성들의 노동권과 인권보호 조항 신설 ⑥ 과다한 방위비를 분담시키는 '주둔군경비특별협정'(1991) 폐지 등(2003년 여성연합 통일평화위원회 사업계획 참조).

10) '여성과 어린이를 죽음으로 내모는 전쟁 반대한다, 전쟁과 여성: 여성의 관점에서 본 전쟁과 테러 그리고 평화' 토론회.

11) 5·24평화와 군축을 위한 세계여성의날 기념 이라크파병 원점 재검토를 위한 17대 여성 국회의원 당선자 및 여성단체 공동기자회견.

12) 한국여성단체연합 2005, 통일평화위원회 활동평가 참조.

13) "북한의 핵실험을 규탄하며, 냉정하고 평화적 해결방식을 찾아야 한다"(2016. 10. 10).

14) 북핵문제 해결 3원칙은 ① 대화와 협상을 통한 평화적 해결 ② 한반도 비핵화와 제네바합의 존중 ③ 화해·교류협력 지속, 5개 제안은 ① 제네바합의 의지 재천명 ② 전제조건 없는 조속한 대화 ③ 국회 차원의 '평화·비핵·화해협력 결의안' 채택 ④ 일본 등 주변국 협력 ⑤ 차질 없는 대북 중유지원.

15) 동북아여성평화회의 주제 2008(서울, 개성): '여성, 동북아평화를 말하다' '한반도와 동북아시아 평화를 위한 국제연대의 방향', 2009(워싱턴): '동북아시아의 평화·화해·협력을 위하여'(Negotiating Regional Peace, Reconciliation, and Cooperation), 2010(서울, DMZ): '한반도 평화체제와 여성의 역할'(Women's Initiative for Creating Korean Peace Regime), 2012(서울): '핵 없는 세계와 동북아여성의 삶'(Nuclearfree World and the Northeast Asian Women's Life)

16) 한국여성단체연합 2009, 통일평화위원회 활동평가 참조.

17) 2000년 10월 유엔 안전보장이사회는 '여성·평화·안보에 관한 결의안 1325호'를 만장일치로 채택, 이를 지원하는 4개 후속결의안(1820, 1888, 1889, 1960)을 추가적으로 채택하여 분쟁상황에서 여성들의 안전한 삶을 보호하고 평화·안보 분야에서 여성의 역할을 강화하고자 하였다. 이는 평화 및 안보와 관련한 모든 과정에 성인지적 관점이 통합되어야 할 필요성, 여성을 분쟁의 희생자가 아니라 분쟁의 해결자로 인식하고 평화와 안보 관련 정책결정 및 평화 과정에 여성의 참여를 명시화할 것, 기존의 국가 중심의 안보 개념을 인간안보 개념으로 확대할 것이며, 결의안의 중심 목표는 ① 의사결정에 여성참여 강화 ② 성폭력과 불처벌 종식 ③ 책임제도 제공으로 요약할 수 있다.

18) 1325네트워크 참여단체: 경기여성단체연합, 경남여성단체연합, 경남여성회, 광주전남여성단체연합, 기독여민회, 기지촌여성인권연대, 대구경북여성단체연합, 대구여성회, 대전여민회, 대전여성단체연합, 대전평화여성회, 민주사회를 위한

변호사모임, 부산성폭력상담소, 부산여성단체연합, 부산여성사회교육원, 새세상 여는 천주교여성공동체, 새움터, 성매매문제해결을위한전국연대, 수원여성회, 여성사회교육원, 여성인권을 지원하는 사람들, 여성평화외교포럼, 여성정치세력민주연대, 울산여성회, 전북여성단체연합, 제주여민회, 제주여성인권연대, 주한미군범죄근절운동본부, 참교육을 위한 전국학부모회, 천안여성회, 평화를 만드는여성회, 포항여성회, 한국성폭력상담소, 한국여성노동자회, 한국여성단체연합, 한국여성민우회, 한국여성성폭력상담소, 한국여성연구소, 한국여성의 전화, 한국여성장애인연합, 한국여성정치연구소, 한국여신학자협의회, 한국이주여성인권센터, 한국YWCA연합회, 함께하는 주부모임(총 45개 단체).

19) 수원여성회, 울산여성회, 포항여성회, 전북여성단체연합, 부산여성회, 평화여성회 등.

20) 대표적으로 '3적게 3많이' 운동은 평화여성회가 2003년 정전 50주년을 기념해서 진행한 비폭력 평화문화 캠페인으로, '3적게'는 '적게 먹기 적게 쓰기 적게 화내기' '3많이'는 '많이 웃기 많이 듣기 많이 참여하기'다.

1992년 9월 1일
'아세아의 평화와 여성의 역할'
평양토론회

1992년 9월 18일
방위비 삭감 요구시위

2006년 9월 6일
북한수재민돕기 물품지원 출항식

2006년 6월 15일
6·15공동선언 발표 6돌기념
민족통일대축전

2009년
동북아여성평화회의

2015년 12월 23일
남북여성들의 모임

3

여성연합 국제연대운동 30년: 도전과 과제

조영숙(한국여성단체연합 국제연대센터 소장)

1)   여성연합의 도전: 국제연대운동 전개

1990년대 이후 한국의 시민사회단체들은 1992년 리우 환경회의,
1993년 비엔나 인권회의, 1994년 카이로 인구개발정상회의, 1995년
코펜하겐 사회개발정상회의와 베이징 세계여성회의(유엔 제4차 여성
회의)에 참석하면서 국제사회의 주요 행위자로서 시민사회단체의 역
할과 중요성을 인식하기 시작하였다. 유엔을 비롯해서 국제사회를
접촉해 나가던 한국여성단체연합(이하 '여성연합')은 1995년 9월 베
이징에서 개최된 유엔 제4차 여성회의 참가를 계기로 여성운동 차
원에서 어떻게 국제사회와 교류하고 연대할 것인가에 대한 본격적
인 논의를 해나가게 되었다.[1]

이후 현재까지 여성연합은 유엔에서 해마다 3월에 개최되

는 유엔 여성지위위원회(UN Commission on the Status of Women, UN CSW)[2]에 참석하면서, 베이징 여성행동강령(Beijing Platform for Action, BPfA)의 12개 주요 관심분야(12 Critical Areas of Concerns)[3]에 대한 이행 검토와 평가를 진행해 왔다.[4] 이러한 활동성과를 유엔으로부터 인정받은 여성연합은 2002년에 접어들면서 유엔 특별자문단체지위(UN Special Consultative Status NGOs)의 자격을 부여받았고, 현재까지도 필요할 때마다 공식적으로 유엔회의에 참석해서 의견을 피력하거나 또는 보고서를 제출하는 등의 국제사회를 향한 활동을 지속적으로 펼치고 있다.[5]

국제연대활동을 통해 한국의 여성운동 경험을 국제사회에 알리고 또 국제사회에서 논의되는 새로운 여성정책 과제를 국내의 여성운동에 결합시키기 위해 여성연합이 채택한 방식은 첫째로는 범여성연대 방식의 국제연대활동을 전개하는 것이었고, 둘째로는 진보적인 여성운동단체로서 독자적으로 국제연대활동을 진행하는 것이었다.

첫째로, 범여성연대 방식의 국제연대활동은 보수와 진보를 망라한 국내 여성단체들과 함께 유엔 여성지위위원회 및 동아시아 여성포럼에의 참여를 지속하는 활동으로 전개되었다. 이와 함께 시민사회단체들과의 연대를 통해 국제연대활동을 전개하기도 하였는데, 유엔 경제·사회·문화적 권리협약(ESCR), 유엔 시민·정치적 권리협약(CPR) 그리고 유엔 보편적 정례검토회의(Universal Periodic Review) 등 한국정부의 보고서가 유엔에서 심의되는 시기마다 시민사회단체들과 공동으로 의견서를 작성해서 유엔에 제출하는 활동을 전개

하였다. 특히 2010년 이후에는 G20관련 국제회의라든가 OECD/
DAC의 원조 효과성에 관한 고위급회담 등 국제개발협력과 관련된
국제회의에 참여하면서 국내외 시민사회단체들과 함께 NGO포럼
과 여성포럼을 통해 한국 ODA의 성주류화를 위한 활동을 펼치기
시작하였다.[6]

둘째로, 여성연합이 독자적으로 전개한 국제연대활동은 1997
년 유엔 인권위원회에 '공권력에 의한 성폭력보고서'의 제출을 기점
으로 해서 시작되었다. 그후 현재까지 여성연합이 전개한 독자적인
국제연대활동 중에서 가장 대표적인 활동은 유엔 여성차별철폐협
약(CEDAW)의 이행심의와 관련해서 진행된 일련의 활동이라 할 수
있다.

여성연합은 지난 1998년, 2007년 그리고 2012년까지 세 차
례에 걸쳐 유엔 여성차별철폐협약의 이행을 평가하는 "Korean
Shadow Report"(NGO 리포트)를 작성해서 제출하였다.[7] 여성연합
이 주도했지만, 회원단체 및 여성연합과 입장을 공유하는 여성단체
들과 함께 진행한 이 과정은 진보적인 여성운동의 관점에서 국내
여성정책의 현황과 과제를 점검하는 계기가 되었다. 이렇게 작성된
보고서를 바탕으로 여성연합은 유엔 여성차별철폐위원회(CEDAW
Committee)의 심의(review)현장에 직접 찾아가서 진보적인 여성운
동의 요구를 제기하는 옹호(advocacy) 활동을 추진하였다.

이처럼 국내와 국제 무대로 이어지는 일련의 독자활동은
유엔 여성차별철폐위원회가 한국정부에 요구하는 최종권고문
(Concluding Observations)의 내용에 여성연합이 제기한 과제들이

포함되는 성과를 낳았다. 예를 들어 1997년의 국적법 개정과 호주제 폐지, 2011년 성매매여성의 비범죄화 등의 요구가 최종권고문에 포함되었다.

여기서 한 가지 주목할 점은, 베이징 세계여성회의 이후 2016년까지 20여 년 동안 여성연합이 전개한 국제연대활동은 대부분 국제사회에서 제기되는 여성이슈를 국내의 여성운동과 연결시키는 정책 연계활동에 집중되었다는 점이다. 그러다 보니 주요 활동공간과 활동대상이 국제무대이기보다는 오히려 국내 여성단체 및 여성정책 관계자인 경우가 대부분이었다. 예를 들어 1995년 이후 5년 단위(2000, 2005, 2010, 2015)로 유엔에서 조직된 베이징 여성행동강령의 이행평가 시기마다 여성연합은 2004년 베이징+10(2005) 기념토론회, 2014년 베이징+20(2015) 기념토론회 등을 조직해서 국내의 여성단체 및 여성문제 전문가들과 함께 글로벌 여성정책의 흐름과 방향을 검토하고 아울러 국내 여성운동의 좌표를 재점검하는 자리를 마련하였다.[8]

여성운동 차원에서 국제연대활동을 지속할 수 있는 환경조성과 역량축적이 되어 있지 않은 상태에서 국제연대활동을 해나가야 했던 여성연합은 이 과정에서 많은 어려움을 겪을 수밖에 없었다. 국제연대활동이 시작된 이후 현재까지 해결되지 않고 있는 국제연대활동 담당활동가의 부족과 사업예산의 부족이라는 중첩된 문제는 여성운동 차원에서 국제연대활동을 발전시켜 나가는 데 구조적인 어려움으로 작용했다. 일회적인 국제회의 참여는 물론 지속적인 국제연대를 위한 정책논의와 네트워크 유지를 하는 데는 최소한 언어소통이 가능한 활동가가 필요했다. 또한 개인적 활동 차원이 아닌 여성운동 차원의 국제연대활동이 되기 위해서는 여성연합이라는 조직 차원의 논의구조와 함께 이를 뒷받침해 줄 전문가가 필요했다. 하지만 열악한 시민운동 환경에서 국제연대활동을 우선 과제로 배치하는 것은 쉽지 않은 일이었다. 그러다 보니 여성연합의 국제연대활동은 전담활동가의 배치 여부나 위원회의 구성 여부에 따라 부침을 반복하게 되었다.

그럼에도 불구하고 여성연합이 매시기 요구되는 국제연대활동을 활발하게 전개할 수 있었던 이유는 1990년대까지 국제사회가 한국에 제공해 준 다양한 국제훈련 프로그램을 통해 전문성과 역량을 키우고자 노력한 소수의 활동가들이 국제연대활동을 전담할 수 있었기 때문이다. 하지만 1996년 한국이 OECD 회원국이 되면서 그동안 한국에 제공되었던 국제사회의 지원은 중단되었고, 해외지원으로 가능했던 국제회의나 국제훈련의 기회가 2000년대 이후에는 완전히 사라지고 말았다.[9]

한국의 경제적 지위가 글로벌 남반구에서 글로벌 북반구로 이동하면서 발생한 이 변화로 여성연합은 다음세대의 국제연대활동가를 키우기 위한 별도의 대책마련에 나서지 않을 수 없게 되었다. 그 결과 2003년 여성연합은 몇몇 시민사회단체들과 공동으로 차세대 국제연대활동가를 양성하기 위해서 훈련기관인 '한국NGO아시아센터'를 필리핀에 설립하였으나 이마저도 2008년 이후에는 예산부족으로 중단되었다.[10]

2)   여성연합 국제연대운동의 주요 활동사례

(1) 인적 교류와 경험공유를 통한 국제연대활동의 출발:
한국-중국-베트남 교환 프로그램

글로벌 차원의 국제연대활동이 본격적으로 진행되기 이전인 1996
년부터 1999년까지 여성연합은 AFSC와 포드재단의 공동후원을 받
아서 중국과 베트남 여성들과의 교류사업을 최초의 독자적인 국제
연대활동으로 추진하였다.

1996년 서울에서 개최된 '급속한 아시아 산업화과정에서 여
성의 과제' 심포지엄을 시작으로 1999년까지 3년에 걸쳐 진행된 '한
국-중국-베트남 상호방문 프로그램'은 국제연대 사업을 조직해 본
적이 전혀 없었던 여성연합에 처음으로 국제연대활동을 직접 조직
해 보는 경험을 제공하였다.

중국에서는 전중국부녀연합(All China Women's Federation)
이 참여하였고, 베트남에서는 베트남여성연맹(Vietnam Women's
Union)이 참여한 이 프로그램을 통해 여성연합은 사회주의권 국가
여성단체들과 교류하면서 여성주의 관점에서 개발문제를 분석하고
대안을 모색하는 기회를 가지게 되었다. 특히 한국식 경제성장 모델
로 인해 발생한 성 불평등한 현실을 자본주의 시장경제를 갓 경험하
기 시작한 중국·베트남 여성들과 공유하면서, 이를 통해 평등한 개
발모델을 함께 모색하는 계기로 삼고자 하였다.

(2) 초국적 여성운동으로 확장:
성매매 및 인신매매 방지를 위한 국제여성연대

2000년대 들어서면서 여성문제의 대부분은 국경을 초월해서 경제적 불평등과 성적 착취가 결합된 형태로 발생하기 시작하였다. 그중 대표적인 여성문제 중 하나가 바로 성적 인신매매 문제였다. 2000년, 유엔은 인신매매방지의정서[11]를 채택하면서 성매매와 인신매매가 국경을 넘나들면서 발생하는 전지구적 차원의 문제라는 것을 분명히 하였고, 모든 국가가 성매매여성의 인권보호에 나설 것을 촉구하였다. 이런 가운데 여성연합은 2001년 발생한 군산 성매매집결지 화재사건을 계기로 성매매와 인신매매 방지 및 성매매여성의 인권보호를 핵심적인 여성운동 과제로 설정하고 성매매방지법 제정운동을 펼쳐나가기 시작하였다. 국제사회에서 나타난 인신매매·성매매 반대를 주창하는 여성운동의 흐름과 여성연합이 전개한 성매매방지법 제정을 위한 여성운동이 거의 동시적인 운동으로 이루어짐에 따라 국내의 성매매방지법 제정운동은 글로벌 차원의 인신매매방지 노력과 만나게 되었고, 이 과정에서 여성연합은 초국적(transnational) 차원의 여성운동을 경험하기 시작하였다.

　　한국의 성적 인신매매(sex trafficking) 문제의 해결을 모색하면서 전개한 국내 차원의 입법운동은 동시에 국제수준의 성적 인신매매를 둘러싼 논쟁과 토론의 장으로 연결되었다. 이 과정에서 여성연합은 성매매여성의 비범죄화와 성구매자 처벌에 중점을 둔 '노르딕 모델'(Nordic model)의 글로벌 확산을 활발하게 전개한 '인신매매 반대를 위한 여성연대'(Coalition Against Trafficking of Women,

CATW)와 함께 성매매 수요(demand) 차단에 중점을 둔 성매매방지 제도의 확산과 피해자 지원활동을 위한 초국적 여성운동을 전개하였고, 지금도 계속하고 있다.

(3) 글로벌 북반부 여성운동단체의 책임: 국제개발협력의 성주류화 활동

2010년 OECD/DAC에 가입하면서 한국은 ODA를 받던 수원국에서 ODA를 제공하는 공여국으로 위치가 바뀌게 되었다.[12] 이로 인해 정부는 OECD/DAC 회원국가로서 지켜야 할 새로운 원조규범의 이행책임을 부여받았고, 시민사회단체들은 정부가 추진하는 국제개발협력 정책의 감시 역할을 맡게 되었다.[13] 이 과정에서 여성연합은 2000년 유엔 새천년 개발목표(MDGs)가 제시된 이후 지속적으로 관심을 기울이던 국제개발협력의 성주류화 문제에 관해 본격적으로 대응해 가기 시작하였다. 2005년 새천년 개발목표와 관련된 글로벌 캠페인 조직인 '지구촌빈곤퇴치네트워크 한국위원회'(GCAP-Korea) 결성을 주도한 바 있는 여성연합은 그간의 활동경험을 바탕으로 2010년 9월 국제개발협력에 대한 시민사회운동 차원의 공동대응을 위해 조직된 국제개발협력시민사회포럼(KoFID)[14]에 주도적으로 참여하였다. 특히 2010년 국회의 국제개발협력기본법 제정과정에 개입해서 동법 제3조의 목표조항에 '성평등과 여성권한 강화'가 포함되도록 하였다.

국제개발협력의 성주류화를 위한 활동을 시작하면서 여성연합은 국제개발협력과 관련된 국제회의에 적극적으로 참여해서 여성의 목소리를 제시해 나가고자 하였다. 2010년 서울에서 개최된 G20회의에 개입해서 성 평등한 개발협력의 필요성을 촉구하였으며, 2011년 부산에서 개최된 제4차 OECD/DAC 원조효과성에 관한 고위급포럼(HLPF4 for Aid Effectiveness)에 참석해서 해외의 여성단체 참가자들과 함께 여성NGO포럼을 진행하였다. 또한 2010년부터 2015년까지 유엔에서 전개된 포스트 2015 지속가능발전목표(SDGs)[15] 논의과정에 여성주요그룹(Women Major Group)[16]의 일원으로 참여하면서 글로벌 개발의제의 성주류화를 위한 국제연대활동에 뛰어들었다. 현재 여성연합은 2015년 9월 지속가능발전을 위한 유엔 2030 아젠다(UN 2030 Agenda for Sustainable Development)로 제시된 17개 목표(goal)와 169개 과제(target) 이행을 감시하는 국내 차원의 모니터링과 평가를 향후 15년 동안 여성연합 국제연대활동의 주요 과제로 삼고 있다.

(4) 대안적 여성주의 개발협력 모색: 네팔여성 대안생리대 지원활동

국제개발협력에서 여성연합의 역할과 책임을 강화하기 위해서 2014년 여성연합의 국제연대센터는 네팔의 NGO인 비욘드 네팔(Beyond Nepal)[17]의 요청을 받아들여, 차우파디(Chhaupadi)[18] 등과 같은 악습(harmful practice)에서 비롯된 여성의 성과 재생산 건강 및 권리(sexual and reproductive health and rights, SRHR)의 침해나 생리대 부족으로 어려움을 겪고 있는 네팔여성들에 대한 지원활동을 '대안적 여성주의 개발협력 사업모델'로 발전시켜 나가고자 하는 시도의 일환으로 진행하였다. 여성의 생리와 임신·출산을 불결하게 여기는 유해한 관습(harmful practice) 때문에 위협당하는 재생산 건강 및 권리(reproductive health and rights)에 대한 현지조사를 통해, 여성연합은 네팔여성들을 보호하기 위한 지원활동이 여성에 대한 폭력과 인권침해를 낳는 성 차별적인 관습과 제도 및 문화 개선을 모색하는 활동으로 진행될 필요가 있다는 것을 확인하게 되었다. 이를 바탕으로 네팔의 NGO 비욘드 네팔과 협력해서 국경을 뛰어넘는 초국적(transnational) 여성연대운동을 전개해 나가기로 했다.

그러나 여성연합 내부에서 이 사업을 전담할 수 있는 인적·물적 자원이 확보되지 못함으로 해서 사업수행이 지속적으로 이루어지지 못한 채 중단되고 말았다. 그러던 중 2015년 4월에 발생한 네팔의 지진으로 비욘드 네팔이 위치해 있는 박타푸르(Bhaktapur) 지역이 파괴되고 여성들의 재생산건강이 심각한 위협을 받게 되면서, 여성연합은 회원단체들과 함께 'Pray for Nepal 대안생리대 보급을 통한 네팔여성 돕기' 모금활동을 전개하는 등 대안적 여성주의 개발협력을 위해 여러 가능성을 모색하고 있다.

3) 여성연합 국제연대운동의 전망과 과제

1990년대 말 국제시민사회는 새천년(new millennium)을 맞이하기에 앞서 인류사회에 대한 반성과 성찰을 진행하였다. 유엔은 글로벌 차원의 빈곤퇴치를 위해 새천년 개발목표(MDGs)를 선포하였고, 최빈국의 외채탕감(debt cancellation)을 요구하는 캠페인(Jubilee 2000 Campaign)이 확산되었다. 위로부터의 세계화를 강제함으로써 국제사회의 불평등을 심화시키는 WTO 각료회의에 대한 반대시위가 1999년 시애틀(Seattle, 1999)에서 격렬하게 일어났는가 하면, 또 다른 세계의 가능성을 모색하는(Another world is possible) 글로벌 시민사회단체들의 공론의 장이 된 2001년 브라질의 세계사회포럼(World Social Forum)[19]은 아래로부터의 세계화(globalization from below)를 통한 대안적 글로벌사회를 만들기 위해 국경을 초월한 초국적 연대를 전세계의 시민사회에 촉구하였다.

이러한 흐름 속에서 2000년에 시작된 '세계여성행진'(World March of Women)[20]에 참여한 여성연합은 전지구적으로 연결되어 있는 성불평등 구조와 여성폭력 및 여성빈곤 문제의 해결과정에 한국의 여성운동이 어떻게 참여하고 또 책임을 담당해 나가야 할지를 성찰하기 시작하였고, 나아가 진보적 여성운동으로서의 여성연합의 비전을 담은 대안사회의 모델을 아래로부터의 세계화 운동과정에서 찾고자 하였다. 이 과정에서 여성연합은 2008년에 국제연대센터를 여성연합의 부설기관으로 설립하면서 국제여성연대를 활성화하는 데 힘을 기울였다. 특히 2010년 국제개발협력기본법의 제정과정을 비롯해서 2011년 OECD/DAC의 원조효과성에 관한 고위급포럼 그리고 2015년 유엔의 포스트 2015 지속가능발전 목표(SDGs) 논의과정에 대응하면서 대안적 여성주의 개발협력 모델의 개발을 위한 활동을 모색했으나 여성운동 차원에서 논의를 발전시키지 못한 채 답보상태에 머물러 있다.

앞에서도 언급했듯이, 여성연합의 국제연대활동은 국제연대 전담활동가 부재와 국제연대센터 위원구성의 어려움, 회원단체의 관심부족, 국제연대활동에의 참여저조 나아가 국제연대활동가를 양성하기 위한 훈련 시스템과 기회의 부족, 소수의 국제연대활동가에 대한 지나친 의존 등 많은 한계를 지니고 있다. 그럼에도 불구하고 여성연합은 창립 이후 현재까지 국제사회를 향해 한국 여성운동의 목소리를 분명하게 제시하는 활동을 명실상부하게 담당해 왔다.

이처럼 여성연합이 취약한 국제연대 역량에도 불구하고 매 시기 요구되는 국제연대운동의 요구에 충실히 대응할 수 있었던 것은 사안별로 여성운동의 목소리를 명확하게 밝히는 여성단체들 간의 연대운동을 기반으로 해왔기 때문이다.

지난 30년 동안 회원단체를 비롯한 다양한 단체들의 서로 다른 목소리를 구조 전환적 관점에서 통합하고 이를 집단적으로 제기해서 이루어냄으로써 내면적으로는 많은 성과를 거두어온 여성연합은 이제 포스트 2015 지속가능 발전 시대를 맞이해서 다양성(diversity)에 기초하되 개인과 사회를 통합적으로 고려한 성 평등한 구조로의 전환(transformative)을 지향하는 집단적 여성주의 운동(collective feminist movement)을 요구하는 페미니즘의 새로운 흐름에 부응하기 위한 준비에 나서고 있다. 현재 여성연합 국제연대센터는 국제연대활동가를 키우면서, 글로벌 여성정책의 변화지점을 파악하여 이를 국내 여성단체들과 공유하고 다양한 초국적 여성운동과의 연대활동에 나설 것을 요구받고 있다. 그리고 이러한 요구에 응답하기 위한 인적 역량과 물적 자원의 확보가 시급하다.

주

1) Global-Regional-National-Local의 흐름으로 전개되는 유엔회의에 참석하기 위해서 시작된 여성연합의 국제연대활동은 보수와 진보를 모두 포함한 범여성 국제연대 방식인 '한국여성NGO위원회'와 그 후속인 '한국여성NGO네트워크' 등을 통해 전개되기 시작하였다. 이와 동시에 진보적 여성운동의 관점에 입각한 여성연합의 국제연대활동에 대한 모색 또한 지난 20년 동안 꾸준히 진행되었다. 이 글은 지난 1990년대 이후 진행된 여성연합의 국제연대활동을, 국내 여성연대를 중심으로 전개한 국제연대활동과 여성연합이 독자적으로 전개한 국제여성연대 중심의 국제연대활동으로 구분해서 정리해 보았다.

2) http://www.unwomen.org/en/csw.

3) http://www.un.org/womenwatch/daw/beijing/platform/.

4) http://www.unwomen.org/en/csw/ngo-participation.

5) 유엔은 원하는 시민사회단체들에 General, Special, Roster로 구분된 자문지위(consultative status)를 부여하는 절차를 마련함으로써 시민사회단체 대표가 유엔회의에 참가할 수 있는 시스템을 제공하고 있다. 앞의 세 가지 자문지위 중에서 여성연합은 Special Consultative Status를 획득하였다. http://esango.un.org/civilsociety/displayConsultativeStatusSearch.do?method=search&sessionCheck=false.

6) 여성연합은 1990년대 이후 국내의 시민사회단체들과 함께 코펜하겐 사회개발 정상회의(1995), 유엔 2차주거권(1996, Habitat II) 회의 등 국제회의 참여를 위한 '한국민간단체위원회'를 결성해 왔다면, 2000년대부터는 회의과정에 개입해서 여성포럼을 조직하는 등 보다 적극적인 개입을 하기 시작했다. 그 한 가지 예가 바로 ASEM회의(2000), G20회의(2010), OECD/DAC 제4차 고위급회담(2011) 등 국내에서 개최된 국제회의 과정에서 시민사회단체들과 함께 정부간회의에 대응하는 민간포럼(NGO forum)을 조직하는 한편, 국내외 여성단체들과 함께 독자적인 여성포럼(women's forum)을 개최하는 활동을 전개한 것이다.

7) http://tbinternet.ohchr.org/Treaties/CEDAW/Shared%20Documents/KOR/INT_CEDAW_NGO_KOR_49_9431_E.pdf.

8)   유엔은 1995년 이후 5년마다 베이징+5(2000), 베이징+10(2005), 베이징
      +15(2010), 베이징+20(2015)으로 이어지는 글로벌 차원의 평가를 진행하였다.
      그에 비해 여성연합은 2004년 베이징+10, 2014년 베이징+20을 기념하는 국내
      차원의 이행평가 토론회를 실시하였다. 자료는 www.women21.or.kr 참조.

9)   여성연합 차원에서 국제연대활동가 역량강화 프로그램이 모색되기 전까지는
      여성연합 활동가들은 주로 해외에서 진행되는 훈련 프로그램이나 워크숍에 참
      여함으로써 개별적으로 역량을 키워나갔다. 당시 여성연합은 APWLD(http://
      apwld.org)와 IWRAW AP(http://www.iwraw-ap.org) 등 아태지역 여성단체,
      UNDP나 UNWOMEN(구 UNIFEM) 등의 유엔기구, AFSC(American Friends
      Service Committee, 퀘이커단체), SIDA(Swedish International Development
      Cooperation Agency)나 EZE(German Protestant Association for Cooperation
      in Development) 등 해외원조기구 그리고 한국에 사무소가 있는 다수의 외국
      기관들로부터 프로그램 참가비용을 지원받았기 때문에 활동가들에게 기회를
      제공할 수 있었다. 그러나 국제사회로부터 한국에 제공되던 재정지원은 한국정
      부가 1996년 OECD에 가입한 뒤로 중단되기 시작하였고, 2010년 OECD/DAC
      회원국이 된 이후에는 오히려 해외활동가들에게 과거 한국이 제공받았던 것과
      동일한 재정지원을 제공해야 하는 위치로 전환되었다.

10)   여성연합은 국제연대활동가 양성을 위한 투자의 필요성에 공감한 주요 시민사
      회단체들과 함께 2003년 '한국NGO아시아센터'를 설립, 운영하였다. 이 센터
      는 2008년 이후 Asian Bridge로 명칭을 변경해서 현재까지 국제사회에 대한
      지원활동을 계속하고는 있지만 본래의 취지인 국제연대활동가를 양성하는 사
      업은 국내에서 재정후원이 지속되지 못하면서 2008년 이후 중단되고 말았다.

11)   http://www.ohchr.org/EN/ProfessionalInterest/Pages/ProtocolTraffic
      kingInPersons.aspx.

12)   http://www.oecd.org/dac/korea.htm.

13)   국제개발협력(International Development Cooperation)은 기본적으로 한국정
      부의 예산과 인력이 배정되어야 하지만 그 활동무대는 국내가 아니고 해외에서
      이루어지는 사업이다. OECD/DAC는 1961년에 조직된 이후 55년 동안 원조와
      관련된 수많은 정책변화를 거듭해 왔으며 주요 원조공여국들은 이미 오랜 경
      험을 바탕으로 사업을 추진해 나가고 있다. 이에 비해 2010년 이후에 관련 입
      법과 정책을 새롭게 수립해 나가기 시작한 한국은 정책전문성이나 인력양성의

측면에서 많은 과제를 안고 있다. 현재 여성연합은 OECD/DAC의 회원국들이 4년마다 받는 동료검토(peer review)의 내용에 포함되어 있는 OECD/DAC의 성주류화 가이드라인을 정부가 지키도록 촉구하는 한편, 정부의 ODA정책에서 젠더 크로스 커팅(gender crosscutting)을 요구하는 활동 등을 요구받고 있다.

14) http://www.kofid.org/ko/.

15) https://sustainabledevelopment.un.org/.

16) http://www.womenmajorgroup.org/.

17) https://beyondnepal.org/.

18) 차우파디(Chhaupdi)는 힌두 전통을 따르는 네팔의 대표적인 여성악습 가운데 하나로, 생리중 금기를 뜻함. 생리혈 처리가 어려웠던 과거에 격리를 통해 여성을 보호하고 위생을 관리하려고 한 측면이 있어 보이긴 하지만, 여성의 재생산 건강 및 권리에 대한 부정적 인식과 생리기간 동안 헛간에 격리시키는 등의 비인격적인 처우가 지속된 점, 생리로 인한 고용상의 불이익(이동성 제약에 따른 직업제한 등)을 낳는 여성차별로 간주됨. *Harmful Traditional Practices in Three Countries of South Asia: Culture, Human Rights and Violence against Women*, 2012, UNESCAP.

19) https://fsm2016.org/en/sinformer/a-propos-du-forum-social-mondial.

20) 2000년에 시작된 세계여성행동은 캐나다 퀘벡에서 출발하여 한국을 거쳐 아프리카의 부르키나 파소(Burkina Faso)에 도착하기까지 각 지역의 여성들이 요구하는 차별과 폭력 반대의 메시지를 연결시키는 패치워크 방식의 글로벌 공동행동을 조직한 이후 현재까지 지속적으로 활동을 하고 있는 국제여성공동행동네트워크이다. 자세한 내용은 http://worldmarch.org; http://www.marchemondiale.org/index_html/en 참조.

2004년
방콕 베이징+10 아태지역 NGO포럼

2005년
포스트 2015 아태지역 NGO회의

2009년
동북아여성평화회의

2010년 11월 8일
G20 라운드테이블

2010년 11월 10일
G20 기자회견

새 시대 앞에서

1987년 창립한 이후 여성연합은 30년 동안 숨가쁘게 달렸다. 이 책에서 집중적으로 다룬 1997년 이후의 20년 동안 한국사회에는 많은 변화가 휘몰아쳤다. 1997년 이래 선거를 통해서 두 번의 정권교체가 이루어지면서 민주정부가 들어섰다. 다시 2008년 이후 등장한 보수정부 아래서 민주주의의 퇴행과 반페미니즘이 팽배하는 시대를 겪었다. 이러한 보수정권 시기 동안에도 여성연합은 성평등을 위한 법적·제도적 개선을 꾸준히 이루어내고 여성인권과 여성복지의 향상을 도모했으며, 성차별적인 여성노동정책에 저항하고 정치나 공공 부문에서 여성의 대표성을 높여갔다. 여성연합의 활동 도처에서 당사자 여성들의 참여도 높아졌다. 이런 점들을 종합하자면, 지난 30년 동안 여성연합 운동은 큰 성공을 거두었다고 말할 수 있다.

그러나 여성연합을 둘러싼 논쟁들은 여전히 정리되지 않은 채, 우리 주위를 맴돌고 있다. 성주류화는 어느 정도 실현되었는가? 그와 함께 여성연합 운동이 지나치게 제도화된 것은 아닌가? 여성연합과 국가 페미니즘의 관계는 어떠해야 하는가? 거대한 우산조직인 여성연합이라는 연대체 조직은 새 시대 앞에서 여전히 유효한 조직형태인가? 여성연합 운동의 주체는 누구인가? 여성연합은 20~30대 여성 페미니스트들과 어떻게 만나야 하는가? 신자유주의적 자본주의 질서에 저항하는 여성연합의 대응은 성과를 거두고 있는가? 현존 세계질서의 개혁 없이 여성의 노동권 확보는 가능한가? 이러한 큰 질문에 대해 명쾌한 해답은 기대하기 힘들다. 그러나 토론이 반복될수록, 서로 다른 의견을 말하고 충돌할수록 운동은 더 성찰하면서 견고해질 것이다.

2017년 5월 10일 민주정부로의 정권교체와 더불어 새 정부의 여성 친화적 정책에 거는 기대는 크지만, 여성운동이 처한 현실은 결코 녹록하지 않다. 2016년 세계경제포럼이 밝힌 성격차지수에 따르면 한국은 전체 144개 조사대상국 중 116위로 최하위권을 차지하였다. 그간 한국이 성취한 민주주의와 경제성장에 대한 자긍심에도 불구하고, 우리는 '젠더 없는 불완전한 민주주의' 속에서 살고 있다. 여성의 정치적 대표성도 높지 않아서, 2016년 총선에서 여성 국회의원은 17퍼센트를 차지하였고 대기업의 여성임원은 고작 2.4퍼센트에 불과하다.

글로벌경제 위기 속에서 '노동의 여성화'가 진행되지만, 동시에 여성의 빈곤화는 늘어나고 있다. 2013년 『이코노미스트』의 조사에서 한국은 일하는 여성이 가장 살기 힘든 나라로 선정되었다. 신자유주의 세계질서가 불러일으킨 위기는 약탈적 자본주의와 성차별주의가 결탁한 결과이다.

젊은 세대의 고용 불안정성과 주거비가 심각해지면서, 늘어나는 청년 1인가구의 생활은 고달프기만 하다. 전형적인 근대가족의 비율은 전체 가족의 절반 수준으로 낮아졌다. 그러나 동시에 가족친화적이지 못한 사회체제로 인해 육아나 가족돌봄 같은 돌봄서비스는 개인이 감당해야 할 부담으로 남아 있다. 이렇게 가족구조는 급격하게 변화하지만, 또 한편으로 맞벌이가정은 여전히 가족의 도움 아래 일과 돌봄을 병행하고 있다. 또한 가부장제에 뿌리를 둔 소비자본주의의 발달은 여성의 몸을 대상화하고 있다. 다이어트·화장·성형시술 등 미용산업이 발달하고, 여성은 외모관리에 대한 심리적·경제적·육체적 부담을 감당해야 한다. 뿐만 아니라 온라인상에서 일어나는 여성혐오 발언이 폭발적으로 증가하고 오프라인으로 확산되면서 여성의 일상은 공포감으로 채워졌다.

앞에서 언급한 참담한 현실에서 여성연합은 어떻게 미래를 설계하고, 어떻게 구체적인 대안을 찾아갈 것인가? 여성연합은 여러 차별과 불평등에 저항하는 대응전략 못지않게 보다 선제적인 의제 제기에 집중할 것을 요청받고 있다. 선제적 문제제기의 사례로 '돌봄민주주의 실현'을 들 수 있다. 여성은 저임금과 불안정한 고용에 시달리면서, 여전히 돌봄의 의무를 전담하고 있다. 그간 여성운동은 돌봄의 공공성 강화를 통한 일·가족 양립을 주장하였지만, 이제는 여기서 진일보하여 돌봄의 패러다임 자체를 바꾸는 '돌봄민주주의'

담론으로 나아갈 것을 제안하고 있다. 돌봄을 평등하게 나눌 수 있는 사회로 전환하는 것은 모든 '시민의 기본 권리인 적정 생활의 보장'이 이루어지는 방향으로 전진하는 것이라고 여성연합은 주장한다.

선제적 문제제기는 여성노동과 여성복지 영역에서 차별을 해소하는 문제에 치중했던 제한성을 넘어서, 시민권 확보라는 관점에서 접근해 가자는 요구로 연결된다. 예를 들어 여성운동은 미래전망과 관련하여 최저임금 인상이나 기본소득이 합해진 모델을 주장할 수도 있는데, 이는 여성의 재생산노동이 배우자의 고용주에 의해 종속적으로 보상받는 것이 아니라 여성이 시민으로서 받는 사회권의 일환으로 지불되는 것을 의미한다.

이런 맥락에서 여성연합은 쌍둥이전략(twintrack approach)을 주장한다. 이것은 유엔여성(UN Women)과 유엔 여성주요그룹(Woman Major Group)이 제안하는 대로 포스트 2015 논의에 젠더를 결합시키는 방법인데, 지속 가능한 발전과 성평등을 운동의 목표로 통합해서 추진하는 것을 말한다. 이런 문제의식 아래 유엔여성은 여성의 미래과제를 첫째 여성을 향한 폭력으로부터의 자유, 둘째 여성의 빈곤화 극복과 경제적 권한 확대, 셋째 여성의 역량강화와 대표성 향상으로 정리하고 있다. 이런 요구에는 이미 여성연합이 과거부터 다루어왔고 앞으로도 다루어야 할 의제를 모두 포함하고 있어서, 참고할 만하다.

더불어 유엔은 협치, 포괄적이고도 지속 가능한 발전, 사회정

유엔여성 입장문서

① **폭력으로부터 자유**

　여성과 소녀에 대한 폭력 방지와 대응

　여성과 소녀에 대한 안전, 지원서비스, 정의의 보장

② **역량과 자원(capabilities and resources)**

　여성빈곤 철폐

　여성을 위한 괜찮은 일자리

　생산적 자산에 대한 여성의 접근권과 통제권 확보

　여성의 시간부담 감소

　여성과 소녀에 대한 교육과 기술 향상

　여성과 소녀의 건강증진

　모성사망 감소와 여성과 소녀의 성적·재생산 건강 및 재생산권리의 보장

　에너지에 대한 여성의 지속 가능한 접근 보장

　식수와 위생에 대한 여성의 지속 가능한 접근 보장

③ **목소리, 지도력과 참여 (voice, leadership and participation)**

　가정에서의 동등한 의사결정 향상

　공적 기구에 대한 참여 향상

　민간기업의 여성지도력 향상

　여성의 집단적 행동 강화

* 자료: 조영숙, 「베이징+20 이행평가의 배경과 의미」, 한국여성단체연합, 『한국의 여성정책 10년을 내다보며』 베이징+10 기념심포지엄 자료집, 2014, 10쪽 참조.

의가 글로벌사회를 관통하는 의제가 되기 위해서는 세계정치의 새로운 규범 틀 안에서 보다 전체론적(holistic)이고, 보다 포괄적인 접근으로 나갈 것을 제안하고 있다. 이 새로운 접근에서 성평등과 여성의 세력화가 중심적인 위치에 있어야 할 것이다. 여기에는 여성연합이 그간 표방해 온 '함께 그리고 따로'의 전략이 관철되어야 한다. 이는 돌봄민주주의나 성평등의 실현은 사회구조의 개혁 없이는 불가능한데, 이 과정에 여성운동은 사회운동 내에서 성평등과 여성세력화의 중심성을 명시적으로 상정하고 현실에서 실천하도록 해야 한다는 것이다.

2016년 10월 이후 박근혜 퇴진을 위한 탄핵집회는 한국의 민주주의 역사에서 새 장을 열고 있다. 과거처럼 이념 지향적이거나 진보적이고 헌신적인 운동가는 아니지만, 민주주의를 사랑하고 공평한 세상을 위해 스스로 말하고자 하는 많은 시민이 역사의 무대에 올라섰다. 수많은 여성들이 주체로서 역사의 현장에서 스스로를 드러내고 말하기 시작했고, 이 젊은 여성주체를 새로이 만나는 것은 여성연합에도 즐거운 일이다. 이런 여성주체들과 함께 여성연합은 앞으로도 의연하게, 보다 대안적이고 보다 성 평등한 사회를 실현하는 데 앞장서야 할 것이다.

여성연합 창립 30주년기념사업특별위원회 기록편집위원회
위원장 정현백

부록

부록

연도	활동
1985	25세 여성 조기정년제 철폐를 위한 여성단체연합회 결성 및 대책
	3·8세계여성의날 기념 제1회 한국여성대회 개최
1987	여성단체연합 부천서 성고문대책위원회 구성 및 공동활동
	한국여성단체연합 창립(2.18)
1988	동일노동 동일임금 원칙 규정하는 남녀고용평등법 개정운동
1990	영유아보육법 제정운동과 보육의 공공성 확대운동
	한국정신대문제대책협의회 결성
1991	민간 차원 최초 남북교류 성사, 아세아의 평화와 여성의 역할 토론회(서울)
	성폭력특별법제정 특별위원회 구성, 성폭력특별법 제정 요구활동
1992	아세아의 평화와 여성의 역할 토론회(평양) 참석
1993	성폭력특별법 제정
	서울대 신교수 성희롱사건 공대위 활동
1994	할당제 도입을 위한 여성연대 결성
	가정폭력방지법 제정활동 시작
	군복무가산점제 폐지운동 시작
1995	베이징 제4차 세계여성대회 참석
	여성연합 지방자치 특위, 지방의회 여성의원 진출 지원(17명 중 14명 당선)
1996	가정폭력방지법 제정추진 범국민운동본부 발족
	산전후휴가 사회부담화 활동
	미스코리아 대회 공중파중계 중지 요구활동 시작
1996~98	남녀고용평등법 3차 개정운동(직장 내 성희롱 예방, 간접차별 신설 등)
1996~99	한국-중국-베트남 공동심포지엄 및 교환프로그램
1997	가정폭력방지법 제정
	북한 여성과 어린이 지원 밥나누기 사랑나누기 캠페인, 북한에 분유 26톤
	지원(KNCC여성위원회 공동사업)
	부모성 함께 쓰기 선언(3. 9)
1998	여성의 국민연금권 보장을 위한 1인1연금제도 도입에 대한 대통령 약속이행
	촉구활동

1998	실업극복여성지원센터 운영(9개 회원단체 참여)
	유엔 여성차별철폐협약 NGO 보고서 제출 및 현지활동
	여성연합 성과 권위원회 신설
	군가산점제에 대한 헌법소원심판 청구(여대생과 장애인대학생 6명, 10. 19)
1999~2005	모성보호비용 사회분담화 요구활동
1999	직장 내 성희롱 금지와 예방 법제화(남녀고용평등법 3차 개정)
	여성연합 호주제폐지운동본부 발족
	전국 50여 단체 '호주제 불만 및 피해사례 신고전화' 운영(7월)
	헌법재판소, 군가산점제 위헌결정(12. 23)
2000	골프장 경기보조원 부당해고 및 롯데호텔 성희롱사건 대응
	여성인권 조항 신설, SOFA 개정 촉구활동
	제1회 한국여성장애인대회 개최 "깨자! 나가자! 세상 속으로!"
	세계여성행진(World March of Women, WMW) 참여
	호주제 폐지를 위한 시민연대 발족(9. 22 현재 137개단체로 구성)
2001	유엔 경제사회이사회 특별협의지위 획득
	성인지적 예산 정책마련을 위한 국회청원 및 모든 분야의 성주류화를 위해
	2차 여성정책기본계획 시안마련
2001~2003	16개 광역지자체 성주류화 기반 분석, 지방정부 몰성인지적 정책
	비판활동
2001	여성노동법개정연대회의 구성 및 최저임금 인상 전국 캠페인
	여성특화 자활사업 연구와 요구활동 및 여성복지인력 리더십 강화
2002	보육의 공공성 강화 활동 및 보육비용 자율화 반대운동
	비정규직여성노동자 권리찾기 전국 릴레이 캠페인
	16개 광역시·도 여성정책 비교평가를 통한 '생활자치 10대 여성과제'
	대선여성연대 결합
	여성연합 부설 여성정치발전센터 발족
	제2차 호주제 위헌소송 제기(5. 15)
2003	17대 총선을 위한 여성연대 발족

2003	신빈곤해소를 위한 10대 우선과제 발표 및 성인지적인 가족정책 연구
	호주제폐지 운동(1만인 선언)
2004~2005	가족지원기본법 제정을 위한 공동대책위 구성 및 활동
2004	맑은정치여성네트워크(맑은넷), '여성 100인 국회보내기' 여성후보 추천
	운동
	북핵문제 해결을 위한 '한반도평화국민협의회' 미국방문단 활동
	베이징+10 기념 토론회, 북경여성행동강령 이행검토/아태지역 NGO 포럼
	참가
	성매매방지법 제정(2. 23)
	UN 국제장애인권리협약 제3차 특별위원회 참석(5월)
	성매매방지법의 올바른 시행을 위한 상황실 운영(여성연합 성매매방지법
	특위, 전국연대 공동활동 10. 4~11. 8)
2005	노동위원회와 복지위원회를 사회권위원회로 통합(여성빈곤화 방지 및
	대안모색과 모성보호비용의 사회보험화 활동)
	6·15민족공동선언실천 남측위원회와 6·15민족공동선언실천 남측여성본부
	창립
	세계여성행진(World March of Women, WMW) 한국행사 조직
	헌법재판소, 호주제 헌법불합치 결정(2. 3)
	호주제 폐지를 골자로 한 민법중개정법률안 통과(3. 2)
	간이귀화제도로 출입국관리법 개정(혼인파탄 귀책사유 없는 결혼
	이민자에게 한국 체류권 허용), 결혼이민자 자유취업 허용
2006~10	풀뿌리 여성조직가대회 개최
2006-2008	빈곤의 여성화 해소운동본부 구성(사회서비스 분야 일자리 창출,
	돌봄서비스 공공성 확보를 위한 활동)
2006	제1회 여성인권영화제 '여전히 아무도 모른다' 개최
	국가재정법 제정(성인지예산제도 근거마련)
	결혼이민자 가족지원센터 설치(2008년 다문화가족지원센터로 명칭 바꿈)
	최연희 의원 퇴진과 '국회 윤리강화를 위한 국회법 개정' 촉구운동
	가정폭력방지 및 피해자보호 등에 관한 법률 개정, 이주여성긴급전화와
	이주여성쉼터 규정마련

2006~2008	KTX 여승무원 투쟁 지원 및 이랜드 비정규직 대량해고 대응
2007	빈곤여성당사자 조직화 활동
	이랜드 비정규직 대량하고 대응 활동
	제2차 남북정상회담 여성단체 대표 특별수행원으로 참가
	유엔 여성차별철폐협약 NGO 보고서 제출 및 현지활동
	이주여성 쉼터 제도화
	전국 성매매집결지 공동고발(9월)
2008	동북아여성평화회의 개최
	대법원에서 '개복동 성매매업소 화재 국가·지자체 배상' 판결
	다문화가족 지원법 제정
	군가산점 부활 저지운동
2009	2010 지방선거 남녀동수 범여성연대 출범
	생생여성행동 출범(글로벌 경제위기 대응, 20대 정책요구안 마련)/
	여성사회권지표 개발 연구 및 워크숍
	여성가족부 '여성단체 공동협력사업 선정 취소결정 취소소송' 승소
	여성연예인 인권지원 서포터즈 '침묵을 깨는 아름다운 사람들'
	발족(5. 22) 지원
2010	사회권위원회 특별사업단 구성 '함께 일하고 함께 돌보기 캠페인'
2010~13	돌봄노동자의 법적 보호 마련을 위한 활동(ILO협약 비준, 보호법안
	제정 촉구)
2010	G20 서울회의 공동대응 및 여성행동 조직
	스폰서 검사에 대한 공동고발 진행
	여성미래센터 개원
2011	정책기획위원회 성평등지방정치소위원회 시작
	성별영향분석평가법 제정
	생생여성행동을 생생여성노동행동으로 개편(남녀고용평등법 개정,
	모성보호 관련법 개정 10주년 토론회, 가사노동자 노동권 보장 촉구)
	복지국가와 돌봄포럼(6회) 운영 및 복지국가 실현 연석회의 결성
	유엔 여성차별철폐협약 NGO 보고서 제출 및 UN 현지활동
	여성인신매매반대연합(CATW AP) 성매매 생존자 대회 참석

2011	다누리 콜센터 운영
	고(故) 장자연 사건 대응활동
	강용석 국회의원 제명 촉구활동
2012	성평등지역정치위원회 시작
	전국적 총선대응기구 '퍼플 파티' 기획
	'불안해소 프로젝트' 기획
	살림정치여성행동 출범
	2012 아시아태평양장애인대회 공동개최(1월)
	'19대 국회에 바란다: 당신의 삶을 바꾸는 100가지 젠더정책' 발표
	김형태 의원 성폭력 대응활동
2013	고용률 70퍼센트 로드맵 대응활동(시간제일자리 확대 저지, 고용율
	70퍼센트와 돌봄정책 토론회 공동주최)
2013~	포스트2015 SDGs 관련 국내외 논의 대응 및 회의 참여
2013	여성평화안보에 관한 유엔 안보리 1325호 국가행동계획 수립촉구 여성단체
	네트워크 활동 및 민관협의체 참여
2013~14	보편적 기초연금 도입촉구 및 무상보육 재정 방기 규탄활동
2014	여성노동 대안로드맵 마련 연구활동
	베이징+20주년 기념, 포스트2015 '젠더 관점에서 본 한국사회의 변화'
	전문가 워크숍 및 심포지움
	기지촌 여성 120여 명 국가배상청구소송 제기(6. 24)
	성매매업소 장소 제공자인 건물주에 대한 공동고발 진행(9. 28)
2015	제20대 총선 여성 국회의원 30퍼센트 실현을 위한 여성공동행동 활동
	'20대 국회에 바란다: 지속가능한 성평등 사회를 위한 100가지 젠더정책'
	발표
	어린이집 아동폭력사태에 대한 대응활동(긴급토론회, 기자회견)
	여성의 경제적 자립 담론과 의제 만들기 운동(66명 심층면접 및 토론회,
	소책자 발간, 11개 회원단체 공동)
	베이징+20 기념 유엔 여성지위위원회 본회의와 NGO 포럼 참가
	네팔 지진피해 여성에게 대안생리대 보급 위한 'Pray for Nepal' 모금활동
	연예기획사 건 공대위 결성

2016	박근혜정부 노동시장 개악(쉬운 해고, 성과연봉제, 임금피크제 등) 대응활동
	박근혜정권 퇴진 비상국민행동(퇴진행동) 연대활동
	차별금지법제정연대 연대활동
	성차별금지법 제정활동
	낙태죄 폐지 '검은시위' 공동주최
	여성혐오 현상 및 대책마련을 위한 정책연구
2017	'19대 대통령에게 바란다. 지속 가능한 성평등사회를 위한 젠더정책:
	성평등이 민주주의 완성이다' 발표

한국여성단체연합 (1987. 2. 18)   www.women21.or.kr

7개 지부

경기여성단체연합(1998. 4. 16)   cafe.daum.net/kgwomen21

경남여성단체연합(2002. 2. 20)   www.gwau.or.kr

광주전남여성단체연합(1999. 2. 4)   www.gjwau.or.kr

대구경북여성단체연합(1996. 10. 16)   dkwomen@hanmail.net

대전여성단체연합(2012. 3. 9)   cafe.daum.net/djwomen2012

부산여성단체연합(1999. 3. 19)   bwau1999@hanmail.net

전북여성단체연합(1993. 3. 27)   www.jbwomen.or.kr

28개 회원단체

경남여성회(1988. 4. 11)   www.gnwomen.com

기독여민회(1986. 7. 4)   www.kwm1986.or.kr

대구여성회(1988. 1. 23)   www.daeguwomen21.or.kr

대전여민회(1987. 12. 11)   www.tjwomen.or.kr

부산성폭력상담소(1992. 7. 14)   www.wopower.or.kr

새움터(1996. 10. 12)   swoom2@chol.com

성매매문제해결을위한전국연대(2004. 6. 9)   www.jkyd2004.org

수원여성회(1989. 3. 13)   www.swa.or.kr

여성사회교육원(1992. 6. 27)   http://womencenter.kr/entry/여성사회교육원

울산여성회(1999. 11. 27)   www.ulsanwomen.org

제주여민회(1987. 11. 29)   jejuwomen@hanmail.net

제주여성인권연대(2006. 3. 8)   www.jwr.or.kr

젠더정치연구소 여.세.연(1999. 11. 22)   www.womanpower.or.kr

참교육을위한전국학부모회(1989. 9. 22)   www.hakbumo.or.kr

천안여성회(2008. 4. 12)   cafe.daum.net/cawoman

평화를만드는여성회(1997. 3. 28)   www.peacewomen.or.kr

포항여성회(1995. 5. 12)   www.phwomen.org

한국성인지예산네트워크(2008. 2. 28)　cafe.daum.net/genderbudget

한국성폭력상담소(1991. 4. 13)　www.sisters.or.kr

한국여성노동자회(1992. 7. 12)　www.kwwnet.org

한국여성민우회(1987. 9. 12)　www.womenlink.or.kr

한국여성연구소(1989. 10. 28)　www.kwsi.or.kr

한국여성의전화(1983. 6. 11)　www.hotline.or.kr

한국여성장애인연합(1999. 4. 17)　www.kdawu.org

한국여신학자협의회(1980. 4. 20)　www.kawt.co.kr

한국이주여성인권센터(2000. 10. 20)　www.wmigrant.org

한국한부모연합(2004. 5. 28)　http://www.hanbumonet.com

함께하는주부모임(1988. 12)　chamjumo@hanmail.net